本书属于国家社会科学基金一般项目"中国社会保险管理体制研究"（批准号：19BGL202）结项成果

ZHONGGUO SHEHUIBAOZHANG
GUANLI TIZHI YANJIU

中国社会保障
管理体制研究

鲁 全/著

人民出版社

目　录

引　言　为什么要研究社会保障管理体制 1

第一章　研究对象：社会保障管理之概述 6

　　第一节　社会保障管理的基本概念 6

　　第二节　社会保障管理的功能与作用 12

　　第三节　社会保障管理的主要内容 14

第二章　研究视角：府际关系之概述 23

　　第一节　官僚科层制：理论之缘起 23

　　第二节　纵向府际关系：行政与财政的双重视角 34

　　第三节　横向府际关系：部门与地区的双重视角 47

　　第四节　小结：纵横交错的网络关系 57

第三章　中国养老保险管理体制的变革与发展 65

　　第一节　对我国养老保险管理体制变革进程的简要回顾 65

　　第二节　我国养老保险管理体制变革的基本特点 70

　　第三节　我国养老保险管理体制改革面临的挑战 74

　　第四节　我国养老保险管理体制的改革思路与可行路径 79

第四章　中国医疗保障管理体制的变革与发展................................83

　　第一节　医疗保障管理体制的分析框架................................83

　　第二节　中国医疗保障管理体制的历史变迁脉络................86

　　第三节　中国医疗保障管理体制变迁的基本特点................91

　　第四节　中国医疗保障管理体制未来发展的关键问题与优化路径........95

第五章　中国社会救助与社会福利管理体制的变革与发展........98

　　第一节　1978 年之前的社会救助与社会福利管理体制........99

　　第二节　1978 年以来的社会救助与社会福利管理体制........106

　　第三节　社会救助体系的发展与管理体制面临的问题........113

第六章　纵向府际关系与社会保障管理体制：统筹层次的视角........124

　　第一节　纵向府际关系、社会保险统筹层次与管理体制........124

　　第二节　养老保险全国统筹与纵向管理权责分配........130

　　第三节　全国统筹背景下部分地方的应对策略及分析........135

第七章　纵向府际关系与社会保障管理体制：财政的视角........151

　　第一节　财政视角下的社会保障管理概述........152

　　第二节　中央与地方财政管理权责的分配机制........158

　　第三节　地方财政缴费补贴：均等化还是激励性........163

　　第四节　中央财政转移支付：规模与分配方式........169

第八章　横向府际关系：社会保障管理部门设置的历史变迁........176

　　第一节　1998 年之前的社会保险管理体制........176

　　第二节　1998 年到 2018 年之前的社会保险管理体制........185

　　第三节　2018 年党和国家机构改革和社会保障管理体制........197

第九章　横向府际关系：社会保障管理部门的冲突与协调 212

　　第一节　横向部门间协调的若干模式 212

　　第二节　业务部门与职能部门间的关系：以社会保险费征收

　　　　　　体制为例 223

　　第三节　不同业务部门间的关系：以医疗保障管理体制为例............238

第十章　多主体合作机制研究：以公共卫生应急管理为例 245

　　第一节　突发公共卫生事件的分类标准和参与主体............................246

　　第二节　公共卫生应急管理的阶段划分、重点任务与责任分配........255

　　第三节　公共卫生应急管理中不同主体之间的合作方式....................262

第十一章　社会保障管理体制设置的影响因素、发展规律及

　　　　　　未来展望 273

　　第一节　社会保障管理体制设置的影响因素与发展规律.....................273

　　第二节　未来展望：中国特色社会保障道路初论.................................279

附录一　改革开放后历次国务院机构改革中与社会保障管理体制

　　　　　直接相关的改革内容（除 2018 年外）...............................288

附录二　尽快实现基本养老保险全国统筹研究报告 292

附录三　部分典型国家的社会保障管理体制...320

引　言
为什么要研究社会保障管理体制

　　我们已经迈上了建设中国特色社会主义现代化强国的新征程。在这新的历史方位和宏观背景下，社会保障制度已经不再仅仅是应对和化解风险的制度安排，而应当成为国家治理体系的重要组成部分，甚至应当成为我国治理能力优势集中体现的领域之一。经过四十多年的发展，我国社会保障体系建设成就斐然，社会保障覆盖面不断拓宽，体系框架初步成型，并且较好地实现了与国家经济发展的良性互动。

　　与此相呼应的，是有关中国社会保障理论研究的蓬勃兴起。虽然我国于 1998 年才设置劳动与社会保障专业，但有关社会保障的研究成果在 20 世纪 80 年代就随着社会保障改革的兴起而不断涌现。一方面，面对从与计划经济体制相适应的国家—单位保障制向与社会主义市场经济体制相适应的国家—社会保障制的整体大转型①，相关的研究成果都着眼于社会保障改革与发展中的宏观问题；另一方面，由于学科新立，大部分研究者都是从既有的研究视角，包括经济学、保险学、公共管理学、社会学，开展对社会保障实践问题的研究，从而导致研究议题的相对分散和理论体系的碎片化。

　　直到 2007 年，中国人民大学郑功成教授牵头组织国内社会保障学界开展"中国社会保障改革与发展战略研究"项目，社会保障理论研究才进入到

---

　　①　郑功成：《中国社会保障 30 年》，人民出版社 2008 年版，第 5 页。

了系统化的阶段。十多年来，社会保障理论研究水平得到大幅度提升，开始出现一些高质量的社会保障理论研究成果；而更重要的是，相比于改革初期，由于缺乏对社会保障本质属性和客观规律的普遍共识，一些当时被热议但之后被全球范围内的社会保障实践所证明是错误的理论，误导了我国部分领域的社会保障改革和实践；目下学界对社会保障的宏观议题（包括其重要性、基本原则、制度体系以及核心功能等）有了越来越多的共识，社会保障体系的改革方向得以明确，路径正在逐渐清晰。①

简而言之，近四十年社会保障理论研究与政策实践在对话中彼此启发并且在当下都需要进入一个新的发展阶段。理论上对宏观议题的大多数共识和政策目标的清晰化，要求构建中观层面的理论进一步指导更加具体的社会保障改革实践。相比于宏观层面上对制度价值观、基本原则和发展目标的讨论，中观层面的理论和实践有更加丰富的领域，既可以按照实践中社会保障政策运行的不同阶段，抑或不同的社会保障项目，再或是社会保障与其他相关政策的关系出发；也可以按照不同的学科视角出发。无论是从理论构建的视角，还是从社会保障改革实践的视角，社会保障管理问题都亟待回应。

从理论构建的视角看，1998 年我国设置劳动与社会保障学科，是设立在公共管理一级学科下的二级学科，虽然有关学科的划分和归属一直存在广泛的争议，但这并非是本书研究的重点，暂且搁置一边。而不容置疑的是，社会保障显然是现代社会公共管理领域的重要议题，因此从公共管理的视角开展对社会保障管理事务的研究是极有必要的。其意义主要体现在两个方面，一方面，作为一种准公共产品，社会保障中既有自治的色彩（例如经典的社会保险制度就是以劳资自治为基本原则），也日益成为政府公共事务管理中的重要内容（这一点在中国大陆体现得尤为突出，本书此后会对此进行详述），因此对社会保障管理事务中流程、问题及各方主体互动博弈等的研

---

① 注：2020 年 10 月 29 日，中国共产党十九届五中全会通过的《中共中央关于制定国民经济和社会发展第十四个五年规划和 2035 年远景目标的建议》作为执政党的最新文献，明确提出"健全覆盖全民、统筹城乡、公平统一、可持续的多层次社会保障体系"。这已经完全符合社会保障制度的价值取向和内在发展规律。

究，显然有利于丰富公共管理的一般性理论。这一点通过在各类型公共管理类期刊中社会保障领域文章占比的增加可见一斑。另一方面，如上文所述，当社会保障的基本价值观、普遍原则和发展方向逐步形成理论共识之后，社会保障在管理层面上的组织设置、机构运行、绩效评估与监督等问题就成为影响制度实践效果的重要因素。这里，笔者不敢轻言构建社会保障管理理论，但关注社会保障制度和改革在管理层面的理论与实践问题，对于构建和丰富社会保障理论显然是有重要意义的。

从实践发展的角度看，所有有价值的理论问题都来源于实践，而经典的理论也在于其能够充分地解释实践。中国的社会保障改革实践不仅体现在制度模式的大转型上，在管理体制方面也有充分的体现，从而为理论研究提供了丰富的材料。以中央政府社会保障管理机构的设置为例，1998 年国务院机构改革，成立劳动和社会保障部；2013 年国务院机构改革，组建人力资源和社会保障部；2018 年党和国家机构改革，在保留人力资源和社会保障部、民政部这两个社会保障领域主要业务主管部门的同时，成立了国家医疗保障局，成为社会保障领域第三个重要的主管部门，同时成立退役军人事务部（涉及军人保障事宜）、应急管理部（涉及灾害救助事宜）、将社会保险费征收权责集中到税务部门等，这些已经发生的改革实践都需要理论的解释。与此同时，各项社会保险制度的统筹层次都要求不断提高，传统"职责同构"的行政体制当如何回应？社会保险制度本是以自收自支、自我平衡为基本目标，而目前社会保险资金的征收和管理则由不同的部门负责，如何确保政令统一、流程顺畅？不同的社会保障项目运行机制不同，按照社会分工的原则，成立了国家医疗保障局，那么原本只需要跑一次的参保者是否因此需要和不同的行政部门打交道？这些社会保障管理实践中的问题又亟待理论的指引。当然，除了理论的价值和实践的诉求之外，笔者本身的研究兴趣亦是最原始的动力。

那么，如何开展有关中国社会保障管理体制的研究？笔者的基本思路是坚持"一个核心问题、两个基本视角"。所谓一个核心问题是社会保障管理机构的设置。广义上的管理包括领导、计划、组织、协调、控制等多个方面、多项流程，而组织是贯穿其中的基本载体，也是从外部视角最易观察的内容。① 组织的结构设计反映了管理的基本思路，而组织的绩效则是管理效果的最终呈现。所谓两个基本视角分别是社会保障的视角和府际关系的视角。其一，社会保障是笔者的专业所长，本研究之目的并非是要在管理学或者是组织行为学、组织社会学领域有所谓的理论突破或是创新，而是要将研究内容聚焦于社会保障管理体制，这就不仅需要来自公共管理和公共行政领域的分析视角，更需要来自社会保障的分析视角，即关注社会保障作为管理的内容，其自身的特征与属性对其管理体制提出的要求。此乃本书与其他行政管理研究著述的差异所在。其二，府际关系是本研究的独特视角。在社会保障管理的相关著述中，大多秉持社会保障的传统分类方法，或是按照社会保障项目来划分（社会救助、社会保险、社会福利），或是按照社会保障管理流程来划分（登记参保、缴费征收、基金管理与投资、待遇发放与调整），而本研究选择行政体制中的府际关系为研究视角，期冀获得一些区别于传统社会保障管理研究视角的新发现和新解释。此乃本书与其他社会保障或社会保障管理研究著述的差异所在。当然，在本书的实际研究过程中，这两个视角是相互交融、彼此支撑的，它们也共同构成了本书的特点。

随后的篇章结构设计思路如下，第一章将"落俗套"式的对社会保障管理的概念、功能和内容进行介绍，从而明确本书的研究对象。此部分可能会给读者以"教材"的错觉，但它又的确是理解社会保障管理体制及其发展改革的基础所在。第二章是对本书研究视角的概述，虽然这个概述的篇幅稍显冗长，但一是因为它区别于社会保障学科自身的传统研究视角；二是因为笔者坚持认为，如果无法理解中国的行政体制和财政体制，就无法准确理解中国的社会保障制度变迁与管理体制。

第三章到第五章可被视为本书的第二部分，该部分将沿袭传统的社会保障分析视角，按照社会保障项目的分类，从历史变迁与发展的角度，分别讨

---

① 注：笔者并非社会保障行政管理机构的从业人员，因此也只能从外部人的视角进行观察。

论现代社会保障体系中最重要的四个项目养老保险、医疗保障和社会救助与福利制度在我国的管理体制变革及其发展，以体现本书的社会保障视角。

第六章至第十章可被视为本书的第三部分，该部分按照府际关系的研究思路，分别从纵向府际关系和横向府际关系展开研究。在纵向府际关系的研究中，第六章从统筹层次提高的视角，第七章从财政的视角分别展开论述，并且集中讨论了在统筹层次提高背景下，不同层级政府的事权与财政权责的分配体系；在横向府际关系的研究中，将宏观的历史回顾与微观的个案剖析相结合，第八章从部门设置的历史变迁中寻找规律，第九章则以社会保险费征收体制和医疗保障管理体制为案例展开深入分析，讨论社会保障管理部门的冲突与协调。这一部分充分体现了府际关系视角与社会保障视角的融合。最后，第十章以公共卫生应急管理为例，不仅介绍了公共部门内部横向与纵向部门之间的分工与合作机制，而且讨论了公共部门与其他社会主体之间的合作机制。

第十一章可被视为本书的第四部分。不仅从国际比较的视野，提炼管理体制与福利国家类型之间的理论关系；而且，在展望部分从管理体制的视角，大胆地提出中国特色社会保障模式的理论内涵与核心特征，从而在理论上实现上述两个视角的整合与突破。

第一章
研究对象：社会保障管理之概述

第一节　社会保障管理的基本概念

一、社会保障管理的内涵

概念界定是一切学术研究的起点。关于社会保障管理的概念，不同学者有不同的表述，有的认为"社会保障管理即指国家社会保障筹集资金、管理资金和支付待遇的决策、执行与监督的综合行动过程"[①]。有学者将社会保障管理定义为"为了保证社会保障事业的发展和各项社会保障政策的实施，而建立一定的组织机构，配备具有一定素质的工作人员对社会保障事业进行决策、计划、指挥、监督、调节等活动，以及对社会保障基金进行筹集、管理、运营和保障待遇的给付等活动。"[②]

虽然对社会保障管理的概念表述有所不同，但定义的思路基本一致，都是借助管理学中关于管理的定义，即计划、组织、领导、协调和控制这五要素来对社会保障管理进行定义。有鉴于此，我们可以将社会保障管理界定为，为了确保社会保障制度顺利运行，由政府机构或其他相关机构与组织采

[①] 杨燕绥：《社会保障管理》，人民出版社 2015 年版，第 1—2 页。

[②] 赵曼等：《社会保障学》，中国财政经济出版社 2003 年版，第 23 页。

取一定的程序与方法，对各种社会保障事务进行决策、计划、组织、协调、控制和监督的过程。根据上述定义，我们对社会保障管理概念的理解包括以下四点：

第一，社会保障管理的目的是为了实现社会保障制度的顺利运行。从程序上看，社会保障是通过立法确定的，社会保障管理需要通过各种方式、程序和手段将法律规定的社会保障内容逐一落实。从本质上看，社会保障管理与其他类型的管理事务在手段和方式上并无实质性的差别，而其核心差异在于管理的内容是社会保障事务，而社会保障事务本身的规律和属性则会反过来影响管理的组织设计、措施手段及其有效性。

第二，社会保障管理的内容和范围较广，因此可以有广义和狭义的理解。广义的社会保障管理概念是指国家管理社会保障事业的组织机构及其权限划分、管理制度和管理方法的总称，包括了社会保障决策、社会保障计划、社会保障组织、社会保障协调、社会保障控制、社会保障监督以及社会保障经办服务等内容。狭义的概念是指社会保障管理的核心部分，即政府主导的社会保障行政管理和财政管理。需要特别说明的一点是，本书将聚焦于狭义范畴的社会保障管理，但这并不意味着笔者的研究视角仅关注于此，恰恰相反的是，笔者是在广义的社会保障管理范畴中，探究狭义社会保障管理的特征。例如，从宏观上决策、管理与执行相分离的视角反思当前行政部门主导社会保障决策、管理与执行的弊端，而这在我国社会保障管理体制变革中也已经开始体现。[①]

第三，社会保障的管理主体是多元化的，但政府往往扮演着重要的角色，这一点在中国尤其显著。这是上述第二点在管理主体上的具体体现。虽然西方早期的社会保障是基于自治的传统，但在1601年《伊丽莎白济贫法》颁布之后，世俗政权在社会保障制度中就开始扮演重要的角色，无论是在维持国民基本生活的社会救助领域，还是传统上遵循劳资自治的社会保险领域

---

① 注：例如，2018年的党和国家机构改革，相比于此前历次的国务院机构改革，不仅关注行政管理部门，而且还包括执政党、立法机关、政治协商组织、行政执法、军地改革、群团组织和地方机构改革，从而是一次广义范围上的国家机构改革。

皆是如此。在中国，由于长期以来政府的"父爱主义"倾向以及社会保障制度变迁的特殊路径，政府在各项社会保障项目中均扮演着非常重要的角色，无论是在管理权责抑或是财政权责上。有鉴于此，虽然笔者已经强烈意识到并且赞同社会保障领域的多元主义主张，但本书的研究范畴仍然主要聚焦于政府的社会保障管理体制，兼顾政府与其他社会保障管理主体的合作机制。（见第十章的相关内容）

第四，社会保障管理是一个完整的动态过程。社会保障管理的不同模块和流程之间相互影响、相互作用，共同决定了社会保障管理的总体效能。由于笔者关注政府主导的社会保障行政管理和财政管理，因此会将关注点进一步聚焦于社会保障行政管理机构的设置及其责任分工与协调机制。全流程和动态化意味着结构性视角的重要性，而行政管理体制的结构性视角主要就是不同层级、不同部门之间的分工与协作，这使得府际关系作为本研究的视角变得顺理成章。

综上，社会保障管理的内涵并不复杂，从概念学上看，笔者只是将管理的一般性内涵聚焦到了社会保障领域，强调社会保障管理的目标、过程、组织基础与核心内容。就本书的研究而言，则是结合中国社会保障改革实践与制度体系中政府主导的基本特点，以广义的社会保障全流程管理为背景，以不同类型的社会保障项目和府际关系为视角，聚焦狭义社会保障管理体制中的结构性问题。简言之，本研究是一个将抽象的（公共）管理范畴具体到社会保障领域，聚焦于政府主导的社会保障管理事务，并采用结构化视角展开分析的过程。

二、社会保障管理的类型

划分标准是类型学研究的基本工具。按照广义的社会保障管理概念，社会保障管理包括管理机构、管理内容和管理体制三个方面。在这三个方面，分别按照不同的划分标准，就可以区分不同的社会保障管理类型。

（一）按照社会保障管理机构的分类

社会保障管理机构是指负责社会保障法令的贯彻、监督和审查，维持社会保障制度正常运行而设立的权力机构、行政机构和办事机构。社会保障管理机构是政府管理机构中不可缺少的重要组成部分。对于社会保障管理机构，可以按照两种标准进行划分。

第一种按照行政层次可以将社会保障管理机构划分为高层管理机构、中层管理机构和基层管理机构。这个层次是与行政管理的层级相对应的，行政层级的不同决定管理事务的差异。高层管理机构，即中央级管理机构，属于领导和决策层次，负责制定国家社会保障事业发展的全国规划，制定相关的行政法规和政策，指导、统筹和协调全国社会保障事务，组织、贯彻和实施社会保障法律，对社会保障事务实施全面监管等。中层管理机构，即省级地方管理机构，属于辅助和传递层次，负责具体贯彻实施中央政府社会保障管理机构的决策和法规，制定地方性实施细则和补充规定，反馈各项社会保障制度在实施中出现的问题与有益经验等等，处于辅助和传递层次。基层社会保障管理机构是指地市级或者更加基层的社会保障管理机构，属于社会保障事务执行和经办机构，负责社会保障日常性工作的管理与经办。具体包括登记参保、社会保障费的征缴、基金的管理、待遇的给付，以及提供相关的信息、咨询和服务等。

第二种常见的划分标准是按照管理职责将社会保障机构划分为行政主管机构、业务经办机构、基金营运机构和社会监督机构四个类别，而不同的机构之间会产生管辖、监督、协调以及授权等关系。[①]

（二）按照社会保障管理内容的分类

根据社会保障项目的不同，可以划分为社会救助管理、社会保险管理、社会福利管理和补充保障管理。由于不同社会保障项目的内容和特征不同，管理的责任主体也会有所差别。社会救助是政府的基本责任；社会保险往往是劳资分责、政府担保；社会福利呈现出政府和社会结合的管理趋势；员工福利则主要由用人单位及其他受托代理机构负责运营管理。

根据社会保障管理模块不同，划分为社会保障决策、社会保障计划、社

---

① 邓大松等：《社会保障管理》，中国人民大学出版社 2011 年版，第 225 页。

会保障组织、社会保障协调、社会保障控制和社会保障监督。决策是根据社会保障立法进行行政或组织决策，制定社会保障管理程序和章程等；计划往往是以年度为单位，对社会保障事务进行规划，对社会保障基金收支进行预算安排；组织是通过建立相应的组织机构，培养专门的人才，筹集和分配相关资源；协调是对社会保障事务中的不同主体，不同社会保障项目之间进行协调；控制是努力确保社会保障与整体社会经济发展相适应，防止社会保障运行出现问题；监督是对社会保障管理的全流程进行监控。进一步细化社会保障的管理（服务）流程，可以划分为 10 个方面，① 在此不一一列举。

根据社会保障管理内容的不同，可以划分为社会保障行政管理、社会保障基金管理、社会保障信息管理、社会保障经办管理、社会保障服务管理等。行政管理主要是通过设立专门的行政机构，明确其在社会保障管理中的行政管理职责；基金管理主要涉及基金的预算、筹集、运营和给付；信息管理主要涉及社会保障的信息收集、储存、处理和分析等；经办管理是基层社会保障经办机构面向社会保障对象的参保、缴费、资格认定、待遇给付等；服务管理是指直接向民众提供养老等社会服务的过程。

（三）按照社会保障管理体制的分类

广义的社会保障管理体制是指国家为实施社会保障事业而规定的各种社会保障管理机构、管理原则和运行机制的总和。狭义的社会保障管理体制指社会保障机构的设置及其职能权限的划分。② 世界各国的社会保障管理体制因其政治、经济、文化、历史背景和民族传统不同而有很大差异。根据政府介入的程度，可以划分为政府直接管理、政府和社会组织共同管理（混合管理）以及以私营公司为主的管理等模式。

在政府直接管理的模式下，政府不仅要负责制定社会保障的政策和法令，对社会保障的各项内容做出具体的规定，而且还要负责检查和监督这些政策法令的正确实施，受理社会保障申诉，调解社会保障纠纷。在混合管理

---

① 杨燕绥：《社会保障管理》，人民出版社 2015 年版，第 8 页。
② 张民省：《社会保障管理学新视野》，中国书籍出版社 2020 年版，第 43 页。

的模式下，政府负责社会保障行政法规的制定和监督，社会组织或其他具有法人资格的自治组织负责社会保障的业务管理，从而实现管办分离。在这样的体制下，负责社会保障具体管理工作的往往是区别于政府机构和企业的，具有自治性的公共团体，一般由雇员、雇主和政府方面的代表共同组成。私营管理模式，是指政府实施一般监督，由私营机构管理各项社会保障事务的模式。① 如智利就是由私营养老金管理公司来进行相关的社会保障管理工作。无论是在上述哪一种管理体制之下，政府都在一定程度上承担了社会保障的管理职责，社会保障管理职能在政府内部也存在纵向划分与横向划分的问题。根据政府内部社会保障职能的集中程度，可以进一步地将社会保障管理体制划分为集中管理、分散管理和集散结合管理等模式。②

集中管理是指把大部分社会保障项目统一于一个管理机构，建立一套统一的管理体系，并对社会保障各项目的资金进行统一预算管理。在实行集中管理的国家里，一般从中央到地方都设立专门的行政管理机构和业务机构，配备专职的工作人员。集中管理的显著特征包括：（1）社会保障决策权集中在中央政府或联邦政府；（2）社会保障预算全国统一；（3）主要的社会保障管理职能集中在某一个政府部门；（4）地方社会保障管理机构主要服从来自中央政府相关职能部门的指令，同时，地方的社会保障收支规模与基本结构由中央政府决定。

分散管理是指不同的社会保障项目由不同的政府部门管理，并各自建立一套管理监督机构。分散管理模式具有以下基本特征：（1）各级政府及社会保障部门事权独立；（2）各级政府及社会保障部门预算独立；（3）不同社会保障项目分别归属于不同的职能部门管理；（4）地方社会保障管理机构主要服从当地政府的指令，地方社会保障预算规模是地方总体财政预算的组成部分。

集散结合管理是指将相关的社会保障项目集中起来，统一管理，而将特

---

① 孙光德：《社会保障概论》，中国人民大学出版社 2008 年版，第 78—81 页。
② 郑功成：《社会保障学》，中国劳动社会保障出版社 2005 年版，第 244 页。

殊的项目单列，由专门的部门负责管理。这一管理模式把集中统一管理和分散自主管理有机地结合了起来。

根据上述分析不难发现，评价管理集中程度的指标主要有三个，不同的社会保障项目是否集中在一个部门管理；社会保障的管理权责集中在中央（联邦）政府还是地方政府；社会保障基金预算是否统一集中。而这三个维度之间又是可以相互交叉的，例如在横向上将不同的社会保障项目集中于一个职能部门，但在纵向上的权责分配却以地方管理机构为主等。因此，所谓的集中管理和分散管理都是基于类型学上的理想划分，而实践中的真谛则是要平衡好集中与分散的关系。

第二节　社会保障管理的功能与作用

一、社会保障管理是社会保障事业的组织基础

随着生产生活的社会化程度越来越高，社会保障的内容愈加丰富，涉及的关系愈加复杂，因而就愈需要有社会化、专业化的社会保障管理机构。它既是社会保障法制的自然延伸，也是对社会保障法制的强化。[①] 社会保障管理的核心是社会保障管理机构的设置。社会保障管理体制为社会保障事业的发展建立了管理机构，并构建了相应的管理流程，从而使社会保障服务能够高效地传输给社会保障对象。社会保障管理是把社会保障制度及其理念与社会保障产品（服务）联结起来的重要机制。没有社会保障管理，社会保障的理念就无法落实，社会保障的产品（服务）就无法有效地递送到社会保障对象手中。

二、社会保障管理是确保社会保障制度有效、可持续运行的重要机制

社会保障管理是实现社会保障制度有效运转的重要机制。社会保障行政

---

① 郑功成：《社会保障学——理念、制度、实践与思辨》，商务印书馆2000年版，第416页。

管理体制的确立有利于明确主管部门的职责，防止不同部门因为职能重叠或相互扯皮而造成社会保障制度不能达到预期的目标；社会保障行政管理体制还需要建立部门之间的合作机制，从而在分工明确的前提下发挥各个部门的优势，确保制度目标的顺利实现。社会保障基金管理则旨在确保社会保障基金的安全性，为社会保障制度的顺利运行提供物质基础。

社会保障管理还有利于促进社会保障制度的可持续发展。社会救助中的管理，有利于甄选出最需要救助的人群，确定合理的救助标准，从而使社会救助资金与服务更加准确地用在最需要的对象上；慈善福利事业管理有利于使财政性社会福利资源得到合理分配，同时有利于吸引更多的社会资源参与慈善福利事业；救灾管理能够实现未雨绸缪，确保在发生重大灾害时及时协调相关部门积极应对灾情，减少灾害造成的损失，等等。这些管理制度都确保有限的社会保障资源得以合理分配，并进而实现社会保障体系的可持续发展。

三、社会保障管理有利于提高社会保障制度的效率

公平与效率的关系是当今社会保障制度所必须要处理好的一对重要关系。社会保障制度以公平为核心价值理念，它通过维护公民平等的社会保障权，缩小收入分配的不公平程度，为人们创造相对公平的竞争环境。在制度追求公平的前提下，社会保障管理则更倾向于提高效率[1]，并且，一个高效率的社会保障管理体制同样有利于社会保障制度更好地追求和实现公平。社会保障管理体制通过对人力资源和财力资源的有效配置，通过建立不同管理部门之间的协调与合作机制，使社会保障制度能够以最小的成本实现对象瞄准，以最便利和最高效的方式提供社会保障服务。社会保障管理机制对社会保障制度效率的促进还集中地体现在协调政府与市场在社会保障中的作用。社会保障管理体制的重要内容之一是确定社会保障管理服务职能在政府与其他主体（企业、社会团体、专业受托机构等）之间的分配结构，形成多元化

---

[1]　丛树海：《建立健全社会保障管理体系问题研究》，经济科学出版社2004年版，第52页。

的社会保障服务模式，从而高效地提供国民所需要的各种社会福利与服务。

第三节　社会保障管理的主要内容

社会保障管理的内容非常丰富，前文有关社会保障管理的类型分析中已经提及了根据管理内容所进行的分类。广义的社会保障管理还包括了社会保障管理伦理、社会保障监督管理、社会保障绩效评估、社会保障人事管理以及社会保障管理的社会化等内容。① 本节主要聚焦社会保障行政管理、基金管理和信息管理三个部分。其中，行政管理与管理体制密切相关，是全书关注的重点；基金管理是社会保障顺利运行的物质基础，从而值得特别关注；信息管理则是信息化时代愈发重要的管理内容，它不仅涉及到最新信息技术在社会保障管理中的场景应用，也因为社会保障管理过程本身就产生了大量有价值的信息，从而成为大数据时代重要的信息来源。

一、社会保障行政管理

社会保障行政管理，是指行政部门依法行使对社会保障事务的管理与监督权力，它是社会保障制度良性运行的保证。

社会保障行政管理的内容包括：设置高效的社会保障管理机构、配置精干的社会保障管理人员，明确社会保障管理组织的职责，培养、考核、任命社会保障管理干部；② 制订社会保障计划，检查社会保障计划的执行情况，并不断完善社会保障计划，统筹协调社会保障政策，统筹处理地区和人群之间的利益和矛盾；落实社会保障的法律、法规和政策，监督社会保障法律、法规和政策的实施情况；调解和处理社会保障活动中出现的行政纠纷；③ 建立和完善社会保障信息化、社会化服务体系等。

---

① 张民省：《社会保障管理学新视野》，中国书籍出版社 2020 年版。
② 邓大松、刘昌平：《社会保障管理》，中国人民大学出版社 2011 年版，第 145 页。
③ 童星：《社会保障与管理》，南京大学出版社 2002 年版，第 131 页。

进一步地，从社会保障管理的程序上看，社会保障行政管理可以被划分为社会保障行政决策、社会保障行政实施和社会保障行政监督三个部分。

社会保障行政决策主要是根据社会保障立法的基本原则和内容，对不同社会保障项目的覆盖对象、参保方法、认定机制、缴费与待遇标准、管理机构及其职责、经办程序等进行更加详细的规定，对社会保障行政争议进行行政复议。社会保障行政实施则是由社会保障行政机构或者是委托社会保障经办机构办理社会保障的参保缴费、待遇发放等具体事务，从而确保社会保障制度的顺利运行。社会保障监督是社会保障行政机构对其委托的社会保障经办机构或其他提供社会保障服务的机构进行资质和质量的监督，从而确保社会保障管理服务主体的合法性以及社会保障管理服务的质量。

社会保障行政管理的组织载体是社会保障行政机构，它作为政府中履行社会保障管理职能的部门，具有以下基本特点：

首先，社会保障行政机构的设立及职责的确定是社会保障发展的必然要求。现代社会保障制度是工业化和社会化的产物，世界各国的实践证明，为了适应日益复杂的社会保障管理事务需要，社会保障事业必须要有专门的政府机构来管理。即对社会保障事务的管理应当是该机构的基本或主要的职责，而不是附带责任。分工合理、职责分明是实施社会保障管理的前提条件。作为实施社会保障管理的主体，每一个社会保障管理机构都应有其特定职责；每一个组织、机构及管理人员都必须且只需承担起自己的特定管理职责，而不能相互交叉和混合。职责的明确性和特定性是避免社会保障管理过程中相互扯皮、不负责任等现象产生的基本前提之一。

其次，社会保障行政机构的权责由法律规定。一方面，社会保障管理机构的权威应由相应的法律或法规赋予，同时由政府授权管理，每一管理部门的权威都只限于法律和政府授权的范围之内，不得越权行事；另一方面，社会保障管理组织系统又是分层级的，对每一级管理机构所拥有的权力，也都需要由法律法规予以明确规定。

再次，社会保障行政机构应有明确的目标导向。虽然从总体上说，社会保障管理的基本目的是维护整个社会保障制度的正常运行，但各国社会保障管理发展实践证明，社会保障事务不可能由一个部门来管理。它通常由一个以上的部门主管，多个部门分担相关的管理职责。所以，不同的管理部门应当有自己的管理目标。比如专门管理社会救助部门的目标是确保社会救助宗旨得到实现；专门管理社会保险部门的目标是确保社会保险从基金筹集、管理运营到支付过程的正常运行等。

最后，社会保障管理机构承担相应的行政责任。虽然在社会保障管理活动中政府是重要的主体，但是从社会保障法律关系上看，公民和参保人往往是权利主体，而政府则是社会保障法律关系中的平等参与主体之一，其管理行为在很大程度上会影响国民社会保障权利的实现及其程度。因此，从社会保障法律关系的角度看，社会保障行政机构作为管理主体，应对其行为承担责任。法律、法规应明确不同社会保障管理机构的责任；社会保障管理机构内部应强调上级对下级的行动负责；各级政府对隶属于其的社会保障管理机构行为负责。一旦产生了社会保障领域的权益纠纷，政府作为平等的参与主体应当按照司法机构的裁决履行相应的义务。①

二、社会保障基金管理

社会保障基金是社会保障制度运行的物质基础，对社会保障基金的管理贯穿社会保障制度运行的全过程，是在社会保障基金筹集、运营、分配和支付等方面所体现的财务关系，是以现行社会保障法律法规和财政会计制度为依据，科学有序地组织、调节和监督社会保障基金的运行。② 社会保障基金管理构成了社会保障管理的重要内容。

从环节上看，社会保障基金管理包括：一是社会保障基金预算管理，这是社会保障基金管理的总框架和基本方法，通过预算管理来控制社会保障基金的收支结构，实现社会保障基金的总体收支平衡。二是对社会保障基金筹集的管理，检查各责任主体（如政府、单位、个人）是否按法定标准供款，

① 注：近些年来，随着国民社会保障权利观念的普及、权利意识的觉醒以及权利受损害情况的发生，社会保障领域的司法案件呈现出上升的趋势。
② 林毓铭：《社会保障管理体制》，社会科学文献出版社 2006 年版，第 89 页。

私人和社会团体的捐助是否符合法律的规定等。三是社会保障待遇给付的管理，即对享受者支付养老保险金、医疗保险金、工伤保险金、失业保险金、最低生活保障金等是否符合法律规范，有无违规现象，有无漏洞等。发现失范时及时纠正并处理。四是对社会保障基金运营的管理与监督，确保社会保障基金安全并尽可能地使其保值增值。①

（一）社会保障基金预算管理

社会保障预算是国家为了实现社会保障目标，根据有关法律法规筹集和分配各项社会保障基金的计划。社会保障预算作为一种由政府编制的反映社会保障基金收支规模、结构和变化情况的计划，既是国家预算的重要组成部分，同时又具有相对独立性，在政府预算体系中占有重要地位。

社会保障预算的模式主要有两种：专门预算模式和政府公共预算模式。所谓专门预算模式就是指在政府一般性公共预算之外，对社会保障（这里主要是指社会保险）资金的收支进行专门的预算编制，从而使社会保障基金管理相对独立于政府财政性资金的管理。所谓政府公共预算模式是指把社会保障基金收支纳入财政一般性收支预算，与其他的政府财政性收支统一编制预算，统一管理。社会保障预算模式的选择主要由社会保障制度的模式决定：在福利国家，政府承担社会保障的主要责任，并且直接提供社会保障产品和服务，因此往往纳入政府一般性财政预算；在社会保险型国家，社会保险资金与财政性资金相对独立，政府仅仅承担有限责任，因此往往采取社会保障专门预算的方式，对其进行独立管理。

社会保障预算包括社会保障预算收入和社会保障预算支出两个部分，其中，社会保障预算收入包括社会保障基金征缴收入、财政补贴收入以及其他收入；社会保障预算支出包括社会救助支出、社会保险支出、社会福利支出等。总之，社会保障预算有利于对社会保障资金收支进行统筹安排，确保基金运行的总体平衡；有利于确保社会保障资金的安全与专款专用，防止社会保障基金管理风险的发生。2010年1月，国务院下发了《关于试行社会保

---

① 郑功成：《社会保障学》，中国劳动社会保障出版社2005年版，第248页。

险基金预算的意见》，标志着我国社会保险基金预算制度的初步建立。

（二）社会保障基金征缴管理

社会保障基金征缴管理的基本目标是筹集社会保障基金，为社会保障制度的运行提供坚实的物质基础。社会保障基金的来源非常丰富，并且不同类型社会保障项目的资金来源不完全相同，征缴方式也有所区别。具体而言，社会救助因为完全由政府负责，基本来源于政府财政性资金，主要通过税收的方式征集。社会福利资金的来源相对多样化，既包括财政性资金，也包括民间资金，以及企业和个人的捐赠资金。对于不同类型的社会福利资金，其管理办法有所不同，需要分别制定相应的管理办法。社会保险资金征缴相对较为复杂，其来源既包括财政性资金，也包括参保人的缴费。其中，参保人的缴费往往采取社会保险费的形式，我国社会保险费的征收体制历经了一个变化的过程。①

（三）社会保障基金投资管理

从财务模式上看，社会保障基金总体上可以分为三种模式，分别是现收现付制、完全积累制和部分积累制，其中，完全积累制和部分积累制在一个财务年度中都会有基金结余。为了防止基金贬值，就有必要对基金进行投资管理。

社会保障基金投资管理体制需要解决三个主要问题：第一，基金投资的主要领域。基金投资的领域主要由基金收益率要求决定：对于长期积累的资金，如完全积累的养老保险个人账户基金，对投资回报率要求较高，投资周期较长，可以选择风险稍大，但回报率较高的领域；对于短期积累的资金，如医疗保险的当期结余基金，对投资回报率要求不高，投资周期较短，应当以流动性较高的领域为首选。第二，基金投资的主体。由于社会保障基金的公共性质，有些国家成立了专门的机构负责社会保障基金的投资，例如我国于1999年成立的全国社会保障基金理事会，专门负责投资管理全国社会保障基金。绝大多数国家都采取委托代理的形式，选择具有较好资质的市场机

---

① 注：本书第九章的相关章节对此有详细的分析。

构进行委托投资，但国家会对投资领域进行较为严格的监管。第三，基金投资的风险控制与监督机制。对社会保障基金及其运营的管理与监督是社会保障财务管理的重点。它一般由专门的社会保障管理机构承担，并接受社会监督，在许多国家是由政府、雇主与劳动者代表三方组成的机构对基金进行监督管理。①

（四）社会保障待遇给付管理

社会保障待遇给付管理是指将社会保障待遇准确、及时地递送给被保障对象，社会保障待遇给付的形式兼顾资金和服务。广义的社会保障待遇给付包括社会保障对象的瞄准和动态调整以及社会保障待遇标准的确定和动态调整，狭义的社会保障待遇给付仅仅包括社会保障待遇的确定和动态调整。

所谓社会保障对象的瞄准和动态调整是指准确找到符合相关要求的社会保障待遇对象，例如符合救助标准的贫困家庭、满足养老金支付条件的参保者、满足领取失业保险待遇的失业者等等。同时，由于被保障对象及其家庭本身的收入和就业情况是动态变化的，因此社会保障对象的瞄准也需要进行同步变化。

所谓社会保障待遇的确定和动态调整是指根据社会保障待遇确定的原则，计算出被保障对象的待遇标准，并根据相关政策规定（如根据当地物价指数），对待遇标准进行调整。社会保障待遇给付是可以完全社会化的社会保障管理职能之一，目前，我国的职工养老保险制度已经基本实现了社会化发放，即符合要求的参保对象可以到银行、邮局等领取养老金待遇，从而实现了管办分离、方便群众。

三、社会保障信息管理

伴随着信息社会的到来，社会保障管理过程中的信息不仅成为管理的重要内容，反过来，信息也成为提高社会保障管理效力的重要资源。对于海量

---

① 郑功成：《社会保障学》，中国劳动社会保障出版社 2005 年版，第 249 页。

信息的加工与处理，以及基于大数据的分析和预测使我们可以对社会保障未来的发展做到心中有数；以互联网和人工智能手机为载体的现代信息技术使得各项社会保障业务从窗口办变为网上办，现在又进化为掌上办，大大提高了管理运行效率，方便了参保人。在信息爆炸和四处留痕的信息时代，由于社会保障制度覆盖的人群范围最广，同时又涉及人的全部生命周期，以及需要采集包括个人的就业、收入、家庭结构、健康与存活状况等多方面的数据，使得社会保障管理过程中所产生的数据本身就具有极其丰富的价值。因此，社会保障制度的蓬勃发展与信息技术的广泛应用，使得社会保障信息管理逐渐成为社会保障管理体系中的重要组成部分。

信息化管理对社会保障制度的发展具有以下四个方面的意义。第一，信息化有利于社会保障管理流程的规范化。社会保障管理过程需要技术手段的支持，而技术手段的应用反过来也可以促进业务的规范化。计算机管理信息系统以系统化的科学方法对各管理环节进行优化，在制定出规范业务流程的基础上，计算机系统能够对业务实行严谨科学、规范高效的管理。第二，有利于提高工作效率，确保数据安全可靠。社会保障管理涉及基金征缴、个人账户管理、社会保障待遇发放等环节，数据量大、时效和安全性要求高、存储时间长，人工处理显然无法胜任，必须使用计算机管理信息系统，做到异地备份，才能完成数据管理的任务。第三，有利于增加工作的透明度和决策科学性。对各项涉及参保人权利义务的内容实行信息化管理，可以让参保人和服务对象通过计算机网络进行查询，方便地了解各项社会保障政策信息，同时也使社会保障经办机构能随时接受社会公众的监督。此外，通过计算机系统对各种社会保障基金的收支平衡、费率调整等情况进行测算，很容易做到多种方案的比较分析，从而实现准确测算、科学决策。第四，有利于促进社会保障服务均等化。信息化大大降低了信息的传播成本，能够在最大程度上减少信息不对称的现象。长期以来，由于受到信息化水平的制约，农村地区居民无法全面获得有关社会保障的政策信息，并由此导致城乡社会保障服务的非均等化。信息化基础设施和社会保障信息管理系统向农村的延伸，可以提高社会保障信息在城乡的均等化程度，并进而推进社会保障服务在城乡的均等化程度。①

社会保障信息管理的内容主要包括四个方面。第一，社会保障机构内部实现文档电子化和办公自动化，建立办公决策支持系统，提高分析、预测和决策的效率。通过办公自动化系统和网络的建设，有效提高社会保障管理机构的办事效率。第二，将社会保障相关信息放到网络上，供社会公众了解与使用，即"政务公开"。通过信息公开，公众可以便捷地查询人力资源和社会保障部门的工作职责、人力资源与社会保障法规、政策、数据和业务经办流程等内容，而社会保障管理部门也可以通过该渠道收集反馈意见。第三，建设统一的服务平台，使社会公众能够通过网络便利地办理相关手续，实现政务处理的电子化。一体化的服务平台意味着要消除不同部门间的界限，公众在此平台上可完成民生领域的各种事务，提高了服务的质量与速度。第四，基于社会保障管理服务中所产生的信息，通过现代信息技术的处理，对重大社会保障决策进行信息支持，对社会保障制度运行进行预警监测，对社会保障中各方的行为进行有效监督。由此，形成从信息平台搭建到信息收集与整理，再到信息的分析与应用的信息管理闭环。

结合当前我国的社会保障信息管理现状，还需要特别处理好以下三个方面的问题。首先，要统一数据标准，包括采集的信息类型、信息标识的内涵与统计口径等，只有实现了信息技术和信息内涵的标准化，才能够顺利进行信息的交换与比对，形成可利用、高质量的信息数据库。其次，要建立统一的社会保障甚至是大民生事业的信息服务平台。一方面，目前我国的社会保障信息产生在管理不同环节、分布在不同职能部门，信息阻隔现象仍然比较严重。只有建立统一的、独立于某个行政主管部门之外的社会保障信息管理系统，才能真正实现信息的全口径和全流程整合。另一方面，目前我国社会保障管理还处于发展和完善的阶段，一些业务操作细则和流程难免发生变化。基层部门很难作出完整、准确和具有前瞻性的业务需求分析，也很难开

---

① 注：当然，在大力推进社会保障管理服务信息化的同时，也要关注老年人、残疾人等在使用现代信息技术方面存在的障碍和困难，兼顾传统的管理服务方式和现代信息化的管理服务方式。

发出可长期持续使用的业务软件。因此，就需要开发一个全国统一的应用软件系统，建立核心平台。伴随着业务流程的不断优化和更新，可以采取完善核心平台与补充建立子平台的方式，使得社会保障信息服务平台能够不断适应新环境的要求。最后，就是要特别注意信息安全。社会保障信息涉及到每一个参保人的个人信息，甚至是其隐私信息，因此一定要对社会保障信息进行脱敏处理；要提高网络安全技术的使用，防止恶意的网络攻击行为，做好数据的实时更新和备份；对于不同层级的经办服务人员，要授予不同的信息查询和处理权限，强化责任意识，对出现问题的环节及岗位，要严肃追究责任。

此外，仍然要强调的是，上述三项社会保障管理内容是相互交融的。社会保障行政管理主要涉及事权和业务管理流程，而社会保障资金则是各项业务顺利开展的物质基础或直接表现；社会保障基金管理主要涉及财权和支出责任，但同时也涉及资金在不同职能部门和不同层级政府之间的分配，多个社会保障行政管理部门也都不同程度地参与基金管理的过程；社会保障信息是在业务流程和资金管理的过程中产生的，反过来，这些信息经过加工和处理又可以有力地支持和辅助社会保障行政管理与基金管理，而信息化的管理手段更是可以直接提高业务管理与基金管理的效率。

第二章
研究视角：府际关系之概述

第一节 官僚科层制：理论之缘起

理论著述自然需要理论视角。如果说上一章的社会保障管理可被称之为本书研究内容的话，本章将要阐释的是本书的理论视角。从理论视角与研究问题的关系来看，理论提供了一种分析问题的角度和方法；而对于研究问题的应用性分析不仅仅是为了回答问题本身，还在于反思和回应理论命题，甚至致力于推动理论不断完善，此所谓理论的生命力和发展性。本节将从官僚科层制理论出发，在对该理论进行介绍、分析和反思的基础上，最终落脚于本书的核心分析框架府际关系。

一、本质：官僚，科层还是理性？

官僚科层制是伴随着现代工业化生产方式的发展，对于包括公共部门、大型企业等在内的各类型经济社会组织形态的一种抽象描述。相比于泰勒时代强调每一个生产环节的具体分工和专业化，官僚科层制更加具有系统和组织的视角。然而，官僚科层制的核心到底是什么？它与官僚、官僚主义等在中国大陆的非学术语言中具有明显贬义色彩的概念有何关联。在此，有必要回到中国有关组织研究的语境中，结合官僚科层制的核心要义进行探究。

英文中的 bureaucracy 被大量地翻译成官僚制，这种译法一方面被广泛应用，另一方面也引起了不少学术争论。《中国大百科全书政治卷》将官僚制界定为"按照职能和职位分工、分层管理原则建立起来的行政权力体系"，在现代行政学中，常常把官僚制度看成是科层组织化了的正规行政制度。①由此可以看出，即便是中文语义下的官僚制，也与"官僚"并非同义，它包括分层分工的原则、建立在此原则上的组织体系，以及该组织所依赖的权力体系和运行规则，从而是一套完整的体系结构。虽然组织中的人，即"官僚"也应当被视为其中的组成要素，但显然无法代表其全部。那么，bureaucracy 的核心是什么？

有学者强调，对官僚制的理解需要有多重的视角，包括组织的视角、统治（管理）的视角、制度的视角和社会的视角②。还有学者认为，马克思·韦伯所说的官僚科层制是一种组织管理形式，从而强调其组织的特性。这一点也得到了翻译家的认可，并指出，bureaucracy 的内在含义，应是"组织、机构"，而并非贬义的"官僚"。③但无论从哪个视角出发，组织都应当是官僚制的重要组成部分，也是其外部的表现形式。那么，官僚组织区别于其他组织的特征又是什么？答案是科层制或层级制。④其具体表现形式则是分工和等级制，虽然这一点本身就给官僚制带来了无数的批评和责难，但它仍然是有其社会根源的。等级制利用层级次序建立起一个垂直型的严密组织结构，下级服从上级、上级的命令通过下级得以贯彻，组织的行动过程都在最高领导的掌控中。⑤

进一步地，官僚科层体系为何要在组织形式上采用分级的结构？这就需

① 中国大百科全书总编辑委员会《政治学》编辑委员会：《中国大百科全书·政治学》，中国大百科全书出版社 2002 年版，第 113 页。

② 袁明旭：《官僚制视野下当代中国公共政策冲突研究》，中国社会科学出版社 2009 年版，第 93 页。

③ 张政等：《Bureaucracy——官僚制、科层制还是层级制？》，《中国翻译》2011 年第 6 期。

④ 张政等：《Bureaucracy——官僚制、科层制还是层级制？》，《中国翻译》2011 年第 6 期。

⑤ 刘圣中：《现代科层制：中国语境下的理论与实践研究》，上海人民出版社 2012 年版，第 36—37 页。

要回到官僚科层制作为一个整体制度设计的基本逻辑和特征上。众所周知，马克斯·韦伯是有关官僚科层制研究的权威，以至于有学者将官僚科层制也称为韦式官僚制（Weberian bureaucracy）。[①] 韦伯的官僚制制度模式有以下特点：（1）劳动分工。组织结构内部每个成员所担负的工作都是简单、明确和常规性的任务。（2）权力等级关系。组织结构内部具有确定的职权层次，低级的职位处于高层职位的监督与控制之下。（3）高度正规化。组织结构内部依靠一套正式的法规和制度程序来规范组织成员的活动与行为，从而保证对外一致性。（4）非人际关系。组织内部法律、法规的实施和应用对所有组织的成员都是平等的、一视同仁的，这样就可以很好地避免因为组织成员个人的个性与偏好带来不利于组织发展的负面影响。（5）政绩选人原则。组织机构内部的人员选拔、任用或提升不以个人的情感因素为原则，而是根据候选人的专业资格、胜任工作的能力和工作政绩来评估和安排。（6）鼓励组织中的个人（职业）发展。组织机构内部鼓励成员发展自己的职业生涯；作为对组织成员个人发展的回报，组织实行"任期"制，即使组织成员的技术已经落后仍然可以保留其职位。（7）公私严格分明。组织的管理人员不能把自己看作是组织的所有者，必须遵守组织纪律、规章的约束。[②] 上述特征可以总结为劳动分工、职权层系和"对事不对人"的三原则。[③] 由此可见，韦伯所构建起的官僚科层制涵盖了组织结构、运行原则、人与事的关系，管理者的选择与考核等多个方面，而统领这一切组织原则背后的价值则是"理性"。在韦伯看来，资本主义社会发展的精神特征就是它的理性化，而理性化表现在政治生活中就是官僚制。一方面，社会的理性化造就了现代官僚制；另一方面，官僚制又反过来作用于社会的理性化和推动着社会的理性化。正是这

---

① [爱沙尼亚]沃尔夫冈·德雷克斯勒：《重识官僚制：马克斯·韦伯与今天的公共行政》，《中国行政管理》2020年第9期。

② [德] 马克斯·韦伯：《经济与社会》，林荣远译，商务印书馆1997年版，（上）第245—246页；（下）第278—281页。

③ 陆江兵：《非人的"人"：从"组织图"到科层制——论M.韦伯科层制模式对人性的背离》，《学海》2005年第2期。

样一个互动的过程，塑造出了现代官僚制这样一个专业化、技术化的行政管理体系。① 因此，组织的权力和权威性皆来自于"理性"，而组织只有按照"层级制"的原则来设计，最高层负责决策与战略，中间管理层负责贯彻与执行，基层负责从事实际工作，② 这样才能够确保组织的理性权威，确保组织目标高效、顺利实现。

到这里，我们通过对韦伯官僚科层制的简单回顾与分析，大体梳理出其理论脉络，即官僚科层制是伴随着资本主义工业化的发展，以工业化生产过程中基于专业化分工的理性原则为组织理念所构建起的一整套组织运行体系和规则；基于分工和分层的科层制则是官僚制在组织形式上的具体体现，而这种组织结构反过来又是确保组织之理性原则的基础。因此，在理想和纯粹的官僚科层制组织中，不同层级之间指令的发布与执行及其效力，并不来源于（至少不仅仅来源于）不同层级职位所带来的权力和势能差，而是这种分层本身就是一个"理性"的结果，建立在上一层级比下一层级更理性及其职责分工的差异上。也即组织内部的成员需要服从有合法章程的、事务性的而非个人的制度和由它所确定的上司——根据他指令的正式合法性和在他指令的范围内服从他。③

最后，笔者需要对后文的概念使用做相关说明。前文之所以使用官僚科层制，是兼顾了常用的翻译用法"官僚"和本书所关注的政府组织的特性"科层制"，后文将混合使用"官僚科层"和"科层制"这两个用法，而不做特别的区分，从而兼顾表达的多样性。

二、发展：批判、重构还是完善？

官僚科层制理论被提出后，其影响是广泛而深刻的，因为韦伯认为这种

---

① 张康之：《超越官僚制：行政改革的方向》，《求索》2001 年第 3 期。

② ［德］马克斯·韦伯：《经济与社会》（上），林荣远译，商务印书馆 1997 年版，第243—245 页。

③ ［德］马克斯·韦伯：《经济与社会》（上），林荣远译，商务印书馆 1997 年版，第241 页。

组织形式不仅适用于公共部门，而且会伴随着社会分工与理性化程度在各个领域的提升而适用于各个领域、各种类型的组织。简言之，就是只要工业化和劳动分工在持续进行和深入，官僚科层制组织就会被广泛应用。即使当所谓的新公共管理运动兴起时，有观点认为应当用企业家精神来改造官僚制的时候，官僚科层制的拥趸们一针见血地指出，企业本身亦是科层制的，再富有创造力和创新精神的企业家也需要借助专业化分工和层级制去实现自己的"创新想法"。官僚科层制对于组织形态的抽象层次之高，甚至使其超越了与工业化相随的理论背景，而被应用在中国封建帝国维系的解释框架中①：在中国封建社会官僚机构的内部，有严格科层化的行政组织与机构，政务的操作有比较规范的程序和规章；他们的官职不能世袭，其升迁和罢黜依据其工作成绩的考核结果，这与原来的世卿世禄的官员制度截然不同。其显著优点是严格的程序性与规范性及优良的效率，从而被称之为中国古代帝国政治体系的轴心制度。②

尽管如此，对官僚科层制度的学术反思和实践批判仍然不绝于耳，主要是从环境、组织和人三个层面展开的。首先，在环境层面，科层制追求的是在稳定和确定环境下的理性分工，一旦出现了环境的突变，在缺乏既定规则的新领域，或者是不同事务之间的交叉领域，就会出现"非人格化""决策集中化""等级彼此孤立"和"平行权力"这四个要素的相互作用，使得科层制变得更加刚性，从而没有能力修正自己的错误，③ 或是无法应对新的环

---

① 注：这并不意味着我国缺少有关行政组织或其他机构组织形态的研究。就我国古代的行政组织而言，也有很多对文官制度的研究，只是并没有普遍地使用"官僚制"作为语义概括并进行理论构建而已。亦有研究认为，中国的行政组织具有典型官僚制的外部特征，如建立在层级基础上的权威；但却缺乏官僚制核心之理性精神，从而呈现出官僚主义的特征。参见袁明旭：《官僚制视野下当代中国公共政策冲突研究》，中国社会科学出版社 2009 年版，第130 页。

② 谷宇：《轴心制度与帝国的政治体系：中国传统官僚制度的政治学解读》，上海人民出版社 2011 年版，第 63 页。

③ ［美］彼得·布劳、马歇尔·梅耶：《现代社会中的科层制》，马戎等译，学林出版社2001 年版，第 114 页。

境变化。以应急管理领域为例，在单灾种的情况下，"分级负责、分类管理"的原则可以较好地实行，但一旦遇到跨界（超出职能部门管理范围）、跨域（发生在不同行政区划接合部）、系统性（由社会各子系统的交互作用使其影响作用迅速扩散到整个社会）的风险危机，传统的科层制及其分工体系往往会失效。①

其次，在组织层面，美国学者唐斯在分析官僚体制控制悖论的基础上，提出了组织控制行为的三个基本定律：不完全控制定律，即没有任何人可以完全控制一个大型组织的行为；控制递减定律，组织规模越大，上层领导者对其组织行为的控制力就越差；协调递减定律，组织规模越大，在不同行为之间的协调能力越差。② 简言之，就是根据科层制的分工之原则，需要对管理职能进行分工，而公共管理事务又往往是跨领域和综合性的，因此组织的部门分工与组织目标的综合性之间必然存在矛盾；根据科层组织的分层之原则，组织需要分成不同的层级并进行授权，但这往往导致分散主义和组织内子单位间的利益分歧，高层管理者基于权威垄断决策权，基层官僚（也被称之为街头官僚）掌握自由裁量权，最终导致官僚机构目标设置的多元性和模糊性。③

最后，在个人层面，虽然前文已经强调了作为组织形态的官僚科层制与作为个人的官僚之间的差别，但毕竟所有的组织都是由个人组成的，组织的理性目标也需要由复杂的人通过合作与执行来实现。在由人组成的组织中，就会产生并非建立在组织理性基础之上的非正式权威和其他的人格化因素，而导致组织的实际行为与理性行为相悖。进一步地，借用西方经济学中的"理性经济人"假设，关注于组织行为方式及其后果的官僚行为理论一方面

① 童星：《从科层制管理走向网络型治理——社会治理创新的关键路径》，《学术月刊》2015 年第 10 期。

② ［美］安东尼·唐斯：《官僚制内幕》，郭小聪等译，中国人民大学出版社 2006 年版，第 152 页；转引自袁明旭：《官僚制视野下当代中国公共政策冲突研究》，中国社会科学出版社 2009 年版，第 42 页。

③ 袁明旭：《官僚制视野下当代中国公共政策冲突研究》，中国社会科学出版社 2009 年版，第 126—128 页。

强调官僚（作为个体）与组织目标之间的冲突，使得人在追求理性化的过程中却成为了工具、失去了自我；另一方面强调官僚组织本身也是"理性经济人"，其行为模式是由这种追求利益最大化的动机决定的。① 因此，高效的组织不仅需要理性，还需要融价值理性和工具理性为一体，强化对组织中个体的绩效考核与激励，这在中国的实践中被学者称为"干部制"② 或复合官僚制。③ 由此，产生了组织中个人的经济理性（经济学中的狭义理性）与组织作为一个整体的理性（韦伯所指的理性）之间的冲突。

　　除此之外，以互联网为主要表现形式的现代信息技术的快速发展和广泛应用，和由此导致的信息传播方式与社会互动结构的变化，也被视为是对传统科层制的极大挑战。④ 然而，官僚科层制真的已经不再适应新的环境而走向穷途末路了么？笔者认为并非如此。

　　回到韦伯对于科层制本质的描述及其学理目标，就像德国人一贯给人以"古板但又纯粹而理性"的印象一样，德国人韦伯所描述的科层制就是一个纯粹而几乎无法实现的组织形态目标。作为一个完美的标杆，所有的组织形态都可以与其进行比照；作为一个理论抽象，它只能指导实践中组织的优化，而绝非是对实践中某种组织形态的白描。当任何组织形态在运行中出现问题的时候，我们都可以将其组织要素与"官僚科层制"——这样一个教科书式的组织模式——进行比较，用以反思问题所在并改进实践中的组织形态。因此，我们绝不能因为实践中的组织形态与官僚科层制不同而批判之，而更要看它所倡导的原则是否仍然对组织完善具有指导性的意义。回到上一节有关官僚科层制本质的讨论我们可以发现，官僚科层制强调的是理性，这

---

　　①　袁明旭：《官僚制视野下当代中国公共政策冲突研究》，中国社会科学出版社 2009 年版，第 36—37 页。

　　②　[瑞典] 博·罗斯坦、臧雷振编译：《经济增长与政府质量的中国式悖论——"韦伯式"科层制与中国特色"干部制"》，《经济社会体制比较》2016 年第 3 期。

　　③　张璋：《复合官僚制：中国政府治理的微观基础》，《公共管理与政策评论》2015 年第 4 期。

　　④　刘圣中：《现代科层制：中国语境下的理论与实践研究》，上海人民出版社 2012 年版，第 32 页。

种理性需要分工，但当下我们也需要基于分工基础上的合作；这种理性需要分层，但当下我们也需要基于分层基础上的监督和控制；这种理性需要组织中的人关注理性的权威和事务本身而非关注领导人，但当下我们也需要正视人的经济属性而兼顾价值理性和工具理性。因此，笔者认为，官僚科层制并未过时，所谓网络组织形态对科层制的取代，更不如说是网络结构对科层制的完善。我们无法想象完全没有层级的网络组织形态，纯粹扁平化的分工带来的只能是管理幅度过大和决策的更加集中化；我们也完全无法想象没有分工的网络，那将与一个盘根错节、乱成一团的渔网无异，是职能的交叉重叠和效能丧失。因此，科层制组织结构还不会退出历史的舞台，甚至未来任何组织模式中都将会有科层制的影子。

三、聚焦：从科层制到府际关系

虽然科层制是笔者的研究兴趣所在①，但本书的目标并不是要在官僚科层制的理论研究方面有所突破，而仅是本书的理论分析工具。结合上一章有关社会保障管理主体的讨论中，在中国语境下政府扮演着重要管理者角色的基本判断，本节将从一般性的有关科层制的讨论聚焦到政府的组织形态上。

官僚科层制的专业化和等级制原则②，在政府的组织形态上有着完美的呈现。根据专业化的原则，政府需要有部门之间的分工，一般称为横向分工；根据等级制的原则，政府需要有中央（联邦）与地方之间的分工，一般称为纵向分工。政府作为公共部门，无论是基于西方民主理论框架下民众让渡权力集合而成，还是在中国传统家国天下、官民一体的历史发展进程中公共事务的责任人，政府的"理性"都应当体现在市场机制无法有效提供，而民众又存在普遍广泛需求的公共事务领域，有效提供公共产品与服务。政府是典型的科层制组织，韦伯的官僚科层制自然也就适用于对政府行为的理解

---

① 注：近二十年前，笔者的本科毕业论文题目就是《科层组织与网络组织的比较及适应性研究》，可惜由于时隔已久，期间多次更换电脑，现已无法找到，实在遗憾。

② ［美］彼得·布劳、马歇尔·梅耶：《现代社会中的科层制》，马戎等译，学林出版社2001年版，第72页。

和分析。

具体到中国的政府行政体制，从纵向关系上看，可以分为不同层级的政府（本章第二节将就此做详细分析）；从横向关系上看，可以分为不同的政府部门（本章第三节将就此做详细分析）；除此之外，在中国还有垂直管理的部门，从而构成了较为复杂的政府组织形态。图2—1显示了中国政府组织结构的基本形态。从横向上看，政府是由不同部门组成的，即图示中的部门1到部门3，以及实行垂直管理体制的垂直部门；从纵向上看，政府是由不同层级构成的，在中国的基本层级包括中央政府、省级政府（包括省、自治区、直辖市）、县级政府（包括自治州、县、自治县、市）和乡镇政府（乡、民族乡、镇）。除此之外，还有香港和澳门两个特别行政区。由此可见，根据分工和分层的原则，政府是由不同的部门和不同层级的政府共同构成的，并形成了一个复杂的行政体系。从不同政府主体的关系上看，共有八组关系。

（1）同一层级上，政府与其组成部门之间是强关系，因为各组成部门领导的任命与评价，财政资源的分配往往都是由政府的领导决定的。

（2）同一层级政府不同组成部门之间是弱关系，因为各部门之间并没有领导和被领导的关系。但需要在政府的统一领导下分工合作。

（3）在纵向上，上级政府与下级政府之间也是比较强的关系，因为它们之间有直接隶属关系，其逻辑与政府和其组成部门的关系基本一致。

（4）由于同一层级的政府有多个，例如，目前我国有34个省级行政区，可以想象将图2—1中的省级政府进行平行罗列，由此形成同一层级不同政府或者同一层级不同政府部门之间的横向关系。由于他们之间既无行政隶属，也无业务指导关系，因此在行政关系上属于弱关系。

（5）就不同层级政府部门之间的关系而言，是相对的弱关系，因为虽然其从事同样业务领域的工作，但并没有行政上的隶属关系，而往往只具有业务上的指导关系。

（6）在垂直管理系统，只有中央层级的垂直管理部门才是同级政府的组成部门，而地方各级垂直部门都是该中央部门的派出机构，从而不隶属于当地政府，因此垂直部门在纵向上具有强关系，在横向上具有弱关系。

（7）既然有横向的部门分工和纵向的层级分责，就会产生斜向的上一级政府部门与地方政府之间的关系，例如中央政府的部门1与省级政府之间的关系。虽然两者在行政级别上是一致的（都为省部级），但既无行政隶属关系，也无业务指导关系而呈现出弱关系的特点。

（8）在纵向上还可能会出现跨层级的关系（例如省直管县），这种跨层级的关系会通过强化财政与人事的控制力而形成强关系。[①]

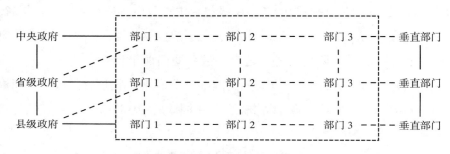

图2—1 中国政府组织的基本结构

说明：

1. 由于乡镇是最基层的行政单位，往往不再做具体的部门划分，以及本书所涉及的社会保障业务主要是中央政府与省政府，因此这里在纵向层级上只做了三级的划分。

2. 实线表示强关系，虚线表示弱关系。所谓的强弱关系是以行政隶属或组成关系为主要标准。

3. 实行垂直管理的部门在中央政府层级上也属于中央政府的组成部门（如税务部门），但在地方层级上不属于地方政府的组成部门。

根据上述分析不难发现，行政组织（政府）是典型的官僚科层制组织实体[②]，它根据韦伯的分工原则划分为不同的部门，根据分级原则划分为不同的层级，并由此构成了一个有机联系的总体。在行政管理学中，这被称为政府间关系，或简称为府际关系。林尚立教授提出，政府间关系主要指国内

---

① 注：上述关系中所谓的强和弱都是结合中国当前的行政体制特征做出的判断，而从历史的发展角度看，强与弱都是具有历史阶段性的。纵向关系被称之为条条，横向关系被称之为块块，其强弱的历史变化就是所谓的"条块关系"。

② 袁明旭：《官僚制视野下当代中国公共政策冲突研究》，中国社会科学出版社2009年版，第135页。

各级政府间和各地区政府间的关系，它包含纵向的中央政府与地方政府间关系、地方各级政府间关系和横向的各地区政府间关系。宏观上看，它构成了一个社会的管理与资源配置的网络体系，微观上看，是社会主要利益关系的直接反映。[1] 这个概念伴随着全球化和区域范围内主权国家之间合作的日趋广泛，也进一步延伸到了主权国家之间[2]；或是根据对政府内涵的狭义与广义理解，进一步延伸到立法、行政、司法以及执政党等框架内。行政管理学界结合政府的职能，除了从组织视角的传统分类之外，还引入了一些新的具有启发性的视角。例如强调府际关系包括权力关系、行政关系和财政关系。其中，权力关系是基础，受国家结构形式以及与此相关的宪法和法律的制约与规定；财政关系是核心；公共行政关系是在公共事务管理活动中所形成的关系。这三重关系相互制约、相互影响。[3]

政府组织较为严格地遵从了官僚科层制的基本原则，也就不可避免地出现科层制的问题，而其作为公共政策的组织主体，这些缺陷和问题所导致的将是公共政策的冲突和危机。[4] 具体而言，有横向分工就会有横向困境，专业化导致了部门之间的职能鸿沟。部门细化是组织发展的必然结果，而部门分化导致的后果就是部门越多、组织冲突越多，效率越低。有纵向分层就会有纵向困境，它是指作为管理者的雇主存在减少雇员应得收入的自利性和作为被管理者的雇员尽量减少努力成本的自利性之间的冲突，这一点主要是因为等级化组织产生纵向信息不对称而引起的纵向的目标行为和态度方面的差异。[5] 简言之，就是在组织体系中，每一个人既是管理者，又是被管理者，其基于管理者身份的控制成本和基于被管理者身份的单位时间收益最大化之

---

　　① 林尚立：《国内政府间关系》，浙江人民出版社 1998 年版，第 14 页。

　　② 杨宏山：《府际关系论》，中国社会科学出版社 2005 年版，第 2 页。

　　③ 林尚立：《国内政府间关系》，浙江人民出版社 1998 年版，第 70—73 页。

　　④ 袁明旭：《官僚制视野下当代中国公共政策冲突研究》，中国社会科学出版社 2009 年版，第 135 页。

　　⑤ ［美］盖瑞·J. 米勒：《管理困境：科层的政治经济学》，王勇等译，上海三联书店 2002 年版；转引自刘圣中：《现代科层制：中国语境下的理论与实践研究》，上海人民出版社 2012 年版，第 23 页。

间将必然产生冲突，而这种冲突的根本则是前文所提及的组织的整体理性与组织中个人的经济理性之间的冲突。不仅如此，专业化与等级制之间也存在着冲突和矛盾，专业化强调专业职能的发展和科学规划，等级制关注的是组织结构的内部联系和统一性；专业化原则会在组织内部产生基于专业知识的权威，而等级制则认为权威来自于等级更高的管理人员；专业化强调组织与外部环境之间的互动关系，等级制则强调组织内部的功能。[①] 这对应着政府科层组织中的三组基本矛盾：横向的职能分工与合作，纵向的权力配置与监督控制以及横向与纵向之间的条块矛盾。

第二节　纵向府际关系：行政与财政的双重视角

纵向府际关系又称中央与地方关系，无论是在单一制的国家，还是在联邦制国家，都是府际关系中的重要组成部分。央地关系对中国这样一个地域辽阔、地方层级多、地区发展差异大的中央集权制国家而言，显得尤其重要。很多著名的学者都对中国的央地关系问题极有兴趣，认为这是理解中国历史变迁，解释中国经济社会发展现状的一把金钥匙，并且都尝试对中国的央地关系进行理论概括。著名政治学者、对央地关系有深入研究的辛向阳将其称之为"戈尔迪之结"，并认为，一部中国史很大程度上就是处理中央与地方关系的历史。[②] 著名中国问题学者郑永年教授将其称之为中国制度转型中的轴心问题，[③] 并将其概括为"行为联邦制"[④]，等等。

央地关系在新中国的历史上呈现出显著的周期性特征，但其变化的动力

---

① 刘圣中：《现代科层制：中国语境下的理论与实践研究》，上海人民出版社 2012 年版，第 24—25 页。

② 辛向阳：《大国诸侯：中国中央与地方关系之结》，中国社会出版社 2008 年版，第 22 页。

③ 郑永年等：《论中央地方关系——中国制度转型中的一个轴心问题》，《当代中国研究》1994 年第 6 期。

④ 郑永年：《中国的"行为联邦制"》，东方出版社 2013 年版，第 8 页。

却并不完全相同。改革开放前主要取决于国民经济发展的现实要求和党政关系与政治形势的发展，且后者起主要作用；改革开放后，随着党政分开、政企分开以及市场化的改革，前者的作用更加显著。①

这种周期性的特征，从积极的角度看，是一种动态中的平衡。当集权程度过大，导致缺乏地方积极性的时候，就采取放权的改革措施；当权力过于分散，导致了地方保护主义或区域间经济发展差距拉大等问题时，则又可以采取适度集权的改革策略。在纵向府际关系中，事权的分配和财力的分配是两个重要的视角，并且是相互联系的。例如，改革开放后，由于中央财政压力过大，因此改革都指向于权力下放，并通过扩大地方财政支出在整个支出中的比重，从而缓解中央财政支出压力。② 因此，接下来将分别从行政关系和财政关系的视角展开分析。

一、纵向府际关系：行政的视角

自秦始皇废分封、行郡县后，中国就被普遍认为是具有集权传统的单一制国家，尤其是在和以城邦体制的欧洲大陆国家、联邦体制的美国进行体系比较和文献对话的过程中，这种印象更加深入人心。然而，我们无法忽视的另一个史实是，传统的中国封建王朝"合久必分、分久必合"，在大一统的历史主线中，从来就不缺少地方自治的冲动，即使是至高无上的皇权也有"不下县"的传统；当国家作为一个整体概念出现的时候，中国人从来就不缺少凝聚力和向心力，而在涉及自身利益调整的本地区公共事务治理时，天高皇帝远亦是常态。接下来，我们可以从行政层级的设置和事权的分配体系两个角度来理解中国的央地关系。

（一）中国行政层级的设置

中华人民共和国成立伊始，形成了以大行政区—省（直辖市）—县（行政区）—县、区（乡）—乡的行政层级结构；1954 年撤销了六大行政区，

---

① 林尚立：《国内政府间关系》，浙江人民出版社 1998 年版，第 288 页。
② 辛向阳：《大国诸侯：中国中央与地方关系之结》，中国社会出版社 2008 年版，第 416 页。

形成了省（自治区、直辖市）—县（区、地级市）—乡的行政层级。随后，在 20 世纪 60 年代相继恢复和新增了一些省政府的派出机构，即专区（后更名为地区），代表省对县进行管理。改革开放之后，1982 年的宪法规定，我国行政层级主要为省（自治区、直辖市）—县（自治州、自治县、市）—乡（民族乡、镇）三级制。但在省与县之间，事实存在着地市一级的建制，即所谓的地级市与县级市的差别。20 世纪 80 年代，开始推行市管县体制，从而形成行政层级事实上的省—地级市—县、市辖区—乡镇四级体制[①]。统计数据显示，截至 2019 年底，中国有 34 个省级行政区（包括 23 个省、5 个自治区、4 个直辖市、2 个特别行政区），333 个地级区划（包括 293 个地级市、7 个地区、30 个自治州、3 个盟），2846 个县级区划（其中市辖区 965 个、县级市 387 个、县 1323 个、自治县 117 个、旗 49 个、自治旗 3 个、林区 1 个、特区 1 个[②]），乡镇级区划 38755 个（其中镇 21013 个、乡和民族乡 9067 个、苏木和民族苏木 154 个[③]、街道办事处 8519 个、区公所 2 个[④]）。从上述看似枯燥的分类和数据中，我们亦能发现一些中国行政管理层级设置的特征。

第一，管理幅度呈现两头宽中间窄的基本特点。所谓管理幅度是指一级管理部门管理的下属数量。根据上述数据简单计算可得，中央政府下属 34 个省级单位，1 个省级单位平均下属 9.8 个地级单位，1 个地级单位平均下属 8.5 个县级单位、1 个县级单位平均下属 13.7 个乡镇级单位。处于最高层的中央政府管理幅度最宽，这也是一直有建议在中央和省级行政单位之间再增设一个层级或者是地区性协调机构的原因所在。

---

① 注：还有观点认为，村和社区虽然是群众自治组织，但在实践中亦实际承担了基层政府的部分职能，从而认为中国是六级行政体制。参见魏礼群主编：《建设服务型政府》，广东经济出版社 2017 年版，第 73 页。

② 注：分别是直属湖北的神农架林区和贵州省六盘水市的六枝特区（大型煤矿区）。

③ 注：这是内蒙古自治区特有的乡级行政区。

④ 注：区公所，是县、自治县人民政府的派出机关，用于管理县（自治县）下辖的区。中国现存在 2 个区公所，分别是河北省张家口市涿鹿县的赵家蓬区公所和新疆喀什地区泽普县的奎依巴格区公所。

第二，行政区划的结构总体上与城镇化趋势相匹配。在同一级别的行政区划中，往往是根据城乡来进行分类，同时兼顾民族地区的差异。以县级为例，市辖区一般都集中在城市地区，县则主要分布在农村地区；以乡镇一级为例，街道办事处是指城镇地区，乡镇主要是指农村地区。在快速城镇化的进程中，撤县改市和县改区的趋势非常明显。[①] 将 2000 年的数据与 2019 年对比发现，地级市从 259 个增加到 293 个，市辖区从 787 个增加到 965 个，街道办事处从 5902 个增加到 8519 个；相应地，县级市从 400 个减少到 387 个，县从 1503 个减少到 1323 个，乡镇从 43511 个下降到 30234 个。

第三，行政区划与行政级别并不完全一致。虽然总体而言，行政区划所对应的行政级别是从高到低的，但也存在一些特殊的情况，使得纵向的府际关系略显复杂。例如，中国现有 15 个副省级城市，其中一部分是省会城市，一部分是计划单列市，这些城市虽然在行政区划上属于地市级，但其行政级别却要高于其他的地市级城市。除此之外，由于我国大部分的国有企业都有对应的行政级别，有些国有企业负责人的行政级别甚至高于企业所在地的地方领导（例如鞍钢），由此导致不充分的属地管理等问题。

（二）中国纵向府际间的事权分配

在事权分配方面，可以区分为由法律规定的应然性事权和由实际财政支出来衡量的实然性事权。前者强调法律规定应该由哪一级政府来承担相应职责，后者关注实际运行中是哪一级政府承担了责任。本节主要关注应然性事权分配，下一节的财政视角会涉及实然性分配。

《中华人民共和国宪法》第八十九条列举了中央政府（国务院）的十八项职权；《中华人民共和国地方各级人民代表大会和地方各级人民政府组织法》第五十九条列举了县级以上各级人民政府的十项职权，第六十一条列举了乡镇级人民政府的七项事权。从学理上看，大部分学者将这些事权划分为中央独享型事权、地方独享型事权和中央地方分享的事权三种，并且普遍认

---

① 魏礼群主编：《建设服务型政府》，广东经济出版社 2017 年版，第 60—68 页。

同应当根据公共产品或服务的外部性与差异性来合理分配事权 ① （外部性越大，即全国范围内的公共产品应当由中央政府来承担；外部性不大，区域性的公共产品应当由地方政府来承担。对公共服务需求的差异性越大，供给的规模效应越小，就越适合由地方政府来承担；需求的差异性不大，则适合由中央政府来承担），但显然当前我国的纵向政府间事权分配与学理性要求相去甚远。

简言之，其一，目前对县级以上人民政府的职权做了统一的规定，而并未区分不同层级的政府。在当前中国的行政实践中，省级政府是承上启下的重要层级；地市是具有较强行政能力和财政能力的层级，并且兼有直接履行责任、分配事务和有效监督之责；县级政府则是决定各项公共事务执行情况的重要基层政府。对这三级政府的职权做统一性的规定显然是略微粗糙了。其二，对于不同层级政府共享的事权按照区域进行划分，从而不具有现实可操作性。例如，宪法规定，中央政府领导和管理经济、城乡建设、生态文明建设、教育、科学、文化、卫生、体育和计划生育等工作；地方各级人民代表大会和地方各级人民政府组织法规定，县级以上人民政府管理本行政区域内的经济、城乡建设、生态文明建设、教育、科学、文化、卫生、体育和计划生育等工作；乡镇人民政府则亦是将上述领域的管理职责限定在本行政区域内。然而，我国的行政区域规划从纵向上看是隶属性而非排他性的，某一县乡的行政区域范围亦是其所在地市的行政区域范围，更是其所在省的区域范围。因此，按照行政区划来划分不同层级政府的责任必然会导致实际履责时权责不清、职能交叉又或是相互推诿。

当然，我们能够理解法律规定的原则性和对法律进行调整的复杂过程，而值得欣喜的是，2016 年国务院下发了《关于推进中央与地方财政事权和支出责任划分改革的指导意见》，提出了包括"财政事权由中央决定"在内

———————————

① 注：这主要是从公共经济学视角的分析。从更加宽泛地角度看，中央与地方事权的划分还要考虑公共事务的政治属性、经济属性、民族属性、自然属性和国家战略属性，并且以宪法、法律解释和其他法律依据为主要表现形式。参见王浦劬等：《中央与地方事权划分的国别研究及启示》，人民出版社 2016 年版。

的五点基本要求；规定了体现基本公共服务受益范围、兼顾政府职能和行政效率、实现权责利相统一、激励地方政府主动作为和支出责任和财政事权相适应的五项基本划分原则；对中央地方财政事权划分、中央地方支出责任划分和加快省以下财政事权和支出责任划分做了具体的部署。该指导意见不仅具有原则性，也具有很强的操作性。在此指导下，2018 年 2 月，国务院办公厅下发了《关于印发基本公共服务领域中央与地方共同财政事权和支出责任划分改革方案的通知》，对主要基本公共服务领域中央与地方共同财政事权的清单及基础标准、支出责任进行了明确的划分。之后，国务院办公厅又先后印发了在医药卫生领域（2018 年 8 月）、科技领域（2019 年 5 月）、教育领域（2019 年 6 月）、交通运输领域（2019 年 7 月）、生态环境领域（2020年 6 月）、公共文化领域（2020 年 6 月）、自然资源领域（2020 年 7 月）、应急救援领域（2020 年 7 月）的中央与地方财政事权和支出责任划分改革方案，政府各主要职能领域的中央地方事权划分逐步清晰。

除了上述根据公共事务的基本特征，对不同层级政府进行权力与职能的划分外，还有一种思路是按照公共事务的管理流程来进行职能划分，即串联式的划分方法①。如果说并联式的职能划分追求的是不同层级政府职责分工明确的话，串联式的划分则必然要求从决策到实施和监督整个过程在权责清晰基础上的密切配合。在中央决定、地方执行的框架下，地方裁量权的范围和中央的监督与激励机制就成为讨论的重点。当然，从政策过程的全流程角度看，中央决策方案的清晰性和地方政府在改革方案中的利益变化，都会影响地方政府的政策实施效果。②

在中央对地方行为的控制和监督中，除了基于行政层级的压力体制③，

---

① 韩旭等：《中央、地方事权关系研究报告》，中国社会科学出版社 2015 年版，第 60—67 页。

② 鲁全：《转型期中国养老保险制度改革中的中央与地方关系研究》，中国劳动社会保障出版社 2011 年版，第 21 页。

③ 荣敬本：《从压力型体制到民主合作型体制——县乡两级政治体制改革》，中央编译出版社 1998 年版。转引自张紧跟：《当代中国政府间关系导论》，社会科学文献出版社 2009 年版本，第 90 页。

基于财政资源的利益分配之外，人事权是中央控制地方的最后王牌，是对地方官员最根本的制约。[①] 在经济分权后，为了鼓励地方发展经济，中央在一定程度上赋予了地方领导人自主作为的空间，改变了过去"下管两级"的做法，实现了"下管一级、备案一级"。不过组织部门和纪检部门并没有放弃约束地方干部的努力，尤其是在党的十八大之后，纪检工作加大力度，把注意力从过去的干部任用转向干部管理制度的规范化和法制化，即通过普遍的规则和标准来约束地方干部的管理行为。[②]

二、纵向府际关系：财政的视角

(一) 财政分权概述

在明确了不同层级政府的事权之后，如何分配财政资源的问题便应运而生，财政支出责任是相应层级政府承担的运用财政资金履行其事权、满足公共服务需要的财政支出义务。[③] 从世界范围看，无论是单一制国家还是联邦制国家，法制健全、权责明晰、运行高效、保障有力的现代政府间财政关系是所有国家政府所追求的。[④] 从财政管理的角度来看，政府间财政关系包括财政收入资源的分配、财政支出责任的明确和财政转移支付制度，除此之外还包括财政预算管理、财政绩效管理等管理手段。

主导政府间财政关系理论研究的是财政分权理论，这一理论在改革开放后我国财政体制改革和经济增长领域被广泛应用。根据我国财政主管部门的官方界定，财政分权是指中央政府给予地方政府一定的税收权和支出责任范围，允许地方政府自主决定其预算支出规模和结构，其预期结果是地方政府

---

① 郑永年：《中国的"行为联邦制"》，东方出版社 2013 年版，第 7 页。

② 黄相怀：《当代中国中央与地方关系的"竞争性集权"模式》，天津人民出版社 2014 年版，第 95 页。

③ 财政部干部教育中心编：《现代政府间财政关系研究》，经济科学出版社 2017 年版，第 4 页。

④ 财政部干部教育中心编：《现代政府间财政关系研究》，经济科学出版社 2017 年版，第 1 页。

能够更有效率地提供当地居民所需要的地方性公共物品和服务。① 从上述描述中，不难体味出两组基本关系。其一，财政分权的目的是为了更好地提供满足居民需要的公共服务，因此财政资源分配的前提是明确的事权分配体系，即事权分配决定了财政资源的分配。其二，我国的财政分权是中央政府"给予"地方政府的，从而兼顾了中央政府的主导权与地方政府的自主权，既与我国单一制行政体制相吻合，也遵循了事权分配中央决定的基本原则。

这种转变从我国财政体制的转型中可以得到充分的体现。与计划经济体制对应的财政管理体制是统收统支、中央地方财政大一统格局，财政体制不过是计划经济资源配置方式的反映。② 因此，在计划经济时期，即使我们看到部分年份地方政府的收支规模大于中央政府，也并不意味着是财政分权体制，而只是中央财政给地方多分了一点，强调的是中央政府的绝对主导权，而非地方政府的自主权。从 1978 年到 1993 年是双轨制的资源配置方式及被动适应的政府间财政关系，无论是分灶吃饭还是财政包干制，都仅仅体现了财政分权的取向，而并未实现财政分权的本质。放权让利和全面承包的改革带来了经济快速但低质量的发展，而财政，尤其是中央财政日益窘迫，陷入了因"两个比重"③ 急速下降、财政难以平衡而不断"打补丁"的尴尬境地。1994 年推开的宏观经济体制改革是要建立和完善中国特色社会主义市场经济体制，而财税体制改革处于中心地位，④ 并最终以 1994 年的分税制改革为标志。

然而，当我们细细回顾分税制的改革过程及其措辞时，可以发现，财政分权从理念和制度构建上看都应当是有利于地方政府的，但我国的分税制改革显然不是地方政府发起，而是由中央政府发起的，提高中央财政收入占比则又是其中的重要目标之一，甚至有地方政府在改革前还希望可以单独保留包干制。在学术文献中，这种财政分权的体制通常被称为联邦主义财政，甚

---

① 财政部干部教育中心编：《现代政府间财政关系研究》，经济科学出版社 2017 年版，第 14 页。

② 楼继伟：《中国政府间财政关系再思考》，中国财政经济出版社 2013 年版，第 5 页。

③ 注：两个比重是指财政收入占 GDP 的比重和中央财政收入占国家财政总收入的比重。

④ 楼继伟：《中国政府间财政关系再思考》，中国财政经济出版社 2013 年版，第 9 页。

至时任中国投资有限责任公司董事长、后来成为财政部掌门人的楼继伟在其著作中也明确提出，我国财政管理体制改革就是从传统的统收统支体制向联邦主义财政方向变革。① 虽然这里的财政联邦主义与联邦主义的国家结构形式毫无关系，但"分税制"的表达显然是经过了深思熟虑，既体现了改革的主体（由中央来进行分），也体现了改革的内容（对税收资源进行划分），在集分之间寻求平衡的中庸之道体现得淋漓尽致。

（二）分税制改革及之后 ②

如上文所述，从财政管理的全流程看，应当包括财政收入、财政支出和财政转移支付，而从财权与事权的关系来看，却理应是事权决定财政支出责任，财政收入的分配再与财政支出责任相匹配，具体可以分为性质之间的匹配和规模之间的匹配两种思路。但面对 20 世纪 80 年代中期到 90 年代初"两个比重"不断下滑的主要问题，决策者首先对税制、税收征管体制以及财政收入的分配机制等最迫切的问题进行了改革，而财政支出结构以及管理等问题在随后的改革中才逐步涉及。③

1994 年首先实施了以公平税负和简化税制为核心的税制改革，建立了以增值税为主，营业税、消费税为辅的流转税体系，对所得税进行了归并整合，建立了中央地方两套税务征管机构。④1993 年年底，国务院发布《关于实行分税制财政管理体制的决定》，其主要内容包括中央与地方事权和支出的划分，中央与地方收入的划分（包括中央固定收入、地方固定收入和中央地方共享收入），中央财政对地方税收返还数额确定的方法，以及原体制中中央补助、地方上解及有关结算事项的处理办法等。

1994 年之后，在财政税收领域还进行了一系列的改革。在税收领域，

---

① 楼继伟：《中国政府间财政关系再思考》，中国财政经济出版社 2013 年版，第 2 页。

② 本部分主要参考楼继伟：《中国政府间财政关系再思考》，中国财政经济出版社 2013 年版；财政部干部教育中心编：《现代政府间财政关系研究》，经济科学出版社 2017 年版。

③ 楼继伟：《中国政府间财政关系再思考》，中国财政经济出版社 2013 年版。

④ 楼继伟：《中国政府间财政关系再思考》，中国财政经济出版社 2013 年版，第 71—73 页。

（1）消费税方面，2006 年对消费税的税目、税率及相关政策进行了调整；2008 年对汽车消费税进行了调整。（2）增值税方面，2009 年在全国范围内推广从生产型增值税向消费型增值税的转型。从 2012 年开始试点营业税改增值税，并于 2016 年 5 月起全面推行，逐步取消营业税，过渡期内增值税收入中央地方五五分成。（3）在资源税方面，2011 年在全国范围内推广油气资源税改革。（4）2007 年开始，企业所得税法的颁布实施标志着内外资企业统一所得税标准。（5）不断提高工资薪金的所得税起征点和税率结构，增加了税前抵扣的项目。

在政府间税收划分领域，分别于 2002 年和 2008 年实施所得税收入分享改革，按照企业的隶属关系等因素划分分享比例；2016 年起中央对地方实施增值税定额返还；逐步提高中央分享印花税的比例至 97%；实施出口退税负担机制改革，从分税制时全部由中央财政负担调整为 2004 年起增量部分中央地方 75：25 分担，后又调整为 92.5：7.5；分别于 2001 年和 2009 年开始实施车辆购置税和成品油价格税费改革，都属于中央税。

在转移支付方面，先后建立了均衡性转移支付、民族自治地区转移支付、调整工资转移支付、农村税费改革转移支付、义务教育保障机制转移支付、资源枯竭城市转移支付、工商部门停征"两费"转移支付、成品油价格和税费改革转移支付和重点生态功能区转移支付制度。

2009 年起，为进一步规范财政转移支付制度，将中央对地方的转移支付分为一般性转移支付和专项转移支付两类。其中，一般性转移支付包括 1994 年分税制建立的财力性转移支付和补助金额相对稳定的、原列入专项转移支付的项目；专项转移支付仍然是为了实现特定目的的转移支付。[①]1995 年中央对地方的税收返还和转移支付规模为 2534.1 亿元，其中税收返还和体制补助与上解占比 73.7%，财力性转移支付占比 11.5%，专项转移支付占比 14.8%，到了 2008 年，税收返还和转移支付的规模达到

---

①　财政部干部教育中心编：《现代政府间财政关系研究》，经济科学出版社 2017 年版，第 51—52 页。

22990.8 亿元，上述三部分的占比分别为 40.9％、26.4％ 和 32.7％；到了 2015 年，转移支付规模达到 55097.5 亿元，税收返还占比 9.1％，一般性转移支付占比 51.6％，专项转移支付占比为 39.3％；到了 2019 年，转移支付规模达到 74359.9 亿元，其中一般性转移支付占 89.9％。[①]

　　学界对 1994 年分税制改革及其效应的研究可谓是汗牛充栋，其中反思的主要问题之一就是在财力上移的同时，事权的不断下移，导致了地方可支配财力的不足，并进而带来此后的土地财政以及地方债务等问题。尽管如此，从历史发展的角度看，分税制仍然是我国财税管理体制改革中具有重大意义的事件，它不仅是对财税管理领域主要问题的破题并提出改革的方向，而且对于扭转当时"两个比例过低"，提高中央的权威和宏观调控能力，提高全域范围内的财力和公共服务均等化水平发挥了重要的作用。在实行分税制以前，东部、中部、西部和东北四大板块 GDP 增速存在着很大的差距，东部沿海省份遥遥领先，导致地区差距扩大，1994 年以后，各板块的增速开始出现趋同，无论使用哪方面的数据，2004 年以后，中国人均 GDP 的省际差距都出现了

图 2—2　中国中央与地方财力变化情况（1953—2019）

────────────

① 注：以上数据来自于财政部相关年份的全国财政预算。

缩小的势头。在这么短的时间里，地区差距显著缩小，不能不说是一个奇迹，虽然不少因素发挥了作用，但大规模中央财政转移支付功不可没。[①]

那么，我们当前的纵向财政资源分配结构到底如何？十年前，笔者在自己的第一本专著中曾通过中央与地方可支配财力的历史变化情况来展现财政资源的纵向分配结构，这个研究思路仍未过时，笔者更新了相关数据后，得到图 2—2 所示的中央与地方财力变化情况。其中，财力分别用中央（地方）财政收入支出之差除以全国财政总收入。很明显地看出，除了总体上的周期性规律之外，1994 年分税制之后，中央财政迅速从财政赤字转变为财政盈余，地方财政迅速从财政盈余转变为财政赤字，且盈余和赤字的规模都在不断扩大。[②]

1994 年的分税制改革在各级政府的支出责任划分上本应当是按职能区分，但当时各级政府支出责任划分基本上延续了既定的做法，划分的不明确，特别是涉及全局性资源配置的支出责任大量划分给省及省以下政府。地方的自有财力与支出责任之间差距很大，为了解决这种不对应问题，采取了"保基数"的办法，建立了中央对地方的税收返还制度。1995 年出台了一般性转移支付制度，之后中央对地方的一般性转移支付力度逐年增大。总之，分税制改革增强了财政总体实力，建立了财政增收机制，基本实现了财政收入的规范化和制度化，推动了基本公共服务均等化，强化了地方财政的预算约束，形成了现代财政的基本框架。[③]

具体到社保领域的财政支出责任分配体系又是怎样的？表 2—1 反映了财政就业与社会保障支出占国家财政总支出的比重，以及中央财政对就业社会保障的支出占财政性就业和社会保障支出的比重。分析数据可得，财政

---

① 王绍光：《中国·治道》，中国人民大学出版社 2014 年版，第 254 页。

② 注：在作者 2011 年的分析中，还进一步考虑了预算外资金对央地财政实际能力的影响，而从 2010 年起，预算外资金全部纳入到了预算管理，预算外资金对各级财政实际能力也因此再无实质影响。

③ 楼继伟：《中国政府间财政关系再思考》，中国财政经济出版社 2013 年版，第 13—16 页。

性就业与社会保障支出占财政总支出的比重不到 13%，大大低于发达国家的水平。① 中央财政对就业和社保的支出占财政性就业社保支出的比重不到 4.5%，那么，这是否意味着地方财政在总体财力不足、存在财政赤字的情况下，仍然承担了主要的就业与社保支出责任呢?

当我们进一步引入转移支付视角时，可以发现，根据 2019 年全国财政预算中中央对地方转移支付决算的说明，明确划归在就业与社会保障支出项目中的就包括就业补助资金（决算数为 538.78 亿元）、基本养老金转移支付（决算数为 7303.79 亿元）、困难群众救助补助资金（决算数为 1466.97 亿元）、残疾人事业发展补助资金（决算数为 14.4 亿元）、优抚对象补助经费（决算数为 474.28 亿元）、退役安置补助经费（决算数为 524.73 亿元）。上述六项的总金额为 10322.95 亿元，占 2019 年地方就业与社会保障财政支出的 36.7%。因此，准确理解社会保障支出责任在不同层级地方政府之间的划分离不开对转移支付制度的准确把握。该部分的内容将在本书第七章做具体分析。

表 2—1 财政就业与社会保障支出情况（2010—2019）

年份	国家财政支出（亿元）	国家财政社会保障和就业支出（亿元）	社保就业支出占财政总支出比重	中央财政社保就业支出占国家财政社保就业总支出比重
2010	89874.16	9130.62	10.16%	4.93%
2011	109247.79	11109.4	10.17%	4.52%
2012	125952.97	12585.52	9.99%	4.65%
2013	140212.1	14490.54	10.33%	4.42%
2014	151785.56	15968.9	10.52%	4.38%
2015	175877.77	19018.69	10.81%	3.80%
2016	187755.21	21591.5	11.50%	4.12%

---

① 注：当然，这与统计口径也有关系。在现有的支出口径中，除了就业与社会保障之外，卫生健康支出、住房保障支出等也属于广义社会保障的范围。

年份	国家财政支出（亿元）	国家财政社会保障和就业支出（亿元）	社保就业支出占财政总支出比重	中央财政社保就业支出占国家财政社保就业总支出比重
2017	203085.49	24611.68	12.12%	4.07%
2018	220904.13	27012.09	12.23%	4.39%
2019	238858.37	29379.08	12.30%	4.19%

数据来源：国家统计数据库。

第三节　横向府际关系：部门与地区的双重视角

一、部门间关系的视角

根据《国务院行政机构设置和编制管理条例》，国务院行政机构根据职能分为国务院办公厅、国务院组成部门、国务院直属机构、国务院办事机构、国务院组成部门管理的国家行政机构和国务院议事协调机构。根据中央人民政府网站的信息，国务院的组织机构包括：国务院办公厅、国务院组成部门（共 26 个）、国务院直属特设机构（国资委）、国务院直属机构（10 个）、国务院办事机构（2 个）、国务院直属事业单位（9 个）和国务院部委管理的局（16 个）共同组成。

（一）中国中央政府部门设置的历史沿革 ①

1. 2018 年之前的国务院机构改革

简要回顾一下改革开放以来历次重要的国务院机构改革。1978 年，中央政府除秘书厅之外，其他的机构数量为 76 个，其中部委机构 37 个，但并无专司社会保障的行政部门；办公机构有 7 个，直属机构有 32 个，其中包

---

① 注：本节有关机构改革的信息全部来源于历次机构改革方案，以及中央人民政府网站 http://www.gov.cn 和中国机构编制网 http://www.scopsr.gov.cn/。

括国家劳动总局。1982年、1988年、1993年、1998年、2003年、2008年、2013年和2018年共进行了8次机构改革，笔者将2018年之前历次改革的主要内容整理见附录一。通过对附录一的分析，可以发现我国在2018年之前的国务院机构改革主要呈现出以下三个特点。

第一，从早期基于管理流程再造的部门优化组合逐步转变为基于明确政府职能基础上的结构优化。早期的部门改革主要是从精兵简政的角度出发，对于职能重复的部门和领域进行基于管理流程上的简化和优化；之后的改革则逐渐聚焦到政府核心职能的领域，例如在金融监管、公共交通、环境保护、食品药品监督、社会保障、医疗卫生等领域开展了大刀阔斧的机构改革，其目的是更好地发挥政府在这些领域的职能。

第二，改革的对象从行业和微观经济管理领域逐渐转变到宏观经济调控领域，再转变到社会公共服务领域。20世纪80年代末和90年代初的历次改革主要是裁撤或合并行业管理部门，使政府从微观经济管理中解脱出来，使相关行业能够真正实现市场化；90年代中后期和进入新世纪之后的几次改革则主要强化了政府的宏观决策与经济管理职能，包括组建国家发改委、商务部、工业和信息化部等。近几次的改革亮点则是在社会公共服务领域，包括组建人力资源社会保障部、环境保护部、卫生健康委员会以及住房与城乡建设部等。而这个特点在2018年的国家机构改革中更为突出，从而标志着我国的政府伴随着社会主义市场体制的建立和完善，正在从全能型、全领域的政府逐步转型成以宏观调控、市场监管和公共服务与管理为主要职能的现代政府。

第三，伴随着职能的转变，从部门设置的角度看，体现为部门数量的不断减少和大部制逐渐成为改革的基本方向。国务院的组成部门，除国务院办公厅之外，从1982年改革前的52个压缩到了2013年改革后的25个，其他办事机构、直属机构、事业单位以及跨部门的议事协调机构数量也大大减少。2008年首次在机构改革方案中明确提出了大部门制的改革目标与方向。

2. 2018年的国家机构改革

2018年3月，中共中央印发了《深化党和国家机构改革方案》。改革方案提出，要以加强党的全面领导为统领，以国家治理体系和治理能力现代化为导向，以推进党和国家机构职能优化协同高效为着力点，改革机构设置，优化职能配置，深化转职能、转方式、转作风，提高效率效能，积极构建系统完备、科学规范、运行高效的党和国家机构职能体系。相比于上述几次国务院机构改革，2018 年的国家机构改革涉及党中央、全国人大、国务院、政协机构、行政执法体制、军地关系、群团组织以及地方机构，可谓是一次深刻而全面的国家机构改革。现将其主要内容整理见表 2—2。通过对表 2—2 的分析可以看出，这次国家机构改革有几个突出的特点：

其一，是充分体现了党中央的全面领导和决策权力。根据此前的分析，传统大部制的改革是在行政体制内部尝试将决策、执行和监督分开，而此次机构改革则充分反映了中国共产党领导这一中国特色社会主义的本质特征，从更加全面的权力配置角度实现了决策、执行和监督的适度分离。

其二，是在国家最高权力机构全国人大设立了专门的社会建设委员会，体现了对社会领域立法的高度重视。在改革方案的介绍中，社会建设委员会设立的基本背景就是按照"五位一体"总体布局的要求，加强社会建设，创新社会管理，更好保障和改善民生，推进社会领域法律制度建设。在我国的九大部门法中，社会领域的立法处于相对滞后的状态，在全国人大专门设置社会建设委员会显然将有力推动包括社会保障在内的社会领域立法工作。

其三，在国务院机构改革的内容中，有关社会保障的内容更是引人注目。一方面，继续按照深化政府职能改革的要求，强化在市场监督和社会管理与公共服务方面的功能；另一方面，在国务院正部级机构减少 8 个，副部级机构减少 7 个的情况下，在保留人力资源和社会保障部、民政部这两个传统社会保障领域主要行政部门的同时，组建国家医疗保障局，集中管理医疗保障工作，扫清了医疗保障改革的体制性障碍；新成立的退役军人事务部、应急管理部也都涉及退役军人保障和灾害救助等社会保障事务；在统一税务管理体制的前提下，将各项社会保险费的征收权力集中到税务部门，结束了近 20 年的社会保险费征收体制之争；调整全国社会保障基金理事会的管理体制，由国务院管理改为财政部管理。除此之外，在相关部委机构的调整中，民政部专门设立儿童福利司、老年人福利司，卫生健康委专门设立老年人健康司等，再加上宏观管理部门（如发改委、财政部、审计署）中设置的社会保障相关司局，我国的社会保障行政管理体制得以全面重塑与优化。

表 2—2　2018 年国家机构改革基本情况

深化党中央机构改革	1.组建国家监察委员会，由全国人民代表大会产生。同中央纪律检查委员会合署办公。不再保留监察部、国家预防腐败局。 2.组建中央全面依法治国委员会，作为党中央决策议事协调机构，办公室设在司法部；组建中央审计委员会，作为党中央决策议事协调机构，办公室设在审计署；组建中央教育工作领导小组，作为党中央决策议事协调机构，秘书组设在教育部。 3.中央全面深化改革领导小组、中央网络安全和信息化领导小组、中央财经领导小组、中央外事工作领导小组改为委员会。负责相关领域重大工作的顶层设计、总体布局、统筹协调、整体推进、督促落实。 4.组建中央和国家机关工作委员会，作为党中央派出机构。不再保留中央直属机关工作委员会、中央国家机关工作委员会。 5.组建新的中央党校（国家行政学院）作为党中央直属事业单位；组建中央党史和文献研究院，作为党中央直属事业单位。不再保留中央党史研究室、中央文献研究室、中央编译局。 6.中央机构编制委员会作为党中央决策议事协调机构，中央组织部统一管理中央机构编制委员会办公室；中央组织部统一管理公务员工作，将国家公务员局并入中央组织部。 7.中央宣传部统一管理新闻出版工作、电影工作。 8.中央统战部统一领导国家民族事务委员会、宗教工作和侨务工作。将国家民族事务委员会归口中央统战部领导，将国家宗教事务局、国务院侨务办公室并入中央统战部。 9.将国家计算机网络与信息安全管理中心由工业和信息化部管理调整为由中央网络安全和信息化委员会办公室管理；不再设立中央维护海洋权益工作领导小组，有关职责交由中央外事工作委员会及其办公室承担；不再设立中央社会治安综合治理委员会及其办公室，有关职责交由中央政法委员会承担；不再设立中央维护稳定工作领导小组及其办公室，有关职责交由中央政法委员会承担；将中央防范和处理邪教问题领导小组及其办公室职责划归中央政法委员会、公安部。
全国人大机构改革	1.组建全国人大社会建设委员会。主要职责是，研究、拟订、审议劳动就业、社会保障、民政事务、群团组织、安全生产等方面的有关议案、法律草案，开展有关调查研究，开展有关执法检查等。 2.全国人大内务司法委员会更名为全国人大监察和司法委员会。 3.全国人大法律委员会更名为全国人大宪法和法律委员会。

续表

国务院机构改革	1.组建自然资源部，不再保留国土资源部、国家海洋局、国家测绘地理信息局。 2.组建生态环境部，不再保留环境保护部。 3.组建农业农村部，不再保留农业部。 4.组建文化和旅游部，不再保留文化部、国家旅游局。 5.组建国家卫生健康委员会，不再保留国家卫生和计划生育委员会。不再设立国务院深化医药卫生体制改革领导小组办公室。 6.组建退役军人事务部。 7.组建应急管理部，中国地震局、国家煤矿安全监察局由应急管理部管理，不再保留国家安全生产监督管理总局。 8.将科学技术部、国家外国专家局的职责整合，重新组建科学技术部，不再保留单设的国家外国专家局；将司法部和国务院法制办公室的职责整合，重新组建司法部，不再保留国务院法制办公室。 9.优化审计署职责，不再设立国有重点大型企业监事会。 10.将国家工商行政管理总局的职责，国家质量监督检验检疫总局的职责，国家食品药品监督管理总局的职责，国家发展和改革委员会的价格监督检查与反垄断执法职责，商务部的经营者集中反垄断执法以及国务院反垄断委员会办公室等职责整合，组建国家市场监督管理总局。组建国家药品监督管理局，不再保留国家工商行政管理总局、国家质量监督检验检疫总局、国家食品药品监督管理总局。 11.组建国家广播电视总局，作为国务院直属机构，不再保留国家新闻出版广电总局。组建中央广播电视总台，作为国务院直属事业单位，归口中央宣传部领导。撤销中央电视台（中国国际电视台）、中央人民广播电台、中国国际广播电台建制。 12.组建中国银行保险监督管理委员会，不再保留中国银行业监督管理委员会、中国保险监督管理委员会。 13.组建国家国际发展合作署、国家医疗保障局，作为国务院直属机构。 14.组建国家粮食和物资储备局，由国家发展和改革委员会管理；组建国家移民管理局，由公安部管理；组建国家林业和草原局，由自然资源部管理，不再保留国家林业局；重新组建国家知识产权局，由国家市场监督管理总局管理。 15.国务院三峡工程建设委员会及其办公室、国务院南水北调工程建设委员会及其办公室并入水利部。 16.将全国社会保障基金理事会由国务院管理调整为由财政部管理。 17.将省级和省级以下国税地税机构合并，实行以国家税务总局为主与省（自治区、直辖市）政府双重领导管理体制，各项社会保险费交由税务部门统一征收。
全国政协机构改革	1.组建全国政协农业和农村委员会。 2.全国政协文史和学习委员会更名为全国政协文化文史和学习委员会。 3.全国政协教科文卫体委员会更名为全国政协教科卫体委员会。

行政执法体制改革	整合组建市场监管综合执法队伍、生态环境保护综合执法队伍、文化市场综合执法队伍、交通运输综合执法队伍、农业综合执法队伍。
军地改革	1. 公安边防部队、公安消防部队、公安警卫部队改制。 2. 海警队伍转隶武警部队。 3. 武警部队不再领导管理武警黄金、森林、水电部队，不再承担海关执勤任务。
其他	深化群团组织改革、深化地方机构改革

资料来源：中共中央印发《深化党和国家机构改革方案》，中央人民政府网站，http://www.gov.cn/zhengce/2018-03/21/content_5276191.htm#1。

（二）关于大部制的讨论与反思

相比于丰富的纵向府际关系研究，横向府际关系的研究则相对较少，如果说纵向府际关系研究的核心议题是财政分权的话，那么横向府际关系研究中的"大部制"则是进入 21 世纪以来的热点话题。所谓大部制，顾名思义就是指把职能相同或相近的机构合并为一个较大的部门，或者把相同相近的职能归入一个部门管理为主，以减少机构重叠、职能交叉、政出多门等问题。它是在职能整合基础上对政府部门采取综合设置的一种政府组织形式。[1] 然而，就像对财政分权的理解需要置于经济体制改革的宏观背景中一样，对大部制改革的理解也需要置于经济体制改革和行政体制改革的大背景下才能更加准确。优化政府职能和优化权力结构是两个重要的视角。

第一，大部制改革的前提是政府职能的转变。大部制是为了适应社会主义市场经济的要求，使得市场在资源配置中发挥决定性作用，让政府回归到公共事务管理的领域，从而形成精干高效的政府组织结构。[2] 从这个意义上看，以合并为主要方式的大部制只是行政体制改革的一种形式，除此之外，还包括取消（取消政府不该有的管理事项）；下放（把相关管理权责下放给

---

① 沈荣华：《大部制》，江苏人民出版社 2014 年版，第 1—6 页。

② 沈荣华：《积极稳妥地探索实行职能有机统一的大部门体制》，收录于课题组编：《大部门制与政府改革》，内部研讨资料，2008 年。

地方政府）；转移（把一些技术性和具体事务性的工作转移给事业单位或社会组织）和加强（强化某些管理职能）① 等手段。

第二，是在行政体制内部去理解大部制，还是要从整个权力结构优化的视角去理解大部制？如果我们把视野局限在狭义的行政体制内部，从公共事务管理流程和领域的视角去做部门之间的合并重组，这只是大部制的初级形态。而按照决策、执行和监督相分离的要求进行权力结构的总体调整才是大部制的根本目标，而这种思路的贯彻显然需要突破狭隘的行政体制视角，因为如果以此为理由，每一个部门都可以要求一分为三而陷入部门膨胀的循环，取而代之的思路有两个：其一是聚焦于行政事务中决策、执行与监督的适度分离，把提供公共产品的决策权、执行权和监督权交给不同的部门来负责，一般是由少数决策部门、大量执行部门和独立监督部门构成。② 在地方实践中，深圳的大部制改革被称为"行政三分"的改革方案即贯彻了这样的思路。③ 其二，则是将这种权力的分离放大到执政党、立法机构、行政机构和司法机构等国家机构之间的关系上。④2018 年我国的国家机构改革（而非仅仅是国务院机构改革）则在一定程度上体现了这样的思路。

然而，大部制是否真的可以通过部门之间的整合，在看似精简机构的同时，真正实现政府职能的转型和整合？大部制改革如何能从物理组合转变为化学反应？⑤ 在分工与整合的组织变迁中，组织间协调的重要性便凸显了出来。就部门之间的协调机制而言，在中央政府层面上，主要是通过部际议事协调机制来解决。根据 2008 年 3 月国务院发布的《关于议事协调机构设置

----

① 沈荣华主编：《政府大部制改革》，社会科学文献出版社 2012 年版，第 58—60 页。

② 周天勇等：《从管理走向治理：中国行政体制改革 40 年》，上海人民出版社 2018 年版，第 287 页。

③ 陈天祥等：《中国地方政府大部制改革模式研究——来自珠三角的调查》，社会科学文献出版社 2017 年版，第 342 页。

④ 周天勇：《大部制改革的三个关键问题》，收录于课题组编：《大部门制与政府改革》，内部研讨资料，2008 年。

⑤ 魏礼群：《积极稳妥推进大部门制改革》，《求是》2011 年第 12 期。

的通知》①，设置了 29 个议事协调机构，撤销了 25 个议事协调机构。这些跨部门议事协调机构往往由国务院领导同志任负责人，相关部委的负责同志为组成人员，部分议事协调机构会在牵头部委设置办事机构。然而，相关机构的整合并不意味着跨部门信息沟通和协调难度的自然下降。因为，不同业务之间的沟通总量并未发生变化，只不过将原来的外部沟通变成了内部沟通，如果信息流程的程式、载体和处理机制没有发生实质性变化，不同机构之间的协调只不过是换了一个中介而已。② 从协调的角度看，即使将相关的业务并入到了同一个部门，那么其协调机制就从跨部委的协调转变成了部门内部不同司局之间的协调。正如有分析指出，跨部门之间协调机制的有效性取决于该议事协调机构负责人的权力等级和职能范围，由于部门内部的不同事务亦由不同的部门负责人分管，其协调效果也在很大程度上取决于其权力等级和职责范围。

　　回到科层制结构本身，前文已经强调，如果说纵向上分层的关键是各层级职能边界的清晰和决策执行流程的有效，那么横向上专业化分工要面对的就是有效的组织间协调。英国政府在 1999 年发布的《政府现代化白皮书》中提出"协同政府"理念，强调决策中的跨部门协调；美国的"跨部门合作机制"强调政策执行中的管理，包括跨部门关系的确认、跨部门合作的领导协调，跨部门的信息共享以及跨部门合作的激励。③ 由此可见，大部制的核心问题不是机构重组，不是将部门整合视为一个合并同类项的过程，而是利用组织结构变革工具，选择最有效的整合手段和工具，实现组织协调成本最小化，实现组织机制的重构，即协调机制才是核心。④ 如果没有其他机制的

---

① 注：根据《国务院关于宣布失效一批国务院文件的决定》（国发〔2015〕68 号），此文件目前已失效。但该文件中所提及的这些跨部门的议事协调机构却仍然部分存在。
② 陈天祥等：《中国地方政府大部制改革模式研究——来自珠三角的调查》，社会科学文献出版社 2017 年版，第 343 页。
③ 周志忍：《大部制：难以承受之重》，收录于课题组编：《大部门制与政府改革》，内部研讨资料，2008 年。
④ 黄文平：《大部门制改革：理论与实践问题研究》，中国人民大学出版社 2014 年版，第 38 页。

变化和资源的有效整合，简单通过机构合并所节省下来的成本可能会因不同内设机构和业务间的适应性成本和利益磨合成本而变得毫无意义。[1] 当然，在科层化的组织中，协调是无处不在的，它不仅存在于不同部门之间，也存在于同一业务领域的不同层级政府部门之间，还存在于斜向的府际关系之间，从而应当成为民主政治建设的重要方面。[2]

二、地方间关系的视角

由于地方政府之间既不存在基于专业化的职能分工，也不存在行政层级差别而带来了领导与被领导关系，因此地方政府之间，尤其是同一层级地方政府之间的关系主要是经济领域的竞争与合作与社会领域的统筹与协调，并且具有时间序列上的顺序性和相互影响性。

首先是在经济领域，如上文所述，在经济体制改革的背景下，纵向分权使得"弱化条条、放开块块"[3]，地方政府有可能并实际上成为了经济改革的"第一集团"。财政分权使得地方政府在发展地区经济的同时可以实现自身财力与可支配预算的最大化，而地区的政治官员亦可以将此作为升迁的重要竞争力。在以 GDP 为主要考核指标的情况下，这往往使得地方政府及其官员的行为更像一个"企业家"。虽然这种地方政府及其官员行为的扭曲带来了包括寻租、腐败、垄断等行为，但必须要承认的是，这在改革开放早期，对于地方经济的发展确实发挥了非常重要的作用。进一步地，随着生产分工的细化和生产要素的充分流动，以行政区划为基础的行政管理体制与统一市场经济之间的矛盾开始出现，这就需要有跨行政区域之间的经济合作机制。从国家整体经济的区域均衡发展和多点布局的角度来看，中央政府亦是乐见其

---

[1]　陈天祥等：《中国地方政府大部制改革模式研究——来自珠三角的调查》，社会科学文献出版社 2017 年版，第 343 页。

[2]　杨光斌：《大部制与国家制度建设理论》，收录于课题组编：《大部门制与政府改革》，内部研讨资料，2008 年。

[3]　王沪宁：《集分平衡：中央与地方的协同关系》，《复旦学报（社会科学版）》1991 年第 2 期。

成，并且积极推动部分区域的经济一体化进程。除了传统的长三角、珠三角经济区域发展之外，既有以区域均衡发展为目标的振兴东北、中部崛起、西部大开发等战略，也有近些年来提出的京津冀一体化、粤港澳大湾区、长江经济带、成渝双城经济圈等新战略。除了合作之外，地方政府在经济发展领域也存在竞争，无论是早期向上级政府争取优惠政策的竞争，还是通过改善营商环境等方式对投资资源的竞争，在市场经济体制改革的初期，地方政府往往既是市场的监管者，也是市场机制的积极塑造者和市场资源配置的热情参与者。

　　然而，在社会改革领域，由于该领域的改革无法直接产生可衡量的政府绩效指标，普遍而言，更追求经济绩效的地方政府对社会领域的关注和投入显著不足。相反，无论是基于政绩显示的需要，还是因为地方之间经济发展差距不大，统筹难度因此减小，中国在社会领域的改革呈现出显著的"西部现象"。即中西部地区在社会领域改革的力度和政策突破往往要强于东部经济发达地区。这并不意味着中西部地区的社会发展水平或是社会福利平均水平高于东部地区，而是它们之间在社会领域的差距要明显小于在经济领域的差距，并且中西部地区体现出了更强的在社会领域的改革创新意识。相比于经济领域由地方政府主导的创新和改革，社会政策的特征和地方政府的利益结构决定了在转型期的中国，中央政府是社会政策改革的主要推动者。①

　　当我们将上述两个领域地方政府的行为整合在一起时，又可以发现，从横向地方间关系的角度看，需要从经济社会发展目标的冲突转变为两者的协调。在地方间经济竞争的早期，一些社会支出被狭隘地视为经济竞争的不利因素，例如各项社会保险缴费，被认为是拉高劳工成本，进而影响对资本吸引力的因素，而其结果则是所谓"扑向底层的竞争"。② 虽然不同区域的经

---

① 鲁全：《转型期中国养老保险制度改革中的中央与地方关系研究》，中国劳动社会保障出版社 2011 年版，第 122 页。

② 彭浩然等：《中国地方政府养老保险征缴是否存在逐底竞争?》，《管理世界》2018 年第 2 期。

济发展战略使这一假设并不具有全国的普适性，[①] 但在以低劳工成本为主要"比较优势"的经济发展战略下，社会保障支出尤其是社会保险的缴费与经济发展之间的矛盾性极易被夸大。而现阶段，无论是经济增长的模式，还是区域之间经济合作的日益广泛和深入，地方政府之间亟须重新审视经济发展目标与社会发展目标之间的关系。从经济增长模式来看，在资本全球化的背景下，中国的比较优势显然要从所谓的低劳工成本转变为高劳动素质，随之而来的，则是社会福利支出从成本转变为吸引和留住高质量人才的法宝；而新发展格局和拉动内需对经济发展的关键作用，使得社会保障通过免除人们后顾之忧从而有利于拉动消费的功能得以被重新正视。从区域之间的经济合作关系来看，无论是以核心城市发展为重要标志的同城化趋势，还是多个中心城市共同带动的区域经济协同发展，其必然面临着大规模劳动者频繁的跨行政区域流动，劳动者的流动性和社会保障管理属地化之间的矛盾要求在不断提高社会保障统筹层次的同时，建立跨地区之间的协调机制，从而确保劳动者在流动过程中的福利权益不受损失。

因此，在新的发展格局下，在区域经济一体化的背景下，我国地方政府之间的关系会更加密切，在合作与竞争中，不仅需要关注要素流动过程中的竞争，更需要关注在社会保障领域的合作。当然，最终的解决之道仍然是在纵向府际关系视角下中央政府的统筹协调和社会保障统筹层次的不断提高。这亦说明，我们不能独立地分析纵向府际关系和横向府际关系，不能分割地看待事权和财权，它们事实上共同构成了一个复杂的府际关系网络系统。

第四节 小结：纵横交错的网络关系

按照科层制的基本原则，横向上需要分工，从而确保专业化，纵向上需

---

① 李静：《我国养老保险缴费与外商直接投资的相关关系研究——基于面板数据联立方程组的实证研究》，中国人民大学硕士学位论文，2018 年。

要分层，从而确保执行的有效，这种组织设计的基本原则归根到底都是为了实现其"理性"的目标。然而，只要有分工，就需要有协调与合作；只要有分层，就需要有控制和监督。当科层制结构把一个完整的组织划分为条条块块的不同组成部分时，它看上去分工明确、结构对称，但在现实的运行过程中，却又不得不面对官僚组织"官僚化"的个体理性冲击和纯粹理性分工与现实中万般事务纷繁复杂之间的矛盾，按照理性之原则和理性之目标所设计出的理性组织是否还可以真正实现理性？面对这个看似拗口却又现实存在的问题，我们需要的恐怕不仅仅是批判的精神，而依然需要回归"理性"：在分工的同时实现有效合作，在分层的同时强化监督与控制，这本来就是硬币的一体两面。是科层制不再适应外部环境的变化，还是我们对科层制的认识出现了局限？这的确是值得思考的问题。

回到我们国家府际关系的视角，科层组织的解释力和其内在的矛盾性都得到了充分的体现。一方面，按照横向分工的视角，我们的政府由不同的部门构成，按照纵向分工的视角，我们的政府是多层级的，并且按照单一制的组织原则进行运行，从而构成了一个紧密而非松散的整体。这充分体现了科层制对于中国政府结构及其运行的解释力。但另一方面，上述科层制的矛盾与困惑也同样在中国政府的组织架构与运行中得到了体现。横向大部制如何真正实现职能明确基础上的有效协调，纵向的分权如何真正使得财权与事权相匹配，调动中央和地方两个积极性。更要紧的是，横向关系与纵向关系还是交错在一起的。

我们形象地把中国行政系统中纵向的各职能部门称为"条条"，把地方的各级政府称为"块块"。条条涉及不同层级地方政府的某一专门职能部门，其本质是横向分工在纵向上的联合；而块块的各级政府又是由不同职能部门共同组成的，从而是不同的条条在某一层级政府上的凝结。在这样纵横交错的关系中，一个现实的问题便是，作为地方政府的某一职能部门，它到底是听上级部门的，还是听本级政府的呢？这就是科层结构中横向分工与纵向分级之间的冲突，中国语义下的"条块分割与条块冲突"。而这种条块结合的政府间关系早在 20 世纪 50 年代就已经形成了。①

在传统的计划经济模式下，条条的力量相对较强，它不仅带来了部门之间关系的阻隔，也使得地方政府的管理地位被削弱，地方间合作与协调的基础变得薄弱。②改革开放之后，地方财权和经济管理权的扩大产生了催促地方发展的合力，中国整个经济管理体制从条条为主彻底变成了块块为主。③然而，问题并没有这么简单，条块之间的关系不仅是时间序列上的此消彼长，亦是某个时点上的相互影响。

1. 横向间的部门分工在纵向上会导致职责同构；而强化职能部门的功能，在纵向上体现为垂直管理时，亦会带来条块矛盾。

所谓职责同构，是指在政府间关系中，不同层级的政府在纵向间职能、职责和机构设置上高度统一、一致，通俗地说，就是每一级政府都管理大体相同的事情，在政府机构设置上表现为"上下对口、左右对齐"。④中央政府基于职能的分工需要设置不同的部门，而一旦职能部门设置后，基于其自身的权力扩张要求和履行中央政府分配职能的必要，自然希望在每一个政府层级都有相对应的职能部门，从而可以更好实现纵向上的决策部署与实施。也可以说，是纵向分级的决策—实施流程使得中央层级的部门需要在地方层级设置对口的部门；而地方政府亦需要通过设置向上对应的职能部门来更好地落实上级政府的相关政策和向上争取资源。

从理论上看，不同层级政府之间既可以是同样的机构设置，也可以用不同的机构设置，上下一致与差异化分工各有优缺点。⑤然而，在中国多层级的政府体系下，完全对称的职责同构所反映的恰恰是不同层级政府职能划分

①　王沪宁：《中国变化中的中央和地方政府的关系：政治的含义》，《复旦学报（社会科学版）》1988 年第 5 期。

②　林尚立：《国内政府间关系》，浙江人民出版社 1998 年版，第 315 页。

③　林尚立：《国内政府间关系》，浙江人民出版社 1998 年版，第 323 页。

④　张志红：《当代中国政府间纵向关系研究》，天津人民出版社 2005 年版，第 270—280 页。

⑤　周天勇等：《从管理走向治理：中国行政体制改革 40 年》，上海人民出版社 2018 年版，第 298 页。

的不清晰。① 即使是同样的业务种类，较高层级政府部门承担的是决策和监督的职能，较低层级政府部门承担的是实施和经办的职能，虽然领域相同，但职能及对人力资源和财政资源的需求大不相同，而人员编制上下倒挂的现象也普遍存在。②

在历次国务院机构改革中，都允许地方在改革步骤、途径和方法上因地制宜，例如 1988 年改革中，国务院批准了 16 个城市进行机构改革试点，可以不搞上下对口；1993 年的地方机构改革中，中央规定了县级以上人民政府必须设立的机构，对其他机构的设立则由各级自行确定；1998 年的改革虽然没有像 1993 年那样具体规定必设机构，但对需要加强的部门和需要调整、不再保留的部门提出了具体要求；2003 年和 2008 年的改革也都强调不要搞一刀切。③2018 年的国家机构改革方案更是设置专章对地方机构改革提出指导意见，赋予省级及以下政府更多自主权，突出不同层级职责特点，允许地方根据本地区经济社会发展实际，在规定限额内因地制宜设置机构和配置职能。然而，上下对应的职责同构体系却很难从地方进行突破。例如曾经被广泛关注的广东顺德机构改革，成立了新的社会工作部，而其对应的省市部门达到 35 个，其中省级部门 19 个、市级部门 16 个，部分上级部门领导甚至认为这是下级政府对本部门的不重视，从而对下级政府的改革进行干预。④

反之，如果不采取职责同构的方式，而是中央政府的职能部门一竿子插到底，采取垂直管理的模式，又会带来什么问题呢？所谓垂直管理，是指地方层级的职能部门直接归属于中央政府的相应职能部门，而不隶属于当地政府，即地方的职能部门是中央对应职能部门的派出机构，在人事、财务等方面都独立于地方政府。形象地说，就是"钦差大臣"。目前我国的垂直管理体系包括中央垂直和省以下垂直两种，其中税务、海关等是典型的中央垂直

① 注：笔者在某内陆省份调研时还看到过有地方政府设置"海事局"的荒诞之举。
② 沈荣华主编：《政府大部制改革》，社会科学文献出版社 2012 年版，第 85—89 页。
③ 沈荣华主编：《政府大部制改革》，社会科学文献出版社 2012 年版，第 11—12 页。
④ 黄文平：《大部门制改革：理论与实践问题研究》，中国人民大学出版社 2014 年版，第 205 页。

管理，环境、工商执法、安全监察等部门则实行过省以下垂直管理。相比于职责同构的模式，垂直管理一方面可以不严格按照行政区划来进行机构设置，如中国人民银行只在部分城市设立了分支机构；另一方面，其行政行为可以不受地方政府的影响，从而更好地贯彻中央及其相关职能部门的战略意图和决策，尤其是在涉及地方政府利益的领域。这一点在经济分权程度较大，且地方政府通过一些短期行为来促进经济增长，而与中央的调控方向相抵触时，往往成为很多职能部门要求实行垂直管理的理由所在。例如，2003 年中央出台了土地从紧宏观调控政策，但是部分地方政府不认真贯彻中央要求，继续大力违规搞城市建设和土地开发。为此，2004 年中央政府不得不把拥有土地审批权的国土资源部门实行省以下垂直管理体制，以此约束地方政府，贯彻落实其调控意图。① 然而，在诸多公共管理与服务领域，当进入到政策实施环节时，缺乏当地政府支持与配合的公共行政行为都是难以想象的，被形象地称为"县官不如现管"。因此，垂直管理的有效性不仅需要建立在其权力来源的层级势能上，更需要有坚实的人力和财力支撑，以及相对独立的绩效考核机制。当然，如果有一天地方政府从基于自身利益的经济理性转变成为韦伯所期望的组织整体理性时，当地方政府与中央政府的利益诉求完全一致或者是相容时，垂直管理也就失去了其存在的必要。

2. 纵向上的集权，带来的是权力部门化；纵向上的分权，则又会强化地方部门的利益而使中央政府的宏观调控意图在地方化为乌有。

正如前文有关横向府际关系所分析的，中央政府在组织形态上并不是以实体方式存在的，而是所有国务院组成部门的集合。因此，在纵向上权力集权化的同时，随之而来的必然是中央政府各组成部门的权力扩张，所以有观点认为，20 世纪 90 年代以来中央政府的再集权，实际上是权力的部门化，中央权力分散在各官僚机构之中。② 我们用"跑部钱进"来形象地描述这一

① 周天勇、翁士洪：《从管理走向治理：中国行政体制改革 40 年》，上海人民出版社 2018 年版，第 285 页。

② 郑永年：《中国的"行为联邦制"》，东方出版社 2013 年版，第 8 页。

现象。这里的"部"是指中央政府的各个部门，"钱"则不仅包括真金白银的财政资源，也包括各种倾斜性的政策。此前，这种现象主要在经济改革领域出现：地方政府通过向上级政府的主管部门，尤其是经济管理和宏观调控部门申请特殊性的政策，成为其吸引投资、改善营商环境的主要手段；而在财政资源的分配领域，由于专项转移支付方式的普遍存在以及缺乏制度化的分配方式，更是成为地方政府竞相争夺的资源。近些年来，随着社会领域改革的不断推进，这种态势进一步拓展到了社会政策领域，这不仅是地方政府回应民众需求的必然之举，也是中央政府指挥棒及相应财政资源分配结构变化所带来的影响。因为在社会领域的试点改革中，虽然无法像经济领域那样给地方政府直接带来财政税收上的资源，但早期参与"试点"的地区往往能获得中央政府在财政补贴或政策上的支持，从而分担了社会改革的成本，亦转移了社会改革中的矛盾。[1]

如果纵向上分权，那么就会像选择性集权体制[2]所描述的那样，中央的政令会被地方政府进行选择性的执行，对于和自身利益相一致的决策，就会更好地执行；对于与自身利益不一致的决策，则可能不充分执行甚至是不执行；对于原则性强、内容不明确的中央决策，则可能通过再界定和再解释的方式，按照有利于自身利益的方式来选择性的执行。[3]进一步地，按照上一段所分析的集权部门化的逻辑，纵向的分权使得中央政府的宏观调控政策意图不仅在纵向上传递了一次，到了地方还需要被横向上分解一次，信息在层层传递的消解中，在各层级、各部门利益的影响下，最终无法充分贯彻实施也就不难理解了。

有学者将中国的府际关系总结为多枝节的莲藕模型，每一只莲藕的每一个孔代表一个职能部门，而每一节则代表每一个单位的政府，每一个单位的

---

① 鲁全：《转型期中国养老保险制度改革中的中央与地方关系研究》，中国劳动社会保障出版社 2011 年版，第 123 页。

② 杨宏山：《府际关系论》，中国社会科学出版社 2005 年版，第 290 页。

③ 鲁全：《转型期中国养老保险制度改革中的中央与地方关系研究》，中国劳动社会保障出版社 2011 年版，第 217 页。

政府均由多个职能部门组成。① 刚看到这种描述时甚觉形象。但细想起来，仿佛又没有那么简单，中国的府际关系不仅有莲藕的每一节之间的关系，以及每一个孔之间的上下关系，而且每一个孔（条条）和每一个节（块块）之间又有复杂的关系；而如果我们从狭义的行政体系放大到广义的政治行政体系下，考虑到立法机构、政治协商机构以及军地关系等方面时，恐怕就不是一个莲藕的问题了。因此，笔者认为，中国广义上的府际关系是一个分层级、多维度、交互式的复杂网络系统。

所谓多层级，是指我国是多层级的中央集权制国家，无论是强调条条时，还是强化块块时，不同层级之间势能差所产生的权力压力都是客观存在的。所谓多维度是指，一方面，广义的府际关系不仅包括行政系统，也需要考虑立法机构、政治协商机构以及军地关系等因素②；另一方面，即使在行政体制内部，组织结构的划分方式也并非是单一维度的，而往往是属地管理与垂直管理并存，③ 中央集权与地方分权在动态中保持平衡。所谓交互式是指，在多维度划分的府际组织结构中，无论是纵向上的层级还是横向上的部门，在此网络结构中的任何两个点之间都有可能会发生直接的关系。例如，在垂直管理系统中，纵向同一业务部门之间是强关系，但也无法避免派出机构与当地政府及其职能部门之间的关系；在属地管理系统中，地方政府和其组成部门是强关系，但地方组成部门亦要接受上级部门的业务指导。再例如，在常态下，一级政府会和其相邻的两级政府产生强关系，但在非常态下，例如重大自然灾害救援时，最高层的中央政府甚至有可能会和最基层的政府组织直接产生联系。

---

① 刘承礼：《以政府间分权看待政府间关系：理论阐释与中国实践》，中央编译出版社2016年版，第93页。

② 注：在2018年党和国家机构改革之前，在重大自然灾害救援中，军地关系就显得尤其重要。

③ 注：在实践中，我国上下级政府对口部门的关系就可以分为：业务指导关系（地方部门受本级政府统一领导的同时，业务上受上级政府对口部门的指导）、垂直领导关系（中央部门在地方的派驻机构，受中央部门的直接领导，地方政府可以进行监督）和双重领导关系（地方部门既受本级政府领导，又受上级政府对口部门的领导）。

在这错综复杂的交互式网络结构中，有学者悲观地认为，寻求不同政府主体之间合理关系的难度很大，甚至是不可能的，[①] 从而有必要建立一种伙伴式的政府间纵向关系。[②] 这显然与科层结构中不同层次权力与职能的差异性相矛盾。然而，看似山重水复疑无路，实则柳暗花明又一村。当再次重温韦伯科层制理论的"理性"之核心时，我们就会意识到，尝试在同一职能范围内对不同层级政府进行权限划分可能是一个死胡同，而如果将视野放宽到政府在不同领域和公共政策全流程中的不同职能，似乎就能找到解决问题的方法。即在领域上根据公共事务或服务的外部性与需求差异化程度确定承担责任的政府层级；在流程上根据决策—管理—实施（经办）—监督适度分离的原则处理条块关系。在此后有关社会保障管理体制的具体分析和建议中，笔者将遵循和贯彻上述两个基本原则。

---

① 张志红：《当代中国政府间纵向关系研究》，天津人民出版社 2005 年版，第 268 页。
② 张志红：《当代中国政府间纵向关系研究》，天津人民出版社 2005 年版，第 352 页。

第三章
中国养老保险管理体制的变革与发展

养老保险制度因为涉及的人数多、资金量大、时间跨度长，从而成为各国社会保障体系中最重要的组成部分。经过四十多年的改革，我国的养老保险制度取得了重要的成就，包括覆盖面不断扩大、保障水平不断提高等，已经初步构建起了全世界最大的养老保障之网，基本实现了人人享有养老金的目标。[①] 在制度模式方面，我国主要汲取了以德国为代表的社会保险模式，建立了以缴费型的职工养老保险为核心的基本养老金体系。但是，与经典的社会保险制度遵从自治管理原则不同，我国的养老保险制度在管理体制上体现出了很强的政府主导性。[②] 因此，对养老保险管理体制的研究需要置于养老保险制度改革和行政管理体制改革的双重背景之下。

第一节　对我国养老保险管理体制变革进程的简要回顾

养老保险管理体制作为养老金制度体系的基本要件，必然伴随着制度整

[①]　郑功成：《中国养老金：制度变革、问题清单与高质量发展》，《社会保障评论》2020年第 1 期。

[②]　郑功成：《从政府集权管理到多元自治管理——中国社会保险组织管理模式的未来发展》，《中国人民大学学报》2004 年第 5 期。

体的变革而不断变化。考虑到我国城乡居民养老保险制度的建立和运行是近十年的事情，管理部门相对稳定，因此在对我国养老保险管理体制进行历史回顾时，主要集中在职工基本养老保险领域。

一、1982 年之前：以工会为主体管理体制的建立与瓦解

新中国成立伊始，政务院就设置了劳动部和内务部，主管社会保障工作，其中内务部由政治法律委员会指导，管理国家机关工作人员的劳动保险工作；劳动部由财政经济委员会指导，设立劳动保险局负责企业职工劳动保险工作。[①] 但是，劳动保险的实际管理工作是由工会系统来承担的。1951 年颁布实施的《劳动保险条例》明确规定，劳动保险制度的执行和监督分别由工会组织和劳动部门承担，中国人民银行负责代理代管劳动保险金。由此形成了业务管理、资金管理与监督相互分离的养老保险管理体制。在具体运行的企业层面，批准实行《劳动保险条例》的企业都成立了劳动保险委员会，车间设劳动保险委员，班组设劳动保险干事。中华全国总工会 1951 年发布的《劳动保险委员会组织条例（试行草案）》，规定了保险委员会设置宣传登记组、病伤职工照顾组、医务工作监督组、集体保险事业工作组和财务监督组[②]，充分发挥工人群众参与管理的热情。1954 年，为精简政府机构，政务院发出《关于劳动保险业务移交工会统一管理的通知》，养老保险的管理职责进一步集中到了工会系统。

针对国家机关工作人员，则建立了退职退休的制度。1955 年 12 月，国务院发布《国家机关工作人员退休处理暂行办法》《国家机关工作人员退职处理暂行办法》《关于处理国家机关工作人员退职、退休时计算工作年限的暂行规定》，规定退职金做一次发放，根据工作年限长短确定。根据分工，曾先后由内务部干部司、中央人民政府人事部、国务院人事局和民政部机关

---

① 郭健：《劳动保险诞生记》，《中国社会保障》2009 年第 10 期。

② 宋士云等：《新中国社会保障制度结构与变迁》，中国社会科学出版社 2011 年版，第 59 页。

人事局负责管理，经费由各机关单位的行政费或事业费列支。①

随着"文革"的爆发，养老保险退化为企业保险，1970 年 6 月撤销劳动部，业务工作并入到国家计划委员会劳动局（1975 年成立国家劳动总局作为国务院直属机构），中华全国总工会也被停止活动，企业行政部门成为了养老保险的管理主体。1979 年，国家劳动总局设置了保险福利司，1980 年，国家劳动总局、中华全国总工会联合发出《关于整顿和加强劳动保险工作的通知》，对企业行政与基层工会组织、地方劳动部门在社会保险业务上的分工提出了要求，但实际执行劳动保险政策的仍然是企业行政部门和工会组织，直到 1982 年劳动人事部的成立。

二、1982—1997 年：行业多头管理体制的形成

1982 年，国务院机构改革决定将国家劳动总局、国家人事局等四部门合并成立劳动人事部，社会保险工作由劳动人事部综合管理。②1984年，国务院决定，集体经济组织的养老保险管理工作由中国人民保险公司负责。③

1986 年，包括劳动保险在内的劳动制度改革全面推开，养老保险开始了社会化的改革。在社会统筹的过程中，部分行业开始了系统内的统筹，相应地，在每个行业统筹单位中也都设立了养老保险的管理部门，例如原邮电部内设劳动工资司，原国家电力公司设立社会保险事业管理局，原水利部成立了社会保险事业管理中心等④。在 1998 年之前，共有电力、铁道、煤炭、邮电等 11 个部门实行行业统筹。1988 年的国务院机构改革又将

---

① 宋士云等：《新中国社会保障制度结构与变迁》，中国社会科学出版社 2011 年版，第 63 页。

② 严忠勤：《当代中国的职工工资福利和社会保险》，中国社会科学出版社 1987 年版，第 352 页。

③ 郑功成：《中国养老金：制度变革、问题清单与高质量发展》，《社会保障评论》2020年第 1 期。

④ 蔡泽昊：《从行业统筹到属地管理——1998 年养老保险管理体制变迁研究》，中国人民大学硕士学位论文，2013 年。

1982 年刚成立的劳动人事部撤销，分别组建劳动部和人事部，分工管理企业和机关事业单位的养老保险制度。1990 年 7 月，国务院明确民政部主管农村社会养老保险制度，1991 年 1 月，民政部成立农村社会养老保险办公室，1993 年 12 月组建农村社会保险司。至此，养老保险的管理涉及十多个部门，多头管理的特点逐步呈现并不断强化。多头管理体制不仅体现在业务部门之间，还体现在业务部门和职能部门之间，并且从管理领域向决策领域蔓延。1995 年，彼时的国家体改委和劳动部分别拿出了价值导向完全不同的职工养老保险统账结合改革方案，就是最典型的表现。1995 年，国务院颁布《关于深化企业职工养老保险制度改革的通知》，通知的附件提供了两个备选的"统账结合"方案。包括劳动部主导的"大统筹、小账户"方案和体改委主导的"大账户、小统筹"方案，由地方政府自行选择，或在此基础上予以改造。中央政府层面不同部门之间的改革思路差别直接导致了地方政府的困境和制度的区域差异。截止到 1996 年 6 月底，在各省市出台的方案中，7 个省市选择了办法一（大账户），5 个省市选择了办法二（大统筹），16 个省市和 5 个行业部门自行制定了办法三。① 这种地区之间的差异破坏了养老保险作为全国性统一制度安排的基本要求，促使国务院于 1997 年出台了《关于建立统一的企业职工基本养老保险制度的决定》。

虽然在宏观层面上体现出了多头管理的缺陷，但改革也非乏善可陈。一方面，根据管办分离的要求，在 1993 年的机构改革中得以保留的劳动部将保险福利司拆分为社会保险司和社会保险事业管理局②，标志着养老保险行政管理和业务经办的分开。与此同时，财政部也于 1994 年成立了社会保障司，实现社会保障行政管理与基金管理适度分离。另一方面，根据建立统一

---

① 宋士云等：《新中国社会保障制度结构与变迁》，中国社会科学出版社 2011 年版，第197 页。

② 参见《国务院办公厅印发劳动部职能配置、内设机构和人员编制方案的通知》（国办发〔1994〕6 号）。

养老保险制度的要求，部分地区①将集体企业职工养老保险的管理责任从中国人民保险公司转移到了劳动部门，提高了养老保险管理的集中度。

三、1998 年至今：适度集中与横向部门间分工

1998 年国务院机构改革，组建劳动和社会保障部，将此前人事部、民政部和卫生部的相关社会保险职能统一划归劳动保障部，同时明确将行业统筹移交地方管理，极大地提高了养老保险管理的集中度，属地管理成为养老保险管理中的基本原则。2008 年国家机构改革，将人事部与劳动保障部合并为人力资源和社会保障部，在部级层面上实现了公职人员和职工养老保险管理主体的统一。

与此同时，养老保险管理职能在行政体制内部也出现了横向分工，以人力资源和社会保障部为主体的业务管理，以 1994 年财政部成立的社会保障司②为主体的基金管理，以 1998 年审计署设立的社会保障审计司③为主体的监督管理，以 1999 年成立的全国社会保障基金理事会为主体的战略储备基金管理，再加上国家发改委相关司局的宏观规划和统筹协调职能等，适度集中、分工负责的养老保险管理体制初步形成。

2018 年党和国家机构改革方案决定，将社会保险费的征收职能集中到新组建的国家税务局，并成了专门的社会保险费司（非税收入司），从而结束了近二十年的社会保险费征收管理体制之争，实现了社会保险费的集中征收，这是对养老保险管理流程的重塑。至此，在行政体制内部，形成了征收管理、基金管理、业务管理和审计管理的部门间横向分工格局。

---

① 参见《甘肃省劳动厅关于集体企业职工养老保险由社会保险机构经办的通知》（甘劳发〔1996〕34 号）、《福建省人民政府关于集体企业职工养老保险由人民保险公司移交给社会劳动保险机构统一管理的通知》（闽政〔1995〕37 号）等。

② 参见《国务院办公厅关于印发财政部和国家国有资产管理局职能配置、内设机构和人员编制方案的通知》（国办发〔1994〕31 号）

③ 参见《国务院办公厅关于印发审计署职能配置、内设机构和人员编制方案的通知》（国办发〔1998〕40 号）。

第二节　我国养老保险管理体制变革的基本特点

根据上文的简要回顾不难发现，我国的养老保险管理体制同时受到了养老保险制度变革和行政体制改革的影响，并且体现出显著的政府主导性，而与典型社会保险国家的自治管理存在显著差别，有着自身的特点。

一、养老保险管理体制总体上适应了制度的变革并反过来支持和引导了制度变革

一般而言，制度的模式决定管理体制。例如德国等社会保险型国家大多遵从劳资自治的管理原则①，而英国等狭义福利国家则往往由政府的相关部门统一管理，以体现政府主导性。因此，管理体制调整是制度变革的重要组成部分，反过来，管理体制也应当支撑制度变革，或者成为制度变革的前奏。

社会养老保险制度的本质是互助共济，从企业保险向社会养老保险的转变使得单个企业的人事部门无法承担其职责，而必须由相应的政府部门来进行统一管理；从分行业、分地区、统筹层次较低的养老保险走向相对统一的养老保险制度则需要适度集中的管理体制，而必须结束行业统筹的局面。劳动保障部和人力资源和社会保障部的先后成立，使其作为统一的养老保险管理部门，为养老保险的社会化以及统筹层次的提高提供了组织支撑。因此，我国养老保险管理体制变革在总体上适应了养老保险制度的整体转型，并且具有同等重要的改革价值。②

另一方面，管理体制的变革也可以为制度变革吹响号角、奠定基础。1982年劳动部的成立为1986年之后养老保险社会化改革的铺开奠定了基础；

---

① 郑功成：《从政府集权管理到多元自治管理——中国社会保险组织管理模式的未来发展》，《中国人民大学学报》2004 年第 5 期。

② 郑功成：《中国养老金：制度变革、问题清单与高质量发展》，《社会保障评论》2020 年第 1 期。

2008 年人力资源和社会保障部的成立，为此后机关事业单位与职工养老保险制度的"并轨"扫清了管理体制障碍等。

二、管理体制改革以优化横向分工为主，而缺乏纵向分工安排

如上文所述，我国的养老保险管理体制具有政府主导的显著特点，因此就必然受到政府科层组织结构的影响。从府际关系的视角出发，横向的部门间关系与纵向的央地关系是科层组织的基本结构，而我国养老保险管理体制改革主要集中在调整和优化横向部门间分工，而缺乏对纵向不同层级政府职能的优化。

在横向关系方面，无论是 1998 年成立劳动和社会保障部，取消行业统筹，实现了行政管理的相对统一；还是 2008 年成立人力资源和社会保障部，使得三项基本养老保险的业务管理都集中于一个行政部门；抑或是财政部门和税务部门成立相关的业务司局，都是对养老保险管理职责在不同部门之间进行分配的表现。

然而，我国养老保险制度改革是从两个维度展开的，一方面是制度在横向上的扩展与整合，另一方面则是统筹层次的不断提高。前者要求在管理体制上实现横向的相对集中，后者则要求在纵向上实现合理分责，明确不同层级政府在养老保险管理体制中的责任。遗憾的是，相比于横向部门之间日益明确和细化的分工，迄今为止却鲜见管理体制在纵向上的改革举措，并由此导致了法定养老金制度沦为了地方利益[1]，不同层级政府养老保险管理权责的模糊因此成为影响职工基本养老保险实现全国统筹的不利因素。

三、管理体制横向关系变革的本质：从行业分割到责任分工

具体就养老保险管理体制的横向分工而言，大体经历了两个阶段，第一阶段是从分散行业统筹向相对集中属地管理的转变阶段。20 世纪 80 年代中

---

[1] 郑功成：《中国养老金：制度变革、问题清单与高质量发展》，《社会保障评论》2020年第 1 期。

后期，受到统筹层次较低以及部分行业劳动者跨地区分布的影响，我国有11个部门实行行业统筹。这种看似是行业与地方之间统筹层次的冲突，其本质仍然是行政体制内部不同部门之间的冲突。因为，这11个实行行业统筹的部门绝大多数都有行业的行政主管部门，如当时的铁道部、水利部、交通部、煤炭工业部、电力工业部、冶金工业部和民航总局等，因此养老保险行业统筹的实质是行政体制内部按照行业所进行的部门划分，从而形成了部门—行业—行业内统筹的逻辑。相应地，1998年从行业统筹向属地管理的转变，其管理体制的支撑不仅仅是劳动和社会保障部的成立，也包括电力工业部、煤炭工业部、冶金工业部、邮电部等行业统筹背后行政部门的裁撤。

第二个阶段，是从相对集中管理向行政体制内部适当分工的转变。在实现了养老保险业务管理的相对集中后，根据管理内容专业化和管理流程再造的需要，在部级层面上，先后在财政部、审计署和国家税务总局成立了相关的业务司局，从而实现了征缴管理、基金预算管理、业务管理和审计监督的适度分工；在主管部门即人力资源和社会保障部内部的职能分工上，也实现了业务管理和基金管理的分离，以及管理和经办的适度分离。

简言之，1998年之前的部门分割是行业统筹的管理体制基础，不符合养老保险制度的基本原则，因此需要建立相对集中的管理体制；1998年之后的部门分工则是按照不同行政部门的职能要求，对养老保险管理权责的合理分配，有利于形成分工合作与相互制约的高效管理体制。

四、职能部门与业务部门关系影响制度模式的选择

如果对行政体制内部的横向关系做进一步区分的话，可以根据部门性质区分为职能部门与业务部门，其中职能部门主要是指综合协调和宏观管理的部门，例如办公厅、发改委、财政部等；业务部门则是负责管理某一具体领域事务的部门，例如养老保险的业务主管部门是人力资源和社会保障部。由于养老保险不仅涉及政策与业务，同时也是宏观社会经济运行的重要组成部分，因此需要宏观调控部门的介入；财政资金是养老保险基金的重要来源，并且需要对养老保险进行预算管理，因此财政部也是重要的养老保险基金

管理部门等。基于此，养老保险管理体制就涉及职能部门与业务部门之间的关系，并有可能因此影响到养老保险制度模式的选择。

回顾我国养老保险模式的选择，社会统筹与个人账户的关系是其中一条主线。① 从外部环境看，两种模式之争是全球养老金模式角力在中国的体现；从内部过程看，其本质就是职能部门与业务部门之间冲突的表现。1995年养老保险制度改革方案决策时，作为职能部门的国家体改委提出了"大账户、小统筹"的方案，尽显经济体制改革强调个人责任的价值导向；作为业务主管部门的劳动部提出"大统筹、小账户"的方案，则是坚持养老保险互助共济的表现。部门之间的不同主张导致了两套备选方案并存，供地方政府选择，由此导致了全国范围内基本养老保险区域分割的重大弊病。

五、管办分离未取得实质性突破并导致社会保险法律关系异化

管办分离是社会保险管理体制的基本原则，管理机构主要负责政策的制定，经办机构则负责具体的经办服务，并接受管理机构的行政监督，从而实现服务的专业化和权力的相互制约。1993年的国务院机构改革在劳动部成立了社会保险事业管理局，从而在组织结构上实现了管办分离。经过近三十年的运行，我国养老保险经办机构的工作人员数量不断扩大、信息化程度不断提高、服务流程不断完善、服务水平不断提高，总体上较好地支撑了养老保险制度的顺利运转。与此同时，养老保险经办机构也面临着服务对象人数快速增长、经费保障不足、信息系统建设碎片化、全国经办体制不统一等问题。其中，最本质的问题是经办机构的性质和定位不明确，全国一半以上的经办机构都是参公管理，几乎所有经办机构的经费都是全额财政拨款，② 其人事安排也与养老保险行政机构有显著的旋转门效应。

这种实质上的管办不分会导致社会保险法律关系的异化。养老保险是典

---

① 鲁全：《改革开放以来的中国养老金制度：演变逻辑与理论思考》，《社会保障评论》2018年第4期。

② 郑秉文：《中国社会保险经办服务体系的现状、问题及改革思路》，《中国人口科学》2013年第6期。

型的"俱乐部产品"：所有的参保缴费者都是"俱乐部成员"，与社会保险经办机构之间形成社会法关系，参保者履行缴费义务，经办机构承担发放待遇责任，在性质上属于公团法人[①]。行政部门则是制定规则，而非社会保险权利义务关系中的主体。基于此，一旦发生社会保险纠纷，其法律属性就是参保人与经办机构之间、基于社会保险法律关系的纠纷。而在现实中，社会保险经办机构缺乏独立的法律主体地位，而异化为社会保险行政管理机构的代理人，社会保险的纠纷也随之异化为行政纠纷[②]，从而使得社会保险法律关系和司法纠纷的解决程序被异化。

第三节　我国养老保险管理体制改革面临的挑战

我国养老保险制度和行政管理体制改革的深化，都会对养老保险管理体制提出要求、产生影响。一方面，管理体制要适应制度的变革与发展，因此养老保险制度改革必然会要求进一步完善相应的管理体制；另一方面，我国的行政体制改革不断深化，无论是中央政府层面的机构改革，还是进一步理顺中央地方关系，明晰不同层级政府的责任，亦会对养老保险管理体制形成约束。

一、养老保险改革及其对管理体制的要求

（一）养老保险功能的综合性要求建立更高层级的决策管理体制

从直接功能上看，养老保险制度的目标是应对人们老年后收入下降的风险，从而确保老年人的经济收入水平和生活质量。但由于养老保险制度涉及代际关系、收入分配、用人单位成本等多方面的经济社会因素，因此逐渐成

---

① 袁曙光：《社会保险经办机构国际比较：主体定位和制度选择》，《山东社会科学》2018年第5期。

② 注：在司法实践中，社会保险法律纠纷的另一个问题是异化为劳动纠纷。但这并非在本章的探讨范畴之内，因此不做深入论述。

为宏观经济社会运行中的一个重要变量和政策工具。例如，养老保险的模式选择涉及经济增长方式转型与可持续发展，待遇水平会影响到老年人收入及其消费行为，缴费负担涉及企业成本和运行效益，结余基金的管理与投资会涉及到地方金融稳定和资本市场发展等等。

基于上述判断，养老保险管理就不仅是一个专业领域的问题，同时也是综合宏观领域的问题，因此不仅需要业务部门的专业管理意见，也需要宏观决策部门和其他相关领域行政管理部门的密切配合与共同参与，从而需要更高层面的宏观协调与综合管理。

（二）养老保险制度的统一需要管理经办机制的统一为支撑

养老保险制度是一个主权国家的统一制度安排，只有这样，才能确保公民养老金权益的相对公平和养老金制度的长期可持续发展。目前，我国的基本养老金体系已经初步形成，主要养老金制度的框架基本统一。但是，受到改革路径、地区差异以及行政体制等多方面因素的影响，制度的统一性仍然有待提高，具体体现在以下三个方面：其一，不同基本养老保险制度之间的统一性不足。城镇职工、城乡居民和公职人员养老保险制度的统筹层次、责任分担机制、待遇调整机制以及衔接机制等都尚未统一，从而造成不同参保者利益的差别或在职业转换过程中的权益损失。其二，不同地区的养老保险制度统一性不足。在城镇职工养老保险制度中，不同地区的实际缴费率、视同缴费年限认定等重要制度参数仍然有所差别；城乡居民养老保险中，不同地区的地方财政责任、基础养老金待遇调整方式等不尽相同等。其三，管理与经办体制不统一。管理经办的不统一主要体现在部分业务的经办服务流程、经办体制以及信息系统不统一、不兼容等方面。制度的碎片化导致管理与经办体制缺乏统一的基础，反过来，管理经办体制的不统一又会成为制约制度统一的因素。

统一的制度必然要求统一的管理和经办体制。目前，我国的养老保险行政管理体制已经相对统一，但经办服务体制在职能定位、人员编制、属地管理还是垂直管理以及信息化建设等方面还存在较大差距，尚无法有力支撑养老保险制度统一的要求。再加上 2018 年国家机构改革成立国家医保局，医疗保险经办机构需要相对独立，养老保险经办机构亦需要据此重新定位并进行流程优化。

（三）养老金多层次体系建设要求管理主体与管理内容的拓展

面对全球人口老龄化的加剧，建立多层次的养老金体系已经成为全球共识。[①] 多层次养老金体系的本质是对养老责任的社会化分担，基础养老金是建立在公民权基础上的公共责任，职业养老金（包括面向企业劳动者的企业年金和面向机关事业单位劳动者的职业年金）是建立在雇佣关系基础上的职业福利，商业年金则是遵从市场规律的个人责任。

然而，不同层次养老金制度的模式有所差别[②]，由此导致管理的内容和管理主体也不尽相同。公共年金主要采取社会统筹的方式，管理内容主要包括参保登记、资金筹集、待遇发放和信息系统管理等；职业年金和商业养老保险则主要采取积累制个人账户的方式，因此除上述管理内容之外，还涉及投资管理、风险管理等内容；管理主体涉及托管人、账户管理人、投资管理人等金融机构，以及银保监会、证监会等监管机构，因此需要在更广的范围内建立养老保险管理机构的协调与合作机制。

（四）参保人员的流动性对管理服务便利性与协调性提出更高要求

养老保险制度是全国性的统一制度安排，但养老保险的服务对象却是每一个参保者。伴随着劳动力市场化水平的不断提高，劳动力的流动也愈加频繁。劳动力的流动主要包括两种形式，其一是跨地区的流动。虽然我国的城镇职工基本养老保险有了跨地区的转移接续办法，但经办流程较为复杂，资金无法实现全额流转并导致流入地与流出地之间的矛盾与冲突，从而与全国统筹的要求相去甚远。其二是跨行业的流动。目前我国职工养老保险与居民养老保险之间有待遇衔接机制，但与公职人员养老金制度之间尚无明确的衔接机制。且根据待遇衔接机制，参保者退休后只能享受某

---

① 李清宜：《养老金政策的演变历程：国际劳工组织和世界银行观点的对立与共识》，《社会保障评论》2019 年第 4 期。

② 郑功成：《多层次社会保障体系建设：现状评估与政策思路》，《社会保障评论》2019 年第 1 期。

一种养老待遇，与其全生命周期中参保多项制度的客观现实相矛盾，从而需要进一步优化。与此同时，机构改革后，养老保险与医疗保险的主管部门被分开，征缴主体与待遇发放主体被分开，作为参保人需要面对多个管理部门。

管理体制的科层化与参保主体的流动性之间必然造成矛盾，这就要求养老保险管理体制不仅要理顺内部的纵向关系，合理划分不同层级管理机构的责任，而且要加强横向与斜向的协调，即加强与社会保险费征收机构、医疗保险管理机构以及地方政府的合作，为参保者提供便捷和高效的服务。

二、行政体制改革及其对养老保险管理体制的影响

(一) 横向关系：大部制改革与强化部门协调

在行政管理体制改革中，优化横向部门间关系的基本取向是大部制，从而实现管理权力的相对集中，并在此基础上实现问责。从业务管理上看，养老保险已经基本实现了在部级层面上管理权责的统一，三项基本养老保险制度的管理权均集中于人力资源和社会保障部。但随着养老保险管理内容的不断丰富和多层次体系建设的加快，仍然需要进一步强化部门之间的合作机制。

我国在处理横向部门关系时采取的主要方式是建立部际协调机制，例如国务院老龄工作委员会的主要职责即是在应对人口老龄化和加强老年保障体系建设方面协调不同部门的关系。但这种部际协调机制，在部门利益日益显性化和差别化，部门的行政主体间性日益强化的背景下[1]，在很大程度上取决于协调机制负责人的行政级别与权威。针对此，2018 年国家机构改革的一个显著特点是，超越行政体制范畴，在党群体系下建立相关的决策和协调机制。在坚持和强化党的领导背景下，这种部门协调机制显然更加有力。

---

[1]　蔡英辉等：《"行政主体间性"——府际关系的渊源与基点》，《四川行政学院学报》2008 年第 6 期。

（二）纵向关系：反思职责同构与管理权责上移

"职责同构"是科层结构的基本特点①，其优势在于纵向上较高的执行效率，其劣势在于组织结构上简单的上下对应关系和由此造成的机构膨胀与职责模糊。作为公共管理的主体，行政体制的架构应当与其承担的公共职责，以及提供的公共物品特征相匹配。根据公共经济学原理，应当主要考虑公共物品的异质性和外部性：外部性越强的公共物品，越适合由中央政府来提供；异质性越强的公共物品，越适合由地方政府来提供。

由于我国各项基本养老保险制度的框架已经基本成型，因此管理体制在纵向分工上的趋势应当是提高统筹层次，相关政策均应当由较高层级的行政主管部门确定，严格限制地方行政部门擅自决策。同时，还应当兼顾不同基本养老保险制度统筹层次的差别，如职工养老保险的目标是全国统筹②，城乡居民养老保险因参保人流动性相对较低而可以确定为省级，公职人员养老保险制度则应当与财政体制和行政体制相匹配。有鉴于此，需要进一步明确不同层级养老保险管理部门的权责，通过管理权责的适度上移支持制度的进一步统一。

（三）基层经办服务整合：最多跑一次

不同层级政府管理职责的内容和重点并不完全相同。较高层级政府的管理核心在于决策和制定规则，因此需要按照专业化的要求，进行部门分工与协作；基层政府管理核心则在于贯彻落实与服务提供。基层政府面对参保者，应当以提高服务质量和服务效率为基本宗旨，突破部门之间的屏障，建立一站式的基层社会保障服务平台。目前，社会保险经办工作涉及税务、人社、医保等多个管理部门，有可能会给参保人带来较大的麻烦。因此需要按照"最多跑一次"的服务目标，通过基层经办服务机制的再造，充分运用现代网络技术等方式，提高服务效率、提升民众满意度。

---

① 朱光磊等：《"职责同构"批判》，《北京大学学报（哲学社会科学版）》2005年第1期。

② 王新梅：《论养老金全国统筹的基本理念》，《社会保障评论》2019年第4期。

第四节　我国养老保险管理体制的改革思路与可行路径

一、建立更高层级的应对人口老龄化与养老保障统筹管理部门

如上文所述，养老保险制度已经从单纯的老年收入保障体系转变为对国家经济、社会甚至政治都有所影响的重要制度安排。与此同时，养老保险制度还应当被视为应对人口老龄化与老年保障体系的组成部分。从收入保障来看，除了基本养老保险制度，还涉及企业年金、职业年金以及商业养老保险及其之间的协调关系；从老年人需求来看，除了经济保障，还涉及医疗健康服务、无障碍环境改造、康养产业以及精神慰藉等多项内容。

有鉴于此，要从更高层面建立具有统筹规划协调能力的应对人口老龄化与养老保障综合协调管理部门。目前设置在卫健委的老龄工作办公室显然无法胜任该项职能，因此建议：在短期内，在中央政府层面建立应对人口老龄化与养老保障体系建设领导小组，综合协调不同层次养老保险制度和养老保障不同内容的建设，做到协同推进。在中长期，建议仿照 2018 年党和国家机构改革中设置中央教育领导小组的办法，将应对人口老龄化上升到国家战略，适时成立中央应对人口老龄化与养老保障领导小组，或在中央全面深化改革委员会下增设有关专门负责社会建设的部门，专司包括养老保障在内的社会领域的决策协调之责。

二、明确不同层次养老保险制度的管理体制

虽然不同层次养老金制度的目标都指向于老年收入保障，但其建制理念、运行逻辑、制度模式以及管理内容都不尽相同。以多层次养老金体系建设为由，主张由一个部门集中监管各层次养老金的建议值得商榷。笔者建议，在保持当前业务管理（人社部）、基金管理（财政部）、征收管理（税务局）和审计监督（审计署）职责分工的基本格局下，第二层次的企业年金和职业年金要尝试实行委托管理与自治管理并行，商业养老保险则应尊重市场主体的自主性，并由行业主管部门进行监管。

具体而言，对于基本养老保险，应当明确人力资源和社会保障部门的主要管理责任，进一步强化顶层设计，将管理的重点放在提高制度统一性、优化参数设计、提高各项基本养老保险制度的衔接性等方面。对于企业年金和职业年金，应当在完善当前"委托—代理"管理模式的前提下，支持行业自治管理、企业自治管理、区域自治管理等模式，鼓励中小企业通过行业性集合年金、地区性集合年金等方式进行自主管理，为扩大企业年金的覆盖面提供有效支撑。对于商业养老保险，则应当在充分尊重保险公司管理主体地位的基础上，明确银保监会的监管责任，确保相关产品"保险姓保"，加强对基金投资风险和给付条件的管理，不断提高商业养老保险的产品质量，真正发挥其在多层次养老金体系中的作用。

三、明确不同类型基本养老保险制度的管理本位并逐步提高

我国的基本养老保险体系由职工养老保险、居民养老保险和公职人员养老保险共同构成。受到发展阶段和参保人员流动性的影响，目前上述三项制度的统筹层次还未统一，在现阶段，建议根据统筹层次与管理本位相一致的原则，确定不同类型基本养老保险制度的管理本位，并逐步提高。

对于职工养老保险，目前要在做实省级统筹的基础上尽快实现全国统筹，因此中央政府相关部门需要切实承担起相应的管理职责，对当前面临的重大政策问题进行统一部署，禁止地方自由裁决并进一步造成制度的区域分割。在全国统筹方案中，要按照"统收统支、两级管理"的基本原则，合理划分中央政府和省级政府在行政管理和财政管理上的职责，做到激励相容。对于居民养老保险，目前大多处于县级统筹的层次，并由此导致县级财力差异体现到了居民基础养老金水平上，而非与当地基本生活水平相挂钩等问题。[1] 有鉴于此，应当尽快将城乡居民养老保险提升至市级统筹层次，并随着省区内经济发展差距的缩小，逐步走向省级统筹。对于公职人员养老保

---

[1] 鲁全：《居民养老保险：参保主体、筹资与待遇水平》，《社会保障评论》2020 年第 1 期。

险，从管理权责上，亦需要中央政府就政策的关键环节进行集中决策和总体安排，防止制度转轨过程中的权益不公平现象。在财政责任上，则可以仍然按照现行的财政体制进行逐级分担。

四、以信息化和标准化推动更加高效的养老保险经办机制建设

就职工基本养老保险而言，管理体制、经办机制和工作人员规模是三个核心问题。在管理体制方面，虽然自治管理是西方国家社会保险的一般原则，但考虑到其劳资自治的历史传统和专业能力，目前我国尚无法完全照此实施，而仍然要在很长一段时间内坚持准行政化的经办机制。与此同时，应当将经办机构法人化作为突破口，真正实现管办分离和社会保险权责关系的明确化。

在经办机制方面，核心议题是属地管理还是垂直管理。主张垂直管理的主要理由是防止地方政府因经济利益而将社会保险简单视为成本，并确保纵向上政令的统一和行动效力。但笔者认为，在当前"以人民为中心"的治国理念，经济增长方式转型以及社会保险费征收已由纵向垂直管理的税务部门负责的新背景下，做好社会保险经办机构与税务机构的协调成为提高管理经办效率的关键。如果此时将经办机构转变为垂直管理，则成为两个相互独立的垂直系统之间的关系，协调难度会随之增加，因此短期内建议仍然保持既有的属地化经办体制。

在经办机构人员规模上，各地普遍反映随着服务对象人数的快速增加，经办机构人员服务比不断提高，工作人员负荷过大。这个判断总体上是成立的，但当前还要充分考虑信息化对服务比的影响。在大量业务可以实现网上经办的背景下，经办人员服务比可以适当提高。

总之，要将信息化和标准化作为提高养老保险经办效率的抓手。在管理端，信息要实现纵向顺畅、横向联通；在参保人端，要实现方便快捷、信息准确。在标准化方面，要规范业务流程标准、服务质量标准和数据口径标准，从而不断完善与现代信息社会相适应的养老保险经办服务体系。

五、在基层建立整合的社会保障一站式服务平台

如前文所述，在较高层级的政府，管理的核心内容是政策制定，因此需要按照专业化的要求进行适当分工。相比而言，基层政府管理的核心是服务递送。目前，职工养老保险主要依靠基层社会保险经办机构，居民基本养老保险依靠基层自治组织的专干代理。随着税务征收体制的确立和医保业务的相对独立，参保人要面向多个业务经办部门，而必然增加麻烦。因此，建议在基层要打破部门之间的分割，建立整合的社会保障一站式服务平台，将各项社会保险参保登记、参保缴费、转移接续、待遇计发，甚至社会救助申请等社会保障相关业务进行整合，提高经办效率，把方便留给百姓。

第四章
中国医疗保障管理体制的变革与发展

　　我国的医疗保障管理体制伴随着医疗保障制度和行政体制改革，经历了一个变化的过程。尤其是在 2018 年的党和国家机构改革中，组建了直属国务院的国家医疗保障局，实现了医疗保障事务的统一管理，消除了长期以来制约医疗保障改革的体制性障碍。[①] 那么，我国的医疗保障管理体制经历了怎样的变迁过程，体现出哪些基本特征？本章将在构建相关理论分析框架的基础上，回顾我国医疗保障管理体制变革的历史进程和基本特点，分析在国家医疗保障局成立的新背景下，进一步完善医疗保障管理体制的方向。

第一节　医疗保障管理体制的分析框架

　　医疗保障管理体制的建构需要解决三个层面的问题：其一，是医保管理体制与整个医疗卫生体制以及医疗保障制度模式之间的关系。总体而言，管理体制应当服从于制度模式，医疗保障的制度模式决定了管理体制。[②] 其二，

---

　　① 　郑功成：《中国社会保障 70 年发展（1949—2019）：回顾与展望》，《中国人民大学学报》2019 年第 5 期。

　　② 　郑功成：《应当理性选择我国的医疗保险管理体制》，《中国医疗保险》2013 年第 5 期。

医保管理体制在整个行政管理体系中的定位。这涉及医疗保障行政管理主体的设置，与其他行政部门之间的关系，以及在不同层级政府的权责分配等。其三，是医疗保障管理的内容，包括管理的对象、流程、技术手段以及监督、管理与经办的关系等。

医疗保障管理体制首先要解决好与医疗保障制度模式之间的关系。医疗保障制度模式不同，对管理体制的要求就不同，并主要体现在管理主体的设置上。纵观全球的医疗保障制度，主要有三种模式。第一种是以德国、日本为代表的医疗保险模式。该模式的基本思路是通过整合需求方，进行第三方支付，降低疾病经济负担。在这种模式下，医保管理应当独立于医疗服务管理，往往表现为由社会保障行政部门主管。

第二种是以英国和北欧诸国为代表的福利国家模式。该模式的基本思路是对医疗服务的供给方进行直接调控，使其收入与提供医疗服务的数量脱钩，确保全体国民的基本医疗服务。在这种模式下，医疗服务的供给方和医疗费用的支付方合二为一，即所谓的"一手托两家"。在管理体制上往往表现为由主管医疗服务的卫生部门统一管理。

第三种是以美国为代表的商业保险模式。这种模式通过商业健康保险公司之间的充分竞争，为参保者提供具有福利性的疾病费用补偿。在这种模式下，商业保险公司进行自我管理，政府的保险监管部门负责行业监管。

从全球主要国家的实践来看，前两种模式占据主导地位。在管理体制上，这两种模式的差别主要体现在由社会保障部门还是由卫生部门主管。

从行政管理体制的角度看，医疗保障管理体制是行政管理体系的组成部分，从而要处理好在行政管理体系中的定位以及与其他管理机构之间的关系。具体而言，包括了三个方面：

第一，是设立单独的医疗保障管理部门还是将医疗保障管理权力分散在不同的行政部门，即医疗保障行政管理权力和机构设置的集中性问题。第二，与其他行政部门之间的关系问题。具体包括两种类型，其一，是与其他社会保障管理部门的关系。医疗保障是社会保障体系的组成部分，但又与其他的社会保障（主要是社会保险）项目存在差异。例如，作为社会保险中的两大险种，医疗保险在风险化解方式、基金平衡周期、基金管理重点等方面均与养老保险有显著的差别；但在参保对象、基金征缴等方面又具有相似性。其二，是与医疗保障业务相关的其他部门的关系。医保管理涉及参保登记、基金征收、支付定价、服务监控等多个环节，从而需要处理与其他部门（如负责基金征收的税务部门、负责医疗卫生服务的卫生健康部门、负责药品流通的药监部门等）的关系。第三，是医保管理权责的纵向划分问题，即不同层级政府中医疗保障管理部门的设置及责任分配等。

医疗保障管理的内容包括管理对象、管理方式、管理流程、管理的技术手段及其之间的组合，以及监督、管理和经办的关系等。医保管理体制在宏观上应该与医疗保障制度模式相匹配，在中观上应该准确定位在行政管理体制中的地位和优化责任分配结构，在微观上则要提高运行效率和参保人的服务感受。

需要指出的是，以上三个方面是相互影响的。一方面，医保模式决定了管理体制和管理内容。例如，以医疗保险为核心的制度体系就决定了要采取第三方支付的管理体制，并且要求管理主体适度集中，从而克服医疗服务市场的供求不平衡现象；而如果采取商业健康保险模式，则必然要求增加基金投资、风险管理等内容。另一方面，管理体制和管理内容也会反过来影响制度模式。例如，在医疗卫生服务普遍管办分离的背景下，越来越多的社会保险型国家出现由卫生行政部门主管医疗保障的趋势①等。综合上述三个维度的医疗保障管理体制分析框架如图4—1所示。接下来对医疗保障管理体制历史变迁的划分和特点总结，以及有关医疗保障管理体制未来发展的分析都将以此分析框架作为基础和重要视角。

---

① 王龙兴：《关于中国医疗保障管理体制改革的思考》，《中国卫生资源》1999年第6期。

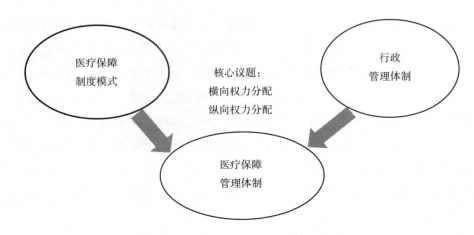

核心议题：横向权力分配、纵向权力分配

（图中文字）
- 医疗保障制度模式
- 行政管理体制
- 医疗保障管理体制

核心议题：管理主体、管理内容、管理流程、管理技术、
管理与经办的关系等

图 4—1　医疗保障管理体制分析框架图

第二节　中国医疗保障管理体制的历史变迁脉络

我国医疗保障管理体制的变迁是伴随着医疗保障制度的扩张和模式的转变而进行的。纵观新中国成立 70 多年来的医疗保障管理体制变革，以管理主体的变化为标准，可以分为三个阶段，分别是以单位或集体为管理主体的时期，政府部门分割管理时期，以及以国家医疗保障局的成立为标志的集中统一管理时期。

一、以单位和集体为管理主体的时期

计划经济时期，我国实行的是与计划经济体制相适应的，以城乡户籍身份和职业身份为划分标准、以单位（集体）为组织基础的多元化医疗保障制度，主要包括公费医疗、劳保医疗和农村合作医疗三种形式。

1952 年 6 月，政务院颁布《关于全国各级人民政府、党派、团体及所属事业单位的国家工作人员实行公费医疗预防的指示》，建立了公费医疗制

度。[1] 中央与地方各级人民政府相应地建立了由政府负责人以及卫生、财政、组织、工会等部门负责人组成的公费医疗管理委员会。[2] 公费医疗的运行经费原则上来源于各级财政，在财政分灶吃饭的体制下，其运行主体实质上是各级政府或事业单位。例如，很多部委和事业单位都有自己的医疗机构，本单位职工在医疗机构中看病承担的费用极低。随着机关事业单位人员规模的扩大，公费医疗的财政压力不断增加。据统计，1997 年全国公费医疗享受人数为 3431 万人、财政支出为 159.4 亿元，分别比 1985 年增加了 1287 万人和 143.9 亿元。[3] 由于采取财政定额补贴的方式，差额部分需要由单位自行解决。从管理体制上看，公费医疗是由卫生行政部门监督，由各行政事业单位主管，由隶属于行政事业单位的医疗机构主办的封闭运行的医保制度。

针对企业职工，1951 年政务院发布了《中华人民共和国劳动保险条例》，规定享受劳保医疗的主要对象是国营企业的职工，县以上城镇集体所有制企业职工可参照执行。根据劳动保险条例，中华全国总工会作为劳动保险最高领导机关负责统筹全国劳动保险的实施，基层工会是这一制度的具体管理者；中央人民政府劳动部为全国劳动保险业务的最高监督机关，负责贯彻劳动保险条例的实施，检查全国劳动保险业务的执行。[4] 劳保医疗经费的来源，1953 年以前全部由企业行政负担；1953 年改为根据行业性质分别按工资总额的 5%—7% 提取。[5] 因此，企业是劳保医疗制度的运行主体。可见，从管

---

[1] 郑功成：《中国社会保障 70 年发展（1949—2019）：回顾与展望》，《中国人民大学学报》2019 年第 5 期。

[2] 宋士云等：《新中国社会保障制度结构与变迁》，中国社会科学出版社 2011 年版，第488 页。

[3] 蔡社伟：《从公费医疗走向医疗保险——全国公费医疗经费管理存在的问题及改革建议》，《中国财政》1999 年第 2 期。

[4] 郑功成等：《从饥寒交迫走向美好生活：中国民生 70 年（1949—2019）》，湖南教育出版社 2019 年版，第 313 页。

[5] 宋晓梧：《建国 60 年我国医疗保障体系的回顾与展望》，《中国卫生政策研究》2009 年第 10 期。

理体制上看，劳保医疗是由劳动行政部门监督、工会组织管理、企业经办的单位化、封闭运行的医保制度。

针对农村居民，20 世纪 50 年代，伴随着农村合作化运动的兴起，以集体经济为基础，由农业生产合作社、农民群众和医生共同筹资建站，医疗筹资与医疗服务功能相融合的合作医疗制度逐步建立。截至 1976 年底，全国农村 93% 的生产大队实行了合作医疗，覆盖了农村 85% 的人口，使得农村居民身体素质迅速提高。① 农村合作医疗是由卫生行政部门监督，由农村社队的合作医疗管理委员会管理 ②，由合作医疗站负责运行的集体互助式的医保制度。

二、社会化但多部门分割管理时期

伴随着从计划经济向市场经济的转型，一些地方针对公费医疗和劳保医疗单位管理、封闭运行带来的弊端，开始进行自发的试验和探索 ③。1988 年 3 月，经国务院批准，成立了由卫生部牵头，国家体改委、劳动部、卫生部、财政部和医药管理总局参加的医疗制度改革研讨小组；1992 年 5 月，国务院又成立医疗制度改革领导小组，成员单位包括国家体改委、卫生部、财政部、劳动部、人事部、国家医药局、国家物价局、中华全国总工会等部门。④1994 年 4 月，国家体改委等部门发布了《关于职工医疗制度改革的试点意见》，同年 11 月，国务院决定在江苏省镇江市和江西省九江市启动社会医疗保险试点改革，牵头管理部门是设置在国家体改委的国务院医改办。

---

① 郑功成等：《从饥寒交迫走向美好生活：中国民生 70 年（1949—2019）》，湖南教育出版社 2019 年版，第 318 页。

② 注：根据 1979 年 12 月 25 日卫生部等部门发布的《农村合作医疗章程（试行草案）》第五条规定，实行合作医疗的社队要建立健全由干部、社员代表、卫生人员组成的合作医疗管理委员会或管理小组，加强对合作医疗的领导和管理。

③ 王东进：《立足国情 实践创新 走自己的路——中国医疗保障制度改革二十年纪略（上）》，《中国医疗保险》2018 年第 11 期。

④ 宋士云等：《新中国社会保障制度结构与变迁》，中国社会科学出版社 2011 年版，第 179 页。

1998 年 6 月，根据第九届全国人民代表大会第一次会议批准的国务院机构改革方案，组建劳动和社会保障部，内设医疗保险司，专门负责拟定医疗、工伤、生育保险的基本政策、改革方案和发展规划并组织实施。[①]1998 年 12 月，国务院印发《关于建立城镇职工基本医疗保险制度的决定》，明确由社会保险经办机构负责基本医疗保险基金的筹集、管理和支付，由各级劳动保障行政部门及其他相关部门负责监督。

在农村地区，随着集体经济的瓦解，农村合作医疗失去了经济基础。直到 2003 年国务院转发卫生部等部门《关于建立新型农村合作医疗制度的意见》，明确要求各级卫生行政部门设立专门的农村合作医疗管理机构。2007 年，基本医疗保障制度又进一步延伸到城镇居民，国务院印发了《关于开展城镇居民基本医疗保险试点的意见》，要求建立国务院城镇居民基本医疗保险部际联席会议制度，负责组织协调和宏观指导。由于城镇居民基本医疗保险的参保对象是城镇非就业人口，按照属地化的原则，绝大部分地区都由主管职工医疗保险的劳动保障部门负责管理。再加上由民政部门主管的医疗救助和仍然分散由各机关事业单位自行管理的公费医疗制度，由此形成了多个部门参与、相互分割的医疗保障管理体制。

党的十八大以来，中央提出要整合城乡居民医疗保险制度，2013 年国务院确定了整合的"时间表"，但进展并不顺利。[②]直到 2016 年，国务院发布《关于整合城乡居民基本医疗保险制度的意见》，要求逐步在全国范围内建立起统一的城乡居民医保制度，明确要求理顺医保管理体制，统一基本医保行政管理职能。在学术界，既有观点认为应当从医疗分权制衡的角度出发，建议由人力资源社会保障部门集中管理[③]；也有观点认为应当实行医疗

---

①　注：参见《国务院办公厅关于印发劳动和社会保障部职能配置内设机构和人员编制规定的通知》，国办发〔1998〕50 号文。

②　王东进：《立足国情　实践创新　走自己的路——中国医疗保障制度改革二十年纪略（上）》，《中国医疗保险》2018 年第 11 期。

③　朱恒鹏：《城乡居民基本医疗保险制度整合状况初步评估》，《中国医疗保险》2018 年第 2 期。

费用与医疗服务的集中管理，建议由卫生部门来负责①；还有观点认为应当建立相对独立的医疗保障管理部门。②在实践中，截至 2017 年底，全国大多数省份将基本医疗保险业务集中到人社部门管理，但仍有少数几个省市的"新农合"由卫生部门管理，全国城乡居民医疗保险出现了七种不同的管理模式。③医疗保险管理权责应该集中到哪一个部门，成为这个时期的关键议题。（对该问题的详细分析见第九章第三节）

三、集中统一管理的新时期

2018 年，党和国家机构改革方案决定成立国家医疗保障局。国家医保局将人社部的城镇职工、城镇居民医疗保险、生育保险以及试点中的长期护理保险管理职责，卫计委的新型农村合作医疗管理职责，国家发改委的药品和医疗服务价格管理职责，民政部的医疗救助管理职责加以整合，符合同一类业务或事务由同一部门统一管理的原则。④

从管理层级上看，通过职责的整合，提升了医保管理层级，提高了医保管理的监督实力和权威⑤；从医保模式的选择上看，国家医保局的成立意味着我国将坚持"第三方支付"的缴费型医疗保险制度；从行政体制内部结构来看，医保局的成立是通过增量改革的方式，将基本医疗保险（公费医疗除外）集中于一个部门管理，从而为制度整合奠定了坚实的基础；从职能上看，国家医保局不仅集中管理各项基本医疗保险，而且还具有药品和医疗服务价格管理的职能，从而可以从供方和需方两个角度助力健康中国的建设。两年多来，国家医保局在药品招标采购、医保基金监管、医疗保障信息化与

---

① 王延中等：《关于卫生服务与医疗保障管理体制的若干问题》，《经济社会体制比较》2010 年第 5 期。

② 王龙兴：《关于中国医疗保障管理体制改革的思考》，《中国卫生资源》1999 年第 6 期。

③ 朱恒鹏：《城乡居民基本医疗保险制度整合状况初步评估》，《中国医疗保险》2018 年第 2 期。

④ 《郑功成谈机构改革：社保更受重视，体制走向优化》，中国经济网，2018 年 3 月 13 日。

⑤ 王东进：《切实加强政府医保职能的重大举措更好保障人民健康福祉的时代变革——对组建国家医疗保障局的认知所及》，《中国医疗保险》2018 年第 4 期。

标准化建设等方面都取得了突破性进展。2020 年 3 月，中共中央、国务院正式发布《关于深化医疗保障制度改革的意见》，吹响了新时代医疗保障制度改革的号角。①

回顾上述三个发展阶段不难发现，从第一阶段到第二阶段的转变是伴随着医疗保障模式的转变而发生的，在计划经济时期，医疗服务和医疗费用（保障）的管理主体是合二为一的，而社会保障的社会化和社会医疗保险模式的确立必然要求由相应的政府部门而非市场主体来承担管理职责。从第二阶段到第三阶段的转变则是行政管理体制改革和医疗保障制度内在发展规律双重驱动下的结果，主要表现为医疗保障行政管理职责的适度集中，从而更加有利于医疗卫生服务市场的供求平衡，降低国民疾病经济负担，助力健康中国建设。

第三节　中国医疗保障管理体制变迁的基本特点

一、医保管理模式：与医疗保障制度模式相适应

医保管理体制的变革本质上反映了医保制度模式的选择，其核心是医疗卫生服务体系与医疗保障制度之间的关系。在计划经济时期，无论是公费医疗、劳保医疗还是农村合作医疗，医疗服务的提供主体与医疗保障的主体在城市往往是一个单位内部的两个部门，无论是机关事业单位还是国营企业，其员工大都在其单位所属的医疗机构中就诊② ；在农村地区，医疗保障和医疗服务机构则是合二为一的，均由合作医疗站承担。其典型特征就是在高度集中的行政管理体制下对卫生服务和医疗保障实行统筹管理，③ 从而与"国

---

① 鲁全：《吹响新时代医保改革的号角》，《中国社会保障》2020 年第 5 期。

② 宋晓梧：《建国 60 年我国医疗保障体系的回顾与展望》，《中国卫生政策研究》2009 年第 10 期。

③ 王延中等：《关于卫生服务与医疗保障管理体制的若干问题》，《经济社会体制比较》2010 年第 5 期。

家负责、单位运行"的国家医疗保障模式相适应。

但是，随着经济体制的变革，企业市场主体地位的确立以及不同单位之间、不同区域之间医疗费用负担的不均衡，以单位制为基础的传统医疗保障制度必然要走向社会化的医疗保险制度。① 而社会医疗保险制度的基本逻辑就是通过整合医疗服务需求方来制约医疗服务供给方，从而达到控制费用的目的。再加上改革开放初期医疗服务市场化的取向，医疗机构的公益性下降，在供求双方均发生变化的背景下，以劳动保障行政部门为管理主体，与第三方购买的社会保险模式相适应的社会化医疗保险管理体制由此诞生。

然而，随着基本医疗保障覆盖面的扩展，尤其是由卫生行政部门主管的新型农村合作医疗的快速发展，使得医疗保障管理权责由于制度的分割而归属不同的行政部门，成为近十多年来医疗保障管理体制改革的关键。这场争论看似是不同行政部门之间的权力之争，但实质是医疗保障模式之争。由于卫生行政部门与医院之间未真正实现管办分离，② 因此不宜再管理医疗保险基金，从而实现权力制衡。国家医保局的成立实现了医疗保障制度的集中管理，也标志着我国坚定地选择了以缴费型医疗保险为主体的制度模式。

二、医保管理体制：从分权制衡到监管办合一

广义的医保管理包括监督、管理和经办三个部分。其中，管理的核心是制度架构和关键政策参数的设定；经办的核心是按照制度架构理顺操作流程，提供高质量服务；监督的核心是根据法律授权对制度及其经办的关键内容和环节进行监察和督促，确保制度顺利运行。监督、管理和经办的适度分离是治理现代化的必然要求，也是明确各方权责、形成有效的权力制衡机制的关键。

正如上文所分析的，在计划经济时期，各项医疗保障制度都基本实现了

---

① 申曙光：《新时期我国社会医疗保险体系的改革与发展》，《社会保障评论》2017 年第2 期。

② 顾昕：《从管办分开到大部制：医疗供给侧改革的组织保障》，《治理研究》2018 年第2 期。

监管办的分离。以劳保医疗为例，劳动行政部门负责监督、工会系统负责管理、企业负责具体经办，三方的权责都较为清晰。但是，在我国现行的医疗保障管理体制中，监管办的责任分配体系尚未建立。其中，用人单位已经从经办人转变为参保人，并且在社会化管理的趋势下也无法再承担经办人的角色。专门的医疗保障经办机构目前在各地大多仍与其他社会保险经办机构共同办公，独立的医保经办机构建立仍需时日；即使成立了事业单位性质的经办机构，其性质也决定了其无法真正独立于医疗保障行政部门。在此情况下，医保行政部门同时肩负制度设计的管理之责和督促制度实施的监管之责，而立法监督、司法监督和专业的社会监督体系则尚未建立起来。

三、医保管理的横向权力分配：从分割到统一

横向权力分配是指医疗保障管理权责在不同部门之间的配置，以医保行政管理部门的设置为主要表现形式。回顾我国医保行政管理体制的变革历程，有两次重要的调整。其一是 1998 年成立劳动和社会保障部，设置医疗保险司，将卫生部承担的公费医疗、原国务院医疗保险制度改革领导小组办公室承担的医疗保险制度改革职能，均由劳动和社会保障部承担，实现了医疗保障行政管理的集中统一。① 随后，医保管理从集中又走向分割：2008 年国务院成立深化医疗卫生体制改革领导小组，办公室设在国家发展改革委，作为医疗卫生体制改革的议事协调机构；新农合主要由各级卫生行政部门主管；城镇职工和城镇居民医疗保险制度则主要由人力资源和社会保障行政部门主管。

2018 年国家医疗保障局的成立是对医保行政管理权力横向分配的第二次大调整，具有两个显著特点：其一是将分散的医保行政管理权再次集中到一个部门，既符合医疗保险制度第三方支付的基本原则，也符合一项事务由一个部门管理的部门间分工原则；其二是按照专业化分工的原则，将医疗保

---

① 王延中等：《关于卫生服务与医疗保障管理体制的若干问题》，《经济社会体制比较》2010 年第 5 期。

险与其他社会保险险种相区别，设置专门机构进行管理。在国家医保局成立之前，各项社会保险均由人社部门管理，但医疗保险在运行方式、平衡周期以及服务内容等方面均与其他险种存在一定差别。尤其是在实施健康中国战略的宏观背景下，医疗保障制度的重要性日益增强。① 因此在现阶段，设立专门部门对医保制度进行专业化管理具有历史合理性。

四、医保管理重点内容：从业务管理到全流程管理

医疗保障管理的内容和重点要服务于医保制度改革。在世纪之交，医保制度改革的重点是建立社会化的医疗保险并且不断扩大覆盖面。在制度模式方面，要建立医疗保险筹资和费用的责任分担机制。因此，筹资模式、财务模式和统筹层次等就成为了这个时期医疗保险改革的关键议题。在制度覆盖面方面，由于我们采取了新建制度和扩大原有制度覆盖面两种策略，并由此形成了管理主体的分割，对参保人员的信息管理就成为了另一项重要管理内容。② 简言之，这个时期的医保管理是以建构制度为目标，以制度关键参数的设计和参保人员的管理为主要内容，偏重于政策和业务管理。

国家医保局成立后，显著加快了三个方面的工作：其一，是通过标准化的手段，加强了信息管理。国家医保局在成立之初就启动了医保信息业务编码标准化工作。目前，15 项信息业务编码标准已经全部发布，并开始在试点地区测试应用。③ 其二，是以药品目录调整和制定待遇清单为主要措施的待遇管理。2018 年启动了抗癌药纳入医保目录的专项谈判，2019 年再次启动药品目录的谈判，对医疗保障待遇清单向全社会公开征求意见。其三，是以药品集中招标采购、医疗保险基金监督和支付方式改革为主要措施的基金

---

① 翟绍果：《从病有所医到健康中国的历史逻辑、机制体系与实现路径》，《社会保障评论》2020 年第 2 期。

② 注：当时基本医疗保险中存在的大量重复参保现象就充分说明，不同医疗保障管理部门之间的参保人员信息管理系统并不兼容。参见王超群：《中国基本医疗保险的实际参保率及其分布特征：基于多源数据的分析》，《社会保障评论》2020 年第 1 期。

③ 参见国家医疗保障局官方网站，http://www.nhsa.gov.cn/art/2019/10/8/art_38_1838.html。

支出管理。包括 2019 年 9 月，扩大"4+7"的药品集中采购试点，开展医疗保险基金的飞行检查以及推进 DRGs 等付费方式改革。2020 年 2 月，党中央、国务院在有关深化医疗保障改革的意见中，明确了待遇保障、筹资运行、医保支付、基金监管、协同医疗服务供给侧改革和医保公共管理服务等重点管理领域。

　　两相比较不难发现，随着医保制度的完善，尤其是三项基本医疗保险制度的整合，医保管理的内容和重点正在从政策架构和业务流程管理转变为以收支为关键内容的全流程管理，其在医疗保险制度框架内表现为对筹资和待遇给付机制的精细化管理，在"三医联动"框架内表现为对医疗服务提供方和药品生产商的制约与管理。

第四节　中国医疗保障管理体制未来发展的关键问题与优化路径

　　伴随着我国医疗保障制度的逐步建立和完善，医疗保障管理体制的优化将在很大程度上决定其治理能力和治理效果。笔者认为，未来我国医疗保障管理体制的发展要重点处理好以下五个方面的问题。

　　第一，在管理模式上，要坚持以医疗保险为主体的医保模式，在管理体制上坚持走第三方支付的道路。全民免费医疗和医疗保险之间的模式之争无论是在全球范围内，还是在国内学术界，都是医疗保障领域的核心议题。在新冠肺炎疫情的背景下，有关建议学习英国全民免费医疗模式的声音又起。笔者认为，并不存在纯粹意义上的免费医疗，根据我国的国情，鉴于医疗费用增长较快、卫生行政部门与医疗卫生机构之间的管办不分以及全民医疗保险制度初步建成的事实，仍然要坚持医疗保险模式。在今后一段时期内，仍要保持医疗保障管理机构与医疗服务管理机构的适度分离，在基金管理上也要适度区分但可以统筹使用公共卫生资金和医疗保障资金。

　　第二，在管理目标上，要逐步实现从医疗费用补偿走向购买高质量的医疗服务。控制医疗费用的不合理增长是医疗保险制度的基本目标，但却不应当成为其最终目标。① 在"以人民为中心"的新发展理念下，医疗保险制度要逐步实现从医疗卫生市场的战略购买者转变为医疗健康服务市场的战略合作者，通过付费方式改革等政策杠杆，鼓励和支持医药卫生服务领域的有效创新，引导医疗健康市场的高质量发展，进而实现从提升制度内部运行效率到提高经济社会总体效益的转变。

第三，在管理体制上，要按照治理能力现代化的要求，以建立独立法人化的经办机构为突破，逐步实现监管办的分离。明晰的权责分配和有效的权力制约是治理体系现代化的基本要求。应当充分借鉴德国的经验②，按照法人化和专业化的要求，建立相对独立的医疗保障经办机构，作为参保人的代表，在与政府、参保单位、医疗服务和药品供给商共同构成的基本医疗保险法律关系中，维护参保人的权益。其人事和财政应当相对独立于医保行政机构，并鼓励适当竞争，以提高服务效率。与此同时，要加强立法机构、司法机构和其他专业机构（如审计机构）的监督权力，逐步构建起新的"监、管、办"分离的现代医疗保障治理体系。在此过程中，还特别需要处理好与其他社会保险管理经办机构之间的关系。鉴于医疗保险的法定参保对象最为完整，且涉及人的一生，可以考虑借鉴部分发达国家的经验，由医疗保障经办机构承担登记参保、缴费、信息化管理等职能，提高管理效能和便捷性，行政管理部门则仍适当分离，分别依法承担待遇确定、基金管理等权责。

第四，在管理权责的纵向分配上，要根据管理本位与统筹层次相一致的要求，突破职责同构的制约，理清纵向权力分配机制。国家医保局的成立基本解决了医疗保障行政管理权的横向配置问题，接下来则要重点解决不同层级医疗保障行政部门的权责分配问题。鉴于目前大部分地区仍处于实质性的

---

① 申曙光等：《医保转型与发展：从病有所医走向病有良医》，《社会保障评论》2018 年第 3 期。

② 华颖：《德国医疗保险自治管理研究》，《社会保障评论》2017 年第 1 期。

区县级统筹层次①，距离法定的省级统筹仍有一定差距，因此在做实市级统
筹的过程中，要按照管理层级与统筹层级相一致的原则，未必要在每一级政
府都设立医疗保障行政机构，而可以探索其他的形式。例如杭州市的区县级
政府就不再统一设立专门的医保局，而是根据区域规划设置了若干个分局，
作为市医疗保障局的派出机构。如果打破了这种职责同构的管理体制约束，
就可以进一步探索建立纵向上的监督与管理责任划分机制，即统筹层次一级
的医保行政机构承担管理之责，而上一级医保行政机构承担监督之责。

　　第五，要充分利用社会力量和新技术成果，提高管理效率。在制度模式
确立后，其运行的效率在很大程度上取决于管理体制的架构及其效率。从狭
义管理走向现代化治理的关键举措就是多主体的参与，这是社会分工的必然
取向，也是实现医保治理现代化的重要举措。② 目前，专业社会力量充分利
用大数据、区块链和云计算等最新技术成果，在医保费用智能监控、协议机
构管理、支付方式改革以及医保数据的挖掘等方面发挥了重要的作用。但从
治理结构上看，大多仍采取医保行政机构委托或购买服务的方式，而并未真
正通过赋权使社会力量成为医保治理体系中的平等参与者。针对此，应当通
过加快立法、明确授权，更加充分地发挥专业社会力量在医保治理现代化中
的作用。

---

① 朱恒鹏：《城乡居民基本医疗保险制度整合状况初步评估》，《中国医疗保险》2018 年
第 2 期。
② 王琬等：《社会力量助推医保治理现代化研究》，《社会保障评论》2018 年第 1 期。

第五章
中国社会救助与社会福利管理体制的
变革与发展

　　社会救助是社会保障体系的基础性制度安排，是免除人们生存后顾之忧的重要制度。在我国的历史上，有着非常丰富的以赈灾救荒为主要内容的社会救助实践活动，新中国成立后，人民政府要求"不能饿死一个人"，迅速开展救济城市失业工人等工作，极大地稳定了社会局面，为国家经济社会的发展奠定了基础。在计划经济时期，城市的单位制和农村的集体经济决定了社会救助对象主要是城市的"三无人员"和农村的五保户，在这个时期，由于救助方式的多元特征，社会福利与社会救助往往是混合在一起的，社会福利以服务的形式出现，但也仅针对特殊的群体，从而具有很强的"救助性"特征。直到20世纪90年代，我国开始逐步建立覆盖城市和农村的最低生活保障制度，并且以此为基础逐步形成了社会救助的制度框架，而社会福利则逐渐从传统的民政福利向着社会化的正确方向迈进，社会救助与社会福利的界限逐渐清晰。

　　党的十八大以来，为实现全面小康的第一个百年奋斗目标，我国开始从地区性经济开发式扶贫向精准扶贫的战略转型，全社会积极动员，掀起了一场与绝对贫困斗争的战役。目前，脱贫攻坚战已经取得了全面胜利，现有标准下的全部农村贫困户实现了脱贫摘帽，描绘了人类反贫困历史上的绚丽一幕。然而，贫困问题始终是发展的，社会救助制度正在努力从解除绝对贫困向建立应对相对贫困的长效机制转变，从而仍然是现代社会保障体系的重要组成部分。另一方面，随着人口结构的深刻变化，老龄化、高龄化和少子化的特征凸显，不断缩小的家庭规模和社会主义市场经济对传统计划经济的全面取代，使得家庭保障、集体保障的功能持续弱化，而城乡居民对社会福利水平与质量的要求却伴随着经济发展水平的提升而持续提升，建设高质量的社会福利制度迫在眉睫。虽然社会救助和社会福利制度之间有所差别，但从管理体制的角度看，新中国成立以来我国的社会救助和社会福利事业主要由民政部门主管，分工主要体现在内部司局的设置上。因此，本章从行政管理的角度，主要以民政部的职能与机构设置为线索，梳理与总结我国社会救助与社会福利管理体制的变迁。当然，从发展的角度看，社会救助制度体系的建立涉及到不同政府职能部门之间的协调，社会福利社会化则涉及政府主管部门与社会力量之间的合作等，从而也会涉及到分工基础上的协调与合作等议题。

第一节　1978 年之前的社会救助与社会福利管理体制

一、以内务部职能与机构设置为线索的梳理 ①

1949 年 10 月 1 日，中华人民共和国中央人民政府成立，10 月 21 日，中央人民政府政务院成立。根据 1949 年 9 月 27 日通过的《中央人民政府组织法》，决定成立中央人民政府内务部（即民政部的前身）。10 月 19 日，中央人民政府委员会第三次会议决定，任命谢觉哉为内务部部长。10 月 21 日，中央人民政府政务院宣告成立，内务部位列 30 个部、会、院、署、行的首位。②11 月，中央人民政府内务部正式成立，主管民政工作，受中央人民政

---

① 本节有关内务部（民政部）职能设置与内设机构的介绍均来自于中央人民政府网站，http://www.gov.cn/fuwu/2014-02/26/content_2622345.htm。

② 李小蔚：《新中国建立初期的社会救助研究》，社会科学文献出版社 2012 年版，第 95 页。

府政务院领导和政务院政治法律委员会的指导。地方上的民政工作机构，大区设民政局，省设民政厅，专署和县设民政科。

根据《中央人民政府内务部试行组织条例（草案）》的规定，内务部内设办公厅、干部司、民政司、社会司、地政司和优抚司等6个单位。其中，社会司主管的内容包括社会福利，游民改造以及社会救济；优抚司主管的内容包括烈、军、工属和革命残废军人的优待抚恤，退伍安置和退休工作人员的处理等。[1] 干部司负责各级行政人员的福利，后于1950年将该职能调整至中央人民政府人事部，此职能虽随后又短暂地回到过民政部机关人事局（1959年），但之后还是划给了单独成立的人事部，且由于其不属于社会救助与福利的范畴，在此不做追踪。[2]

这个时期的社会救济工作带有很强的政治性，其目的是为了在新政权建立的背景下，保障各类人群的温饱，不要出现饿死人的现象。而正是由于救济对象人员复杂，除了由内务部社会司统筹办理之外，还常常涉及其他部门，如关于失业救助的工作要与劳动部门协调处理，救济金的发放要与财政部门协调，关于治理游民、难民、乞丐等方面的问题要与公安部门协调等。[3]

虽然1952年劳动就业登记后，对失业人员的救济工作，曾规定有劳动能力需要救济的由劳动部门救济，丧失劳动能力需要救济的由民政部门救济。但到了1954年，又规定失业工人（包括失业知识分子）以外的其他各类失业人员的救济工作均划归民政部办理。到了1956年，内务部、劳动部又联合发出《关于失业工人救济工作由民政部门接管的联合通知》，劳动部门把所有管理的失业工人和失业知识分子救济工作移交民政

---

[1] 中华人民共和国民政部大事记编委会编：《中华人民共和国民政部大事记（1949—1986)》，中国社会出版社2004年版，第2页。

[2] 注：行政部门人员的福利主要是退休退职和公费医疗，可参见第三、第四章相关部分。

[3] 李小蔚：《新中国建立初期的社会救助研究》，社会科学文献出版社2012年版，第95页。

部门。① 社会救济工作不再按照群体进行划分，而集中由内务部负责管理。

1953 年 8 月，由于人口登记、优抚和农村救灾等工作任务繁重，内务部增设救济司和户政司。将社会司所管的社会福利和社会救济工作中农村部分以及移民工作移交给救济司，社会司增加民工动员工作，同时，将残废儿童教养工作交由救济总会管理。② 救济司的成立意味着社会救济管理出现了城乡之间的分割。

1954 年宪法将政务院改为国务院。根据《中华人民共和国国务院组织法》第二条的规定，中央人民政府内务部改为中华人民共和国内务部，由国务院领导并接受国务院政法办公室的指导，1960 年 12 月，国务院政法办公室取消，内务部直接受国务院领导。1963 年 4 月，国务院成立内务办公室，分管内务、公安、民委和宗教事务。

1955 年 5 月，根据第三次全国民政会议的精神，内务部进行了机构调整，社会司改名为城市救济司，救济司改名为农村救济司，主管农村的自然灾害救济和农村的社会救济。③ 社会救济的城乡分割管理体制被进一步巩固。1955 年 11 月，中国人民救济总会(1950 年成立）和中国红十字会(1952年时中国红十字总会从内务部管理转由卫生部指导联系）合署办公，中国人民救济总会所管的国内救济工作并入内务部，所管的国际救济工作划归中国红十字会负责办理，原由中国人民救济总会领导的盲人福利会（1953 年成立）及新成立的聋哑福利会筹委会划归内务部直接领导。1956 年 2 月，中国聋哑人福利会正式成立，和盲人福利会一道，由内务部直接领导。

由于社会救济工作不仅涉及政权稳定，还涉及物资调配、卫生健康、劳动就业等多方面的内容，因此中央政府还建立了一些类似于当前议事协

---

① 宋士云等：《新中国社会保障制度结构与变迁》，中国社会科学出版社 2011 年版，第48 页。

② 李小蔚：《新中国建立初期的社会救助研究》，社会科学文献出版社 2012 年版，第98 页。

③ 转引自李小蔚：《新中国建立初期的社会救助研究》，社会科学文献出版社 2012 年版，第 98 页。

调机构的，跨部门救助领导机构，包括①：第一，中央救灾委员会。1950 年 2 月，政务院指示召开由内务部、财政经济委员会、财政部、农业部、水利部、铁道部、交通部、贸易部、食品工业部、合作事业管理局、卫生部，以及中华全国妇女联合会等机构负责人参加的会议，并为了在灾荒救助工作中贯彻生产自救的方针，决定成立中央救灾委员会，由政务院副总理董必武担任主任，日常工作由内务部负责。第二，中央生产防旱办公室。1952 年 2 月，针对各地比较严重的旱灾，成立了由农业部、水利部、林业部、内务部、卫生部、贸易部、中国人民银行、中华全国合作社联合总社等机构共同组成的中央生产防旱办公室。

这个时期的社会福利事业主要是对福利机构的管理，具体包括两种类型，其一是内务部在全国各大中城市建立了一大批救济福利事业单位（残老教养院、儿童教养院、精神病人疗养院等），承担着集中供养的救济福利服务工作，中央地方财政共同出资开办，直属管理，所需经费、物资都全部统一纳入国家或地方预算。② 其二，是接受、调整、团结和改造国民政府官办的救济院、劳动习艺所及地方民办或外国教会举办的慈善机构。③ 到 1953 年底，全国共改造旧的慈善机构 419 处，调整旧救济福利团体 1600 多处，建有城市社会救济福利单位 920 个，收容了孤儿、孤老、精神病人和其他人员 37.4 万余人。④ 社会主义改造结束，进入到计划经济时期后，传统的城市地区民政机构福利工作得到了很快的发展。1959 年，各地民政部门将全国 370 余所残老教养院、90 余所儿童教养院、120 余所精神病收容疗养机构分别改为综合性社会福利院、专门性养老院（敬老院）、儿童福利院和精神病人疗

---

① 李小蔚：《新中国建立初期的社会救助研究》，社会科学文献出版社 2012 年版，第 99—100 页。

② 宋士云等：《新中国社会保障制度结构与变迁》，中国社会科学出版社 2011 年版，第 66 页。

③ 李小蔚：《新中国建立初期的社会救助研究》，社会科学文献出版社 2012 年版，第 116 页。

④ 崔乃夫：《当代中国的民政（下）》，当代中国出版社 1994 年版，第 208 页。

养院，针对不同的对象实行不同的工作方针[1]。到 1963 年，全国城市社会福利事业单位猛增到 1660 个，其中社会福利院 489 个，养老院 237 个，儿童福利机构 732 个；收养人员 124321 人，老人 43510 人，儿童 52865 人。[2] 社会福利在 20 世纪 50 年代后呈现出蓬勃发展的好势头。[3]

除了上述社会救助和社会福利领域之外，在社会保障方面，民政部在此期间还短暂管理过游民改造和城市贫民移民、灾区移民工作（1956 年设置游民改造司，1958 年整建制转给农垦部），城市房管工作（1956 年移交给城市服务部）等。

1966 年 5 月，内务部被撤销，其收容遣送的工作交由公安部；救灾、救济、优抚、拥军优属等工作交由财政部管理；盲人、聋哑人、麻风病人、精神病人的安置、教育和管理交由卫生部；国家机关工作人员的待遇、退职退休和复员转业军人的安置工作由国家计委劳动局管理。到 1978 年时，全国社会福利院只剩下 577 个，工作人员 3233 人，收养老残人员 38457 人，其中儿童福利院 49 个，精神病院 102 个。[4]

二、与计划经济体制相适应的其他救助福利项目及其管理

任何的社会保障模式都是与经济生产方式相匹配的。计划经济体制在城市地区具体地表现为单位制，即绝大多数的劳动年龄人口都在单位里工作，从而与单位之间形成一种紧密的经济社会关系，单位不仅提供工资报酬，而且还提供各种福利设施和服务，从而成为单位福利的管理主体。劳动保险条例规定，各企业工会基层委员会应根据企业情况和职工需要，办理疗养所、养老院、托儿所等集体劳动保险事业，而实行劳动保险的企业，设立食堂、托儿所的费用及人员工资都完全由企业行政方来承担。因此，在计划经济体制下，单位福利既构成了国民总体福利的重要组成部分，也是弥补低工资、

---

①　崔乃夫：《当代中国的民政（上）》，当代中国出版社 1994 年版，第 32 页。
②　王子今等：《中国社会福利史》，武汉大学出版社 2013 年版，第 281 页。
③　郑功成：《中国社会保障论》，中国劳动社会保障出版社 2009 年版，第 55 页。
④　崔乃夫：《当代中国的民政（下）》，当代中国出版社 1994 年版，第 212 页。

体现社会主义分配优越性的重要方面。虽然其主要是由用人单位来管理，看似不具有典型的"社会化"特征，但由于劳动者普遍就业，以及所有制单一性带来的企业之间差距不大，这意味着在不同单位就业人员从单位所获得的福利水平没有显著的差别。

在农村地区，与集体经济相适应的，是兼具目标的救助性和服务的福利性的五保制度。① 在农村集体经济模式下，所有参与劳动的社员都参与集体分配，而缺乏劳动力、生活没有依靠的鳏寡孤独者，则应当在生活上得到集体的共同照顾，这也正是集体经济的优越性所在。1956年1月，中央在《1956年到1967年全国农业发展纲要（修正草案）》中要求，农业合作社对于社内缺乏劳动力、生活没有依靠的社员，应当统一筹划，指定生产队或者生产小组在生产上给予适当的安排，使他们能够参加力能胜任的劳动；在生活上给予适当的照顾，做到保吃、保穿、保烧（燃料）、保教（儿童和少年）、保葬（即五保），使他们的生养死葬都有指靠。1956年6月，第一届全国人大三次会议通过的《高级农业生产合作社示范章程》第53条也做了类似的规定。

五保户的生活安排方式主要包括：（1）对有一定劳动能力的五保对象，安排他们从事力所能及的生产劳动，并适当照顾工分。（2）补助劳动日。对丧失劳动能力的五保对象，按全社、队每人一年的平均劳动日数，补偿给五保户，同其他社员一起参加分配。（3）补助款物。（4）对日常生活自理有困难的，安排专人照料其生活。在五保户制度下，绝大多数五保户生活状况较好。②

农村地区五保老人有集中供养和分散供养两种方式。其中，集中供养由敬老院集中收养孤寡老人，分散供养则是老年人散居农村并接受集体救助。到1958年6月，全国农村共有413万多户、519万多名鳏寡孤独残疾的社员享受着农业生产合作社的五保待遇。

敬老院是对五保户进行集中供养的载体。为了解决五保老年人无人照料

---

① 本节内容参见鲁全：《养老哺幼：从家庭责任走向多元共担》，收录于郑功成等：《中国民生70年（1949—2019）》，湖南教育出版社2019年版。

② 崔乃夫：《当代中国的民政（下）》，当代中国出版社1994年版，第106—107页。

的问题，1956 年初，黑龙江省拜泉县兴华乡办起了敬老院，1958 年毛主席视察了河南新乡县七里营人民公社敬老院。1958 年中共第八届中央委员会第六次全体会议通过的《关于人民公社若干问题的决议》指出，要办好敬老院，为那些无子女依靠的老年人提供一个较好的生活场所。此后，敬老院在全国迅速发展起来，1958 年底，全国办起敬老院 15 万多所，收养老人 300 余万。[1]

　　1958 年，农村地区掀起人民公社建设的高潮，吃饭食堂化、老人幸福院化、儿童养育托儿所化、家务劳动社会化等等，被作为创造共产主义生活条件的基本措施，成为各地办人民公社的主要内容。一方面，人民公社在分配方式上采取工资制和供给制相结合的方式，包括粮食供给、伙食供给，甚至有些地方是基本生活供给，各种生活费用均由公社包下来。[2] 相应地，农村敬老院的数量就有所下降，到了 1962 年仅存 3 万所，在院老人 55 万。人民公社运动使得农村地区集体化供养的对象从此前的鳏寡孤独者扩大到所有的老年和儿童。另一方面，这个时期受到极左思想的影响，错误地认为农村不再需要救济了，一些地方停发社会救济款。这种超越经济发展水平的做法，再加上随后发生的三年自然灾害，导致农村贫困人口大量增加，国家在财政极端困难的情况下，拨出大量救济款物用于农村救济。据统计，1960—1963 的四年间，国家共发放农村救济款达 4.8 亿元，超过 1950—1959 年十年救济款的总和。[3]1962 年，中共八届十中全会通过了《农村人民公社工作条例（修正草案）》，把对贫困社员的救济作为一项制度固定了下来。1963年内务部召开全国民政和人事厅局长会议，研究农村社会救济工作，贯彻《农村人民公社工作条例》，这虽然使农村救济的工作有所起色，但这种超越了经济发展水平的福利分配方式最终仍然是以失败告终。"文革"期间，虽然当时仍然有集体大锅饭，但五保工作仍然被严重削弱，甚至出现不少五保对象

---

　　①　崔乃夫：《当代中国的民政（下）》，当代中国出版社 1994 年版，第 106—107 页。

　　②　罗平汉：《新中国民生 60 年》，福建人民出版社 2009 年版，第 65—66 页。

　　③　宋士云等：《新中国社会保障制度结构与变迁》，中国社会科学出版社 2011 年版，第112—113 页。

四处流浪的情况 ①。

通过上述回顾可以发现，在 1978 年之前的社会救助与社会福利管理体制主要有三个方面的特点：其一，在新中国成立初期，社会救助和福利体现出极强的临时性和政治性，其目的是为了维护新生政权的稳定，确保国民的基本生活，从而成为新政府的重要核心任务。虽然是由内务部来主导，但工作往往涉及中央政府的多个部门，从而比较顺利地完成了新中国成立初期的任务。其二，受到经济发展水平的制约，该阶段的救灾、救济和福利是紧密结合在一起的，内务部基本实现了集中统一管理。自然灾害是导致困境的重要原因之一，救济的对象很多都是难民和灾民，而对难民和灾民的集中救济则是早期民政福利的主要形式，因此这三者是密切联系在一起的。虽然1953 年农村地区社会救济被划归由新成立的救济司管理，但都处于内务部的统一领导下而只是内设机构的分工。其三，这个阶段的经济生产方式决定了社会福利只能是补缺式的，而家庭、单位和集体等主体都切实发挥着提供福利的重要功能。在计划经济体制下，城镇劳动者及其家属的福利主要来源于所在单位，农村劳动者则参与集体经济的分配，国家在整体形式上的计划性在微观上充分表现为单位制和集体制，使得大部分城乡居民都被囊括在这个保障系统中，而只有极少数缺乏劳动能力和家庭支持的人需要通过政府举办的民政福利来予以保障。这种制度模式决定了在管理体制上，也是由单位管理为主，民政福利机构发挥补充作用。

第二节　1978 年以来的社会救助与社会福利管理体制

一、1978—1998 年民政部机构改革的总体脉络 ②

1978 年 3 月 5 日，第五届全国人民代表大会第一次会议通过决议，设

---

① 崔乃夫：《当代中国的民政（下）》，当代中国出版社 1994 年版，第 106—107 页。

② 本节有关民政部职能设置与内设机构的介绍，如不做特别说明，则均来自于中央人民政府网站，http://www.gov.cn/fuwu/2014-02/26/content_2622345.htm。

立中华人民共和国民政部，其内设机构包括办公厅、政治部、优抚局、农村社会救济司、城市社会福利司、民政司、政府机关人事局和中国盲人聋哑人协会，和 1968 年内务部撤销之前的内设机构基本一致。9 月 16 日，第七次全国民政会议在京召开。根据党中央和国务院的指示，明确规定了民政工作的主要任务是：优抚、复退安置、生产救灾、社会救济和社会福利，并承办行政区划、婚姻登记和殡葬改革等工作。

1980 年 7 月 14 日，国务院决定将民政部政府机关人事局和国务院军队转业干部安置工作小组办公室合并成立国家人事局。1981 年 2 月 12 日，国务院退伍军人和军队退休干部安置领导小组成立，其办公室设在民政部。3 月 4 日，国务院批准民政部设立退伍军人和军队退休干部安置局。

1982 年国家机构改革，民政部被保留，内设机构包括办公厅、政策研究室、民政司、城市社会福利司、农村社会救济司、优抚局、安置局、老干部管理局。1982 年 4 月 28 日，时任国务院副总理万里同志主持召开会议，研究新组建的劳动人事部与教育部、国家计委、国家经委、民政部几项工作的分工问题，其中关于残疾人、老年人工作的分工问题，会议确定，有关这方面的国际交往活动，由劳动人事部牵头。对社会上无依无靠、无家可归、无生活来源的，由民政部门主管。1983 年举行的第八次全国民政会议将民政的基本职责概括为"基层政权建设的一部分、社会保障的一部分、行政管理的一部分"。

1984 年 11 月，国务院明确将残疾人的国际活动事务由劳动人事部移交民政部主管。1987 年 12 月，中国残疾人联合会成立，由民政部代管。1988 年 3 月 1 日，国务院批准成立中国"国际减灾十年委员会"（后更名为国家减灾委员会），属部际协调机构，民政部为牵头单位。

1988 年国家机构改革，民政部被保留。根据对民政部职能配置、内设机构和人员编制的规定，（即所谓的"三定方案"，后文均用此简称），其主要任务是：通过做好基层政权建设和村民委员会、居民委员会建设工作，促进城乡经济的发展，推进基层民主生活的制度化；通过管理社会行政事务，调整人际关系，缓解社会矛盾，推进社会行政管理的法制化；通过发展社会福利与社会保障事业，推进公共福利事业的社会化；通过做好优抚安置工作，加强军政军民团结，促进国防建设现代化。在新形势下，为充分发挥社会稳定机制作用，适应改革开放的需要，为社会主义现代化建设创造一个良好的社会环境，其职能需要加强。确定设立办公厅、基层政权建设司、优抚司、安置司、救灾救济司、社会福利司、行政区划和地名管理司（中国地名委员会办公室）、社团管理司、社会事务司、婚姻管理司、政策法规司、人事教育司、综合计划司、国际合作司（民政部接待安置印支难民办公室）共14 个职能司（厅）和机关党委。① 不仅在内设机构中与社会保障直接相关的优抚司、社会福利司和救灾救济司（农村社会救济司）被保留，而且新增的社会事务司也有部分职能与社保相关（流浪乞讨人员管理），我们更欣喜地发现，在民政部的"三定方案"中出现了"社会保障"的提法，与社会福利相并列，这标志着民政部与当时新成立的劳动部共同成为社会保障领域最重要的两个主管部门，这种格局一直延续到了今天。

1990 年 7 月，国务院总理办公会议确定农村社会养老保险由民政部负责。1991 年 2 月，民政部党组会议决定设立农村社会养老保险办公室，1992 年成立农村社会保险司（1998 年后划归新成立的劳动保障部）。

1993 年的国务院机构改革，民政部仍然被保留。在三定方案有关民政部职能转变中专门强调，"加强社会救济、社会福利、优抚安置及农村养老保险等社会保障的宏观管理机构"。在主要职责中，与社会保障直接相关的包括：（1）组织救灾工作，掌握和发布灾情，拨发救灾款物，组织接收、分配国内外救灾捐赠，检查、监督救灾款物的使用情况；指导灾区生产自救；指导农村救灾合作保险；承担中国国际减灾十年委员会办公室的工作，开展国际减灾活动。（2）管理城乡社会救济，负责制订农村五保户供养和城乡社会困难户定期救济、临时救济以及其他特殊救济对象的救济政策、标准并监督实施；负责农村贫困户的扶持工作。（3）主管农村（含乡镇企业）社会养老保险工作，推动地方建立和完善农村社会养老保险制

---

① 黄树贤：《民政改革 40 年》，中国社会出版社 2019 年版，第 6 页。

度，指导和监督农村养老保险基金的管理和使用。（4）组织实施社会福利发展规划，指导社会福利事业单位的管理和社区服务工作，推动社会化服务体系的建立与发展；指导老年人和残疾人的权益保护工作；会同有关部门制订并监督实施残疾人就业和社会福利生产的扶持保护政策，对城乡社会福利企业进行宏观管理；主管社会福利有奖募捐工作。内设机构包括办公厅、优抚司、安置司、救灾救济司（中国国际减灾十年委员会办公室）、农村社会保险司、社会福利司、基层政权建设司、区划地名司、社团管理司、社会事务司、计划财务司、国际合作司和机关党委（人事教育司）。①这是从目前可以公开查阅到的民政部三定方案中，第一次对社会救济和社会福利进行分别的阐释，从中可以逐步看出民政部主管的两项主要社会保障业务的分野。

二、1998 年以来民政部机构改革的情况

与此前社会保险管理体制将 1998 年作为关键时点是因为当年劳动保障部的成立标志着社会保险管理体制实现了集中不同，对于社会救助和社会福利管理事业而言，1998 年的机构改革依然保留了民政部至今，而更主要的原因是 1998 年以来，尤其是进入到 21 世纪后，社会救助与社会福利事业的发展进入到了快车道，从城镇居民最低生活保障制度到社会救助体系的初步搭建，从补缺型社会福利到适度普惠型社会福利的快速发展，事业的发展自然需要管理体制的跟进与支持，而管理理念的优化和管理体制的革新亦会成为促进事业发展的坚实基础。

1998 年国务院机构改革保留民政部。根据三定方案，在职能调整方面，与社会保障有关系的包括将农村社会养老保险职能交给劳动和社会保障部和将国家经济贸易委员会承担的组织协调抗灾救灾的职能交给民政部。在主要职责中，与社会保障有关的包括：（1）组织、协调救灾工作；组织核查灾情，

---

① 参见《国务院办公厅关于印发民政部职能配置内设机构和人员编制方案的通知》国办发〔1993〕86 号。

统一发布灾情，管理、分配中央救灾款物并监督使用；组织、指导救灾捐赠；承担中国国际减灾十年委员会日常工作，拟定并组织实施减灾规划，开展国际减灾合作。（2）建立和实施城乡居民最低生活保障制度；组织和指导扶贫济困等社会互助活动，审批全国性社会福利募捐义演；指导地方社会救济工作。（3）承担老年人、孤儿、五保户等特殊困难群体权益保护的行政管理工作，指导残疾人的权益保障工作，拟定有关方针、政策、法规、规章；拟定社会福利事业发展规划和各类福利设施标准；研究提出社会福利企业认定标准和扶持保护政策；研究提出福利彩票（中国社会福利有奖募捐券）发展规划、发行额度和管理办法，管理本级福利资金。（4）拟定殡葬工作方针政策，推行殡葬改革。（5）拟定儿童收养管理的方针、政策；指导国内及涉外收养工作。（6）拟定收容遣送管理的方针、政策；协调省际收容遣送工作。内设机构包括办公厅、民间组织管理局、优抚安置局、救灾救济司（中国国际减灾十年委员会办公室）、基层政权和社区建设司、区划地名司、社会福利和社会事务司、财务和机关事务司、外事司、人事教育司和机关党委。①虽然从机构设置上看，社会福利与社会事务合并，但在职责中明确提出要建立城乡居民最低生活保障制度，并于 2004 年成立最低生活保障司。

1999 年 10 月，全国老龄工作委员会成立，其办公室设在民政部，日常工作由中国老龄协会承担。

2003 年国务院机构改革，民政部保留，内设机构也未做大幅度调整。2008 年国务院机构改革，民政部保留，在职责调整中，唯一加强的一项内容就是"加强社会救助职责，统筹城乡社会救助体系建设"，相应地，在部门职责中就包括"牵头拟订社会救助规划、政策和标准，健全城乡社会救助体系，负责城乡居民最低生活保障、医疗救助、临时救助、生活无着人员救助工作。"相比于社会救助，对社会福利职能的描述仍然相对抽象。在内设机构上，最低生活保障司更名为社会救助司，社会福利与社会事务司也分拆

① 参见《国务院办公厅关于印发民政部职能配置内设机构和人员编制规定的通知》国办发〔1998〕60 号。

为社会福利和慈善事业促进司，社会事务司。① 这是社会保障体系中的重要补充慈善事业第一次在民政部的司局名称中出现。2012 年第十三次全国民政会议对民政职能的概括是"保障基本民生的重要担当者、创新基层社会管理的积极促进者、国防和军队建设的有力支持者、基本社会服务的重要提供者"。2013 年国务院机构改革，民政部依然保留，内设机构也未做大幅度调整。

2018 年党和国家机构改革，民政部保留，从而是历次国务院机构改革中都被保留的部门。民政部相关职责配置和内设机构见专栏 1。根据三定方案，民政部的职能聚焦基本民生保障、基本社会服务和基层社会治理，在内设机构中，社会救助司、养老服务司、儿童福利司、慈善事业促进和社会工作司以及社会事务司（残疾人社会福利、流浪乞讨人员救助管理）都涉及社会保障事务。如果按照社会保障体系的三大组成部分，社会救助、社会保险、社会福利和两个重要补充慈善事业和商业保险这样的结构而论，社会救助、社会福利和慈善事业均由民政部主管，从而毫无疑问是我国社会保障体系中的重要管理部门。

专栏 1　2018 年民政部的职能与内设机构

民政部的十三项职责

（1）拟订民政事业发展法律法规草案、政策、规划，制定部门规章和标准并组织实施。

（2）拟订社会团体、基金会、社会服务机构等社会组织登记和监督管理办法并组织实施，依法对社会组织进行登记管理和执法监督。

（3）拟订社会救助政策、标准，统筹社会救助体系建设，负责城乡居民最低生活保障、特困人员救助供养、临时救助、生活无着流浪乞讨

---

① 参见《国务院办公厅关于印发民政部主要职责内设机构和人员编制规定的通知》国办发〔2008〕62 号。

人员救助工作。

（4）拟订城乡基层群众自治建设和社区治理政策，指导城乡社区治理体系和治理能力建设，提出加强和改进城乡基层政权建设的建议，推动基层民主政治建设。

（5）拟订行政区划、行政区域界限管理和地名管理政策、标准，负责报国务院审批的行政区划设立、命名、变更和政府驻地迁移审核工作，组织、指导省县级行政区域界线的勘定和管理工作，负责地名管理工作，负责重要自然地理实体以及国际公有领域、天体地理实体的命名、更名审核工作。

（6）拟订婚姻管理政策并组织实施，推进婚俗改革。

（7）拟订殡葬管理政策、服务规范并组织实施，推进殡葬改革。

（8）统筹推进、督促指导、监督管理养老服务工作，拟订养老服务体系建设规划、政策、标准并组织实施，承担老年人福利和特殊困难老年人救助工作。

（9）拟订残疾人权益保护政策，统筹推进残疾人福利制度建设和康复辅助器具产业发展。

（10）拟订儿童福利、孤弃儿童保障、儿童收养、儿童救助保护政策、标准，健全农村留守儿童关爱服务体系和困境儿童保障制度。

（11）组织拟订促进慈善事业发展政策，指导社会捐助工作，负责福利彩票管理工作。

（12）拟订社会工作、志愿服务政策和标准，会同有关部门推进社会工作人才队伍建设和志愿者队伍建设。

（13）完成党中央、国务院交办的其他任务。

与国家卫生健康委员会的有关职责分工。民政部负责统筹推进、督促指导、监督管理养老服务工作，拟订养老服务体系建设规划、法规、政策、标准并组织实施，承担老年人福利和特殊困难老年人救助工作。国家卫生健康委员会负责拟订应对人口老龄化、医养结合政策措施，综合协调、督促指导、组织推进老龄事业发展，承担老年疾病防治、老年人医疗照护、老年人心理健康与关怀服务等老年健康工作。

内设机构：

办公厅（国际合作司）、政策法规司、规划财务司、社会组织管理局（社会组织执法监督局）、社会救助司、基层政权建设和社区治理司、区划地名司、社会事务司、养老服务司、儿童福利司、慈善事业促进和社会工作司和机关党委。

资料来源：中华人民共和国民政部网站，http://www.mca.gov.cn/article/jg/zyzz/。

第三节　社会救助体系的发展与管理体制面临的问题 ①

一、社会救助内容的拓展与管理部门的增加

（一）由民政部门主管的社会救助项目

2014 年，国务院颁布《社会救助暂行办法》，基本确立了我国社会救助体系，具体包括城乡居民最低生活保障、特困人员供养、受灾人员救助、医疗救助、教育救助、住房救助、就业救助和临时救助。其中，最低生活保障制度于 1997 年开始在全国范围内普遍建立，1999 年国务院颁布《城市居民最低生活保障条例》，2007 年国务院印发《关于在全国建立农村最低生活保障制度的通知》。统计数据显示，截至 2019 年底，全国共有城市低保对象524.9 万户、860.9 万人，全年支出资金 519.5 亿元；有农村低保对象 1892.3万户、3455.4 万人，全年支出资金 1127.2 亿元。

特困人员救助主要包括传统的农村五保对象和城市的"三无"人员，其中农村五保制度缘起于计划经济体制下，农村集体经济支持下的困难群众生活保障制度。2006 年国务院颁布修订后的《农村五保供养条例》，将五保供

———————

① 注：由于社会福利主要涉及政府与企业、社会组织等的合作关系，不属于本书狭义行政管理体制的范畴，在此不做专门分析，而以涉及行政体制内不同层级政府、不同政府部门的社会救助制度为分析对象。

养完全纳入财政的范畴，从而从互助性保障转变为国家责任的社会救助制度。在农村地区，或者是分散供养，或者以敬老院的形式进行集中供养。对于城市"三无"人员，也主要通过将其纳入公办福利机构进行集中供养。统计数据显示，截至 2019 年底，全国共有农村特困人员 439.1 万人，全年支出资金 346 亿元；共有城市特困人员 29.5 万人，全年支出资金 37 亿元。

临时救助是国家对遭遇突发事件、意外伤害、重大疾病及其他特殊原因导致生活陷入困境者的应急性和过渡性救助，是社会救助体系的最后一道防线。[1] 在城乡居民最低生活保障制度建立后，大部分地区取消了临时救助的形式，但为了织密、织牢社会救助安全网，2007 年民政部印发了《关于进一步建立健全临时救助制度的通知》，2014 年国务院又印发《关于全面建立临时救助制度的通知》。在临时救助中的一大部分是生活无着的流浪乞讨人员救助。1982 年，国务院印发《城市流浪乞讨人员收容遣送办法》，由公安部门和民政部门共同管理，但在实践中越来越偏向于治安管理而非社会管理。2003 年国务院发布《城市生活无着的流浪乞讨人员救助管理办法》，强制性收容遣送被废止，关爱保护型救助管理制度正式确立。[2]2011 年 11 月，经国务院批准，民政部牵头成立了由中央综治办、最高法、最高检等 20 个机构组成的流浪乞讨人员救助管理工作部际联席会议制度。统计数据显示，2019 年共实施临时救助 993.2 万人次，全年支出临时救助资金 141.1 亿元。

上述三项救助制度的主管部门是民政部。其中，流浪乞讨人员在 2003 年之前的"收容遣送"制度时期，由民政部门和公安部门联合管理；2003 年之后由民政部门管理。即便如此，在流浪乞讨人员救助管理的实践中，因为涉及到的对象较为复杂，很多地方建立了部门之间的协调机制。例如成都市下发了《关于成都市救助管理站受助人员中危重病传染病、精神病患者及有吸毒行为者实施救治的意见》规定，公安部门或市民在街头发现危重病人或精神病人，先送指定医院救治。病情稳定后，医院通知救助站进院查核，属

---

① 黄树贤：《民政改革 40 年》，中国社会出版社 2019 年版，第 55 页。
② 黄树贤：《民政改革 40 年》，中国社会出版社 2019 年版，第 63—64 页。

于救助对象的，接回救助站，医疗费用由救助站结付；不属于救助对象的，由公安部门处理并结付医疗费，向市财政报销。①

然而，即使是民政部主管的社会救助项目，在 2018 年党和国家机构改革之前，在民政部内分管的司局也不完全相同：城乡居民最低生活保障、农村五保人员供养、临时救助由社会救助司统一管理；城市三无人员供养由社会福利与慈善司管理，受灾人员救助由救灾司管理，流浪乞讨人员救助由社会事务司管理。

（二）由其他部门主管的救助项目

伴随着社会经济总体水平的不断提高，对于贫困家庭而言，低保制度虽然能够满足其基本生活需求，但是他们在医疗、住房、教育、就业等方面一旦遭遇大额支出，很可能又重新返贫。因此，在低保制度的基础上，我国逐渐建立起了其他的专项救助制度，而这些不同的专项救助制度的管理部门也并不完全统一。

第一，医疗救助制度。我国的医疗救助与农村合作医疗制度同时诞生。2003 年 11 月，民政部等部门下发了《关于实施农村医疗救助的意见》，对患大病的五保户和贫困农民家庭予以救助；2005 年 3 月，国务院办公厅转发了民政部等部门《关于建立城市医疗救助制度试点工作意见》；2009 年 5 月，民政部等部门又联合下发了《关于进一步完善城乡医疗救助制度的意见》；2015 年 4 月，国务院办公厅转发民政部等 5 部门《关于进一步完善医疗救助制度全面开展重特大疾病医疗救助工作的意见》；2017 年 1 月，民政部与相关部委印发《关于进一步加强医疗救助与城乡居民大病保险有效衔接的通知》。

医疗救助的业务在 2018 年党和国家机构改革之前，与基本医疗保险制度的分割管理类似，管理部门涉及民政部以及主管城镇医疗保险的人力资源社会保障部，主管新型农村合作医疗的卫生部门。2018 年党和国家机构改革，将医疗救助的管理职责交由国家医疗保障局。

---

① 洪大用：《转型时期中国社会救助》，辽宁教育出版社 2004 年版，第 230 页。

统计数据显示，2019 年，全国医疗救助基金支出 502.2 亿元，资助参加基本医疗保险 8751 万人，实施门诊和住院救助 7050 万人次，全国平均次均住院救助、门诊救助分别为 1123 元、93 元。2019 年中央财政投入医疗救助补助资金 245 亿元，安排 40 亿元补助资金专项用于支持深度贫困地区提高贫困人口医疗保障水平。

第二，教育救助制度。根据教育行政部门的介绍①，教育救助涉及各教育阶段：在学前教育阶段，地方政府对经县级以上教育行政部门审批设立的普惠性幼儿园在园家庭经济困难儿童、孤儿和残疾儿童予以资助。在义务教育阶段，统一城乡"两免一补"政策，对城乡义务教育学生免除学杂费，免费提供教科书，对家庭经济困难学生补助生活费。对集中连片特困地区县、其他国家扶贫开发工作重点县、省级扶贫开发工作重点县、民族县、边境县、革命老区县等地区农村义务教育阶段学生提供营养膳食补助。在中等职业教育阶段，建立了以国家奖学金、国家助学金和免学费为主，地方政府资助、学校和社会资助等为补充的资助政策体系。在普通高中教育阶段，建立了以国家助学金、建档立卡等家庭经济困难学生免学杂费为主、地方政府资助和学校、社会资助为补充的资助政策体系。在本专科教育阶段，建立了国家奖学金、国家励志奖学金、国家助学金、国家助学贷款、基层就业学费补偿国家助学贷款代偿、服兵役国家教育资助、师范生公费教育、新生入学资助、勤工助学、校内奖助学金、困难补助、伙食补贴、学费减免及新生入学"绿色通道"等相结合的资助政策体系。在研究生教育阶段，建立了研究生国家奖学金、国家助学金、学业奖学金、"三助"岗位津贴、国家助学贷款、基层就业学费补偿国家助学贷款代偿、服兵役国家教育资助、校内奖助学金及新生入学"绿色通道"等相结合的资助政策体系。

2019 年，全国累计资助学前教育、义务教育、中职学校、普通高中和普通高校学生（幼儿）10590.79 万人次（不包括义务教育免除学杂费和免

---

① 教育部全国学生资助管理中心：《教育救助制度发展报告》，收录于王治坤主编：《中国社会救助发展报告（2013）》，中国社会出版社 2015 年版，第 83 页；以及教育部全国学生资助管理中心网站，http://www.xszz.cee.edu.cn/index.php/shows/70/3928.html。

费教科书、营养膳食补助）；累计资助金额2126亿元。其中，资助学前教育幼儿914.41万人次，资助金额116.26亿元；义务教育家庭经济困难学生生活费补助2025.7万人，资助金额202.84亿元；资助中职学校学生1592.86万人次，资助金额305亿元；资助普通高中学生1240.23万人次，资助金额185.01亿元；资助普通高校学生4817.59万人次，资助金额1316.89亿元。

第三，住房救助。根据住房与城乡建设部住房保障司的介绍，① 自2008年以来，国家通过大规模实施保障性安居工程，加快解决困难群众住房问题。在城市，主要是通过租配廉租住房、公共租赁住房及发放租赁补贴等方式解决住房困难；在农村，主要是将救助对象优先纳入危房改造计划中。截至2020年6月，3800多万困难群众住进公租房，累计近2200万困难群众领取了租赁补贴。

第四，就业救助。根据人力资源社会保障部就业促进司的介绍，② 就业援助目前主要有以下几类：其一，鼓励就业困难人员自谋职业、自主创业，包括税费减免、贷款贴息以及社会保险补贴；其二，鼓励企业吸纳就业困难人员，包括税收优惠、社会保险补贴、小额担保贷款；其三，开发公益性岗位安置就业困难人员，包括社会保险补贴、岗位补贴。除此之外，在就业援助、岗位信息提供、技能培训服务等方面优先安排贫困家庭成员并免除相关费用，并且重点对零就业家庭进行帮扶。2019年全年城镇新增就业1352万人，其中就业困难人员就业179万人。全年全国共帮助5.1万户"零就业"家庭实现每户至少一人就业。

第五，灾害救助。我国灾害救助的体制相对比较复杂。在改革开放之前，主要由内务部管理。然而，灾害救助涉及多灾种，全流程（灾前预防、应急救灾、灾后重建等），因此采取的是党中央国务院统一领导，部门分工负责、灾害分级管理，属地管理为主。同时，注重发挥人民解放军、武警官

---

① 住房和城乡建设部住房保障司：《住房救助制度发展报告》，收录于王治坤主编：《中国社会救助发展报告（2013）》，中国社会出版社2015年版，第93—94页。

② 人力资源和社会保障部就业促进司：《就业援助制度发展报告》，收录于王治坤主编：《中国社会救助发展报告（2013）》，中国社会出版社2015年版，第103—106页。

兵、公安干警和民兵预备役人员的作用，注重发挥人民团体、社会组织及志愿者的辅助作用。中央层面设置有国家减灾委员会、全国抗灾救灾综合协调办公室等机构，负责抗灾救灾的组织协调工作，办公室均设在民政部。① 因此，灾害救助不仅涉及到跨部门关系，还涉及到军地关系，以及调动社会力量等。2018 年党和国家机构改革，将灾害救助的职责集中到应急管理部。

通过上述分析不难看出，虽然社会救助自成体系，但是除了其中的最低生活保障、特困人员救助和临时救助之外，其他的专项救助都由其他职能部门负责管理，教育救助由教育行政部门管理；医疗救助由国家医疗保障局管理；灾害救助由应急管理部管理；住房救助由住房与城乡建设部管理；就业救助由人力资源社会保障部管理。虽然这些专项救助的对象往往都以低保户为主，因此不同部门之间有较为紧密的协同关系，但这种分割的管理体制必然会造成救助资源的低效和管理效率的低下。按照多维贫困的理论，贫困者的确是面临着多方面的困难，生活困境只是其中的一个方面，即使最低生活保障制度确保了其基本生活，那么在其他领域的重大支出也很可能使之再度陷入贫困的境地。而这些贫困致因（如健康、住房、教育等）显然民政部门是无法从根本上解决的，给贫困户赋能、将公共资源分配向他们倾斜，的确需要相关职能部门的密切配合。

作为基本的社会保障项目，社会救助的服务对象是贫困的个体或家庭，只要是服务于人，就涉及资金、服务、管理等多个环节，涉及家庭规模、收入来源、支出结构、劳动就业、生存状况和个人多方面的信息。因此，不仅是社会救助，作为以人为服务对象，以经济补偿和服务提供为主要方式的社会保障业务，必然会涉及到多个管理部门，而无法实现绝对的集权管理。然而，问题的另一方面是，只有将权力相对集中，才能够使之高效地利用公共财政资源，并且切实地承担责任，所以从管理体制的构架上看，"一件事由一个部门管理"的逻辑亦有道理。正如本书在第二章理论部分所阐释的，分

---

① 民政部救灾司：《受灾人员救助制度发展报告》，收录于王治坤主编：《中国社会救助发展报告（2013）》，中国社会出版社 2015 年版，第 64 页。

工与协作是一个硬币的两面，目前社会救助管理体制在行政权力的配置上仍然有必要进一步集中，但与相关部门的合作机制亦是不可或缺的。如果社会救助相关的管理部门之间缺乏协调与整合，那将最终导致救助对象的需求无法得到充分满足。①

二、社会救助管理中的府际关系 ②

（一）社会救助管理中的横向府际关系

如上文所述，社会救助的服务对象是贫困者及其家庭，从贫困家庭的甄别到精准服务，甚至通过对其收入与能力的追踪评估实现动态管理，无疑都需要多个部门之间的合作。下面，以低保户认定过程中的家计调查和基层社会救助经办中的一门受理为例进行说明。

家计调查是低保瞄准机制的重要工具，即通过对家庭收入来源的调查以判定其家庭人均收入水平是否在低保线以下。然而，这种传统的调查方法不仅面临着收入隐私性等伦理方面的拷问，即使在操作层面上，也伴随着家庭收入来源的多样化而变得日益困难。根据收入类型的分类，在传统情况下，劳动收入和政府的转移性收入是低收入家庭的主要经济来源；但是，在快随城镇化的过程中，以户籍人口为主要对象的低保制度，也面临着部分低保对象"低收入、高资产"的情况。收入来源的多样化意味着准确了解其家庭收入信息的难度大大增加，不仅涉及人力资源社会保障部门的劳动就业信息，还可能会涉及到金融部门、住房和城乡建设部门以及其他商品流通部门的信息；不仅涉及低保户申请者的收入信息，还涉及其全部家庭成员的收入信息；等等。因此，收入来源的多样化和信息来源的多源流性决定了在家计调查和低保认定中，必然需要建立多部门之间的信息交流机制。

在实践中，2008 年以来，民政部利用分散在公安、人社、住建、税务、

---

① 洪大用：《转型时期中国社会救助》，辽宁教育出版社 2004 年版，第 323—324 页。

② 注：之后第六至九章有关府际关系视角的研究中，主要以社会保险制度为例。因此，本节从府际关系的视角对社会救助的管理体制进行分析，从而构成了从府际关系视角对社会保障管理体制分析的完整结构。

金融、工商等部门和机构的包括户籍、车辆、住房、就业与社会保险、存款、证券、个体经营和住房公积金等收入和财产信息，综合评估申请人的家庭经济状况。2012年《国务院关于进一步加强和改进最低生活保障工作的意见》明确要求，"加快建立跨部门、多层次、信息共享的救助申请家庭经济状况核对机制"。同年10月，民政部低收入家庭认定指导中心正式成立。2013年，民政部印发《关于加强民政社会救助相关信息共享的通知》，部署加强社会救助与婚姻家庭、殡葬、社区管理等信息的共享，并会同公安部、银监会、证监会、住房城乡建设部、工商总局、国土资源部等部门制定了查询社会救助家庭成员相关信息的具体办法。① 由此可见，信息系统的打通是实现部门之间合作的重要基础，当然，在此过程中还特别需要注意隐私信息的保护以及不同部门、不同层级管理员权限的授予和监督机制建设。

社会救助管理部门分割带来的另一个问题是在基层的社会救助经办服务中，贫困家庭由于面临的困难致因不同，从而可能需要向不同的职能部门进行申请；而不同部门都在各自的渠道和范围内进行本职能部门所管辖社会救助项目的宣传，例如，教育部门只会宣传教育救助政策而不会宣传医疗救助政策等，专业部门分工在基层经办过程中，反而使得信息分布碎片化与公共服务低效，甚至使得困难群众的被救助权利无法得到充分的实现。面对这样的管理困境，在较高层级政府行政管理体制无法在短期内进行调整的情况下，基层经办服务则可以有所突破，打破职责同构的对称分割体系，建立面向困难群众各类型需求的整合服务平台。

部分地方出现的社会救助"一门受理"就是这方面积极的改革实践。② 所谓一门受理就是在乡镇（街道）层面通过建立统一受理社会救助申请的窗口，对各类社会救助项目进行"一站式"申请和办理的跨部门、综合性服务模式。其受理业务除了民政部门管理的最低生活保障、特困人员供养、受灾人员救助（后转移到应急管理部）、医疗救助（后转移到国家医保局）、临时

_____

① 黄树贤主编：《民政改革40年》，中国社会出版社2019年版，第44—45页。

② 赵晓东等：《社会救助"一门受理"平台建设研究——以江苏省为例》，收录于林闽钢主编：《社会救助理论与政策比较》，人民出版社2017年版，第372—373页。

救助之外，还包括教育救助、住房救助、就业救助等其他部门管理的社会救助项目，目的在于实现各类社会救助项目的统一和集成管理。其背后体现的是民政部门统筹下，卫生、教育、住房与城乡建设、人力资源社会保障等相关社会救助管理部门所进行的社会救助集成化服务管理模式。在"一门受理、一站服务"的模式下，不再以职能分工为界限，而是以服务对象为标准，贫困家庭在经办大厅中可以了解和申请各种救助项目，真正提高了民众的获得感和满意度。

（二）社会救助管理中的纵向府际关系

与其他社会保障改革类似，我国的社会救助制度改革也是从地方自行试点开始的，例如，最早的城镇居民最低生活保障制度于 1993 年在上海市建立，之后逐步推向全国。然而，在城市低保制度建立时，就基本确立了属地管理的原则，即以户籍为标准，本地户籍的居民均可以申请最低生活保障待遇。然而，从"条条"关系上看，我国的"条条"形态比较多样化，除了职能部门的垂直管理体系之外，还包括中央和省的国有企业、事业单位等其他的形式，其中，地方的国有企业最具有代表性。地方国有企业虽然驻地在当地，但从财税关系上看都属于上级政府甚至是中央政府，其所产生的税收都直接上缴所属层级的财政。它们虽然会在一定程度上解决所在地的就业问题，甚至部分城市就是为服务当地国有大型企业而建立的，但两者的经济利益关系并不密切。

在全国推广建立最低生活保障制度的时期，也是我国国有企业改革和大量职工下岗的时期。根据属地化的原则，这些上级政府所属企业的职工下岗后，就可以申请由当地财政支持的低保制度，很多地方政府对此表示不理解和不支持。他们认为，企业景气的时候自己没有受益，企业困难了，却要背包袱。所以，在中央财政为低保制度出钱之前，属地管理很难落实，很多相关人员享受不到低保。[①] 直到 2003 年之后，中央财政在最低生活保障支出中所占的比例逐渐提升。数据显示，2004 年全国城市低保金支出预算

---

① 洪大用：《转型时期中国社会救助》，辽宁教育出版社 2004 年版，第 98 页。

为 180.87 亿元，其中中央财政 92 亿元，占 50.86%，省级财政 22.1 亿元，占 12.22%，地市级财政 20.2 亿元，占 11.17%，区县级财政 46.57 亿元，占 25.74%。① 在中央逐渐承担起财政责任后，属地化管理的原则得以真正落实，应保尽保的目标才得以逐步实现。

近些年来，在"放管服"改革的背景下，社会救助综合改革出现将社会救助审批权下放的倾向。根据现行的《社会救助暂行办法》，最低生活保障的申请流程是家庭成员（或委托村民委员会、居民委员会）申请，乡镇人民政府（街道办事处）进行调查核实，区县级人民政府民政部门审查批准。也就是说，社会救助的审批权在区县级人民政府的民政部门，而审批权下放则是要将该审批权交由乡镇人民政府（街道办事处）来承担。

这是典型的纵向事权下移的过程。与其他任何事权在纵向上的下移所面临的问题一样，对于较低层级政府而言，事权下移带来的不仅是所谓的权力，还有与之而来的问责，以及是否有足够的财力和人力来承担新的职能；对于较高层级政府而言，下移的是"权力"还是"责任"，如何通过给予人力和财力方面的资源，让原本就承担着各种基层具体事务的基层政府愿意并且较好地完成该职能，其关键就是要建立一个激励相容的机制。更值得关注的是，社会救助审批权的下移是上级政府的职能部门与下一级基层政府之间权力重新配置问题，而并非简单纵向上同一职能部门的权力下移或者是平行部门之间的权力转移。也就是说，社会救助权的下移，在审批主体的行政级别上并没有发生改变，但在行政层级上发生了变化，从而是典型的斜向府际关系。当然，在这个过程中必然充满了不同层级政府及相关职能部门之间的博弈互动，② 而无论各地的权力配置和互动方式如何，在社会救助资源日益丰富而民众对其分配的公平性有更高要求的情况下，较高层级政府所具有的权威性和基层政府在信息方面的优势地位不仅需要在纵向流程上的合理配置，更需要将其视为一个整体，而在公共服务供给中共同承担权力与责任。

---

① 洪大用：《转型时期中国社会救助》，辽宁教育出版社 2004 年版，第 26 页。

② 雷妮妮：《社会救助审批权下放改革过程中的区街互动——对北京市西城区的案例研究》，中国人民大学硕士学位论文，2020 年。

简言之，社会救助涉及到公民的基本生活权和公共资源的公平分配，无论是纵向还是横向的权力分配，都不应当以转移责任或扩大权力及资源为目标，而应当以优化资源配置的合理性，提高公共服务的便利性为重要标准，在合理分工的同时，强调政府作为整体的责任。社会救助制度如此，其他社会保障项目也应同样如此。

第六章
纵向府际关系与社会保障管理体制：
统筹层次的视角

本章将从提高统筹层次的视角分析纵向府际关系与社会保障管理体制。第一节从理论上对社会保险各项目提高统筹层次与职责同构的行政体制之间的矛盾，以及提高统筹层次对财政支出责任分配体制的影响进行分析。第二节从规范研究的视角，关注养老保险全国统筹背景下的事权分配机制。第三节则从实证研究的视角，介绍和分析在全国统筹背景下，部分地方政府的应对策略，从而充分说明在社会保障统筹层次提升过程中，不同层级政府间责任分配体制重构所面临的困难和挑战。

第一节　纵向府际关系、社会保险统筹层次与管理体制

一、社会保险统筹层次与职责同构

我国的社会保障制度改革是伴随着经济体制改革而进行的，而在早期又是直接为国有企业改革服务的。这是我国社会保障制度整体转型的时代背景和基本路径。在传统的国家—单位保障制下，在城市，劳动者与单位之间并非简单的劳动交换关系，而是复杂的社会经济关系，用人单位不仅要根据劳动者的生产贡献支付工资，而且还要直接提供包括养老（现金和服务）、医

疗卫生服务、住房乃至托幼方面的服务。这不仅是为了弥补低工资所带来的劳动报酬损失，也是社会主义性质和公有制的所有制性质所决定的均等化福利分配方式。然而，伴随着市场化的改革，企业需要成为市场上自我经营、自负盈亏、平等竞争的主体，而计划经济体制下企业所承担的劳动者的各项福利保障便成为其沉重的负担，更为重要的是，在市场经济的大浪淘沙中，企业不再长生不老，而大量企业破产所带来的，则是其职工各项保障权利的损失，皮之不存，毛将焉附？企业在市场竞争中败下阵来，其员工的医药费便无着落，退休职工也因此无法领取养老金，这显然不利于保护职工的基本权益。除此之外，完全由用人单位承担劳动者福利保障的传统模式也会导致不同类型、不同地区企业之间竞争的非公平性。具有悠久传统的老企业可能需要背负沉重的发放本单位员工退休金和医疗费的负担，而一个新兴的企业则无上述负担；地处中西部和东北地区老工业基地的企业受到人口结构的影响，需要承担较为沉重的福利保险费，而地处东南沿海地区的企业则享受着全国范围内人口流动的红利而无须承担这笔费用，这显然破坏了劳动力市场的公平规则并会导致区域之间经济发展的两极分化。因此，传统由用人单位承担责任的单位保障迫切需要适应社会主义市场经济的要求转变为互助共济的社会保障。

　　然而，从单位保障走向社会保障的进程并非一蹴而就。中国的市场化进程既有内生性，也有外部推动性，政府在市场化体制的确立和形成过程中，发挥着积极的推动作用。这种特殊的市场化进程就意味着伴随着市场化而进行的社会保障社会化进程也会显著地受到政府行政体制的影响而体现出渐进性，而统筹层次的不断提升则是其最显著的外在表现形式。也就是说，单位保障制的瓦解并不会带来一夜间全国统一的社会化养老保险制度，而是经历了从区县统筹、市级统筹、省级统筹再到全国统筹的渐进过程，从而构成中国社会养老保险体制改革的一条重要线索。① 县级统筹就意味着在县级政府

---

① 鲁全：《改革开放以来的中国养老金制度：演变逻辑与理论思考》，《社会保障评论》2018 年第 4 期。

需要建立相应的社会保险管理部门，市级统筹和省级统筹也皆如此。因此，除了各个行政职能部门都会有的职责同构之一般性因素外，各项社会保险制度的变迁路径也决定了在不同层级政府都会设置相应的社会保险行政管理部门。

在横向上完成了从单位保障向社会保险的总体转型后，接下来的自然是社会保险统筹层次在纵向上的不断提高，这样才能把"地方公民权"转型成为"国家公民权"。① 以养老保险制度为例，2011 年正式实施的社会保险法明确规定了养老保险制度实行全国统筹，其他社会保险制度实行省级统筹；从十二五规划到十三五规划，再到中央对十四五规划的建议，养老保险全国统筹都是明确的政治要求。虽然统筹层次提高的步伐并不令人满意，但其作为制度的内在属性之要求和发展之目标已经形成了共识。所以，一方面是社会保险提高统筹层次的要求，而根据权责相对应的原则，统筹层次即决定了责任层级；另一方面，却是社会保险行政管理机构的职责同构，各级政府均设置有社会保险行政管理部门。而统筹层次以下社会保险行政部门的存在甚至成为了阻碍社会保险统筹层次提高的重要因素。两者之间的矛盾显而易见。

那么，如何来化解这组矛盾，仍然需要从职能分工的角度来寻找答案。根据第二章结论中所提及的决策—管理经办—监督适度分离的原则，优化社会保险制度中不同层级政府职能的思路主要有两个。其一，从管理与经办相分离的角度看，管理权责要和统筹层次相一致。即统筹层次一级的政府设置社会保险的行政管理机构，而统筹层次以下的各层级政府主要承担社会保险经办业务（可以事业单位的形式存在）。其二，从经办和监督相分离的角度看，则一方面需要将统筹层次以下各级行政部门从管理为主转变为以监督为主，从而实现横向监督；另一方面通过经办机构的垂直管理实现纵向监督。图 6—1 刻画了我国社会保险行政管理体制的现状与改革方向。

就现状而言，各层级政府均设置有社会保险行政管理部门，从而呈现出

---

① 郑永年：《中国的"行为联邦制"》，东方出版社 2013 年版，第 11 页。

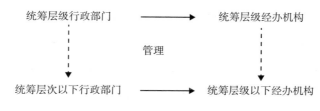

现有社会保险行政管理与经办机制

统筹层级行政部门　　——→　　统筹层级经办机构

管理

统筹层次以下行政部门　——→　统筹层级以下经办机构

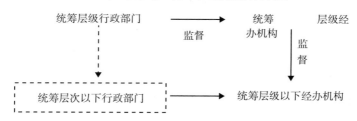

社会保险行政管理与经办机制改革方向

统筹层级行政部门　——→　　统筹　　层级经

监督　　办机构　　办机构

监
督

统筹层次以下行政部门　——→　统筹层级以下经办机构

图6—1　我国社会保险管理与经办机制的现状与改革方向

职责同构的特征，而行政管理机构与本层级业务经办机构之间是强关系，经办机构的人事和财务都由本级行政部门决定，并因此形成了管理的关系。在纵向上，无论是不同层次的行政机构，还是不同层级的经办机构（少部分实行垂直经办体制的省份除外），都呈现出了弱关系的特征。这种管理经办体制既不利于管办分离，也不利于形成有效的监督体制，甚至会成为阻碍统筹层次提升的因素。笔者认为，未来可供考虑的发展方向，包括三个要点：其一，根据社会保险提高统筹层次的要求，强化经办机构的纵向垂直管理，将经办机构纵向的弱关系转变为强关系，从而一方面破除地方利益的干扰，为提高统筹层次奠定基础；另一方面也实现纵向的经办监督。其二，按照管办分离的原则，将经办机构明确为独立承担责任的法人主体，相应地，同层级行政机构与经办机构之间的关系就从现有的从属性管理关系转变为基于社会保险运行规则的监督关系，尤其是统筹层次以下的地方社会保险行政部门，主要承担监督职责。其三，从长期看，可以根据统筹层次以下的行政管理幅度，由地方政府自行决定是否需要设置独立的行政部门，或与其他业务相关的行政部门进行整合，从而真正打破组织形态上的职责同构。

二、社会保险统筹层次与财政支出责任

纵向府际关系除了事权的分配外，还包括财力与财政支出责任的合理配置。如果说在社会保险领域，事权方面提高统筹层次是不容置疑之目标的话，在财政支出责任方面的分担机制则要复杂得多。正如第二章所描述的，中国的财政分权是伴随着市场经济体制改革而进行的，并且成为市场经济体制改革和放权让利的重要手段。对于地方政府而言，财政分权所直接带来的是其努力发展地方经济的冲动和由此带来的经济社会利益，分权的结果是权力的扩张和利益的提升。然而，社会保障作为典型的社会开支，虽然从长期来看具有投资性，但这种回报具有长期性和外溢性，财政性的社会保障投入因此往往被地方政府视为纯粹性的支出和责任。在地方可支配预算最大化的目标函数下，中央政府自然就成为承担社会保障财政支出责任的主体。

根据我国社会保障体制改革的区域性路径，往往是历史负担较为沉重的地区先行改革，而这些地方的财力本身就严重不足，劳动者的社会保障问题如果不解决，社会保障待遇如果无法及时兑现，其所带来的就不仅是民生受损，更有可能导致社会危机甚至政治风险。[①] 在这样的背景下，中央财政就必须承担起主要责任。由此，导致了社会保障领域事权的地方化和财政支出责任主要由中央来承担的矛盾。

伴随着社会保障事权的不断上移，地方政府自然也乐意将此作为中央政府承担更多财政责任的理所应当之所在，但是，在社会保险基金的平衡中，央地之间对缺口的财政分担责任还在其次，核心却是基于劳资双方缴费的收支平衡。劳资双方的社会保险缴费长期以来被视为主要的劳工成本，一旦据实缴纳，必然"影响"当地的营商环境，由此导致社会保险欠费、逃费等现象在改革初期的普遍存在。地方政府的这种行为倾向自然会影响社会保险基金缺口中央地责任的划分。如果说，地方政府尽力征缴，基金缺口乃是人口老龄化所带来的必然，中央政府自然需要也必须对此承担主要的责任；但如

---

① 鲁全：《转型期中国养老保险制度改革中的中央与地方关系研究》，中国劳动社会保障出版社 2011 年版，第 114 页。

果是因为地方征缴不力，社会保险基金无法应收尽收而导致的非制度性缺口，中央政府显然也不愿意做这"冤大头"，而更加迫切地需要建立对地方政府的激励机制并在基金缺口方面表现为强调责任共担并与地方政府的基金征收表现相挂钩，从而形成激励相容。

由此，我们便不难理解，在中央政府毫不犹豫地推动社会保险事权上移的同时，在财政支出责任方面并非是一味强调与事权的上移同向而行，因为中央政府已经承担主要财政责任的事实和对地方政府行为实施有效激励约束的客观要求，使得在财政支出方面更需要建立一个合理的央地之间责任分配机制。①

不仅如此，问题的复杂之处还在于，不同社会保障项目在财政支出责任的纵向分配上并不完全相同，而需要区别对待。就社会救助而言，虽然因为其维护的是全体国民的基本生存权从而必然需要由国家财政资金承担全部责任，但可以想象的是，越是贫困的地区，需要救助的对象越多，而地方可供支配的财力却越少，从而形成社会救助领域在地方层面的财政资金供求矛盾。有鉴于此，较高层级政府就需要对贫困地区的社会救助资金进行财政转移支付。

再看养老保险，全国统筹是既定的目标，不彻底、不充分的省级统筹则是现状。有观点认为养老保险全国统筹只是在不同区域之间进行基金的调剂余缺，给人以吃大锅饭的误解，殊不知其本质是建立公平合理的劳动力市场和实现区域之间的均衡发展，而在全国统筹方案设计中的关键即是处理好中央地方关系，尤其是财政关系。② 不同省区之间的财政能力和老龄化程度不同，甚至部分政策参数和征缴力度亦有所差别，如何兼顾客观差异并激发主观能动性确是不易。③ 我们通过各省区五花八门、莫衷一是的省级统筹方案及其实践就可以充分感受到这一点。因为在中国，一省内部不同地市之间的经济发展差距并不小于不同省份之间的经济发展差异，而且越是发达省份越

---

①　详见本书第七章相关内容的分析。

②　鲁全：《全国统筹的关键是处理好中央地方关系》，《中国社会保障》2014 年第 2 期。

③　本章第三节和第七章将对此问题做具体分析。

是如此。一省平衡十多个地市尚且如此困难，中央政府平衡三十多个省级单位的难度更是可想而知。如果说养老保险制度的关键是平衡中央与省的财政关系，那么以省级统筹为目标的基本医疗保险则主要是平衡省级财政与地市级财政的关系；而社会福利制度面临的一方面是和社会救助类似的地区财政供求之间的矛盾，另一方面则是要面对大面积人口流动过程中，受益人口工作缴费（交税）所在地与最终福利服务需求地之间的差异（如随迁老人）等问题。

通过上述分析不难发现，伴随着国民社会保障权利意识的不断增强和劳动力流动的常态化，在社会保障的财政支出责任上，如果一味地强调地方财政责任，则在当前区域间经济发展差距仍然较大的情况下，就必然会导致社会保障公共服务供给不足和区域间的巨大差异；[①] 如果仅强调中央财政责任而不辅之以对地方政府行为的有效约束激励，则又无法合理划分一般性公共财政资金与社会保障（尤其是社会保险资金）的责任，在使财政陷入到无法估量的所谓"兜底责任"的同时，也不利于地方政府的职能转型与地方民生事业的健康发展。有鉴于此，合理划分不同层级政府在不同类型社会保障项目中的财政责任，努力实现权责清晰、动态均衡和激励相容才是正确的改革取向。

第二节　养老保险全国统筹与纵向管理权责分配

职工基本养老保险全国统筹既是法定要求也是政治承诺。在中央十四五规划建议中，再次强调实现基本养老保险全国统筹，可以预期的是，全国统筹方案在十四五期间会正式出台。为了让读者更加全面地了解全国统筹的背景和我们的政策主张与理论规划，笔者将有关养老保险全国统筹的研究报告

---

① 黄相怀：《当代中国中央与地方关系的"竞争性集权"模式》，天津人民出版社2014年版，第123页。

之二，既是为了帮助读者深化对本部分的理解，也是作为资政建言的客观记录，留待历史的检验。

在全国统筹的改革过程中，处理好不同层级政府的关系是关键所在。本节拟在提出央地责任划分机制分析框架的基础上，对基本养老保险制度中的主要管理权责划分进行分析。

一、管理权责纵向分配的分析框架：差异性与流动性的视角

行政管理权应当如何进行纵向分配是正确处理中央与地方关系首先需要回答的问题。根据西方纵向分权理论的基本观点，权力向地方转移的基本理由有两点，其一是需求者的差异性[①]，即人们福利需求具有越来越强的差别。在多层次的行政体系下，高层级的政府很难准确识别基层民众的福利需求，或者即使识别，也需要花费极大的成本。因此，由更加接近民众的地方政府来提供福利会更有效率。也就是说，需求差异性越大的公共产品，越应当由地方政府来提供；需求差异性越小的公共产品，由中央政府来提供更可以发挥规模效应。其二是为了制约中央政府（联邦政府）的权力，防止产生福利供给的垄断。布凯南指出，纵向分权的基本理由不仅是为了提高公共物品的供给效率，更是为了形成权力制约机制，只要由地方政府提供公共物品带来的效率损失不大于集中供给制下的危害，那么就应当由地方政府来提供这种公共产品。[②]

这个分析框架的两个基本视角对于中国纵向管理权力划分的适用性是不同的。需求的差异化程度对于中国的纵向分权而言，的确是一个重要的维度，尤其对于中国这样一个幅员辽阔、地区经济社会发展差异较大的国家而言，不同地区居民的福利需求确实有着较大的差异，包括不同经济发展水平乃至不同的民族习惯，完全由中央政府来对这些需求进行区分显然是不切实

---

① Oates, W.E., *Fiscal Federalism*, New York: Harcourt, Brace and Jovanovich, 1972, pp.35–45.

② ［美］布坎南、马斯格雷夫：《公共财政与公共选择：两种截然不同的国家观》，类承曜译，中国财政经济出版社 2000 年版，第 117—139 页。

际的，而应当充分发挥基层政府的职能。相比而言，由于中国的地方政府与中央政府之间有隶属关系，地方政府在一定程度上属于中央政府的派出机构，其行政权力也是由中央政府让渡和分配的，因此并不存在地方政府制约中央政府的问题。

除了需求的差异化程度之外，需求者的流动性应当成为当前我国公共服务与管理领域纵向权力划分时要考虑的另一个重要纬度。由于中国正处于快速的城镇化和工业化时期，跨地区与跨行业流动的规模大、频率快，因此在进行纵向管理权力划分时，对于需求者流动性较强的公共产品，应当适度提高供给者的层级，即由较高层级的政府来提供；对于需求者流动性不强的公共物品则可以由基层政府来提供。①

综合考虑差异性和流动性这两个视角，如果一项公共产品的差异性强且流动性弱，那么自然适宜由地方政府来提供；如果差异性弱且流动性强，则中央政府自然应当承担主要责任。而对于差异性强且流动性也很强的公共物品，以及差异性弱且流动性也弱的公共物品，则需要由不同层级政府来合作提供。图6—2展示了行政权责纵向划分的基本框架。

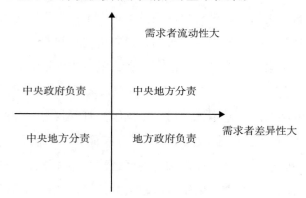

图6—2　行政管理权责纵向分配的分析框架

① 注：这里公共物品需求者的流动性还需要结合公共物品的平衡周期来考量。例如，医疗保险制度是年度平衡的，在年度内劳动者的流动性不会太高；养老保险制度是代际平衡的，在参保者的整个生命周期中，流动的可能性会大大提高。

二、基本养老保险经办管理权责的纵向分配 ①

下面，我们根据上述行政管理权责纵向分配分析框架来具体分析基本养老保险经办管理体制②中的纵向权责分配结构。首先，我们从流程上对养老保险管理的权责进行细分，大体可以分为登记参保、征缴稽核、信息管理与待遇计发四个环节。其次，从我国的养老保险经办管理体制来看，在当前已经初步实现省级统筹的条件下，应当将省以下的社会保险经办机构从属地管理转变为垂直管理，即独立的社会保险经办机构只有中央和省两级，省以下的养老保险经办机构都是省级经办机构的派出机构，直接对省级经办机构负责，而不隶属于当地政府。有鉴于此，基本养老保险经办管理权责的划分就可以分为中央、省和省以下三个层次。

（一）登记参保：地方承担主要责任，中央与省加强流动人口管理

参保登记是养老保险管理的初始环节，根据我国社会保险法的规定，用人单位应当自成立之日起三十日内凭营业执照、登记证书或者单位印章，向当地社会保险经办机构申请办理社会保险登记；无雇工的个体工商户、未在用人单位参加社会保险的非全日制从业人员以及其他灵活就业人员，应当直接向社会保险经办机构申请办理社会保险登记。近些年来，全员登记参保计划取得了积极的进展。从差异性上看，每一个参保人员的就业方式和收入水平都有很大的差异，从而需要认真甄别；从流动性上看，跨区域流动的务工人员亦是当前未参保的主要群体。所以，登记参保属于差异性强、流动性也

---

① 注：根据 2018 年党和国家机构改革方案，各项社会保险费统一由税务部门征缴。但在实践中，仍存在税务全责征收（指从登记参保到征收稽核全流程由税务部门负责）和只负责征收，其他业务仍由社会保险经办机构承担的不同模式。本书此节的重点并不是分析该权责的横向分工问题，而主要关注纵向上的责任分配。因此，主要按照大多数地区现行的，税务部门只负责征收，其他职责由社会保险经办机构承担的模式来进行描述。

② 注：广义上看，我国的社会保险管理体制包括社会保险行政部门负责的决策体制与监督体制，以及社会保险经办部门负责的经办体制。我国的社会保险经办机构属于事业单位，具有准政府的性质，实际上承担着社会保险管理的职责，而社会保险行政机构主要承担行政监督和制定地方性政策或执行性政策的责任。因此，本节主要分析养老保险经办管理体制中的纵向权责分配结构，不涉及决策与监督等职能。

强的管理工作，参保者情况的差异性决定了应当由地方社会保险经办机构承担主要责任，而对于流动人员而言，省内流动的人员应当由省级经办机构和省以下经办机构合作进行核查，跨省流动的人员则应当由中央和省级经办机构 [1] 进行重点核查。

（二）征缴稽核：地方承担主要责任

征缴稽核是确保养老保险基金收入来源的重要基础，目前，我国的养老保险费率虚高，名义费率大大高于实际费率，主要就是因为稽核不力导致费基不实。从差异性上看，不同参保主体的情况差异极大，经济发达地区参保者收入来源比欠发达地区更加多样化，灵活就业人员收入波动程度显著大于正规就业人员等，因此要求极强的信息甄别能力。从流动性上看，由于养老保险费征缴是以年或月为单位 [2]，因此在每个缴费周期内的流动性较小。简言之，城镇职工基本养老保险费的征缴稽核工作要面临差异极大的信息，但其缴费对象在一定时期的流动性较小，在社会保险费征收职责统一划归到税务机构的背景下，应当由基层税务机构承担主要责任。

（三）信息管理：地方负责数据核定，中央负责系统建设

由于职工基本养老保险的待遇水平与缴费密切挂钩，因此在征缴环节之后，就是对参保人的缴费情况进行信息系统的录入与管理。我国的社会保险信息管理系统在"金保工程"的推动下取得了长足的发展，但也存在地区分割的顽疾，不同地区之间的信息管理系统无法兼容，并由此成为阻碍统筹层次提高的技术瓶颈。在信息管理系统的建设与管理方面，从差异性上看，不同参保主体的信息存在较大差异，从参保者的流动性上看，由于信息管理系统需要记录参保期间的全部缴费情况，因此面临参保者较大的流动性可能。有鉴于此，笔者认为信息系统管理的建设职能应当由最高层级经办机构承担，从而确保信息管理系统的统一和相互兼容，中央社会保险经办机构可以利用该系统准确了解每一个参保人每一年度的信息；而

---

① 注：这里主要是指流入地省区的经办机构。

② 注：职工基本养老保险以月为缴费单位，城乡居民社会养老保险则以年为缴费单位。

参保者信息的录入与核定职能则应当分别由基层和省级养老保险经办机构来承担。

（四）待遇计发：中央负责待遇核定，地方负责待遇发放

待遇计发是职工基本养老保险管理的最后一个环节，也直接关系到退休职工的待遇水平和领取的便利程度。从差异性上看，由于全国实行统一的基本养老保险待遇计发办法，对于跨省区流动的劳动者而言，其待遇水平应当由其养老保险关系所在地初步计算后，再由中央或省级养老保险经办机构核定。[①] 从流动性上看，由于参保者退休前的工作所在地、养老保险关系所在地、户籍所在地以及退休后的生活地极可能存在差异，因此应当由其养老保险关系所在地的基层社会保险经办机构承担养老金发放的职能。

以上，根据行政管理权利纵向分配的分析框架分析了职工基本养老保险各项行政权力的纵向分配结构：地方社会保险经办机构负责养老保险的登记参保、征缴稽核（地方税务机构）、基本数据录入以及待遇的发放等工作。其中，省级社会保险经办机构除负责省本级单位职工参保的工作外，其工作重点应当是信息系统管理与数据核对；基层社会保险经办机构的工作重点是登记参保、征缴稽核（税务机构）、基础数据录入和待遇发放。中央社会保险经办机构需要重点关注和审核跨省区流动劳动者的参保登记与待遇确定，同时承担养老保险信息管理系统建设的职能。

第三节　全国统筹背景下部分地方的应对策略及分析

上一节从规范的角度分析了全国统筹背景下，不同层级政府所应当承担的养老保险行政管理权责。如果说这是一种赋权的话，那么全国统筹背景下不同层级政府的财政分担机制则更倾向于是一种明责。而且，相对于行政

---

① 注：职工基本养老保险关系所在地的确认应当依据《城镇企业职工基本养老保险关系转移接续暂行办法》，如果退休者在整个参保周期内未出现跨省流动，则其待遇确认无须中央社会保险经办机构审定。

性事务的管理权责，财政责任的加重会更加直接地影响地方政府的可支配财力，所以地方政府自然会有不同意见或是应对之策。本节在对省级统筹条件下职工养老保险基金缺口及其分担机制进行规范性理论分析的基础上，以大量调研资料为依托，分析了四个典型省份在全国统筹背景下，调整本省职工养老保险基金缺口分担方式的应对之策。今日省级统筹所面临的省与地方财政责任的博弈其实就是实现全国统筹后，中央财政与地方财政博弈关系的预演。因此，本节的分析既反映了纵向财政分责及其互动关系的复杂性，又为全国统筹下正确处理中央与省的财政责任提供了鲜活的实践参考。

一、省级统筹条件下养老保险基金的状况及缺口分担机制

（一）省级统筹条件下养老保险基金状况的变化

省级统筹也是从市级统筹提升而来的，因此从严格的类型学角度来看，在省级统筹背景下的职工养老保险基金状况应当分为四种类型，并且存在时间序列上的依次性。

首先，是各地市基金均处于结余状态，全省层面的基金也自然处于结余状态，在这种情况下，职工养老保险可以自求平衡，既无实现省级统筹之必要，也无建立不同层级财政分担责任之诉求。

其次，是部分地市由于人口老龄化等因素，职工养老保险基金出现缺口①，但从全省范围来看，基金总体收支仍然有结余，这是目前大部分省份的实际情况，也是目前全国统筹所面临的形势。这种部分地方有缺口，全省基金仍结余的情况，便使得提高统筹层次在基金平衡方面有了重大的意义。面对这种情况，大部分省区采用省级调剂金的方式予以应对，在所有（或者有结余）的地市提取调剂金，再按照有缺口地市的需求进行分配，从而调剂地区之间的余缺。这也是目前中央调剂金方案的基本思路。在这种情

---

① 注：如果进一步细分，基金的缺口或结余还有当期和累计的不同口径。文章在之后的归类分析中主要采取当期的口径，而从理论上说，一旦出现缺口，应当首先动用累计结余资金。

况下，既可以完全使用有结余地区的缴费资金来实现跨地区的平衡，也可以动用财政资金，抑或是采取两者组合的方式。而其组合的比例则决定了在养老保险基金自求平衡系统中的区域间再分配程度。也就是说，如果全部使用结余地区的养老保险基金来实现区域平衡，则意味着完全遵循了养老保险制度先自我平衡再依靠外部资金（财政资金）的原则，养老保险制度的区域再分配力度最大；如果同时使用养老保险结余基金和地方财政资金，则意味着兼顾了自求平衡原则和财政支持原则。

再次，当人口抚养比的提升从部分地市向更多地市蔓延后，越来越多的地市出现养老保险基金的收不抵支，且各地收不抵支的缺口逐渐超过部分地区的当期基金结余，从而呈现出全省范围内基金缺口和少部分地区基金结余并存的现象。面对这种局面，基金结余地的数量由多变少，全省范围内的基金总收支从结余变为赤字，上一阶段多数地方帮助少数地方的格局转变成为少数地区支援多数地区的局面，问题和矛盾自然会随之增加。在这个阶段，即使完全依靠结余基金，也无法实现总体的平衡，更重要的是，当基金结余地意识到自身也将在某一天不可避免地与其他地区一样面对收不抵支的状况时，其行动逻辑是增加自身储备，不再愿意与其他地区互济；还是避免成为众矢之的而慷慨解囊以求在自身也收不抵支之时可以抱团取暖。它们的行动逻辑将决定结余基金与财政资金在缺口中的分担比例。

最后，最糟糕的情况就是各地市的基金均出现缺口，全省层面自然就成为各地缺口的累积。在这个阶段，养老保险基金已经无法再实现自我平衡，而必须得到财政资金的支持。此时的核心问题，就不再是财政责任与基金责任之间的平衡，而自然转变成了不同层级财政之间的责任分配问题。当然，在上述第二与第三阶段，当养老保险结余基金与财政资金进行了初次责任分配后，不同层级财政之间亦存在二次责任分配的问题。上述四个阶段的基金状况总结如图6—3所示。

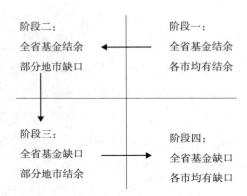

阶段二：　　　　　　　　　　　阶段一：

全省基金结余　　　　　　　　　全省基金结余

部分地市缺口　　　　　　　　　各市均有结余

阶段三：　　　　　　　　　　　阶段四：

全省基金缺口　　　　　　　　　全省基金缺口

部分地市结余　　　　　　　　　各市均有缺口

图6—3　省级统筹条件下养老保险基金结余变化情况

（二）基金缺口的责任分担机制

在不同的基金运行状况下，对缺口的责任分担方式也有所不同。其中，既包括养老保险基金和财政资金之间的分担方式，也包括不同层级财政资金之间的分担方式。这种差别不仅是在社会保险资金自我平衡与外部财政支持两原则之间做平衡，其选择结果也反映了应对更高层级统筹的策略。

首先，按照养老保险基金和财政资金在缺口补贴中的责任来进行分类。当处于阶段二时（即全省基金有结余、部分地市有缺口），如果是以跨地区之间的养老保险基金调剂为主，则符合养老保险基金自我平衡的基本原则，概括为"自救式"内部平衡；如果是以财政资金为主，那么就意味着是在财政资金可以不介入的情况下，积极地进行了介入，概括为"主动型"外部支持。当处于阶段三时，（即全省基金有缺口、部分地市有结余）如果是以跨地区的基金平衡为主，则意味着主动将部分地区的结余基金消耗一空，概括为"自耗式"内部平衡；如果以财政资金为主，那么就意味着是在内部已经无法平衡情况下，财政资金的被动介入，概括为"被动型"外部支持。当处于阶段四时（即全省和各地均为基金缺口），由于各地均为缺口，则已经无法进行区域调剂余缺，只能动用财政资金，实属无奈之举，概括为"无奈型"外部支持。上述分类总结见表6—1。

表6—1　省级统筹条件下养老保险基金状况与补贴责任分担机制

补贴资金的性质 基金状况	养老保险基金为主	财政资金为主
全省基金结余，部分地市缺口	"自救式"内部平衡	"主动型"外部支持
全省基金缺口，部分地市结余	"自耗式"内部平衡	"被动型"外部支持
全省基金缺口，各地均有缺口	—	"无奈型"外部支持

　　接下来，根据财政补贴资金的来源也可以做分类。从财政资源来源上看，可以分为省级财政、基金有缺口地市的财政和基金有结余地市的财政三个方面。如果我们以家庭成员作为类比，将省级财政比喻为家长，将不同地市比喻为家中的兄弟，那么财政补贴的类型就可以按照缺口地市自己是否承担和省级与基金结余地市是否承担，分为七种类型，其中，除完全由缺口地市财政自行承担外，其他六种类型如表6—2所示。在缺口地市承担财政支出责任的情况下，如果其他财政补贴全部来源于省级财政，则概括为"家长资助型"；如果其他财政补贴全部来源于结余地市，则概括为"兄弟资助型"；如果省级财政和结余地财政均有承担，则概括为"全家共担型"。在缺口地市自身不承担财政支出责任的情况下，如果补贴均来自于省级财政，则概括为"家长依赖型"；如均来自于结余地市，则概括为"长兄依赖型"；如省级财政和结余地市财政分担，则概括为"父兄依赖型"。

表6—2　省级统筹条件下养老保险基金缺口财政补贴资金来源分类

其他主体 缺口地市	仅省级财政承担	仅结余地市 财政承担	省级和结余地 市均承担
财政承担	家长资助型	兄弟资助型	全家共担型
财政不承担	家长依赖型	长兄依赖型	父兄依赖型

　　以上，我们按照类型学的思路，对省级统筹时养老保险基金运行不同状况下的缺口责任分担机制进行了类别划分和形象化概括。下面，我们将分析

四个典型省份的具体实践。①

二、辽宁省职工养老保险基金的缺口分担机制

（一）辽宁省职工基本养老保险总体情况

辽宁省是老工业基地，也是养老保险制度改革的试验田。我国在世纪之交的社会保障综合试点改革就是从辽宁开始的。然而，快速的老龄化和产业转型升级的艰难，仍然对辽宁的职工养老保险制度带来了巨大的挑战。

从参保结构来看，辽宁省职工基本养老保险的参保人数从 2010 年的 1404.4 万人增加到 2017 年的 1729.7 万人，其中在职职工从 961.5 万人增加到 1063.9 万人，离退休职工从 442.8 万人增加到 665.8 万人。但是，缴费人数占在职职工的比例却从 85.3% 下降到 77.7%。以辽宁省辽阳市为例，2018 年 1—6 月份全市参保未缴费人员达到 8.15 万人，占参保从业人员总数的 21.5%。人口老龄化的加速，加上参保未缴费人数的增加，导致制度赡养比从 2.17 下降到 1.6，而实际赡养比仅有 1.24。

从基金收支状况来看，职工养老保险基金收入从 2010 年的 734.4 亿元增加到了 2017 年的 1526.2 亿元，但征缴收入占比却从 72.1% 下降到了 64.6%，这意味着财政补贴逐渐成为养老保险基金的重要收入来源。其中，2017 年中央财政补贴为 489.6 亿元，占财政补贴总额的 90.5%。一方面是基金收入增速的下降，另一方面则是支出的刚性增长，由此导致辽宁省于 2015 年便开始出现全口径当期收支缺口，2019 年基本养老保险的当期收支缺口达到 463.5 亿。②

就分地区的情况看，2017 年时，除沈阳和大连外，辽宁省其他地市均

---

① 注：2018 年，受人力资源社会保障部委托，笔者承担了有关养老保险全国统筹的课题研究工作，并于当年 7—10 月分别赴辽宁、黑龙江、广东和陕西等地开展调研。本节的主要资料均来源于此次调研所得。中国人民大学社会保障专业 2018 届硕士生温都苏协助整理了本部分的大量基础材料，在此对他的辛勤工作表示感谢。

② 注：此数据来源于国家统计局国家统计数据库，其口径为基本养老保险而非职工养老保险，因此与此前调研获得的职工养老保险基金数据不可比。

已出现累计基金缺口，所有地市均已出现当期缺口。需要特别说明的是，由于辽宁省是全国做实养老保险个人账户的试点省，做实个人账户的资金完全来源于中央财政。在中央停止做实个人账户试点后，辽宁将这笔资金作为调剂地方余缺的备用资金，截至 2017 年底，还有 603 亿的结余，可支付月数不到 4 个月。因此，从形式上看，辽宁省养老保险基金目前属于阶段二的情况，而实质上属于阶段三的情况。

（二）辽宁省职工基本养老保险基金缺口分担方式

在 2020 年之前，辽宁省在养老保险基金管理模式上采取了省、市两级管理，省级统一核算、省和市两级调剂，基金并没有真正实现省级统收统支。

在基金调剂方面，辽宁于 2001 年下发《企业职工基本养老保险省级调剂金管理使用暂行办法》，建立省级调剂金制度，按照计划征收统筹基金的 5% 确定各地市上解省级调剂金额度。2015 年，辽宁省出现全省层面基金当期收不抵支的情况，考虑到当时已停止做实个人账户试点，便将省统一管理的个人账户基金结余转为企业职工基本养老保险省级调剂金，省级调剂金以借款方式拨付各市，用于弥补养老保险基金收支缺口。在各级财政投入方面，2015—2017 年，中央财政补助资金占比从 95% 降低到 90% 左右，地方财政占比提升到 10% 左右。根据辽宁省人社厅的报告，2018 年预算投入省级财政专项补助资金 100.4 亿元，是全国范围内地方财政补助最多的两个省份之一。地市级财政补助资金由市、区（县）两级财政按照 7∶3 的比例分担。然而，由于各级地方财政也面临困难，根据2016 年《辽宁省企业养老保险基金收支管理意见（暂行）》，在进一步优化支出结构、盘活财政存量资金、削减财政公用经费、加强对非税收入征收管理的同时，建立养老保险风险基金。风险基金主要根据各地市的缺口规模上解财政资金形成（沈阳和大连由于存在当期结余，不需要缴纳风险基金），并统筹考虑地方缺口规模和财政负担水平来借出风险基金。2017 年全省上解资金 194.8 亿元，风险基金规模达到 295.6 亿元，并给予 5 个市及省本级风险基金借款。调查数据显示，2018 年全年，辽宁省本级在筹集资金 651.6 亿元（含中央调剂金 107.9 亿元）的同时，投入养老保险风险基金 145 亿元。

由此，我们可以总结出这个阶段辽宁省养老保险基金缺口分担的总体流程：在基金全省层面收不抵支的情况下，综合使用中央财政和地方财政的补贴资金；与此同时，一方面冻结了原用于做实个人账户、之后备用于补贴地方的 603 亿基金结余，从而确保了形式上的基金未穿底；另一方面，建立了根据各地基金缺口确定的财政上解资金，用于支持地方财政能力不足的地区。在责任分担类型上，从基金与财政的关系上看，属于典型的以财政资金为主的"被动型"外部支持模式，宁可动用各级财政资金，也不动用储备资金。从各级财政关系上看，风险基金由存在缺口的地市和省级财政共担，而有结余的沈阳和大连两市不参与分担，从而属于"家长资助型"。在这种模式下，基金缺口各地市的财政责任被压实。调研发现，有些地市甚至只能采取串借其他险种基金、串借其他科目财政资金、银行贷款、国有资产变现等措施来解决，还存在无资产可抵押变现、公务员工资发放不到位等现实问题，责任分担机制不利于制度可持续发展。

2020 年 1 月，辽宁省印发了《规范企业职工基本养老保险省级统筹制度实施方案》，开始实施新的缺口分担模式。根据实施方案，辽宁省从 2020 年 7 月 1 日起，养老保险基金由省级统一集中管理，实行"收支两条线"全额缴拨，省级统收统支。省里根据全省范围内养老保险基金的缺口（基金支出减去保费收入、中央调剂金和中央财政补助所共同构成的基金收入）在省与地方财政之间进行分担，原则上按照 6∶4 的比例，实际操作中按照当年省市实际财政状况决定（2020 年的实际比例为 7.5∶2.5）。在实际操作中，省级主要使用此前结余的个人账户 600 多亿结余（其中含大连、沈阳两地的累计结余），而暂不需要动用省级财政资金；各地市无论是否有当期缺口，均需要按照一定的比例分担缺口责任，其中，大连和沈阳承担了各地市所需承担缺口补贴责任的近 30%，所需资金来自于地方财政。2020 年的改革进一步理顺了辽宁省养老保险基金的缺口分担机制，在财政与基金的关系上，在全省基金有缺口的情况下，省级综合使用部分地区的结余基金和此前积累的做实个人账户基金（来源于中央财政），从而实现了从完全由财政承担转变为财政和基金共同承担责任；在财政责任划分方面，虽然省里并未动用本级财政资金，但其留存的用于做实个人账户的基金可以视为准财政性质的资金，而有结余的两个地市也需要承担相应的责任，从而实现了从"家长资助型"向"全家互助型"的转变。

三、黑龙江省职工养老保险基金的缺口分担机制

（一）黑龙江省职工基本养老保险总体情况

从参保情况来看，2017 年黑龙江省职工基本养老保险参保人数为1091.4 万人，其中在职 607.4 万人，离退休 484 万人，实际缴费人数为511.7 万人，名义赡养比为 1.26∶1，实际赡养比为 1.06∶1，情况比辽宁更加严峻。从基金收支状况看，2017 年黑龙江省征缴收入为 603 亿元，仅占基金总收入的 58.2%，但这并不意味着黑龙江的征缴力度不足。调查数据显示，2017 年黑龙江人均缴费工资水平为 45012 元（3715 元/月），占上年度全省在岗职工月平均工资的 86%，缴费基数比在全国处于前列。综合基金收支状况，黑龙江省城镇职工基本养老保险基金 2011 年开始出现全口径当期缺口，2016 年累计结余全部用尽，从而出现硬缺口。调研数据显示，2017 年基金总收入 1035.71 亿元，基金总支出 1341.8 亿元，2017 年当期基金收支缺口已经达到 306.1 亿元，年末滚存结余—537.9 亿元。统计数据显示，2019 年基本养老保险累计结余为—436.7 亿元。[①]

在基金管理方面，黑龙江则采取预算管理的模式。基金预算由市县按照全省统一编制规则[②]编报、省里统一核定，各市县保留养老保险基金财政专

---

①　注：调研数据口径为职工养老保险，统计数据口径为基本养老保险，数据不具有可比性。

②　编制基金筹集计划时需根据缴费工资、参保人数、实际缴费人数等因素对养老保险费、利息、个人账户等收入指标进行综合测算；编制基金支出计划时需根据离退休人数、统筹项目、基本养老金支出水平变化情况对养老金、丧葬补助金、个人账户转出等支出指标进行综合测算。

户，分级征缴、支付，并未实现统收统支。可见，黑龙江的职工养老保险基金属于此前分类的第四阶段，即无论是省级层面还是各地市层面，都已经出现累计的缺口，从而无法实现养老保险基金的自我平衡。

（二）黑龙江省职工基本养老保险基金缺口分担方式

从各级财政资金的分担比例来看，2015—2017 年，中央财政专项补助资金分别为 287.7 亿元、313.6 亿元、357.1 亿元，占同年各级财政养老保险补贴的比例分别为 88%、99.7% 和 85%，从而承担了绝大部分的责任。

在省内，根据黑龙江省政府《进一步加强基本养老保险征缴工作实施意见的通知》要求，为了建立养老保险基金收支缺口各级政府分担的长效机制，规定对养老保险基金收支缺口，从 2015 年开始由省级和市、县（系统）按照 3：7 的比例分担，并根据地方财力情况进行动态调整。然而，部分地市财力薄弱到难以支持 70%市县所需要承担的缺口规模，于是在 2016—2017 年，根据黑龙江省财政厅《关于抓紧落实企业养老保险缺口分级负担资金的紧急通知》，对于中央专项补贴后仍存在的缺口，根据缺口规模的 80%向全国社会保障基金借款（2016 年 210 亿元、2017 年 305 亿元），对于使用国家借款后的缺口（即 20%部分）由省级和市县政府再按照 3：7 的比例分担。再有发放资金不足的情况，则由同级政府采取向国库资金借款等方式调度资金解决。

根据上述缺口分担机制可以发现，由于黑龙江各地市普遍存在缺口，因此并无可能进行地区之间的基金调剂余缺，而只能由财政资金"无奈地"进行外部支持。从不同层级财政的关系来看，黑龙江省体现出了两个特点，其一，在全省财力均不足的情况下，将压力上移，采取直接向全国社会保障基金理事会"借钱"的方式，迫使中央财政进一步地予以支持；其二，无论是在向国家借款前的环节，还是借款后仍有缺口时，都坚持"全家共担"的财政责任模式。这既是为了压实地方的责任，也是在财政状况普遍不佳情况下的无奈之举。

四、广东省职工养老保险基金的缺口分担机制

(一) 广东省职工基本养老保险总体情况

广东是职工养老保险基金的结余省份，在改革开放与市场经济政策的支持下，在劳动力单向流动的背景下，广东省尤其是珠三角地区的人口年龄结构比较年轻，养老保险基金运行状况良好。从数据来看，截至 2017 年底，广东省职工基本养老保险参保人数为 4492 万人，其中在职职工 3955 万人，离退休人员 537 万人；实际缴费人数为 3090 万人，占在职参保人数的78%；制度赡养比为 7.36∶1，而实际赡养比为 5.75∶1，均高于全国同期平均水平。在基金收支方面，广东省 2017 年基金总收入 3401 亿元，其中征缴收入为 2802 亿元，占总体基金收入比重为 82.45%；其他基金收入来源包括省级调剂金收入、利息收入和全国社会保障基金会投资收益 340 亿元。2017 年全省基本养老保险基金支出 2043 亿元，基金当期结余为 1358 亿元，基金累计结余为 8650 亿元，可支付月数为 63 个月。

但是，广东省是区域经济发展不平衡的省份，粤西、粤北等地市也面临着和其他省份同样的老龄化危机。截至 2017 年 12 月底，珠三角地区基金累计结余 8414 亿元，占全省 97.3%；从参保情况来看，全省实际赡养比 5.75，珠三角地区为 7.8，最低的梅州、潮州分别为 1.3、1.4。

(二) 广东省职工基本养老保险基金缺口分担方式

在基金管理和缺口分担机制上，广东省在 1998 年开始实施养老保险调剂制度，2008 年底，广东省政府出台《关于改革完善省级养老保险调剂办法》，决定从 2009 年起实施省级调剂加预算管理的模式。在基金调剂模式下，省级养老保险调剂金按当期企业养老保险单位缴费总额的 9% 上解至省级社会保障基金财政专户，省根据各市执行预算情况和当地财政落实补助养老保险基金的情况，合理安排省级调剂金，帮助各市解决基金缺口问题。调查显示，2015—2017 年全省获得中央专项财政补助资金共 10 亿元，省市县各级财政所承担基金缺口补助资金为 24.7 亿元，而调剂基金规模则达到 306 亿，是外部各级财政资金补助规模的 8.5 倍。可见，这个阶段广东省在职工养老保险基金运行方面属于第二种类型，即部分地区有缺口，省级层面有

结余，而缺口的分担机制也以跨区域的基金自我平衡为主，各级财政负担为辅。

从 2017 年 7 月 1 日起，根据广东省人民政府《关于印发广东省完善企业职工基本养老保险省级统筹实施方案的通知》，开始实行新的统筹和缺口分担机制。根据《广东省企业职工基本养老保险省级统筹调拨资金暂行办法》的规定，首先，在基金统一核算层面，省人力资源社会保障厅、财政厅、地税局、统计局每年按照基金预算，在综合考虑工资增长率、就业增长率、参保率等指标变化情况的基础上，制定各市参保扩面和基金征缴任务计划，由省人民政府下达各市执行。对于没有完成基金预算而存在的基金缺口，则需由地方政府来承担主要责任。

其次，在基金征收和存放层面，以完善省级统筹实施为时间节点，2017 年 7 月以前的各市累计结余基金，除预留 2 个月周转金外，其余授权地方存放管理；对于 2017 年 7 月以后征收的基金，由各地社保费征收机构划入所在市社会保障基金财政专户，并在征收环节将省级统筹调拨资金直接划入省级社会保障基金财政专户。

再次，在基金支付层面，所在市基金当期收入不足支付时，使用各市 2017 年 7 月 1 日后新形成的累计结余基金支付；累计结余基金也不足支付时，所需资金由省以调拨方式全额承担。就调拨的具体方式而言，其所需资金，由省财政厅按照相同比例从 2017 年 7 月 1 日实施基金省级统收统支后有结余地区调拨基金（调拨比例 = 收入不足支付的各市基金缺口总额 ÷ 其他市当期结余总额）。2017 年 7—12 月从广州、深圳、珠海、佛山、河源、惠州、东莞、中山等 8 个市和省直归集省级统筹调拨基金 100.4 亿元，共弥补赤字地区缺口 68.3 亿元。2018 年上半年从广州、深圳、珠海、河源、惠州、东莞、中山、佛山等 8 个市和省直归集省级统筹调拨基金 97.4 亿元，共弥补赤字地区缺口 59.4 亿元。

可以发现，广东省 2017 年的改革将缺口分担的方式从基金结余与财政共同分担，转变为完全由结余地区的基金来分担，只有当地市未完成征缴计划时，地方财政才需要予以补贴。从省级统筹的角度来看，2017 年的改革更加强调了基金的自我平衡原则；但如果结合全国统筹的背景，这种改变也可以被视为是应对全国统筹的一种策略，即与其等到全国统筹时将本地结余基金调剂给其他省份使用，不如首先将其用于弥补省内的基金缺口。对照上文缺口分担的类型模式，在财政资金与养老保险基金关系方面，广东在全省有结余、部分地区有缺口的情况下，经历了从财政与基金分担责任走向完全由基金承担责任的"自救式"内部平衡的转变；由于基金尚有结余，广东省基本不需要动用各级财政资金；从不同地区养老保险基金对缺口分担的责任来看，则经历了从调剂金模式下的"全家共担型"向完全依赖于基金结余地区的"长兄依赖型"的转变。

五、陕西省职工养老保险基金的缺口分担机制

（一）陕西省职工基本养老保险总体情况

陕西省是较早实行统收统支型省级统筹的省份，并且在经办机制上实现了省以下的垂直管理，从而被誉为省级统筹的"陕西模式"。根据调研数据，截至2018年6月底，陕西省全省企业职工基本养老保险参保人数770.01万人，其中在职570.09万人、离退休199.92万人，在职参保者中缴费人数416.15万人，制度赡养比为2.85，实际赡养比为2.08。

从基金运行状况来看，基金收入从2015年的587.34亿元增加到2017年的762.08亿元，其中征缴收入从441.95亿元增加到551.81亿元，占基金收入的比重从75.2%下降到72.4%；相应地，各级财政补贴从132.17亿元增加到163.33亿元，其中增加部分主要来自于中央财政补助，省级财政补助固定为1.82亿元，地市级财政补助固定在5亿元左右。截至2017年底，当期基金结余为51.18亿元，累计结余489.39亿元（2018年6月底，累计结余增加到567.67亿元），可支付月数均在8个月以上，基金整体可持续状况较好。

（二）陕西省职工基本养老保险基金缺口分担方式

陕西省2001年就全面建成以省级统筹、垂直管理为主要特点的"陕西模式"，并将省级统筹确定为"六个统一"，即统一政策、统一费率、统一统

筹项目、统一缴拨方式、统一调剂使用基金、统一垂直管理。在基金管理方面，职工基本养老保险基金实行统收统支、收支两条线管理，由省级统一调剂使用。省财政厅设立养老保险基金专户，征缴养老保险费及各市累计结余基金全部上解至省级养老保险财政专户；各级经办机构只设立基金支出户和特殊结算户，实行全省统一的基金管理办法。同时，为能够充分发挥各级政府的作用，明确责任、合理分担，陕西省于2009年下发《关于建立基本养老保险政府责任分担机制有关问题的通知》，建立了基本养老保险财政责任分担机制。

陕西省城镇职工基本养老保险财政责任分担的基本原则是"基金支出合理分担、与重要工作指标挂钩、与经济发展水平相适应"。具体而言，所谓基金支出合理分担指对基金支出超出预算部分和新增基金支出部分按照不同比例进行分担。对于各地级市当年基金支出超出预算部分即预算外基金缺口，各市政府按照40%进行分担；当年新增基金支出部分，即各市按照国家和陕西省统一部署调整基本养老金待遇而新增加的养老金支出由各市按照5%的比例进行分担，并对收大于支的地市设置激励政策，即各市当年基金收入大于基金支出的，基金收入比基金支出每多10%，减少分担比例一个百分点，但各市分担比例最低不得少于3%。所谓与重要工作指标挂钩则是要将每年基本养老保险扩面、基本养老保险基金征缴和新增退休人数作为确立分担水平的指标。养老金平均水平越高，新增退休人员增速越快，则地方财政补助责任越大；养老保险费征缴增速越快，地方财政补助责任越小。与经济发展水平相适应原则是指责任分担应结合各地市经济发展水平，具体而言，就是地方财力越雄厚则负担的财政补助责任越大。调研资料显示，2017年延安、榆林、杨凌三地基金有结余，西安基本平衡，其余市均收不抵支，各市对缺口的分担比例方面，延安、榆林、杨凌为3%，其余市均为5%。

从类型上看，陕西省由于较早实现了比较彻底的养老保险省级统收统支，养老保险基金在全省范围内统一使用，因此在省级层面上存在基金结余，部分地市存在基金缺口，从而属于典型的第二种类型。在责任分担机制上，陕西也是严格遵循社会保险自求平衡的原则，首先统筹使用全省范围内的养老保险基金，辅之以一定的财政资金，符合"自救式"内部平衡的基本特征；在财政责任的分配方式上，无论是否有缺口的地市都要参与分担，符合"全家共担型"的模式特征。

　　表6—3总结了上述四个典型省份的职工养老保险基金缺口分担机制，从中我们可以总结出一些基本特征：(1)按照养老保险自求平衡的基本原则，在出现缺口时，应当首先在统筹区域内动用当期结余基金，再动用累计结余基金，最后才是财政资金的出场。但各地的实际策略是，无论统筹单位是否出现了缺口，几乎都是由基金和财政来共同分担责任。这再次说明了公共财政以及政府的力量在我国养老保险制度运行中的重要作用。(2)与上述第一个特征例外的是，广东省在面对全国统筹的明确信号下，改财政与基金共同分担责任为完全由基金来承担责任，这看似符合养老保险制度的基本规律，但如果结合全国统筹的背景，这又可以被视为是应对全国统筹的一种策略。(3)从不同层级财政的责任分担上看，一方面，基金缺口地的财政都需要为此承担相应责任，依赖型几乎不存在。这充分说明了我国分级财政体制的特点，即无论当地财力状况有多差，都需要为确保养老金发放承担一定的责任；另一方面，也几乎不存在纯粹的兄弟资助型，而大多都是全家共担型，即缺口地、结余地和统筹层级的财政共同承担责任，而其中不同地市的分担比例就成为制度设计的关键。(4)当全省层面出现缺口后，统筹层级的政府有两种策略，其一是进一步压实责任，由本级和地方政府通过调整财政支出结构来维持基金的可持续；其二则是在无奈之下向上传导压力，申请更高层级政府的支持。针对此，考察统筹层级以下政府的实际财力和财政支出结构合理程度便成为了关键。

表6—3　典型省份职工养老保险基金缺口分担机制

省份	养老保险基金状况	财政与基金的责任分担	不同层级财政分担机制
辽宁	全省基金缺口 部分地市累计结余 全部地市当期缺口	从被动型外部支持转变为基金与财政共同分担责任	家长资助型转为全家共担型
黑龙江	全省基金缺口 全部地市都缺口	无奈型外部支持并且向上转移压力	全家共担型
广东	全省基金结余 部分地市缺口	从财政与基金分担责任走向完全的自救式平衡	从全家共担型转为长兄依赖型
陕西	全省基金结余 部分地市缺口	以自救式内部平衡为主，辅之以主动型财政支持	全家共担型

第七章
纵向府际关系与社会保障管理体制：
财政的视角

　　任何社会保障制度都需要有物质基础，因此，在有关社会保障管理的教材和文献中，也大多把社会保障基金管理纳入其中，而本书由于核心关注社会保障管理体制，因此并未专门设置社会保障基金管理的内容。在社会保障基金的来源中，主要包括三个方面，其一是政府的财政性资金，这部分资金既需要在社会救助等纯公共产品中承担完全责任，也需要在社会保险制度中承担一定的补贴责任，还需要在社会福利中发挥撬动社会资源的作用；其二是社会保险和员工福利制度中的劳资缴费部分，由于这部分资金并非完全现收现付，也与财政资金保持适当距离，因此在国家预算体系中往往相对独立存在；其三则是其他的资金来源，包括个人和企业的捐赠，福利彩票基金等。从资金的总体结构上看，即使是在以社会保险为核心的国家，在人口老龄化对各项社会保险支出压力增大的情况下，财政资金往往扮演着愈发重要的角色。因此，从财政管理的角度开展社会保障研究，或者是有关财政社会保障管理的研究就显得极有必要。这不仅关系到社会保障资金的长期可持续性，而且还有助于深刻理解财政资金与社会保障基金之间的关系。①

　　为了兼顾财政管理的研究视角和纵向府际关系的视角，本章第一节对财政与社会保障关系进行概述；第二节提出了纵向政府间财政责任分配的框架并对养老保险制度中的主要财政权责进行了具体分析；第三节从地方财政的视角出发，讨论财政缴费补贴在均等化与激励性之间的平衡问题；第四节从中央财政的视角出发，聚焦中央财政对社会保障的转移支付制度。

第一节　财政视角下的社会保障管理概述

　　伴随着财政资金占全口径社会保障资金的比重越来越高，以及社会保障逐渐成为公共财政支出的重要组成部分，从公共财政管理的角度开展社会保障研究是极有必要的。虽然绝大部分观点都认为，对于社会保障支出的增加是建设公共财政和实现财政支出结构性优化的重要体现，但由于在人口老龄化的影响下，社会保障资金支出的规模越来越大，财政如果承担所谓的"兜底责任"，那么公共财政有限性与福利需求增长刚性之间的矛盾就会日益突出，也不符合福利多元主义的基本主张。甚至在 2010 年前后，当欧洲部分国家出现主权债务危机时，有学者认为这是欧洲高福利惹的祸，从而提出了社会保障支出有可能会拖垮财政甚至影响经济发展的观点。因此，首先有必要从理论上讨论公共财政与社会保障之间的关系和研究议题。

　　如上文所述，财政资金和来自劳资双方的社会保险缴费构成了社会保障

---

　　① 注：本书在写作构思过程中，曾经专门向从财政视角进行社会保障研究的上海财经大学丛树海教授和郑春荣教授请教。他们一致认为，非常有必要从财政的角度开展社会保障管理研究。其中，郑春荣教授还提出了包括收入视角下的社会保障费改税和财政社会保障补贴，管理过程中的社会保障基金预算管理，支出视角下的财政社会保障兜底责任以及财政性社会保障资金绩效管理等具体的研究内容建议。在此，表示由衷的感谢！然而，由于笔者缺乏系统的财政学知识和对相关问题的研究基础，最终仍然没有专设章节论述有关财政社会保障管理的内容。但鉴于该部分的内容确实较为重要，所以在本章的研究中，尝试将纵向府际关系的视角和财政社会保障管理的视角相融合，对其中的关键问题进行专题研究。

资金最主要的两个来源。两者之间的理论关系是和一国的福利国家类型密切相关的。简言之，是否可以将北欧狭义福利国家和欧洲大陆的社会保险型国家财政性社会保障支出占财政总支出的比重做国际比较呢？答案是否定的，也是显而易见的。因为前者（北欧式的福利国家）几乎全部的社会保障资金都来源于国家财政，而后者（欧洲大陆的社会保险型国家）其资金不仅来源于公共财政，还来源于劳资双方的社会保险缴费。因此，两者之间不具有可比性。在跨福利体制的比较研究中，全口径社会保障支出（财政性社会保障支出与社会保险支出之和）占 GDP 的比重才具有可比性。上述理论分析对于深刻和准确理解财政资金与社会保障资金之间的关系有着非常重要的指导作用，可以衍生出以下五个问题。

第一，财政性社会保障资金的计算口径问题。目前，我们通常用公共财政支出中用于社会保障的资金视为财政性社会保障资金。但是，这仅仅是财政对社会保障的直接投入；而财政通过政府购买、税费减免等方式对社会保障的间接投入和由此带来的私人投资增加[1]却没有被计算在内。在多元福利主义的背景下，政府对社会保障的支持不仅体现在直接的财政投入方面，还应更加充分地体现在撬动社会资源投入方面。因此，我们需要厘清全口径社会保障财政投入的计算方法，不仅要包括财政资金的直接投入，还应当增加有关减免税收的间接投入部分。

第二，财政社会保险投入的结构性分析。上述有关财政直接投入和间接投入的分析其实阐释了其在社会福利制度中的两种效能。而在资金规模量最大的社会保险制度中，财政资金的角色可以按照不同的标准进行分类。其一，按照资金流程来分，可以区分为缴费端的缴费补贴和待遇端的缺口补贴。缴费补贴是对于中低收入群体和特殊群体（如残疾人）、政府雇员或类雇员（如农民）在缴费环节的财政资助和补贴。待遇补贴有两种，一种是直接进行津贴式的给付（如城乡居民基础养老金），另一种是对社会保险基金缺口进行补贴。缺口补贴的方式亦有不同，以养老金制度为例，各国政府资助养老保险

---

① 闫坤等：《公共支出理论前沿》，中国人民大学出版社 2004 年版，第 1—2 页。

计划的方式有三种，或者是按照养老金支出的一定比例资助，或者是按照保险计划的受保人数拨款，或者是完全承担收支差额的责任①。其二，按照补贴的对象来分，可以分为财政的雇主责任和公共财政责任。对于政府雇员的缴费补贴（如机关事业单位各项社会保险的雇主缴费），是政府作为雇主所履行的责任，此时的责任与企业等其他用人单位无异。财政对于非政府雇员社会保险项目的支出才可以被视为是公共财政责任。这种分类方式和按照此逻辑所进行的财政支出结构性分析，才有助于准确判断是否真正实现了公共财政转型，而不是只扮演了一个好雇主的角色。我们还可以进一步将这种结构性的视角放大到整个财政社会保障支出的领域，分析财政资金对不同社会保障项目、不同地区（包括行政区域、城乡之间）的支持情况，不同层级财政在不同社会保障项目中的分担比例，财政资金投入是否可以满足需求等问题，从而回答哪一级财政在投入，投入到了哪些项目、哪个区域，城乡之间是否有差别，投入的实际效果以及投入是否全面满足了需求等问题。②

第三，准确理解社会保障预算管理。预算管理是财政资金管理的一般方式，有众多呼声和建议将社会保障资金纳入全口径的预算管理。然而，财政资金与不同类型社会保障资金的关系是不同的，其在社会救助中应当承担全部责任，在社会保险制度中承担着补贴缴费和缺口分担的责任，在社会福利中又既要有直接支出又要撬动社会资源等，因此，两板块的预算模式显然更加合理。③在我的预算管理实践中亦是如此：社会救助、财政社会保险补助支出、公共住房建设以及社会保障行政机构的开支等财政直接支出的费用都纳入到了一般性财政预算管理中；而来自于劳资双方缴费和政府补贴

① 朱青等：《中国社会保障制度完善与财政支出结构优化研究》，中国人民大学出版社2010年版，第172页。

② 参见杨红燕：《财政社会保障支出：结构、公平性与影响》，武汉大学出版社2014年版；鲁全等：《试论财政资金与不同项目社会保障基金的关系》，《贵州财经学院学报》2004年第11期。

③ 林治芬等：《社会保障预算管理》，中国财政经济出版社2006年版，第172页。也有不同意见认为应当建立一揽子的社会保障预算，参见丛树海：《建立健全社会保障管理体系问题研究》，经济科学出版社2004年版，第218页。

的社会保险资金则单独预算；再加上国有资本预算，共同构成了国家预算的整体。

第四，社会保障财政监督。正是由于社会保障资金规模的不断扩大并且影响到所有参保人的切身利益，再加上财政支出中社会保障所占的比例日益提高，为了确保社会保障资金的安全，需要加强财政对社会保障的监督。除了采取预算管理的基本手段之外，还需要对各种类型的社会保障资金，以及社会保障资金运行的全流程进行财政监督[①]，从而与行政监督、司法监督和社会监督共同构成社会保障资金的全方位监督系统。

第五，有关社会保险费改税。从 1999 年《社会保险费征缴暂行条例》规定各地可以自行选择社会保险征缴主体后，有关社会保险费改税的呼声和争论就从未停止。2018 年国家机构改革方案明确由税务部门征收社会保险费之后，对这个问题的讨论再次引起普遍的关注。虽然从征收情况看，无论是静态的比较还是动态的追踪，都没有证据充分说明税务部门征收效率高于社会保险经办机构，但这种研究思路的假设本身就存在严重问题：税费之争显然不应当被错误地定位为不同机构之间的利益之争和所谓的行政强制力大小之争。简言之，社会保险制度作为社会契约，社会保险缴费作为法定责任，参保人应当"应做尽缴"，而与征收主体之间应当毫无关系。那么，社会保险费改税是否是必然的趋势？笔者认为，其一，从待遇与缴费的关系上看，社会保险制度与税收模式存在内在冲突。社会保险强调待遇与缴费相挂钩，但税收都是用于均等化给付的，个人能够享受到的公共服务数量和质量与其缴税金额之间并无关系。其二，要正确认识社会保险税与社会保险缴费之间的关系。很多观点认为这两者是非此即彼的关系，但从全球社会保险型国家的实践来看，在社会保险缴费构成了最主要资金来源的情况下，随着人口老龄化对社会保险资金长期可持续性的影响，部分国家为了获得稳定、专门的社会保险缺口补助资金来源，开征了专门的社会保障税。也就是说，社会保障税和社会保险费之间的关系有两种可能：一是用社会保障税替代社会

---

① 编委会：《社会保障资金财政监督》，中国财政经济出版社 2005 年版。

保险费，这种筹资模式的变化意味着国家的社会保障模式需要从社会保险型向福利国家型的彻底转型；二是用开征社会保险税来弥补缴费型社会保险资金的财务缺口，增强政府支持社会保障的财政能力。就我国目前的情况来看，尚不具有进行福利体制整体转型的条件，完全来自于财政的福利国家也未必是我国的目标模式。因此，第二种关系才是我国的可选之策。当然，前提是社会保险资金自身已经难以实现长期均衡，国家财政支出结构也无优化的空间。综合考虑优化社会保险制度筹资结构、理性控制社会保险待遇支出水平，以及我国超过两万亿的社会保障战略储备基金和国有资产划转等可用的政策工具，是否需要开征社会保障税还有待深入研究。

表7—1显示了2019年全国一般公共预算支出中社会保障的相关科目，可以初步勾勒出我国财政支出中的主要社会保障项目及其规模。从财政支出的一级项目来看，最直接相关的是社会保障和就业支出，子项目包括行政事业单位离退休费，基本养老保险基金补助、社会救助、社会福利和残疾人事业；第二个财政支出一级项目是卫生健康支出，包括财政对基本医疗保险基金的补助和医疗救助支出；第三个财政支出一级项目是住房保障支出，具体指标是保障性安居工程支出。

表7—1　2019年全国一般公共预算支出中的社会保障项目（决算数）

单位：亿元

一、社会保障和就业支出：29379.08（中央本级：1231.53）	
（一）行政事业单位离退休费 9687.59（中央本级：659.91）	
1.1 机关事业单位基本养老保险缴费支出	3232.27（中央本级：156.84）
1.2 机关事业单位职业年金缴费支出	829.58（中央本级：54.14）
1.3 对机关事业单位基本养老保险基金的补助	3481.12（中央本级：147.86）
（二）基本养老保险基金补助 8633.04（中央本级：160.97）	
2.1 财政对企业职工基本养老保险基金的补助	5586.45（中央本级：160.53）
2.2 财政对城乡居民基本养老保险基金的补助	2731.68（中央本级：0.44）

续表

（三）社会救助	
3.1 最低生活保障	1453.12（中央本级：3.2） （城市461.70，农村991.43）
3.2 临时救助	167.99（中央本级：1.39）
3.3 特困人员救助供养	344.43（中央本级：0.23） （城市39.85，农村304.58）
3.4 其他生活救助	109.94（中央本级：0.12）
（四）社会福利 843.63（中央本级：1.7）	
4.1 儿童福利	57.51（中央本级：0.05）
4.2 老年人福利	353.24（中央本级 1.01）
（五）残疾人事业 650.74（中央本级：6.8）	
5.1 残疾人康复	74.37（中央本级：1.37）
5.2 残疾人生活和护理补贴	230.06（中央本级：0.22）
二、卫生健康支出	
6.1 财政对基本医疗保险基金的补助	5863.56（中央本级：13.99） （其中对职工制度补助160.18，对居民制度补助5606.67）
6.2 医疗救助	517.90（中央本级：1.05）
三、住房保障支出 保障性安居工程支出 2941.16（中央本级：11.14）	

数据来源：2019年全国财政预算，财政部网站：http://yss.mof.gov.cn/2019qgczjs/index.htm。

注：①本表中只列出与社会保障直接相关的支出，各种管理费用（如民政管理事务费用），红十字事业、退役军人管理事务等不属于狭义社会保障体制的支出项目均未列出。

②本表中各支出大类下，也只罗列了主要支出项目。例如，社会福利大类下，除列出的儿童福利、老年人福利外，还包括假肢矫形、殡葬、社会福利事业单位等支出。因此，各项目支出之和都小于大类支出总额。

第二节　中央与地方财政管理权责的分配机制

从纵向府际关系的角度看，财政管理主要体现在不同层级政府财政管理权责的分配和转移支付制度两方面。在当前的各项社会保障制度中，养老保险制度较多涉及府际间关系，本节以养老保险制度为例，分析财政权责在不同层级政府之间的分配体系。

基本养老保险财政管理的内容主要包括两个方面，其一是财政对基本养老保险制度的直接投入责任划分，其核心问题是财政对养老保险基金的补贴责任应当如何在中央与地方之间进行划分，解决社会保障财政纵向不平衡和横向不平衡的问题。[①] 在我国当前的基本养老保险制度框架内，财政补贴的形式主要包括：缴费补贴、待遇补贴和缺口补贴。其二是不同层级养老保险经办机构在养老保险基金预算管理中的权责分配。在这两个方面的内容中，前者是狭义的财政管理体制，是指公共财政资金与养老保险基金之间的关系；后者是广义财政管理体制的内容，也可称为养老保险基金管理体制[②]，是探讨养老保险基金自身的管理权责划分问题。

一、财政权责分配方式：地方财力与制度自身可持续性的双重视角

财政权责的分配是纵向权利划分的重要内容，从财权与事权相匹配的角度看，应当首先确定事权分配，即确认什么事由地方政府做更合适，再根据事权的责任分配结构来划分财权。然而，并非所有的公共物品与准公共物品都应当由政府通过财政资源来提供，公共物品也可以通过互助的方式来提供，养老保险制度正是如此。养老保险强调自治与互助，其资金主要来源于

---

① 柯卉兵等：《论社会保障转移支付制度的理论依据》，《中州学刊》2013 年第 7 期。

② 注：完整的养老保险基金管理体制应当包括基金预算、基金征缴、基金投资以及待遇发放等环节。其中，基金征缴和待遇发放等环节的责任分配机制已经在上一章提及，有关基金投资的责任分配体系参见鲁全：《中国养老保险基金投资：制度背景、认识误区与关键问题》，《社会保障研究（京）》2012 年第 1 期。

劳资双方的缴费，而随着人口老龄化程度的不断加深，以及体现基本养老保险制度的公共性，各个国家的财政普遍对养老金制度有一定的支持，或者是补贴缴费，或者是补贴支出。也就是说，养老保险制度首先强调的是自我平衡，其次才是财政对养老保险的适度支持。因此，对于养老金制度这样的准公共物品而言，应当适度保持其与财政资金的距离，不能过分强调财政的"兜底"责任，而忽视了制度自身的可持续性。

除此之外，财政权责的纵向分配还要考虑财政资源的分配结构。经过1994 年的分税制改革，我国基本摆脱了"两个比重过低"的问题，中央财政实力不断增强，但随之而来的是"财权上移、事权下移"的问题。分税制改革虽然明确了不同层级政府在税收资源中的分配结构，但是在财政支出中的责任结构仍然是模糊不清的。根据我国有关中央地方关系的法律法规，除了外交、国防等支出明确由中央财政承担外，其他领域的支出或者是地方政府承担责任，或者是由中央与地方分责，而具体的划分标准又模糊不清。

综上所述，财政权责的纵向分配结构要兼顾公共产品制度自身的可持续性和地方的实际财政能力。如果公共产品的自身可持续性较好，且地方财力较强，那么应当由地方财政承担主要责任；如果公共产品自身可持续性较好，但地方财力较弱，那么应当由中央财政来承担主要责任；如果制度自身可持续性差，则可以根据中央和地方的实际财政能力来分担财政责任。图7—1 展示了财政管理权责纵向分配的分析框架。

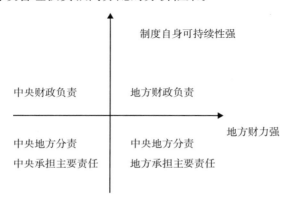

图 7—1　财政权责纵向分配的分析框架

二、养老保险制度中主要财政责任的分配

(一)缴费补贴:区分雇主责任和公共财政责任

财政资金在基本养老保险制度中的缴费补贴责任可以分为为其雇员缴费而形成的雇主责任,和为缴费困难群体补贴形成的公共财政责任。在雇主责任方面,应当遵循"谁的雇员谁缴费"原则,根据参加养老保险公职人员隶属的不同行政层级来确定缴费责任主体。

在为缴费困难群体补贴的责任划分方面,从差异性角度看,因为需要对缴费困难群体的收入水平、职业状态等进行甄别,因此事权适宜由地方层级的经办机构来承担,但是,越是缴费困难群体人数多的地区,其当地财政能力一般也越差。例如,残疾人是最主要的缴费补贴群体。表7—2显示了2019年残疾人就业人数最多的十个省区以及这些省区2019年的财政能力。2019年各省区市的平均财政能力为—55.8%,而残疾人就业人数最多的十个省区,除江苏和山东外,其他省区的财政能力都要差于全国平均水平。即越是需要补贴缴费的地区,当地财政能力越薄弱。因此,基本养老保险缴费补贴的责任划分应当综合考虑当地需要补贴的人数以及地方财力,对于地方财力较好的地区可以由当地承担主要责任,对于地方财力较差的地区则需要通过中央转移支付来承担主要责任。

表7—2 2019年残疾人就业人数最多的十个省区及其财政能力

省区	2019年残疾人就业总数(万人)	2019年当地财政自给能力及排名[①]
四川	82.58	−60.66%(19)
河北	50.43	−55.00%(11)
山东	49.2	−39.23%(7)
安徽	47.78	−56.95%(14)
河南	43.18	−60.23%(18)
云南	42.19	−69.37%(23)

---

① 地方财政自给能力计算方法是本级财政收入与财政支出的差额除以本级财政支出。

续表

省区	2019 年残疾人就业总数（万人）	2019 年当地财政自给能力及排名
湖北	40.77	−57.48%（15）
湖南	40.33	−62.57%（21）
江苏	34.97	−29.99%（5）
江西	34.22	−61.05%（20）

注：残疾人就业人数来源于《中国残疾人事业统计年鉴（2020）》，当地财政自给能力根据《中国统计年鉴（2020）》计算所得。

（二）待遇补贴：中央均等化给付，地方自主合理提高标准

在当前的养老金制度体系下，待遇补贴主要体现在城乡居民基本养老保险的基础养老金方面，目前的责任分担结构是中西部地区由中央财政全额支付，东部地区由中央财政和地方财政分担。这种分担格局混淆了一般性转移支付和专项转移支付的界限，违背了中央财政资源分配均等化的原则，亦造成了地区之间的不公平。笔者认为，城乡居民基础养老金属于非缴费型津贴，由中央政府确定标准的基础养老金就应当完全由中央财政承担；对于地方财力较好的地区，地方可以自行提高基础养老金的标准，而这部分的资金则应当由地方财政自行承担。

进一步考察地方财政提高标准的幅度，在城乡居民养老保险主要是县级统筹的背景下，地方财力水平主要是指县级财政的水平。城乡居民养老保险的目标是维持城乡老年人的基本生活，因此其待遇水平应当主要与当地基本物价水平挂钩。综合上述两个因素的理论议题是，城乡居民基础养老金水平的确定和调整，应当主要和当地（县级）财力挂钩，还是和当地基本物价水平挂钩？如果基础养老金水平主要由当地财力决定，是否会导致不同县域之间养老金实际购买力的差别？

下面以陕西省榆林市①为个案进行分析。陕西省榆林市是典型的县域之

———————

① 注：2017 年，笔者参与了榆林市委、市政府委托中国社会保障学会承担的有关榆林市民生发展战略研究项目，并具体负责有关养老保险方面的研究任务。本案例的数据和相关资料均来源于此次专题研究。

间经济发展差距极大的西部城市，其北六县中的神木、府谷等自然资源集中地区列全国百强县；而南六县中的米脂、绥德等曾经是国家级贫困县。在城乡居民基础养老金主要由县级财力决定的情况下，同处榆林市的不同区县之间基础养老金水平就会存在较为显著的差异。表7—3显示了2015年榆林市及其神木、府谷两县居民基础养老金水平和消费支出。从基础养老金的绝对金额看，全市月平均水平为120元，神木和府谷两地则分别为145元和175元。

表7—3　2015年榆林市及神木、府谷居民基础养老金水平与消费支出

单位：元

支出项目	神木	府谷	榆林市
居民年人均生活消费支出总额	16413	10990.4	13265.8
居民年人均基本生活四项支出总额	6669.6	6960.2	5987.5
城乡居民月人均基础养老金	145	175	120
养老金购买力： 基础养老金／四项基本支出	26.1%	30.2%	24.1%

资料来源：根据中国社会保障学会2017年在榆林市的调研资料整理所得。

　　根据前述分析，基础养老金的功能是确保老年人的基本生活。因此将基础养老金水平与当地人均生活消费支出以及四项基本生活支出（即食品烟酒、衣着、生活用品及服务、交通通信等支出）进行占比分析，结果发现：神木和府谷两地居民基础养老金占四项基本生活支出的比重都要显著高于榆林市的总体水平，自然会更加高于南部经济相对欠发达区县的水平。如果再进一步考虑到人口的流动，则从南部区县随子女迁移到北部区县的老年人按照户籍领取基础养老金，其实际购买力会进一步下降。综合上述分析的基本结论是，虽然城乡居民基础养老金的资金主要来源于各级财政，但其水平不能简单与地方财力挂钩，而应当主要与当地的基本生活品价格挂钩，在中央基础养老金水平上合理提高。

（三）养老保险基金预算：省级负责，中央汇总

2010 年，国务院下发《关于试行社会保险基金预算的意见》，社会保险基金预算与财政预算（包括一般公共预算和政府性基金预算）、国有资本预算共同构成我国的预算体系。2014 年 8 月，全国人大常委会修改了《预算法》，预算制成为养老保险基金管理的基本制度和方法。同样，预算制也可以成为职工基本养老保险实现全国统筹的制度保障，通过预算来明确不同省区市的养老保险基金收入与支出，从而有利于及时和准确了解不同省区市的养老金收支缺口，并为合理划分中央与地方财政责任奠定基础。

养老保险基金预算的主体应当与养老保险经办管理体制相匹配。在全国统筹的目标下，建议变革当前属地化管理的养老保险经办体制，改为与全国统筹、地区互助共济相匹配的省以下垂直经办体制。在职工基本养老保险基金预算的编制过程中，省级养老保险经办机构应当作为责任主体，根据其派出机构提供的收支数据，编写本省区的养老保险基金预算，中央养老保险经办机构负责审核加总各省区的养老保险基金预算，编制全国的养老保险基金预算，并根据不同省区市的养老保险自身可持续性与地方财力，合理划分中央与省级财政对缺口的补贴责任。如果地方征缴不力，出现基金预算外的缺口，则中央财政不再承担补贴责任，而由省及以下政府各级财政分担补贴责任，从而防止道德风险的出现。

第三节　地方财政缴费补贴：均等化还是激励性

从地方财政的视角来看，伴随着职工基本养老保险统筹层次的提高，中央与地方将合理地分责；但在居民养老保险制度中，由于统筹层次将长期处于地市一级，地方政府仍将长期承担缴费补贴和基础养老金发放等方面的责任。本节就从地方财政的角度出发，以居民养老保险制度为例，考察地方财政应当如何平衡均等化与激励性之间的关系。

一、居民养老保险筹资水平和结构的总体分析

我国的城乡居民养老保险建立了个人缴费、集体补助和财政补贴的三方筹资机制。同时，还将财政补贴额度与个人缴费额度适度挂钩，以鼓励个人缴费，从而实现缴费责任的相对均衡。目前，个人缴费水平过低是居民养老保险参保质量较低的最重要表现。个人缴费几乎只具有象征意义，而无法构成资金来源的重要组成部分。笔者的调查显示，在制度建立之初，绝大部分参保者都选择 100 元的最低缴费档次，而 2018 年的人均缴费接近 300 元。该缴费水平占农村居民人均可支配收入（2018 年为 14617 元）和消费支出（2018 年为 12124 元）的比例仍然很低，不利于制度的长期财务可持续性。[①]考虑到集体补助随着农村集体经济的衰败而必然逐步减少，财政资金和个人缴费将在城乡居民养老保险筹资中承担主要责任。

就财政补贴与个人缴费的关系来看，其核心问题是平衡好财政资金的均等化与激励性。一方面，财政资金基于其公共性，应当对所有参保人的缴费给予相对均等化的补贴；另一方面，又希望建立与个人缴费水平相挂钩的财政补贴激励机制，通过"多缴多补"来鼓励个人提高缴费水平。从财政资金支出的环节来看，可以区分为缴费补贴和待遇补贴。[②]综合上述两个视角，可以建立一个对居民养老保险财政补助的分析框架。该框架包括两个维度，其一是财政补助的均等化与激励性，其二是财政补助出现在缴费环节还是待遇发放环节。具体而言，在缴费环节，如果财政补贴占个人缴费的比例随着个人缴费水平的提高而提高则具有较强激励性，相反则具有较强的公共性；在待遇计发环节，由财政承担的基础养老金均等化程度越高，公共性越强，相反，基础养老金水平与缴费水平和缴费年限挂钩越密切，激励性越强。以上分析框架见表 7—4。

---

① 张向达等：《城乡居民养老保险的财务可持续性研究》，《中国软科学》2019 年第 2 期。
② 缴费补贴是在个人缴费环节的补贴，待遇补贴是指财政资金承担基础养老金的发放责任。

表 7—4　居民养老保险财政补助的分析框架

	缴费环节	待遇发放环节
均等化	财政补贴占个人缴费的比例不随个人缴费水平提高而提高	基础养老金水平与个人缴费年限和缴费水平无关
激励性	财政补贴占个人缴费的比例随个人缴费水平提高而提高	基础养老金水平与个人缴费年限和缴费水平有关

二、对居民养老保险财政补助的具体分析

根据上述分析框架，笔者根据公开资料，对部分省区居民养老保险的财政补贴政策进行了初步整理（见表 7—5[①]）。通过对表 7—5 的分析不难发现，居民养老保险财政补贴主要体现出以下几个特点：其一，在绝大部分省区市，缴费环节的财政补贴占个人缴费水平的比例都随着个人缴费水平的提高而有所下降。因此，虽然财政补贴的绝对额随着个人缴费水平的提高而有所提升，但由于其占个人缴费金额的比例在逐步下降，因此其均等化要强于其激励性。其二，在部分省份的部分缴费档次上，出现了财政补贴占个人缴费比例随个人缴费水平提高而提高的情况，如河南省 500—1000 元的 6 个缴费档次，广西壮族自治区 400—500 元的档次以及 700—1000 元的档次等。在以上情况下，财政补贴的激励性要强于均等化。其三，部分省份设置了财政缴费补贴的上限（如云南省规定个人缴费 800 以上的均补贴 100 元）和多个个人缴费段财政补贴额度一致的情况（如北京市规定，选择 2000—4000 元缴费档次的，每人每年均补贴 90 元；湖南省规定，选择 300 和 400 缴费档次的，每人每年均补贴 40 元），从而使得在相应缴费档次内的激励性下降。其四，在待遇环节，绝大部分省区都建立了基础养老金水平与缴费年限相挂钩的机制，从而实现了"长缴多得"，但基本都未建立与个人缴费水平相挂钩的机制，从而无法实现基础养老金的"多缴多得"。

[①]　该表是对省级政策的梳理，由于居民养老保险的统筹层次主要在县级，因此省级未出台相关政策并非代表该省的所有市县都未出台相关政策。中国人民大学 2020 届社会保障专业硕士生杨琼同学协助整理了该部分的资料，在此表示感谢。

表7—5　部分省区市居民养老保险财政补贴政策

省份	缴费环节（财政补贴占个人缴费比例随个人缴费水平提高的变化）		待遇环节（基础养老金确定方式）	
	占比提高	占比下降	与缴费水平挂钩	与缴费年限挂钩
北京		✓		
天津		✓	✓	✓
河北		✓		✓
山东	300—500 元档次	✓（其他档次）		✓
河南	✓（500—1000 元的 6 个档次）	✓（其他档次）		✓
上海		✓		✓
浙江		✓		✓
广东		✓		✓
福建		✓		
广西	✓（400—500 元及 700—1000 元的档次）	✓（其他档次）		✓
海南	400—500 元档次	✓（其他档次）		✓
湖南		✓		✓
湖北		✓		✓
安徽		✓		✓
江西		✓		✓
甘肃		✓		
青海	✓（800—1000 元档次）	✓（其他档次）		✓
陕西		✓		✓
山西		✓		✓
内蒙古	✓（400—500 元档次）	✓（其他档次）		✓
重庆		✓		✓
新疆	✓			✓
云南		✓		✓

续表

省份	缴费环节（财政补贴占个人缴费比例随个人缴费水平提高的变化）		待遇环节（基础养老金确定方式）	
	占比提高	占比下降	与缴费水平挂钩	与缴费年限挂钩
西藏		✓		✓
贵州	财政补贴固定占缴费标准的 10%			
吉林		✓		✓
辽宁		✓		✓
黑龙江		✓		

资料来源：笔者根据公开资料整理制作。

　　下面，对部分典型省份财政补贴资金与个人缴费之间的关系做进一步的分析。图 7—2 和图 7—3 分别表现了部分典型省份随着个人缴费水平变化，财政补助的绝对额和占个人缴费比重的变化情况。如图 7—2 所示，随着个人缴费水平的提高，各省份财政补助的绝对金额都有所提高，从而总体上具有激励功能。但是，如图 7—3 所示，虽然财政补贴的绝对额伴随着个人缴费水平的提高而有所提高，但占个人缴费的比重却呈现出不同的态势，主要包括 4 种情况。其一，伴随着个人缴费水平提高，财政补助占个人缴费的比

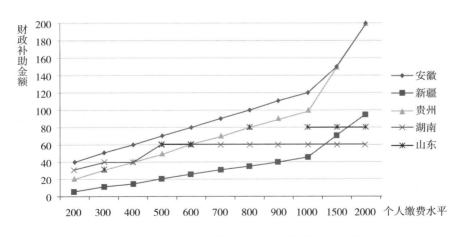

图 7—2　部分典型省份居民养老保险个人缴费与财政补助金额

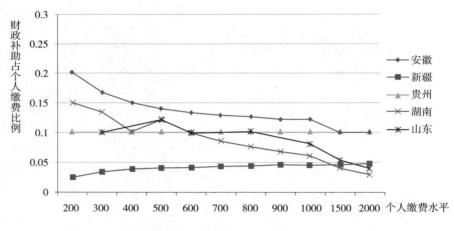

图 7—3　部分典型省份财政补助占个人缴费比重的变化情况

例呈持续下降趋势，如安徽省。其二，伴随着个人缴费水平提高，财政补助占个人缴费的比例呈持续上升趋势，如新疆。其三，财政补助占个人缴费的比例不随个人缴费水平的变化而变化，如贵州省。其四，财政补贴占个人缴费的比例在不同缴费段体现出不同的特征，例如湖南省在 400—500 元缴费段，财政补贴占比提高，其他缴费段占比则下降；山东在 300—500 元缴费段，财政补贴占比提高，600—800 元缴费段财政占比不变，之后又出现下降等。结合表 7—5 的信息不难发现，绝大部分省区市的居民养老保险个人缴费补贴都与安徽的情况类似，即呈现出随着个人缴费金额的增加，财政补贴的绝对额增加，但相对比例下降的特征。

就财政补贴力度与地方财力的关系而言，图 7—4 反映了部分省份不同个人缴费档次下财政补贴金额的变化情况。其中，各省份按照地方财政能力 ① 进行升序排列。不难发现，无论是哪一个缴费档次，地方财政的缴费补贴都没有随着地方财力的增加而显著增加，甚至还有随着地方财力增加而补贴金额下降的情况出现。以个人缴费档次 500 元为例，在 23 个可以查到公开资料的省份，地方财政补贴金额最高的是 400 元（浙江），最

———————

① 地方财政能力用地方人均一般性财政预算收入作为衡量指标。

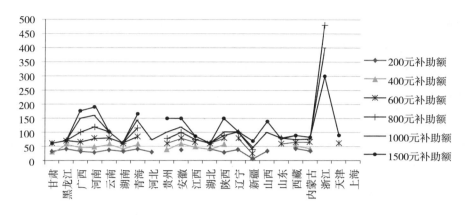

图7—4　部分省份个人缴费金额与财政补助（按地方财政能力排序）

低的是 20 元（新疆），23 省的平均补贴水平为 82 元，占个人缴费的比例不足 17%。从比较的角度看，无论是总量还是人均量，财政对居民的补助都严重低于对职工的补助。[1] 综合上述分析可以得到的基本结论是，虽然地方财政补助的绝对额伴随着个人缴费标准的提高有所提高，但其总体占比过低，亦未随地方财力的增强而增长。伴随着个人缴费标准的提高，绝大部分省区财政补贴所占的比例反而有所下降，因此城乡居民养老保险缴费责任的分担机制仍有待优化，地方财政补贴的总量和激励性都有待增强。

第四节　中央财政转移支付：规模与分配方式

一、财政转移支付概述

根据第二章有关纵向财政关系的分析，首先应当根据公共物品或服务的外部性等特征确定不同层级政府的事权，然后配置以相应的财力。但是，我国分税制之后的一个重要问题就是，财政资源的上移和事权的下移，在这种

---

[1]　何文炯:《论中国社会保障资源优化配置》,《社会保障评论》2018 年第 4 期。

反向的运动中，只有不断完善转移支付制度才能实现财力与事权的匹配。因此，转移支付和财政收入、财政支出共同构成了财政管理的核心内容。萨缪尔森按照政府部门对经济中资源的实际所有权，把政府公共支出分为购买性支出和转移性支出两大类，① 由此可见转移支付制度的重要性。

从全球财政制度的发展历史上看，无论是单一制国家还是联邦制国家，都会有财政转移支付制度：1707 年苏格兰加入联合王国时，英国中央政府与苏格兰政府之间的财政补助堪称全世界最早的财政转移支付制度。② 联邦制的国家是由两个以上的主权单位为了某些共同的目标而结成的一种联盟，宪法具有某种程度的契约性质，因此在各联邦国家的宪法中，都包含有关各级政府财政权力和义务的规定。例如，德国的《财政平衡法》规定，经济发展水平高的州必须对经济发展水平低的州提供财政补贴，从而保持国内各州居民生活的相对一致。③

由此可见，转移支付制度的理由主要包括三个方面：其一，对于中央地方共同分担的事权，中央政府有责任分担支出中的一部分，并通过转移支付的方式来实现其财政责任；其二，为了均衡不同地方之间的公共服务水平，中央财政通过转移支付的方式来支持欠发达地区的公共服务发展；其三，对于完全的地方事权而言，会存在欠发达地区需公共支持的项目多、人数多，资金需求量大与当地财力不足的天然矛盾。为了满足当地居民的基本公共服务需要，中央财政有必要通过转移支付来支持地方政府提供相应的公共产品。

2009 年起，为进一步规范财政转移支付制度，将中央对地方的转移支付分为一般性转移支付和专项转移支付两类。根据财政部中央对地方转移

---

① Samuelson P., "Aspects of Public Expenditure Theories", *The Review of Economics and Statistics*, Vol. 40, 1958.

② 李萍:《中国政府间财政关系图解》，中国财政经济出版社 2006 年版，第 248 页。

③ 财政部干部教育中心编:《现代政府间财政关系研究》，经济科学出版社 2017 年版，第 31 页。

支付管理平台①的信息显示，目前我国的一般性转移支付包括均衡性转移支付、重点生态功能区转移支付等 12 项，其中就包括基本养老金转移支付和城乡居民医疗保险转移支付这两项直接与社会保障相关的项目；而专项转移支付则有 109 项，其中与社会保障相关的包括优抚对象补助经费、优抚事业单位补助经费、退役安置补助经费、残疾人事业发展补助资金、困难群众基本生活救助补助、医疗救助补助资金等近十项。但根据 2019 年中央对地方转移支付决算表的显示，上述这些社会保障类的专项转移支付也都于 2019 年被纳入到了一般性转移支付中。

表 7—6 展示了 2010—2019 年国家财政支出和地方财政支出中就业与社会保障的支出金额，以及地方财政就业社保支出占国家财政就业社保支出的比重。这张表在很多文献和国际会议中频繁出现，以证明在地方财政入不敷出的情况下，仍然承担了就业和社会保障支出的绝大部分责任，从而说明中国的社会保障具有所谓"分权化"和"地方化"的特征。这种错误的判断显然是因为忽视了对财政转移支付制度的理解与分析。

表 7—7 显示了 2015—2019 年中央财政转移支付中部分社会保障科目的金额。其总金额从 2015 年的 1.17 万亿提高到了 2019 年的 1.4 万亿，充分说明转移支付在我国社会保障财政责任分配体系中的重要作用。也就是说，虽然从表 7—6 中，我们看到大量的财政社会保障支出是从地方财政口径支出的，但其资金其实来源于中央财政的转移支付。由于财政预算科目与转移支付的科目并不完全对应，笔者以最主要的三个社会保障项目养老金、医疗保险和社会救助为例进行匡算。以养老金为例，2019 年一般公共预算支出中机关事业单位离退休费和财政对基本养老保险基金补助的总额为 18320.63 亿元，其中中央财政本级支出为 820.88 亿元，由此可得地方财政支出为 17499.75 亿元，同年基本养老金转移支付金额为 7303.79 亿元，占地方财政养老金支出的比例为 41.7%。按照类似的方法可以计算转移支付占地方财政对医疗保险基金支出的比例为 56.9%，转移支付占地方困难群众基本生活救

---

① 参见 http://www.mof.gov.cn/zhuantihuigu/cczqzyzfglbf/。

助补助支出 ① 的70.8%。这才是我国社会财政支出中中央与地方责任分配的全貌。

表7—6 国家财政与地方财政的就业与社会保障支出 (2010—2019)

单位：亿元

年份	全国财政支出中的就业与社会保障支出	地方财政支出中的就业与社会保障支出	地方占比
2010	9130.62	8680.32	95.07%
2011	11109.4	10606.92	95.48%
2012	12585.52	11999.85	95.35%
2013	14490.54	13849.72	95.58%
2014	15968.9	15268.99	95.62%
2015	19018.69	18295.62	96.20%
2016	21591.5	20700.92	95.88%
2017	24611.68	23610.57	95.93%
2018	27012.09	25827.54	95.61%
2019	29379.08	28147.55	95.81%

表7—7 中央财政转移支付中部分社会保障项目金额 (2015—2019)

单位：亿元

	2015	2016	2017	2018	2019
基本养老金转移支付	4405.18	5042.76	5858.8	6664.41	7303.79
城乡居民医疗保险转移支付	2123.24	2426.27	2512.57	2724.69	3327.38
就业补助资金	438.78	438.78	438.78	468.78	538.78
优抚对象补助经费	341.78	409.33	404.24	439.34	474.28
中央自然灾害生活补助资金	92.17	130	79.16	70.79	117.27
流浪乞讨人员救助资金	20	20	—	—	—
孤儿基本生活保障补助	20.59	22.97	—	—	—

---

① 注：根据财政部、民政部于2017年6月12日印发的《中央财政困难群众救助补助资金管理办法》规定，该资金是用于开展低保、特困人员救助供养、临时救助、流浪乞讨人员救助、孤儿和艾滋病病毒感染儿童基本生活保障工作的资金。因此，与财政预算支出科目中的最低生活保障、临时救助、特困人员供养救助和其他生活救助四项之和的口径基本一致。

续表

	2015	2016	2017	2018	2019
优抚事业单位补助经费	8.11	7.38	——	——	——
退役安置补助经费	352.86	397.71	397.71	453.76	524.73
残疾人事业发展补助资金	12.75	12.75	12.75	13.8	14.4
困难群众基本生活救助补助	1207.68	1370.13	1326.63	1396.34	1466.97
医疗救助补助资金	129.21	141.13	141.13	261.11	271.01

数据来源：笔者根据相应年份中央对地方转移支付决算表计算所得。

二、职工养老保险制度中的中央财政转移支付

中央财政对各地转移支付的具体金额是如何确定的呢？根据《中央财政困难群众救助补助资金管理办法》的规定，考虑的因素主要包括地方困难群众救助任务量、地方财政困难程度、地方财政努力程度、工作绩效等；根据《中央财政企业职工基本养老保险补助资金管理办法》，主要考虑转移支付系数、当地的养老金缺口、老龄化程度以及工作绩效等因素。然而，这种因素法都是在转移支付总量相对稳定的情况下，在各省区之间进行合理分配的一种方式，仍然是"以收定支"的传统思路，历史上分配的不合理因素也会被固化到现有的分配机制中。在全国统筹的背景下，各级财政如何分担养老保险基金缺口的责任，即中央财政养老金转移支付制度的设计，就成为维持和提高职工基本养老保险制度长期可持续性的关键问题。[1]

根据本书构建的财政权责分析框架，如果制度自身的可持续性较弱，则应当由中央财政和地方财政来分担补贴责任。也就是说，在全国统筹的背景下（即养老金全国范围内统收统支），如果一个省份的养老保险仍出现收支缺口时，应当由中央和地方财政共同分担对缺口的补贴责任：如果该省份财政能力较差，则应当由中央政府承担主要责任；如果该省份的财政能力较

---

① 注：当前我国职工基本养老保险基金缺口主要是统筹层次低导致的地区性、结构性缺口，即部分省区市的结余基金无法调剂使用。在实现全国统筹的情况下，一方面基金可以统筹使用，必然会缩小财政补助的需求，另一方面，为了防止全国统筹后地方政府消极征缴，也有必要将缺口的补贴责任在中央与地方之间进行分配。

好，则应当由地方政府来承担责任。一个地区基本养老保险制度的自身可持续性主要取决于该地区的人口老龄化程度。人口老龄化程度越高，制度自身的可持续性就越低。我国不同省份的人口老龄化致因是有显著差别的：东部经济发达省份因为医疗等条件较好，人均预期寿命长，导致人口老龄化；中西部地区则由于年轻劳动力外流，而导致被动的人口老龄化。因此，不能简单因为东部省份财政能力较好就将其缺口完全交由地方财政来承担补贴责任，而需要综合考虑老龄化与地方财力。

表7—8显示了2019年各省份基本养老保险赡养比和地方财政状况，根据制度赡养比降序排列后不难发现，各省份的老龄化程度与财政能力之间并不是简单的对应关系。在赡养比较高的省份，既有广东、北京这样的财力较强的省份，也有西藏、贵州这样财力较弱的省份；在赡养比较低的省份，既有吉林、黑龙江这样财力较弱的省份，也有上海、天津这样财力较强的地区。无疑，对于赡养比高且财政实力强的地区，中央财政不需要补贴；对于赡养比低且财政实力差的地区，中央财政需要承担主要责任。但是，从长期发展的角度看，上海、天津这样赡养比低（老龄化严重）且地方财力较好的地区会越来越多。因为，目前我国部分地区的老龄化程度高主要是人口流动造成的，但一般而言，经济越发达，人均预期寿命就越长，当地的老龄化程度就会越严重。对于这样的省份，就要兼顾其财政能力和老龄化程度，科学确定转移支付的计算办法。但从目前实际的转移支付方式来看，2016年中央财政养老保险一般性转移支付资金分配表[1]显示，北京、上海、江苏、浙江、福建、山东、广东均未获得转移支付。

表7—8 2019年各省区市财政能力与养老保险赡养比（赡养比降序排列）

省份	财政能力	赡养比	省份	财政能力	赡养比
广东	−26.84%（3）	5.90	青海	−84.86%（30）	2.27
北京	−21.48%（2）	4.78	广西	−69.03%（22）	2.24

[1] 参见财政部社会保障司网站，http://sbs.mof.gov.cn/ybxzyzf/jbyljzyzf/201611/t20161121_2462341.htm

省份	财政能力	赡养比	省份	财政能力	赡养比
福建	−39.88%（8）	4.71	湖南	−62.57%（21）	2.21
西藏	−89.85%（31）	3.82	山西	−50.16%（9）	2.19
贵州	−70.29%（24）	3.35	江西	−61.05%（20）	2.15
河南	−60.23%（18）	3.22	上海	−12.40%（1）	2.11
陕西	−59.99%（17）	3.09	天津	−32.21%（6）	2.07
山东	−39.23%（7）	3.03	四川	−60.66%（19）	1.95
海南	−56.20%（13）	2.87	甘肃	−78.48%（29）	1.94
江苏	−29.99%（5）	2.72	湖北	−57.48%（15）	1.88
云南	−69.37%（23）	2.58	重庆	−55.96%（12）	1.77
河北	−55.00%（11）	2.55	内蒙古	−59.62%（16）	1.56
浙江	−29.89%（4）	2.54	辽宁	−53.83%（10）	1.48
宁夏	−70.55%（29）	2.43	吉林	−71.60%（27）	1.35
安徽	−56.95%（14）	2.41	黑龙江	−74.80%（28）	1.28
新疆	−70.32%（25）	2.40	全国	−50.39%	2.53

数据来源：国家统计局中国统计数据库。其中，赡养比是城镇基本养老保险在职参保人数与退休参保人数之比；财政能力是本省财政收入与支出差额与财政支出之比，括号内为其排名。

除此之外，还需要特别注意防止道德风险的出现，即如果中央财政对基金缺口的补贴责任越大，越有可能导致地方政府消极的基金征收行为。因此，对养老保险基金缺口补贴责任的划分还要考虑地方养老保险费征缴的绩效，地方征缴越有力，地方政府对于缺口补贴的责任就越小。上一章有关省级统筹背景下部分典型省份的财政责任分担机制亦可以为全国统筹提供借鉴。

简言之，十四五期间，我国将实现职工基本养老保险的全国统筹。在全国统筹、基金统收统支的背景下，如果地方仍出现养老保险基金的收支缺口，就需要综合考虑地方的实际财力、老龄化程度以及社会保险费征缴力度等综合因素，按照"零基预算"的思路，根据预算中的实际缺口，制定合理的中央财政养老保险转移支付办法，形成激励相容的养老保险基金缺口中央地方财政责任分担机制。

第八章
横向府际关系：社会保障管理部门设置的历史变迁

本章将分析视野转向横向府际关系。第二章中对我国政府机构的设置做了总体上的回顾，本章将聚焦于社会保障①管理部门设置的历史变迁。其中第一节关注改革开放后到 1998 年之前；第二节梳理 1998 年到 2018 年的状况；第三节对 2018 年国家机构改革及其对社会保障管理体制的影响做分析和总结。

第一节　1998 年之前的社会保险管理体制

虽然在第二章中简要回顾了中央政府的历次重要机构改革，并整理见附录一，但它所体现的是总体的变化情况，从而为读者构建起理解中国社会保障管理体制的宏观背景。本节则要细数改革开放以来历次国务院机构改革中与社会保障管理密切相关的内容，以期洞悉社会保障管理体制改革的脉络。

---

① 注：第八章和第九章主要关注社会保险管理体制，兼顾医疗卫生、军人保障等其他领域，因此章名仍然使用"社会保障"。有关社会救助和社会福利管理体制的详细内容可参见第五章。

一、1982 年成立劳动人事部

1982 年国家机构改革，决定将国家劳动总局、国家人事局、国务院科技干部局、国家编制委员会合并，组建劳动人事部，首任部长为赵守一。其实，从历史上看，劳动部是新中国最早成立的部门之一。1949 年 9 月，在中国人民政治协商会议第一届全体会议上，就决定设立中央人民政府劳动部。1950 年 9 月，成立了中央人民政府人事部，统一管理全国在职、在学、在党和非党干部等。1954 年 9 月，国务院成立，并设立国务院劳动部，同时设立国务院人事局，作为国务院直属机构。在随后的一段时间内，人事、劳动部门的管理体制和名称不断发生着变化，但其主要职责并没有发生改变。直到 1970 年 6 月，中央决定将人事局的工作，一部分交中央组织部，一部分交国务院政工小组；而劳动部则被并入国家计划委员会。五年后，1975 年 9 月，国务院决定将劳动工作从国家计委分出，成立国家劳动总局。1980 年，国务院决定将民政部政府机关人事局（1978 年成立）与国务院军队转业干部安置工作小组办公室合并，成立国家人事局，直属国务院领导。

在 1982 年劳动人事部的成立大会上，时任国务院副总理万里同志指出，"关于成立劳动人事部，中央酝酿了很久时间……经过总结建国以来的经验教训和再三讨论，国务院决定成立劳动人事部，这是比较恰当的。"他强调，"把工人、干部、知识分子的有关这方面的工作，归一个部门统一考虑，很有好处"。他还提出，将工资制度改革、劳动制度改革和人事制度改革作为劳动人事部的"三大改革"。①

劳动部成立时的职能和机构设置见专栏 2。通过分析不难发现，成立劳动人事部的初衷是将工人、干部和知识分子的劳动人事等制度进行统筹管理，具有原始的建立统一人力资源市场的观念，但由于当时社会保障制度尚未开启社会化改革的步伐，仅是劳动用工制度的组成部分，纳入到劳动人事总体改革中，而并不具有独立性。此外，还值得一提的是，劳动人事部由此

---

① 《争取劳动、工资、人事制度改革的胜利——万里同志在劳动人事部成立大会上的讲话（摘要）》，《劳动工作》1982 年第 6 期。

前的国家劳动总局、国家人事局、国务院科技干部局、国家编制委员会合并而成,以至于赵守一部长在成立大会的讲话中,专门强调了"团结",要求大家"要互相学习、互相了解、互相支持、互相谅解,不能有门户之见……同志间历史上遗留下来的问题和现在存在的隔阂,应本着团结的精神,宜粗不宜细,宜宽不宜严,宜解不宜结。"① 劳动人事领域的主管部门此后亦是有分有合,团结和协作也因此成为部门重构过程中的核心。

专栏2　1982年劳动人事部的职能与内设机构

劳动人事部的十项职能:

(1)依据党中央、国务院的方针政策,拟定管理劳动、人事、科学技术人员、编制等工作的具体政策、规章制度、条例、办法和发展的规划。

(2)编制全国的劳动工资年度计划和长期规划。研究提出劳动就业、技术工人培训和劳动管理工作的重大措施。拟定工资、福利、奖金、津贴的方案。管理劳动保险工作。

(3)管理劳动保护、锅炉压力容器安全监察、矿山安全监察工作,研究提出重大安全措施,会同有关部门处理重大事故。

(4)按照干部管理权限,管理干部的录用、调配、任免、奖惩工作。承办军队转业干部的安置工作。

(5)贯彻党的知识分子政策,为国民经济和科学技术发展的需要,提供科学技术力量配备的方案,配合有关部门拟定人才发展规划。按照科技人员管理权限,管理科学技术人员的培养、调动、考核、晋升工作;调整解决科学技术人员的用非所学、用非所长;负责留学生的派遣、分配计划及旅外专家回国的工作。

---

① 《团结一致,齐心协力,做好劳动人事工作——赵守一同志在劳动人事部成立大会上的讲话(摘要)》,《劳动工作》1982年第6期。

（6）负责拟定干部、工人离休、退休、退职的有关规定和实施办法。做好老干部服务工作。

（7）按照国务院组织法、地方组织法规定，审核国务院各部门司局一级机构、省、市、自治区厅局一级机构的设置、合并、撤销和国务院各部门、各省、自治区、直辖市行政编制总数，报国务院批准下达执行。核定国务院各部门直属事业单位编制总数。

（8）负责有关几个方面国际活动的外事工作。

（9）组织对人力资源、干部制度、工资分配、劳动保护等理论、政策和技术的科学研究工作。

（10）督促检查各部门、各地区对党中央、国务院有关劳动、人事、科学技术人员、编制工作指示的贯彻执行情况，进行业务指导，总结交流工作经验。

劳动人事部的内设机构

14个部内司局：办公厅、计划劳动力局、培训就业局、工资局、劳动保护局、锅炉压力容器安全监察局、矿山安全监察局、保险福利局、干部局、科学技术干部局、老干部服务局、编制局、军队转业干部安置办公室、外事局。

5个事业机构：劳动科学研究所、人才资源研究所、干部学校、劳动人事出版社和回国专家服务处。

同时，设机关党委、纪律检查组。

资料来源：《团结一致，齐心协力，做好劳动人事工作——赵守一同志在劳动人事部成立大会上的讲话（摘要）》，《劳动工作》1982年第6期。

二、1988年成立劳动部与跨部门关系的初现

1988年国务院机构改革方案决定，成立劳动部，罗干为首任部长，而同年底就因其升任国务院秘书长而由阮崇武接任。时任国务委员宋平同志1988年3月28日在第七次全国人民代表大会第一次会议上做关于国务院机

构改革方案的说明时提及，"由于人事部的设立，现劳动人事部的有关人事管理职能将转移，因而撤销劳动人事部，组建劳动部。"① 由此可见，劳动部的成立在当时具有一定的"被动性"。是因为此前劳动人事部职能中，在干部人事制度改革方面，为了推行国家公务员制度，强化政府人事管理职能，所以需要单独成立人事部，劳动人事部因此撤销，自然也就剩下了劳动部。但无论是因为历史的偶然还是必然，干部人事制度的分离，使得社会保障在劳动部中的重要性得到了提升，当然，其宏观背景是从 1986 年开始兴起的社会保障制度改革。

历史资料显示，劳动部的主要职责任务包括：综合管理全社会劳动力（主要是城镇劳动力和农村向城镇转移的劳动力）、职工工资、保险福利、就业前培训与在职工人技术培训、劳动保护监察等工作；拟定有关劳动工作的政策、法规、规划和改革方案；指导和推动劳动、工资、保险福利三项制度的改革；搞好综合平衡、监督检查和协调服务等工作。② 劳动部的三项重点工作伴随着人事部的独立而相应地从劳动、工资、人事变成了劳动、工资、保险福利。劳动部首任部长罗干在劳动部成立当年举行的全国劳动厅局长会议上也将保险制度改革作为与劳动改革、工资改革并重的内容，进行了安排部署，提出"保险制度改革的目标和任务是：结合劳动工资制度改革，通盘考虑职工养老、失业、医疗、工伤等项保险内容，建立起社会保险基金制度，实行社会化管理；逐步形成多层次、多形式的社会保险体系；使所有企业职工都能享受社会保险待遇。"③ 从机构内部的分工来看，不同社会保险项目的主管司局也不完全相同，社会保险司负责城镇企业职工养老保险、医疗保险、工伤保险和生育保险，就业司负责失业保险，社会保险事业管理局是

---

① 注：来源于中国人大网，http://www.npc.gov.cn/wxzl/gongbao/2000-12/26/content_5002068.htm。

② 《劳动部完成组建工作》，《中国劳动科学》1988 年第 8 期。

③ 《认真治理、整顿，积极稳妥地推进劳动、工资、保险制度改革——劳动部部长罗干同志在全国劳动厅局长会议上的报告摘要》，《中国劳动科学》1989 年第 1 期。

受政府委托依法管理各项社会保险基金的事业单位。①

　　1993 年的国务院机构改革保留了劳动部，根据"三定方案"，在职能转变方面明确要求，第一，由侧重管理国有企业的劳动工作，转向综合管理全社会的劳动事业，建立统一、开放、有序的劳动力市场。第二，由主要运用计划指标、行政审批手段管理劳动力，转向主要运用经济与法律手段，通过市场机制和必要的行政干预，实现劳动力资源的合理配置。第三，由直接对企业劳动工作实施微观管理，转向以宏观预测、规划、调控为主的管理，加强协调指导、监督检查和社会服务。专栏 3 介绍了 1993 年国务院机构改革后劳动部的职能与内设机构。

专栏 3　1994 年劳动部的职能与内设机构

　　劳动部的十四项职能：

　　（1）研究制订全国劳动工作的总体规划、基本方针、政策和法规，制订劳动制度总体改革方案并组织实施和监督检查。

　　（2）根据国民经济与社会发展规划和计划，制订全国劳动事业发展中长期规划和年度计划，制订劳动工作宏观调控的政策措施并组织实施和监督检查。

　　（3）制订劳动规范和基本标准并监督检查。

　　（4）统筹管理全国劳动力资源的开发利用和劳动就业工作。规划和指导劳动力市场的发展，制订劳动力市场管理规则并实施监督。指导劳动就业服务事业的发展，制订中国公民境外就业和境外人员入境就业的政策并组织实施。协调指导全国和区域性劳动力的流动。

　　（5）制订劳动关系基本规则，推动劳动关系调整体系的建立与完善。制订处理劳动争议的法规并监督执行。负责劳动监察工作。制订外

---

　　①　宋士云等：《新中国社会保障制度结构与变迁》，中国社会科学出版社 2011 年版，第497 页。

商投资企业劳动管理政策并组织实施。指导各类企业的劳动管理。制订企业富余职工安置政策和企业职工奖惩法规。会同有关部门管理企业职工劳动模范评定工作。

（6）对全国职工工资及其他劳动报酬进行宏观管理，制订企业工资及其他劳动报酬制度和管理体制总体改革方案并组织实施。协调各类人员工资及其他劳动报酬分配关系，制订国有企业经营者收入分配政策。

（7）综合管理全国职业分析和分类、职业技能标准、职业技能鉴定、职业技能竞赛等职业技能开发工作。在国家教育工作方针、政策的指导下，管理全国技工学校和社会失业人员、企业富余人员的培训机构，指导企业职工和学徒培训工作。

（8）综合管理城镇社会保险工作和社会保险事业机构，社会保险包括养老、失业、医疗、工伤、生育等保险。管理企业职工福利工作。组织推动社会保险服务体系建设。

（9）综合管理全国职业安全卫生、矿山安全卫生、锅炉压力容器安全和全国安全生产工作，制订政策、法规和技术标准，行使国家监察职权。

（10）管理劳动统计和信息工作，分类定期发布统计信息和劳动发展预测报告。

（11）管理劳动领域的国际交流与合作。代表政府参加国际劳工组织的活动和工作，发展与各国劳工部门以及其他国际组织的友好合作关系。管理劳动领域的涉外业务技术合作和人才交流。

（12）组织推动有关劳动领域的科学技术研究、成果推广应用和宣传、教育工作。

（13）指导地方劳动行政部门的工作，管理部属企事业单位，指导相关学会、协会等社会团体的工作。

（14）承办国务院交办的其他事项。

劳动部的机构设置：

劳动部设 11 个职能司局和机关党委：办公厅、政策法规司、综合计划与工资司、劳动关系与监察司、就业司、职业技能开发司、社会保险司、安全生产管理局、职业安全卫生与锅炉压力容器监察局、矿山安全卫生监察局、国际合作司和机关党委。

其中，社会保险司的职能是：综合管理城镇社会保险工作，社会保险包括养老、失业、医疗、工伤、生育等保险；管理企业职工福利工作；组织推动社会保险服务体系建设；组织养老、医疗、工伤、生育等项保险费用社会统筹和养老保险费用的全国统筹工作；制订离退休人员社区管理服务政策。

除此之外，还专门提及与民政部在社会保险业务方面的分工：鉴于乡镇企业发展水平不同，有些劳动关系稳定、具备条件的乡镇企业经批准也可以参加劳动部门组织的社会保险，但在社会保险制度、保险水平、社会化程度等方面仍要依据实际状况与城镇企业有所区别，逐步推进。

资料来源：《国务院办公厅关于印发劳动部职能配置、内设机构和人员编制方案的通知》，国办发〔1994〕6号。

虽然很遗憾，由于笔者资料收集能力有限，未能查阅到1988年劳动部成立时的机构设置，但在期间劳动部领导的讲话中，用词已经从早期的保险福利转变为社会保险[1]；而可以确定的是，根据专栏3的信息，在1994年劳动部的职能设置中，专门提及了社会保险管理职能，内设机构也有社会保险司。由于1993年的国务院机构改革，各组成部门的"三定方案"可以在中央人民政府网站上公开查阅，笔者在查阅其他部门职能时，欣喜地发现，除了劳动部设置了社会保险司之外，还有部分部委也设置了相关司局。

（1）国家经济体制改革委员会（国家体改委）作为综合管理全国经济体

---

[1]　《劳动工作要注重科学性——阮崇武部长在劳动部"三大制度"改革研讨会（1992）结束时的讲话》，《中国劳动科学》1992年第5期。

制改革工作的职能部门，设立分配和社会保障司，其职能是"参与制订和协调劳动工资制度、社会保险（包括养老、待业、医疗和工伤）制度、住房制度、土地管理制度的改革方案，进行个人收入分配改革的对策研究。"①

（2）国家计划委员会作为国务院管理国民经济和社会发展的综合部门，在其职能设置中专门提及，承担国家国防和社会事业（包括社会保障）中的重大问题，并协调好它们同经济发展的相互促进关系。设置有社会发展司，其职能就包括搞好社会保障制度改革的宏观协调和管理。②

（3）财政部设立社会保障司，其职能是"参与研究社会保障制度的改革和有关政策；管理属财政预算的住房、社会救灾和救济、劳动就业、医疗保险（包括公费医疗）等方面的财务和资金，并统一制订相应的标准；管理民政和劳动部门有关经费及其所属企事业单位的财务；会同有关部门制订职工待业保险基金和职工退休养老基金的财务制度；加强对有关社会保障资金使用的宏观调控与监督。"③

（4）卫生部职责中包含，研究制订有关社会医疗保险制度并组织实施，但并未设立专门的司局。④

除此之外，人事部设置了工资福利司，负责机关事业单位的工资福利工作；铁道部、邮电部设立了劳动工资司，交通部、民航总局设立了人事劳动司，分别管理本行业统筹的福利保险制度。

到这里，我们才看到了1993年国家机构改革之后完整的社会保障管理体制，虽然成立于1988年的劳动部成为主要的社会保险业务主管部门，但是，在宏观经济的管理部门国家计委和国家体改委也都设立了相关的司局；

---

① 注：参见《国务院办公厅关于印发国家经济体制改革委员会职能配置、内设机构和人员编制方案的通知》，国办发〔1994〕13号。

② 注：参见《国务院办公厅关于印发国家计划委员会职能配置、内设机构和人员编制方案的通知》，国办发〔1994〕28号。

③ 注：参见《国务院办公厅关于印发财政部和国家国有资产管理局职能配置、内设机构和人员编制方案的通知》，国办发〔1994〕31号。

④ 注：参见《国务院办公厅关于印发卫生部和国家中医药管理局职能配置、内设机构和人员编制方案的通知》，国办发〔1994〕49号。

国家重要的职能部门财政部也设立了专门司局；再加上卫生部与劳动部在社会医疗保险管理职能上的交叉重叠，以及其他行业管理部门负责的行业统筹保险业务。此时的社会保险管理体制已经呈现出了多部门参与的复杂性特征。一方面，宏观管理部门和重要职能部门中都设置了社会保障相关司局，这说明国家已经将社会保障视为宏观经济社会发展中的一个重要领域。随后1993 年底党的十四届三中全会将社会保障作为中国特色社会主义市场经济体制的重要组成部分就充分说明了这一点。另一方面，行政机构的设置是业务领域的体现，而机构的存在亦会成为相关业务的组织支撑，既然设置了机构，就需要发挥职能，而在同一领域设置了不同的机构，自然就会出现业务的冲突与矛盾。这个时期养老保险制度社会统筹与个人账户模式之争的背后就是劳动部与体改委对养老保险制度本质属性认识的差异和由此产生的不同政策主张，而这种横向部门之间的观念冲突与差异化的政策主张，在彼时我们对养老保险制度本质属性认识尚不清晰的情况下，进一步影响到了地方养老保险制度模式的选择，"大账户、小统筹"与"大统筹、小账户"两个方案由地方自行选择的荒谬之举，① 便成为之后我国养老保险制度深化改革的梦魇。而这恰恰是不同部门之间关系冲突对纵向上地方政府选择所产生负面影响的例证。除此之外，相关行业行政部门自行管理行业统筹的保险与劳动部门属地管理之间的冲突，卫生部门与劳动部门在医疗保险改革上的职能交叉，都成为日后影响相关领域社会保险改革的管理体制障碍。

第二节　1998 年到 2018 年之前的社会保险管理体制

一、1998 年成立劳动和社会保障部

1998 年国务院机构改革决定成立劳动和社会保障部，这是"社会保障"

---

① 鲁全：《改革开放以来的中国养老金制度：演变逻辑与理论思考》，《社会保障评论》2018 年第 4 期。

四个字第一次出现在国家部委的名称里直至今日。1998 年 3 月 6 日，时任国务委员兼国务院秘书长罗干在第九届全国人民代表大会第一次会议上做关于国务院机构改革方案的说明时提及，"在劳动部基础上组建劳动和社会保障部。建立统一的社会保障行政机构，现由劳动部管理的城镇职工社会保险、人事部管理的机关事业单位社会保险、民政部管理的农村社会保险、各行业部门统筹的社会保险以及卫生部门管理的医疗保险，统一由劳动和社会保障部管理。"①1998 年劳动和社会保障部的职能与内设机构参见专栏 4。

相比于十年前的 1988 年因为人事部独立设置而"被动地剩下"劳动部完全不同，1998 年劳动社会保障部的成立是在国有企业改革的大背景下，首次将社会保障（主要是社会保险）视为一个相对独立的政府公共管理事务领域来进行机构建设。社会保障成为该部门的主要业务之一。② 其策略主要是"合"：不仅把分散在人事部的机关事业单位工作人员社会保险，民政部的农村社会保险，卫生部的公费医疗以及国务院医改办的医疗保险改革职能进行了整合；而且此前垂直管理的 11 个部门和行业也纳入到了地方劳动保障部门属地管理，其背后不仅有社会保险统一管理的要求，这些行业主管部门的拆并亦减轻了这项改革的阻力。（详细内容见第三章有关养老保险管理体制改革的分析）

对于 1998 年的机构改革，还有两点需要特别说明。第一，设置专门的社会保障行政管理部门意味着对社会保障事务的重视，而归并相关的职能则意味着要扫清管理体制上的障碍，建立统一的社会保险制度。张左己部长在 1998 年 7 月份举行的全国劳动社会保障厅局长座谈会上提出，社会保险的统一不仅是机构的统一，而且是对整个业务工作的统筹管理，简言之，就是养老、医疗、失业、工伤、生育"五保合一"，城镇企业、机关、事业单位

---

① 注：来源于中国人大网 http://www.npc.gov.cn/wxzl/gongbao/1998-03/06/content_1480093.htm。

② 首任部长张左己在劳动保障部成立后召开的第一次全国劳动保障厅局长座谈会提出的三个重点任务是下岗职工再就业、养老保险制度改革和医疗保险制度改革。参见《认清形势 明确任务 满怀信心地做好新时期的劳动和社会保障工作》，《中国劳动》1998 年第 6 期。

和农村"四位一体"①。

第二，所谓名正则言顺，劳动保障部的成立，使得至少从字面上看，它是社会保障的主管部门（但其实主要是社会保险），但这并不意味着其他宏观调控部门和业务部门不再关注社会保障，这就是部门设置的历史惯性。具体而言：（1）国家体改委改为了国务院高层次的议事机构，总理兼任主任。同时设置国务院经济体制改革办公室（简称体改办），作为国务院办事机构。体改办虽然没有直接设置社会保障司，但宏观体制司的职能中明确包括研究论证社会保障等重大体制改革问题。②（2）国家计划委员会虽更名为国家发展计划委员会，但在其内部机构中仍然设置社会发展司，履行提出社会发展战略，衔接平衡包括社会保障在内的社会发展政策。③（3）财政部的职能配置中，明确提出"管理中央财政社会保障支出；拟定社会保障资金的财务管理制度；组织实施对社会保障资金使用的财政监督。"机构设置也保留了社会保障司④。（4）在审计署的主要职责中，包括根据审计法的规定，对国务院部门管理的和受国务院委托由社会团体管理的社会保障等基金财务收支进行审计，并设置了社会保障审计司。⑤（5）国务院法制办作为国务院新设置的办事机构，内设政法劳动社会保障法制司，具体承办社会保障等方面的法制工作，联系劳动保障部。⑥

---

① 《劳动和社会保障部张左己部长——谈统一的社会保险制度》，《劳动理论与实践》1998年第8期。

② 注：参见《国务院办公厅关于印发国务院经济体制改革办公室职能配置内设机构和人员编制规定的通知》，国办发〔1998〕34号。

③ 注：参见《国务院办公厅关于印发国家发展计划委员会职能配置内设机构和人员编制规定的通知》，国办发〔1998〕69号。

④ 注：参见《国务院办公厅关于印发财政部职能配置内设机构和人员编制规定的通知》，国办发〔1998〕101号。

⑤ 注：参见《国务院办公厅关于印发审计署职能配置内设机构和人员编制规定的通知》，国办发〔1998〕40号。

⑥ 注：参见《国务院办公厅关于印发国务院法制办公室职能配置内设机构和人员编制规定的通知》，国办发〔1998〕39号。

专栏4　1998 年劳动和社会保障部的职能与内设机构

劳动保障部的职能调整

（一）划入的职能：人事部承担的机关、事业单位工作人员社会保险和组织工人技术等级考核职能，民政部承担的农村社会保险职能，卫生部承担的公费医疗管理、原国务院医疗保险制度改革领导小组办公室承担的医疗保险制度改革职能，均由劳动和社会保障部承担。

（二）划出的职能：1. 原劳动部承担的安全生产综合管理、职业安全监察、矿山安全监察职能，交由国家经济贸易委员会承担。2. 原劳动部承担的职业卫生监察(包括矿山卫生监察）职能，交由卫生部承担。3. 原劳动部承担的锅炉压力容器监察职能，交由国家质量技术监督局承担。

（三）下放的职能：国务院原批准实行养老保险系统统筹的 11 个部门和单位（铁道、交通、邮电、煤炭、银行、民航、石油、有色金属、水利、建筑工程、电力）对其所属企业的养老保险管理职能，由劳动和社会保障部统一组织交由省、自治区、直辖市人民政府承担，劳动和社会保障部实行综合规划和指导。

（四）转变的职能：1. 不再对企业招用职工进行审批，改为依照劳动力市场管理法规和劳动合同制度进行管理。2. 不再审核中央新建国有企业定员标准，改为重点调控这些企业的工资总额及工资水平。3. 不再制定企业职工奖惩方面的行政规章，改为制定适用于各类企业的惩处职工的基本准则，作为企业制定内部规章制度以及处理劳动关系的依据。4. 不再承担协调企业、事业单位和国家机关的工资政策的职能。5. 职业分类、职业技能鉴定、职业技能竞赛的组织实施，职业技能标准的拟定和职业技能培训教材的组织编写工作，交由事业单位或社会中介组织承担。6. 劳动定员定额标准的拟定工作由社会中介组织承担。

劳动保障部的十三项主要职能

（1）拟定劳动和社会保险工作基本方针、政策及劳动和社会保险制度改革总体方案，编制劳动和社会保险事业发展规划和年度工作计划并组织实施。

（2）起草劳动和社会保险法律法规，制定行政规章和基本标准并组织实施和监督检查；制定劳动和社会保险政策服务咨询机构的管理规则；代表国家行使劳动和社会保险的监督检查职权，制定劳动和社会保险的监督检查规范，监督地方劳动和社会保险监督检查机构的工作。

（3）拟定促进城乡就业的基本政策和措施；规划劳动力市场的发展，组织建立、健全就业服务体系；拟定企业下岗职工的分流安置、基本生活保障和再就业的规划、政策，组织实施再就业工程；制定职业介绍机构的管理规则；制定农村剩余劳动力开发就业、农村劳动力跨地区有序流动的政策和措施并组织实施；按分工制定中国公民出境就业和境外公民入境就业的管理政策；制定有关机构经办向外国企业驻华代表机构选派中方雇员业务的管理办法；制定外国在华机构从事劳动力招聘中介、咨询和培训业务的资格管理办法。

（4）组织拟定职业分类、职业技能国家标准，组织制定和颁布相关的行业标准；建立职业资格证书制度，制定职业技能鉴定政策；在国家教育工作方针、政策的指导下，制定技工学校的发展规划和管理规则；制定企业在职职工技能培训和失业人员、企业下岗职工再就业培训以及就业训练中心、社会力量举办的职业培训机构的规划及政策；制定职业技能人才培养、表彰、奖励和职业技能竞赛的规则、政策和措施；制定劳动预备制度实施办法；指导技工学校和职业培训机构的师资队伍建设，制定技工学校和职业技能培训的教材建设规划和评估认定制度。

（5）制定劳动关系调整的基本规则；制定劳动合同、集体合同制度的实施规范，制定劳动争议处理制度和劳动仲裁的规范、规则；审核并发布企业劳动定员定额标准；拟定企业职工工作时间、休息休假制度和女工、未成年工特殊劳动保护政策；负责政策性安置和调配工作，参与评定国家级企业劳动模范。

（6）拟定企业职工工资的宏观政策和措施；拟定企业工资指导线的有关政策；拟定行业工资收入调节政策和国有企业经营者收入分配政

策；审核中央直属企业的工资总额和主要负责人的工资标准。

（7）拟定养老、失业、医疗、工伤、生育社会保险的基本政策和基本标准并组织实施和监督检查。

（8）制定社会保险基金收缴、支付、管理、运营的政策；对社会保险基金预决算提出审核意见；对社会保险基金管理实施行政监督；制定社会保险经办机构的管理规则和基金运营机构的资格认定标准；制定社会保险服务体系建设规划并组织实施。

（9）制定机关、事业、企业单位补充养老保险、补充医疗保险的政策和补充保险承办机构资格认定标准；审查认定有关机构承办补充保险业务的资格。

（10）承担全国劳动和社会保险的统计和信息工作，组织建设全国劳动和社会保险信息网络，定期发布劳动和社会保险事业统计公报、信息资料及发展预测报告。

（11）组织劳动和社会保险领域的科学技术研究及成果推广应用、产业发展工作；负责劳动和社会保险领域标准化工作。

（12）负责劳动和社会保险领域的国际交流与合作，代表政府参加国际劳工组织和其他有关国际组织的活动和工作；管理劳动和社会保险领域的政府、民间及国际经援机构的多边、双边国际交流与合作项目；管理劳动和社会保险领域的涉外业务技术合作和人才交流，审查和处理国际劳工公约、建议书。

（13）承办国务院交办的其他事项。

劳动保障部的内设机构

共设置 12 个职能司局：办公厅、法制司、规划财务司、培训就业司、劳动工资司、养老保险司、失业保险司、医疗保险司、农村社会保险司、社会保险基金监督司、国际合作司、人事教育司和机关党委。

资料来源：《国务院办公厅关于印发劳动和社会保障部职能配置内设机构和人员编制规定的通知》，国办发〔1998〕50号。

由此可见，1998 年的国务院机构改革是对我国社会保障（尤其是社会保险）管理体制的一次重大调整，此前宏观管理部门(体改委、发展计划委)的社会保障宏观决策功能并未明显减弱；职能部门中，除了此前的财政部，审计署和国务院法制办也都设置了与社保相关的内设机构；而社会保障的业务功能又伴随着从劳动部转变为劳动保障部而显得愈发重要。结合世纪之交的社会保障大改革，我们就不难理解，1998 年的这次管理体制改革既是当时社会保障体系改革与发展的迫切要求，也为之后城乡统筹社会保险制度建设的加快步伐奠定了坚实的组织基础。而从更宽泛的领域看，1998 年的机构改革被视为重要转折点的原因是，国务院部门机构中社会事务类的机构数量超过了经济管理类的机构数量，[①] 从而标志着中国政府职能的总体转型。

五年后 2003 年的国务院机构改革并没有对 1998 年刚刚重塑的社会保险管理体制做重大调整，但其中有关宏观调控部门和安全生产监管体制的改革亦构成了对社会保险管理体制的微调。其中，（1）为了完善宏观调控体系，将国家发展计划委员会改组为国家发展和改革委员会（简称国家发改委），将国务院体改办的职能并入发改委。[②] 在其十四项主要职责中，就包括“研究提出促进就业、调整收入分配、完善社会保障与经济协调发展的政策，协调就业、收入分配和社会保障的重大问题”，同时设置就业和收入分配司承担具体职能。[③]（2）鉴于此前较为严重的安全生产形势，将国家经贸委管理的国家安全生产监督管理局改为国务院直属机构，负责安全生产的综合监督管理和对煤矿的安全监察。职业安全与工伤保障的管理体制得以完善。（3）2000 年 8 月，国务院决定设置全国社会保障基金理事会，为国务院直属事业单位。全国社会保障基金理事会受国务院委托，管理中央集中的社会

---

① 何艳玲：《中国国务院(政务院）机构变迁逻辑——基于 1949—2007 年间的数据分析》，《公共行政评论》2008 年第 1 期。

② 注：2003 年 3 月 6 日，时任国务委员兼国务院秘书长王忠禹在第十届全国人民代表大会第一次会议上关于国务院机构改革方案的说明（2003 年），中国人大网。

③ 注：参见《国务院办公厅关于印发国家发展和改革委员会主要职责内设机构和人员编制规定的通知》，国办发〔2003〕27 号。

保障基金。① (4) 2004 年 3 月，劳动保障部又将工伤保险从此前医疗保险中单立，成立工伤保险司，从而除生育保险在医疗保险司内设置专门处室外，其他险种均为司局级设置。

除此之外，在地方层面，由于 1999 年出台的社会保险费征缴暂行条例规定，可以由省级政府自行选择由社会保险经办机构或者是地税机构来征收社会保险费，各地出现不同机构征收的乱象。其中，陕西、广东等省在 2000 年左右有关地方税务局的职能确定与机构设置中就做出了相应安排，例如，陕西省 2000 年在省地方税务局设立了基金管理处，明确其职责为负责省政府决定征收的各类基金及社会保障费的征收管理工作。② 广东省 2000 年在省税务局职能中明确其负责社会保险费的征收管理工作，并设置规费管理处具体负责包括社会保险费在内的非税项目管理。③

二、2008 年成立人力资源和社会保障部

2008 年国务院机构改革决定成立人力资源和社会保障部。2008 年 3 月 11 日，时任国务委员兼国务院秘书长华建敏同志在十一届全国人民代表大会第一次会议上做关于国务院机构改革方案的说明时提及，"必须统筹机关企事业单位人员管理，整合人才市场与劳动力市场，建立统一规范的人力资源市场，促进人力资源合理流动和有效配置，统筹就业和社会保障政策，建立健全从就业到养老的服务和保障体系"。二十六年前成立劳动人事部时所提及的想法被再次摆上了议事日程。

根据改革方案，将人事部、劳动和社会保障部的职责整合划入该部。人力资源和社会保障部的主要职责是，统筹拟订人力资源管理和社会保障政

---

① 注：参见《国务院办公厅关于印发全国社会保障基金理事会职能配置内设机构和人员编制规定的通知》，国办发〔2000〕72 号。

② 注：参见《陕西省人民政府办公厅关于印发陕西省地方税务局职能配置内设机构和人员编制规定的通知》，陕政办发〔2000〕63 号。

③ 注：参见《广东省人民政府办公厅关于印发广东省地方税务局职能配置内设机构和人员编制规定的通知》，粤府办〔2000〕26 号。

策，健全公共就业服务体系，完善劳动收入分配制度，组织实施劳动监察等。同时，组建国家公务员局，由人力资源和社会保障部管理。从整合的策略上看，其前身劳动保障部和人事部在合并前分别有 11 个和 12 个职能司局，而合并后的人力资源社会保障部则恰好有 23 个职能司局，当然，这些司局并非是简单的叠加，办公厅、财务规划司以及法规司等职能司局自然是合并，而之前两个部门的业务司局基本得以保留，还根据新成立的人社部职能增加了劳动关系方面的司局设置，足以见得在部门重组过程中"整合"与"叠加"的平衡之术。

人力资源和社会保障部的职能与内设机构参见专栏 5。

专栏 5　2008 年人力资源和社会保障部的职能与内设机构

人力资源社会保障部的职责调整

（一）划入的职责：将原人事部、原劳动和社会保障部的职责整合，划入人力资源和社会保障部。

（二）取消的职责：1. 已由国务院公布取消的行政审批事项。2. 制订技工学校年度指导性招生计划。3. 综合协调外商投资企业劳动工资政策。4. 制定企业惩处职工的基本准则。

（三）划出移交的职责：1. 将制定中国公民出境就业管理政策，境外就业职业介绍机构资格认定、审批和监督检查等职责划给商务部。2. 将国际职员服务性工作交给事业单位。3. 将技工学校评估认定工作交给社会中介组织。

（四）加强的职责：1. 加强统筹机关企事业单位人员管理职责，完善劳动收入分配制度，充分发挥人力资源优势。2. 加强统筹城乡就业和社会保障政策职责，建立健全从就业到养老的服务和保障体系。3. 加强统筹人才市场与劳动力市场整合职责，加快建立统一规范的人力资源市场，促进人力资源合理流动、有效配置。4. 加强统筹机关企事业单位基本养老保险职责，逐步提高基金统筹层次，推进基本养老保险制度改革。5.加强促进就业职责，健全公共就业服务体系，建立城乡劳动者平等就业制度，促进社会就业更加充分。6.加强组织实施劳动监察和协调农民工工作职责，切实维护劳动者合法权益。

人力资源社会保障部的十三项职责

（1）拟订人力资源和社会保障事业发展规划、政策，起草人力资源和社会保障法律法规草案，制定部门规章，并组织实施和监督检查。

（2）拟订人力资源市场发展规划和人力资源流动政策，建立统一规范的人力资源市场，促进人力资源合理流动、有效配置。

（3）负责促进就业工作，拟订统筹城乡的就业发展规划和政策，完善公共就业服务体系，拟订就业援助制度，完善职业资格制度，统筹建立面向城乡劳动者的职业培训制度，牵头拟订高校毕业生就业政策，会同有关部门拟订高技能人才、农村实用人才培养和激励政策。

（4）统筹建立覆盖城乡的社会保障体系。统筹拟订城乡社会保险及其补充保险政策和标准，组织拟订全国统一的社会保险关系转续办法和基础养老金全国统筹办法，统筹拟订机关企事业单位基本养老保险政策并逐步提高基金统筹层次。会同有关部门拟订社会保险及其补充保险基金管理和监督制度，编制全国社会保险基金预决算草案，参与制定全国社会保障基金投资政策。

（5）负责就业、失业、社会保险基金预测预警和信息引导，拟订应对预案，实施预防、调节和控制，保持就业形势稳定和社会保险基金总体收支平衡。

（6）会同有关部门拟订机关、事业单位人员工资收入分配政策，建立机关企事业单位人员工资正常增长和支付保障机制，拟订机关企事业单位人员福利和离退休政策。

（7）会同有关部门指导事业单位人事制度改革，拟订事业单位人员和机关工勤人员管理政策，参与人才管理工作，制定专业技术人员管理和继续教育政策，牵头推进深化职称制度改革工作，健全博士后管理制度，负责高层次专业技术人才选拔和培养工作，拟订吸引国（境）外专家、留学人员来华（回国）工作或定居政策。

（8）会同有关部门拟订军队转业干部安置政策和安置计划，负责军队转业干部教育培训工作，组织拟订部分企业军队转业干部解困和稳定政策，负责自主择业军队转业干部管理服务工作。

（9）负责行政机关公务员综合管理，拟订有关人员调配政策和特殊人员安置政策，会同有关部门拟订国家荣誉制度和政府奖励制度。

（10）会同有关部门拟订农民工工作综合性政策和规划，推动农民工相关政策的落实，协调解决重点难点问题，维护农民工合法权益。

（11）统筹拟订劳动、人事争议调解仲裁制度和劳动关系政策，完善劳动关系协调机制，制定消除非法使用童工政策和女工、未成年工的特殊劳动保护政策，组织实施劳动监察，协调劳动者维权工作，依法查处重大案件。

（12）负责本部和国家公务员局国际交流与合作工作，制定派往国际组织职员管理制度。

（13）承办国务院交办的其他事项。

人力资源社会保障部的内设机构：

共设置 23 个职能司局：办公厅、政策研究司、法规司、财务规划司、就业促进司、人力资源市场司、军官专业安置司、职业能力建设司、专业技术人员管理司、事业单位人事司、农民工工作司、劳动关系司、工资福利、养老保险司、失业保险司、医疗保险司、工伤保险司、农村社会保险司、社会保险基金监督司、调解仲裁管理司、劳动监察局、国际合作司、人事司，以及机关党委和离退休干部局。

资料来源：《国务院办公厅关于印发人力资源和社会保障部主要职责内设机构和人员编制规定的通知》，国办发〔2008〕68 号。

2008 年人社部的组建主要是基于人力资源市场的整合，更具体而言，是原劳动保障部的劳动力市场管理职能与人事部的人才市场管理职能的整合，而并不直接涉及到社会保障业务。然而，犹如二十年前的1988年机构改革，人事部的独立使得社会保险业务在劳动部中的重要性得以提升；而人社部的成立，社会保障则只能成为其诸多职能（人才、就业、社保、劳动关系）中的一部分。尽管社会保障工作受到中央决策层的高度关注，但由于人社部门固有的职能设置与工作方式的沿革，社会保障工作在部内并不一定受到应有的重视。① 因此，部门的整合既有可能是对相关管理职能的强化，却也有可能被相对弱化。②

2008年的国务院机构改革，除了成立人力资源和社会保障部外，还有两个举措与社会保障管理体制有关：（1）根据改革方案，为加快住房保障体系建设，组建住房和城乡建设部，其主要职责之一为承担保障城镇低收入家庭住房的责任，并设置住房保障司，拟订住房保障政策并指导实施；承办中央廉租住房资金安排的有关事项；组织编制住房保障发展规划和年度计划并监督实施。③（2）随着2003年由卫生部主导的新型农村合作医疗制度的广泛开展，2008年卫生部的主要职责包括负责新型农村合作医疗的综合管理，并设立农村卫生管理司，承担综合管理农村基本卫生保健和新型农村合作医疗工作。④ 原本在1998年统一于劳动保障部的医疗保险管理体制因为新型农村合作医疗制度的建立而再度分割。

时隔五年之后的2013年国务院机构改革是社会保险管理体制改革的"小年"⑤。根据改革方案，将卫生部的职责、人口计生委的计划生育管理和服务

① 黄小勇：《中国行政体制改革研究》，中共中央党校出版社2013年版，第95页。
② 注：例如，在劳动保障部时期，一般都是有两位副部长分管不同的社会保险项目；人社部成立后，长期由一位副部长管理多个社会保险项目。
③ 注：参见《国务院办公厅关于印发住房和城乡建设部主要职责内设机构和人员编制规定的通知》，国办发〔2008〕74号。
④ 注：参见《国务院办公厅关于印发卫生部主要职责内设机构和人员编制规定的通知》，国办发〔2008〕81号。
⑤ 注：根据此前对社会保险管理体制历史沿革的回顾可以发现，在每隔五年进行一次的国务院机构改革中，在社会保险领域会有"大年"和"小年"的间隔出现。改革幅度比较大的可谓"大年"，例如1998年和2008年，改革幅度比较小的可谓"小年"，例如2003年和2013年。

职责整合，组建国家卫生和计划生育委员会（简称卫计委），并将国家发改委承担的国务院深化医药卫生体制改革领导小组办公室的职责划入卫计委。在有关卫计委的职责界定中，明确将"协调推进医疗保障、医疗服务、公共卫生、药品供应和监管体制综合改革"作为要加强的职责，主要职责中亦明确包括"负责协调推进医药卫生体制改革和医疗保障"。[①] 这进一步强化了五年前形成的医疗保障管理体制分割局面，直至 2018 年国家医疗保障局的成立。

第三节　2018 年党和国家机构改革和社会保障管理体制

一、2018 年党和国家机构改革与社会保障管理体制的重构

在第二章有关 2018 年党和国家机构改革的总体描述中，笔者提出，与此前的国务院机构改革不同，2018 年的改革不仅涉及国务院系统，而且涉及党中央、全国人大、全国政协以及军地关系等各方面，可谓是改革开放以来，最为深刻的一次国家机构改革。对于社会保障管理体制而言，也是一次深刻的变革，不仅涉及不同的社会保障项目分工管理，而且也涉及社会保障管理的流程再造。下面，对此次改革的重点内容进行分析。

（一）成立国家医疗保障局

2018 年 3 月 13 日，国务委员王勇同志在第十三届全国人民代表大会第一次会议上做关于国务院机构改革方案的说明时提及，"为完善统一的城乡居民基本医疗保险制度和大病保险制度，不断提高医疗保障水平，确保医保资金合理使用、安全可控，统筹推进医疗、医保、医药'三医联动'改革，更好保障病有所医，方案提出，将人力资源和社会保障部的城镇职工和城镇居民基本医疗保险、生育保险职责，国家卫生和计划生育委员会的新型农村

---

① 　注：参见《国务院办公厅关于印发国家卫生和计划生育委员会主要职责内设机构和人员编制规定的通知》，国办发〔2013〕50 号。

合作医疗职责，国家发展和改革委员会的药品和医疗服务价格管理职责，民政部的医疗救助职责整合，组建国家医疗保障局，作为国务院直属机构。"专栏 6 展示了国家医疗保障局的职能设置与内设机构。

在 2018 年之前，我国医疗保障管理体制呈现出典型的碎片化特征，在基本医疗保险领域，城镇职工和城镇居民医疗保险由人社部门主管，部分地区仍然独立运行的新型农村合作医疗由卫生部门主管。2016 年，国务院要求整合城镇居民基本医疗保险和新型农村合作医疗，制度的整合必然要求管理体制的统一。但是，由于基本医疗保险的统筹层次低，不同地区在管理体制上的整合不仅总体进度较慢，而且存在较大的地方差异，部分地方由卫生部门主管，部分地方由人社部门主管。① 学界的观点也莫衷一是，无论是卫生部门主张的"一手托两家"，还是人社部门坚持的"第三方支付"，普遍的预期都是国务院将集中到其中的某一个部门来管理。除此之外，医疗救助则由民政部门来管理。再加上部分地区的居民大病医疗保险由商业保险公司承保的情况，城乡居民的医疗费用由于管理部门的分割，可能需要多个基金来分担，必然造成经办程序的繁复和管理效率的低下。

从更加宏观的视角来看，虽然"三医联动"的改革方向早已明确，但三医联动的长效机制并未建立，效果也未充分显现。医疗保险制度希望通过第三方支付来引导医疗卫生资源在纵向上的优化配置，但大部分地区医疗保险多元制度尚未整合的状况就决定了其谈判力和影响力有限，而民众对健康需求的快速升级使得价格的弹性大大下降；药品零加成后，医院不再能够依靠药品加价来维持经济利益，但完全的零加成使得很多价格低廉的药品缺乏配送体系的支持，成为了只能"躺在电脑目录"里的药品，在基层医疗卫生机构无法用上；而医疗保险对药品的集中招标采购，总体上完全符合第三方支付的逻辑和规律，但"价低者得"也招来了国内外药品商从价格与质量平衡以及医药创新角度的声声质疑。面对着民众对高质量医疗卫生服务需求的提升和既有管理体制下医疗卫生体制改革的困境，中央政府也采取过传统的协

---

① 注：这部分的内容将在第九章中做详细的回顾与分析。

调横向部门间关系的做法，即于 2008 年成立了国务院层面的议事协调机构，国务院深化医药卫生体制改革领导小组，并由时任中央政治局常委、国务院副总理李克强同志担任领导小组组长，级别不可谓不高。领导小组的办公室先后设在国家发展改革委和卫生计生委，但医疗卫生领域的改革仍然未能充分满足城乡居民的需求，管理体制的分割依然未得到解决。

在这样的背景下，决策者采取了增量改革的新思路，并未把医疗保障管理权责整合到人社或卫生的任何一方，而是组建了新机构国家医疗保障局，作为国务院直属机构。从实际效果来看，国家医疗保障局成立近三年来，确实冲破了既有管理体制的路径依赖，在医疗保险筹资模式、基金监管体制、待遇清单制度、集中招标采购以及信息化和标准化等方面取得了突破性的进展，尤其是在新冠疫情防控阻击战中，与财政资金共同发力，充分发挥互助共济的效能，全面解除了患者的疾病后顾之忧，管理体制变革所带来的制度效应开始体现。但是，也有观点担心将医疗保障制度从社会保险体系中单列出后，与其他的社会保险管理相分离，尤其是在基层的社会保险经办服务等方面，会增加协调成本；还有观点认为，国家医疗保障局同时具有医药服务价格和医疗保障支付标准制定的权力，与第三方支付的逻辑不完全相同，担心职能的合并带来监管难度的加大，等等。这些都有待实践的进一步检验。

专栏 6　国家医疗保障局的职能设置与内设机构

国家医疗保障局的主要职责

（1）拟订医疗保险、生育保险、医疗救助等医疗保障制度的法律法规草案、政策、规划和标准，制定部门规章并组织实施。

（2）组织制定并实施医疗保障基金监督管理办法，建立健全医疗保障基金安全防控机制，推进医疗保障基金支付方式改革。

（3）组织制定医疗保障筹资和待遇政策，完善动态调整和区域调剂平衡机制，统筹城乡医疗保障待遇标准，建立健全与筹资水平相适应的待遇调整机制。组织拟订并实施长期护理保险制度改革方案。

（4）组织制定城乡统一的药品、医用耗材、医疗服务项目、医疗服务设施等医保目录和支付标准，建立动态调整机制，制定医保目录准入谈判规则并组织实施。

（5）组织制定药品、医用耗材价格和医疗服务项目、医疗服务设施收费等政策，建立医保支付医药服务价格合理确定和动态调整机制，推动建立市场主导的社会医药服务价格形成机制，建立价格信息监测和信息发布制度。

（6）制定药品、医用耗材的招标采购政策并监督实施，指导药品、医用耗材招标采购平台建设。

（7）制定定点医药机构协议和支付管理办法并组织实施，建立健全医疗保障信用评价体系和信息披露制度，监督管理纳入医保范围内的医疗服务行为和医疗费用，依法查处医疗保障领域违法违规行为。

（8）负责医疗保障经办管理、公共服务体系和信息化建设。组织制定和完善异地就医管理和费用结算政策。建立健全医疗保障关系转移接续制度。开展医疗保障领域国际合作交流。

（9）完成党中央、国务院交办的其他任务。

（10）职能转变。国家医疗保障局应完善统一的城乡居民基本医疗保险制度和大病保险制度，建立健全覆盖全民、城乡统筹的多层次医疗保障体系，不断提高医疗保障水平，确保医保资金合理使用、安全可控，推进医疗、医保、医药"三医联动"改革，更好保障人民群众就医需求、减轻医药费用负担。

（11）与国家卫生健康委员会的有关职责分工。国家卫生健康委员会、国家医疗保障局等部门在医疗、医保、医药等方面加强制度、政策衔接，建立沟通协商机制，协同推进改革，提高医疗资源使用效率和医疗保障水平。

国家医疗保障局的内设机构：

共六个业务司局和机关党委：办公室，规划财务和法规司，待遇保

障司、医药服务管理司、医药价格和招标采购司、基金监督司

资料来源：《中共中央办公厅、国务院办公厅关于印发国家医疗保障局职能配置、内设机构和人员编制规定的通知》，厅字〔2018〕64号。

（二）税务部门统一征收社会保险费

根据 2018 年党和国家机构改革方案，在将省级和省级以下国税地税机构合并的基础上，为提高社会保险资金征管效率，将基本养老保险费、基本医疗保险费、失业保险费等各项社会保险费交由税务部门统一征收。这是从 1999 年国务院颁布《社会保险费征缴暂行条例》，授权省级人民政府自行在社会保险经办机构和地方税务机构之间选择社会保险费的征收主体，由此导致了全国范围内近 20 年的社会保险费双征收主体体制后，最终实现了征收主体的统一。[①] 国家税务总局的职责包括，承担组织实施税收及社会保险费、有关非税收入的征收管理责任，力争税费应收尽收。同时，专门设置了社会保险费司（非税收入司），作为主管社会保险费和非税收入征管工作的职能部门。

关于社会保险费征收体制的历史讨论围绕着社会保险费改税和不同地区不同征收体制的征收率差异持续了近 20 年。即使在社会保险法中，也用"社会保险费征收机构"指代社会保险经办机构和地方税务机构，而没有明确征收主体。即使是在此次改革之前，对于征收主体的确定，学术界的讨论仍然有分歧而未达成普遍的一致。而此次将社会保险费征收责任赋予了税务部门，也有一些特殊的背景，包括在改善营商环境大背景下，社会保险费率的下调和社会保险财务长期可持续之间的矛盾，只能通过做实费基来实现；营改增的税收改革亦使地方税务部门的职责与工作量发生较大变化，从而需要对其职能进行重新界定。仅仅从征收率和垂直管理的角度来理解此次征收体制改革显然是不全面的，因为根据机构改革方案，税务部门从之前的垂直管

---

① 注：对社会保险费征收体制历史变迁的详细分析见第九章相关内容。

理也转变成了双重管理体制，而征收体制改革后部分地方税务部门"清欠"企业社会保险历史欠费的行动也因为国内外经济环境的突变而被叫停，各地大多维持了原有的征收体制和程序，直到 2020 年底，才逐渐完成了各地征收体制的调整。

对征收体制改革实践效果的评价并不一致。一方面，从信息的角度来看，由于税务部门对用人单位包括工资总额在内的财务数据，对个人的各项收入数据都有较为充分的掌握，因此在缴费基数审核方面具有显著的优势。同时，鉴于税务系统此前长期的垂直管理体制，也为职工基本养老保险全国统筹征收奠定了组织基础，亦完全符合社会保险基金收支两条线的管理原则。但另一方面，征收体制与现行社会保险经办体制的分离，使得原本统一、流畅的社会保险经办流程被切断，原本由一个部门负责的业务被拆分到不同部门之后，必然带来协调成本的提高和流程的优化再造。更重要的是，管理体制的变革必然会对制度模式产生影响，但由税务部门征收社会保险费并不意味着社会保险必然走向费改税。①

（三）其他社会保障管理体制调整

1. 组建退役军人事务部

根据改革方案，为维护军人军属合法权益，加强退役军人服务保障体系建设，建立健全集中统一、职责清晰的退役军人管理保障体制，让军人成为全社会尊崇的职业，将民政部的退役军人优抚安置职责，人力资源和社会保障部的军官转业安置职责，以及中央军委政治工作部、后勤保障部有关职责整合，组建退役军人事务部，作为国务院组成部门。其职能包括军队转业干部、复员干部、退休干部、退役士兵的移交安置工作和自主择业退役军人服务管理、待遇保障工作。根据退役军人事务部的"三定方案"，其职能包括"组织协调落实移交地方的离休退伍军人、符合条件的其他退役军人和无军籍退休退职职工的住房保障工作，以及退役军人医疗保障、社会保险等待遇保障工作""组织指导伤病残退役军人服务管理和抚恤工作，制定有关退

---

① 注：对该观点的论述详见第七章相关内容。

役军人医疗、疗养、养老等机构的规划政策并指导实施"；在其内设机构中，就业创业司、军休服务管理司以及拥军优抚司都涉及退役军人保障和优抚的相关工作。①

退役军人事务部是国务院各组成部门中，唯一以服务对象的职业身份作为标识的部门，充分反映了党和国家对退役军人的重视。在社会保障体系中，军人保险和优抚安置相对独立，并涉及军地衔接等问题，相对比较复杂，本书对此不做专门的研究。

2.组建国家卫生健康委员会

根据改革方案，为推动实施健康中国战略，树立大卫生、大健康理念，把以治病为中心转变为以人民健康为中心，预防控制重大疾病，积极应对人口老龄化，加快老龄事业和产业发展，为人民群众提供全方位全周期健康服务，将国家卫生和计划生育委员会、国务院深化医药卫生体制改革领导小组办公室、全国老龄工作委员会办公室的职责，工业和信息化部的牵头《烟草控制框架公约》履约工作职责，国家安全生产监督管理总局的职业安全健康监督管理职责整合，组建国家卫生健康委员会，作为国务院组成部门。保留全国老龄工作委员会，日常工作由国家卫生健康委员会承担。民政部代管的中国老龄协会改由国家卫生健康委员会代管。同时，不再设立国务院深化医药卫生体制改革领导小组办公室。

根据"三定方案"，卫健委的职责包括"组织拟订并协调落实应对人口老龄化政策措施，负责推进老年健康服务体系建设和医养结合工作"。在与民政部的职责分工方面：国家卫生健康委员会负责拟订应对人口老龄化、医养结合政策措施，综合协调、督促指导、组织推进老龄事业发展，承担老年疾病防治、老年人医疗照护、老年人心理健康与关怀服务等老年健康工作。民政部负责统筹推进、督促指导、监督管理养老服务工作，拟订养老服务体系建设规划、法规、政策、标准并组织实施，承担老年人福

---

① 注：资料来源于退役军人事务部官方网站，http://www.mva.gov.cn/jigou/jgzn/gzzz/202012/t20201201_43461.html。

利和特殊困难老年人救助工作。在与国家医疗保障局的职责分工方面：国家卫生健康委员会、国家医疗保障局等部门在医疗、医保、医药等方面加强制度、政策衔接，建立沟通协商机制，协同推进改革，提高医疗资源使用效率和医疗保障水平。在内设机构方面，新增老龄健康司和职业健康司。①

从卫生计划生育委员会到卫生健康委员会，在"健康中国"的战略下，新组建的卫生健康委的定位就是要实现从被动治疗向主动健康的转变，这种转变意味着其服务对象从病人转变成了全口径的人口，这既充分体现了积极性社会保障的理念和功能，也更加明确了三医联动中各方的权责，卫生健康委致力于公立医院改革和医疗卫生服务资源的质量提高与优化配置，着眼于"看病难"和全面提高国民健康素质；国家医疗保障局则致力于建立统一的医疗保险体系，完善筹资机制、基金监督管理机制和待遇给付机制，着力解决"看病贵"的问题。

3. 组建应急管理部

根据改革方案，为防范化解重特大安全风险，健全公共安全体系，整合优化应急力量和资源，推动形成统一指挥、专常兼备、反应灵敏、上下联动、平战结合的中国特色应急管理体制，将国家安全生产监督管理总局的职责，国务院办公厅的应急管理职责，公安部的消防管理职责，民政部的救灾职责，国土资源部的地质灾害防治、水利部的水旱灾害防治、农业部的草原防火、国家林业局的森林防火相关职责，中国地震局的震灾应急救援职责以及国家防汛抗旱总指挥部、国家减灾委员会、国务院抗震救灾指挥部、国家森林防火指挥部的职责整合，组建应急管理部，作为国务院组成部门。根据"三定方案"，应急管理部的职责中就包括"组织协调灾害救助工作，组织指导灾情核查、损失评估、救灾捐赠工作，管理、分配中央救灾款物并监督使用。"设置救灾和物资保障司，承担灾情核查、损失评估、救灾捐赠等灾害

---

① 注：参见《中共中央办公厅、国务院办公厅关于印发国家卫生健康委员会职能配置、内设机构和人员编制规定的通知》，厅字〔2018〕59 号。

救助工作的职能。①

灾害救助是灾害应急管理系统中的重要组成部分，此前主要由民政部管理。应急管理部的成立标志着除了公共卫生突发事件之外，其他突发事件的应急管理机制和部门实现了统一。除此之外，作为一个自然灾害频发的国家，我国的灾害救援队伍长期以来不归属于行政部门管理，导致在救灾中需要协调军地关系，体制不顺。应急管理部成立后，将负责管理消防救援队伍、森林消防队伍两支国家综合性应急救援队伍，承担相关火灾防范、火灾扑救、抢险救援等工作，使得从灾害预防、应急到灾后重建等职能相对集中，提高了国家的应急管理能力。当然，从社会救助管理体制的角度来说，使得权责的分散化程度进一步加剧。

4.其他方面

具体包括：（1）调整全国社会保障基金理事会隶属关系。根据改革方案，为加强社会保障基金管理和监督，理顺职责关系，保证基金安全和实现保值增值目标，将全国社会保障基金理事会由国务院管理调整为由财政部管理，承担基金安全和保值增值的主体责任，作为基金投资运营机构，不再明确行政级别。

（2）民政部内设机构的调整。民政部长期主管社会救助和社会福利事业，从部门设置的角度来看，相对稳定。此次机构改革，民政部的救灾、优抚安置职能被划出，相应的内设机构也做出了调整，除此前的社会救助司之外，新增了养老服务司和儿童福利司，分别承担老年福利和儿童福利工作，社会福利制度的管理体制也得以进一步理顺。

（3）重新组建司法部，不再保留国务院法制办，司法部内设立法三局，具体承担国家社会建设（包括社会保障）方面的立法工作。

（4）将中国银行业监督管理委员会和中国保险监督管理委员会的职责整合，组建中国银行保险监督管理委员会，作为国务院直属事业单位。由此，

---

① 注：参见《中共中央办公厅、国务院办公厅关于印发应急管理部职能配置、内设机构和人员编制规定的通知》，厅字〔2018〕60号。

作为补充保障领域的商业保险，也重塑了监管体制。

由此可见，2018 年的国家机构改革对社会保障管理体制的影响是深刻而全面的。从横向部门关系上来看，它使得涉及社会保障的职能部门和业务部门数量继续增多，在"简政放权、优化政府结构"的宏观背景下，与社会保障相关的社会管理服务部门的增加确实标志着政府职能的转型，也必然带来协调难度的增大。

二、对我国社会保障管理体制横向部门间关系的总结

前文分别从社会保障项目的角度（第三至五章）和历史变迁的角度（第八章）提及和梳理了我国社会保障的行政管理部门。在这里，笔者再换一个视角进行总结，即从行政部门类型的角度进行划分。无论是政府组织还是市场组织，都有职能部门和业务部门之分，在行政机构中，职能部门往往是综合性的协调部门（如国务院办公厅）、宏观管理部门（如国家发改委）或涉及多个领域的业务（如财政部、税务总局等）；业务部门则是聚焦于某一具体领域。对于涉及国家经济社会发展大局的宏观问题，不仅需要业务部门基于专业性的管理与筹划，也需要国家宏观调控部门发挥重要作用。[1]

从机构改革的周期来看，一般每五年会进行一次机构改革，调整的幅度则有大有小。按照上述部门类型和时间节点的逻辑，表 8—1 和表 8—2 分别显示了 1998 年和 2018 年这两个重要时点的机构改革后我国社会保障管理体制中的综合职能部门和业务主管部门。

通过表 8—1 可以看出，就社会保障管理的综合职能部门而言，1998 年时包括国家体改委、国家发展计划委、财政部、审计署和国务院法制办五个部门，其中前两者都是具有宏观管理职能的政府重要部门，其内设机构中都有直接与社会保障业务相关的司局，从而充分说明社会保障作为一项具有综合效能的社会制度，需要宏观管理部门的高度重视，并将其纳入经济社会总体发展格局中予以准确定位和综合推进。

---

① 魏礼群：《行政体制改革论》，人民出版社 2013 年版，第 291 页。

到了 2018 年，除了国家体改委已撤销，国务院法制办并入司法部（仍保留了社会保障领域的立法职能）外，其他三个部委有关社会保障的综合管理职能都予以了保留，尤其是国家发展改革委，作为综合性的宏观管理部门，社会发展司和就业收入分配和消费司都不同程度地涉及社会保障管理事务，尤其是就业收入分配和消费司专门设置了社会保障处。由此可见，作为中央政府的宏观管理部门，发改委将社会保障视为调节收入分配的重要方式和拉动消费的重要基础。除此之外，国家税务总局从 2018 年起正式承担全域范围内的社会保险费征收管理职能，从而成为另一个参与社会保障管理的国务院综合职能部门。在政府各项公共管理事务中，像社会保障这样涉及到如此多综合职能部门的实不多见，这一方面说明中央政府对社会保障事务的高度重视，另一方面也加大了社会保障管理中的跨部门协调难度。

表 8—1 1998 年和 2018 年的中国社会保障行政管理部门（综合职能部门）

部门名称	成立时间	主管业务	相关背景
1998：国家经济体制改革委员会（国家体改委）议事机构	1982 年	国务院高层次议事机构，内设宏观体制司，承担研究论证社会保障等重大体制改革问题	曾设置分配和社会保障司
2018：国家体改委已撤销			
1998：国家发展计划委员会	1998 年	国务院宏观管理部门，内设社会发展司，提出包括社会保障在内的社会发展战略	其前身是 1952 年成立的国家计划委员会
2018：国家发展改革委员会	2003 年	国务院宏观管理部门，内设社会发展司，提出并实施社会发展战略；内设就业收入分配和消费司，完善社会保障与经济协调发展战略	2003 年国务院机构改革，由国家发展计划委员会和国务院体改办合并改组而来。
1998：财政部	1949 年	国务院财政宏观管理部门，内设社会保障司，管理中央社会保障支出，拟定社会保障财务管理制度，组织社会保障财政监督	1993 年国务院机构改革中，财政部就设置有社会保障司。
2018：财政部	同 上		

续表

部门名称	成立时间	主管业务	相关背景
1998：审计署	1983 年	国务院审计机关，内设社会保障审计司，对社会保障财务收支进行审计	
2018：审计署	同　上		
1998：国务院法制办	1998 年	统筹国务院立法工作的国务院办事机构，内设政法劳动社会保障法制司	1954 年成立国务院法制局，先后作为国务院办事机构和直属机构。
2018：司法部	1949 年	主管全国司法行政工作的国务院组成部门。内设立法三局，具体承担国家社会建设（包括社会保障）方面的立法工作。	根据 2018 年国家机构改革方案，重新组建司法部，不再保留国务院法制办。
2018：国家税务局	1949 年	国务院主管税收工作的直属机构，内设社会保险费司（非税收入司），负责社会保险费征收工作	2018 年前部分地区税务部门征收社会保险费，2018 年机构改革，统一由税务部门征收社会保险费。

表 8—2　1998 年和 2018 年的中国社会保障行政管理部门（业务部门）

部门名称	成立时间	主管业务	相关背景
1998：劳动和社会保障部	1998 年	拟定各项社会保险政策 内设养老保险司、医疗保险司、失业保险司、工伤保险司（2004 年）农村社会保险司、社会保险基金监督司	1998 年国务院机构改革，在劳动部基础上建立。将劳动部管理的城镇职工社会保险、人事部管理的机关事业单位社会保险、民政部管理的农村社会保险、各行业部门统筹的社会保险以及卫生部门管理的医疗保险，统一由劳动保障部管理。
2018：人力资源和社会保障部	2008 年	主管养老保险部分业务，以及失业保险，工伤保险政策；养老、失业、工伤等社会保险基金及补充保险基金的管理和监督。	2008 年由人事部和劳动保障部合并而来，2018 年，医疗保险职能被划归到国家医疗保障局，社会保险费征收职能划归到国家税务局。

续表

部门名称	成立时间	主管业务	相关背景
1998： 民政部	1949 年	主管灾害救助，建立城乡居民最低生活保障，承担老年人、孤儿、五保户的权益保护，拟定社会福利事业发展规划，参与收容遣送管理。内设救灾救济司、社会福利和社会事务司、最低生活保障司（2004 年成立，后改为社会救助司）	1998 年之前管理的农村社会保险交由劳动保障部管理，业务范围主要涵盖初建期的社会救助项目和补缺性的社会福利项目。
2018： 民政部	1949 年	主管社会救助体系中的低保、特困人员救助、临时救助、流浪乞讨人员救助；主管养老服务、儿童福利、残疾人福利；促进慈善事业发展。内设社会救助司、养老服务司、儿童福利司、慈善事业促进和社会工作司、社会事务司	社会救助与社会福利的主要管理部门，负责主要的社会救助项目，社会福利管理的内容也从补缺型向适度普惠型转变。同时承担促进慈善事业发展的职能。
2018： 教育部 住建部 应急管理部 人社部		负责教育救助 负责住房救助和保障性住房 负责灾害救助 负责就业救助	伴随着社会救助体系内容的不断丰富，社会救助的主管部门也相应增加。
2018：国家卫生健康委员会（由卫生部、卫生计生委演化而来）	1949 年	拟定并协调落实应对人口老龄化政策，负责推进老年健康服务体系建设和医养结合工作。内设老龄健康司、妇幼健康司、职业健康司等	计划经济时期管理公费医疗和农村合作医疗；2018 年之前管理新型农村合作医疗，后该项职能纳入国家医疗保障局。
2018：国家医疗保障局	2018 年	统一管理医疗保障、生育保险和长期护理保险	2018 年国家机构改革，将相关部门医疗保障管理职责整合后成立的国务院直属机构。
2018：退役军人事务部	2018 年	退役军人医疗保障、社会保险、优抚等待遇保障工作	
2018：全国社会保障基金理事会	2000 年	管理运营全国社会保障基金	根据 2018 年机构改革方案，由国务院管理调整为财政部管理，不明确行政级别。

就社会保障的业务主管部门而言，通过 1998 年和 2018 年的比较，可以发现三个基本特点：

第一，管理部门总体上比较稳定。人力资源社会保障部和民政部是我国社会保障领域的两个主要业务管理部门，其中人力资源社会保障部主要负责管理社会保险业务，民政部主要负责管理社会救助和社会福利业务。其中，社会保险制度在早期主要覆盖受雇劳动者，是劳动体制改革的重要组成部分，因此从劳动部到劳动社会保障部，再到人力资源和社会保障部，社会保险的管理始终和劳动就业密切联系在一起。但随着社会保险覆盖面的不断扩大，从受雇劳动者扩展到城乡全体居民，在此过程中，农村地区的养老保险曾经由民政部主管，新型农村合作医疗曾经由卫生部门主管，导致了一定时期内社会保险管理体制的城乡分割，并最终以 1998 年劳动保障部的成立和 2018 年国家医疗保障局的成立而宣告统一。2018 年的国家机构改革之后，形成了由人力资源社会保障部、民政部和国家医疗保障局为主要业务主管部门的社会保障管理体制。

第二，伴随着社会保障制度的丰富和覆盖面的拓展，涉及的主管部门有所增加，形成了多部门参与管理的格局。首先，在社会救助领域，传统的社会救助项目都集中由民政部门管理，救助的内容也局限于基本生活保障。伴随着社会救助保障内容的逐步丰富，教育救助、住房救助、就业救助以及医疗救助都因涉及到专门领域而由其他业务部门负责管理，从而形成了由民政部主导统筹，多个业务部门参与的社会救助管理体制。其次，在社会保险领域，由于医疗保障管理体制的长期分割和医疗保障制度本身的特殊性，医疗保险和与之密切相关的生育保险、长期护理保险均由国家医疗保障局集中管理，而与其他社会保险险种相分离，从而形成了由人力资源社会保障部和国家医疗保障局共同构成的社会保险业务管理体制，再加上负责社会保险基金管理的财政部门和负责社会保险费征收的税务部门，社会保险无论在险种上，还是流程上都呈现出多部门参与的管理体制特征。再次，在社会福利领域，伴随着从传统的民政补缺型福利向适度普惠型福利的转变，社会福利业务管理逐渐成为民政部门的主要业务。2018 年机构改革专门设置了养老服务司、儿童福利司，使得"一老一小"的福利制度有了专门的主管部门。除此之外，将灾害救助作为应急管理体系的组成部分纳入应急管理部，将军人保障事务作为退役军人管理服务的组成部分纳入退役军人事务部，从而使得参与社会保障管理事务的部门数量进一步增加。

第三，伴随着对社会保障制度基本规律和保障内容认识的加深，部门之间的分工日趋合理。在我国社会保障管理体制的变迁过程中，也出现过部门之间职能交叉、重叠和分割的现象，有时甚至成为影响制度公平与统一的制约因素。典型案例包括国家体改委与劳动部关于养老保险制度模式的争议（见第三章相关内容），税务部门与人力资源社会保障部门关于社会保险费征收管理体制的争议，以及人力资源社会保障部门与卫生部门关于医疗保障管理体制的争议等。（见第九章相关内容）以医疗保障管理体制为例，按照第三方支付的逻辑，由主管医疗卫生机构的卫生部门来管理医疗保险支付，这显然是不合理的。2018年国家医疗保障局的成立意味着国家坚定地选择了社会医疗保险的制度模式，而新组建的国家卫生健康委则基于"健康中国"建设的宏观目标，专注于医疗卫生体制改革，设置老龄健康司，从应对人口老龄化和医养结合的角度参与老年人福利管理，从而形成医疗保障供方和需方管理主体的相对分离和彼此制约，更加符合医疗保障制度改革的基本方向。

最后需要补充说明的一点是，上述列举的是社会保障领域的主要行政管理部门，但在多支柱、多层次的社会保障发展格局下，参与到广义社会保障管理中的部门还会有更多。例如，大多数行政机构和事业单位都还设置有离退休干部管理部门，负责一定级别离退休干部的管理服务工作；随着补充保障性质的商业保险的发展，银保监会亦可被视为是广义社会保障的管理部门；而随着社会福利与慈善事业的融合，行政部门、社会组织和其他社会主体共同参与的多元治理格局也将成为社会保障管理体制发展的重要方向。

第九章
横向府际关系：社会保障管理部门的
冲突与协调

根据前文对科层制组织的理论分析，横向的部门分工是专业化的必然要求，而科层制之理性的体现和保障则需要建立基于部门分工基础之上的协调与合作。本章将首先总结我国横向部门间协调与合作的主要模式，之后分别以社会保险费征收体制和医疗保障管理体制为案例，介绍和讨论在社会保障管理体制中，职能部门与业务部门以及业务部门之间的冲突与协调。

第一节　横向部门间协调的若干模式

在第二章有关横向部门间关系的理论分析中曾经强调，需要在横向部门分工的基础上加强合作与协调。根据上一章对于社会保险管理体制的历史梳理不难发现，不仅在国务院的综合管理部门和职能部门设置有社会保障的相关司局，完整社会保障管理体系涉及业务部门较多，甚至连同一个社会保障项目，其管理权责都有可能分布在不同的部门，从而不可避免地产生职能交叉、重叠甚至是冲突。因此，就必须要建立相应的协调机制。本节就介绍我国现行行政体制下，协调横向部门间关系的几种典型方式。

一、设置国务院议事协调机构

设置国务院跨部门的议事协调机构是围绕某一项公共管理事务，协调不同部门之间权责分配的主要方式之一。根据《国务院行政机构设置和编制管理条例》的规定，议事协调机构承担跨国务院行政机构的重要业务工作的组织协调任务，往往以"领导小组""工作委员会"等名义命名。议事协调机构的基本组织框架往往是由一位国务院领导同志牵头，由该业务主要涉及的相关部门主要负责同志和国务院办公厅负责同志任副职，其他相关部门的负责同志任成员；议事协调机构往往会设立办公室作为办事机构，办公室一般设立在该业务的主管部门，有时也会设立单独的办事机构。

历次国务院机构改革之后，也都会对议事协调机构进行清理和明确。下面，做简单的回顾和梳理。1993 年国务院机构改革中，首次对国务院非常设机构进行了清理，统一称为议事协调机构和临时机构，并明确了 26 个；撤销了 13 个，工作改由其他部门承担；其他的非常设机构一律撤销。在 26 个议事协调机构中，与社会保障相关的包括：国务院军队转业干部安置工作小组（涉及军人保障，具体工作由人事部承担），国务院退伍军人和军队离休退休干部安置领导小组（涉及军人保障，具体工作由民政部承担），国家防汛抗旱总指挥部（涉及灾害救助，在水利部单设办事机构），国务院妇女儿童工作协调委员会（1990 年成立，涉及妇女儿童福利，具体工作由全国妇联承担），国务院残疾人工作协调委员会（涉及残疾人福利，具体工作由中残联承担），国务院住房制度改革领导小组（涉及住房保障，具体工作由国家体改委承担），国务院贫困地区经济开发领导小组（涉及社会救助，在农业部单设办事机构）。①

1998 年国务院机构改革中，明确了 20 个国务院议事协调机构和临时机构；明确撤销了 20 个议事协调机构和临时机构，其工作改由国务院相关组成部门承担；其他的议事机构和临时机构全部撤销。在与社会保障相关的议事协调机构中，国务院军队转业干部安置工作小组、国家防汛抗旱总指挥

---

① 注：参见《关于国务院议事协调机构和临时机构设置的通知》，国发〔1993〕27 号。

部、国务院妇女儿童工作协调委员会、国务院残疾人工作协调委员会保留。将国家经济体制改革委员会（国家体改委）改为国务院高层议事机构，不再作为国务院组成部门。国务院贫困地区经济开发领导小组更名为国务院扶贫开发领导小组。国务院退伍军人和军队离休退休干部安置领导小组撤销，具体工作由民政部承担；国务院住房制度改革领导小组撤销，工作改由建设部承担。①

2003 年国务院机构改革中，明确了 27 个国务院议事协调机构和临时机构，撤销了 6 个机构。其中，国务院军队转业干部安置工作小组、国家防汛抗旱总指挥部、国务院残疾人工作协调委员会保留。国务院妇女儿童工作协调委员会更名为国务院妇女儿童工作委员会，国务院扶贫开发领导小组单设办事机构。新设置的议事协调机构中，全国老龄工作委员会（成立于 1999 年 10 月，涉及养老保障，办公室设在民政部），国务院抗震救灾指挥部（涉及灾害救助，办公室设在中国地震局）的职能与社会保障有关。②

2008 年国务院机构改革中，明确了 29 个国务院议事协调机构。其中，国务院军队转业干部安置工作小组（因人事部取消，工作改由人社部承担）、国家防汛抗旱总指挥部（不再单设办事机构，工作由水利部承担）、国务院妇女儿童工作委员会、国务院扶贫开发领导小组、全国老龄工作委员会、国务院抗震救灾指挥部保留。国务院残疾人工作协调委员会更名为国务院残疾人工作委员会。③2008 年 12 月，国务院又决定成立深化医药卫生体制改革领导小组，并由时任中央政治局常委、国务院副总理李克强担任组长，以切实加强对深化医药卫生体制改革工作的领导。其主要职责是，审议深化医药卫生体制改革的重大方针、政策、措施，组织推动深化医药卫生体制改革工作，统筹协调深化医药卫生体制改革工作中的重大问题。表 9—1 罗列了我国社会保障领域的主要国务院议事协调机构。

---

① 注：参见《国务院关于议事协调机构和临时机构设置的通知》，国发〔1998〕7 号。
② 注：参见《国务院关于议事协调机构和临时机构设置的通知》，国发〔2003〕10 号。
③ 注：参见《国务院关于议事协调机构设置的通知》，国发〔2008〕13 号。

表9—1　我国社会保障领域的主要国务院议事协调机构

成立时间	名称	组长	成员单位（分号前为副职单位，分号后为成员单位）	备注
2019.8	国务院根治拖欠农民工工资工作领导小组	胡春华（副总理）	人社部、发展改革委、公安部、乡财政部、司法部、工业和信息化部、农业农村部、信访局、铁路局、最高人民法院、最高人民检察院、全国总工会；自然资源部、交通运输部、住房城乡建设部、水利部、人民银行、国资委、税务总局、市场监管总局、统计局、民航局、	办公室设在人力资源社会保障部
2009.7	国务院新型农村社会养老保险试点工作领导小组	张德江（时任副总理）	人社部、财政部、国务院办公厅、中央宣传部、中央组织部、发展改革委、公安部、民政部、国土资源部、农业部、人口计生委、中国残联	工作结束已撤销
1986.5	国务院扶贫开发领导小组	胡春华（副总理）	国务院办公厅、国务院扶贫办、国家发展改革委、民政部、财政部、中央宣传部、中央统战部、中央农办、农业农村部、中央组织部、科技部、工业和信息化部、教育部、生态环境部、住房城乡建设部、交通运输部、审计署、国资委、国家统计局、国务院研究室、中央军委国防动员部、供销合作总社、农业发展银行、全国工商联、国家电网、中国南方电网、外交部、自然资源部、商务部、文化和旅游部、国家广播电视总局、国家能源局、国家林业和草原局、证监会、银保监会、中国铁路总公司、开发银行、共青团中央、全国妇联、中国残联	专门设立办事机构国务院扶贫办。2021年2月更名为国家乡村振兴局，作为国务院直属机构
2008.12	国务院深化医药卫生体制改革领导小组	孙春兰（副总理）	发展改革委、卫生健康委、财政部、人力资源社会保障部、国务院办公厅、国家医保局、中央宣传部、中央网信办、教育部、工业和信息化部、民政部、中央编办、商务部、市场监管总局、中医药局、药监局、中央军委后勤保障部、财政部	领导小组秘书处先后设在发改委和卫生健康委

续表

成立时间	名称	组长	成员单位（分号前为副职单位，分号后为成员单位）	备注
1999.10	全国老龄工作委员会	孙春兰（副总理）	卫生健康委、民政部、外交部、人社部、中宣部、发展改革委、工信部、公安部、司法部、教育部、科技部、工信部、公安部、财政部、自然资源部、住房城乡建设部、交通运输部、农业农村部、商务部、文化旅游部、税务总局、市场监管总局、广电总局、体育总局、统计局、医保局、银保监会、全国总工会、全国妇联、共青团中央、中国老龄协会	办公室先后设在民政部和国家卫生健康委
1993	国务院残疾人工作委员会	王勇（国务委员）	国务院办公厅、中国残联、教育部、民政部、人力资源社会保障部、国家卫生健康委；中宣部、外交部、国家发改委、科技部、工业和信息化部、国家民委、公安部、司法部、财政部、住房城乡建设部、交通运输部、农业农村部、文化和旅游部、退役军人事务部、中国人民银行、海关总署、税务总局、国家市场监督管理总局、国家广电总局、国家医疗保障局、国务院扶贫办、中央军委政治工作部、全国总工会、共青团中央、全国妇联、农业银行	日常工作由中国残联承担
1990	国务院妇女儿童工作委员会	孙春兰（副总理）	全国妇联、国务院办公厅、发展改革委；外交部、教育部、国家民委、公安部、民政部、司法部、财政部、人事部、中央宣传部、中央网信办、外交部、教育部、科技部、工业和信息化部、国家民委、公安部、民政部、司法部、财政部、人力资源社会保障部、自然资源部、生态环境部、住房城乡建设部、卫生健康委、交通运输部、水利部、农业农村部、商务部、文化和旅游部、统计局、医保局、应急部、市场监管总局、广电总局、体育总局、全国总工会、中国残联、中国妇联、中国科协、扶贫办、全国总工会、共青团中央、全国妇联、中国关工委	日常工作由中国妇联承担

注：上述资料均来源于中央人民政府及相关协调机构网站。

二、其他模式

相比于国务院成立议事协调机构这种比较正式的横向部门间协调模式，在日常的工作配合与协调中，根据是否需要上级部门（国务院）的参与，可以大体分为上级部门协调和部门间自行合作协商两种。

（一）上级部门协调与安排

由上级部门协调的具体方式有两种。第一种是在部门之间遇到职能交叉或者冲突时，直接向上级机构（国务院）进行请示。例如，1988 年劳动部和人事部分立后，其在保险福利管理方面的职能分工出现交叉：劳动部的"三定方案"中规定，"综合管理全国企业、事业单位的社会保险和职工福利工作。拟定企业、事业单位职工的社会保险制度和福利制度的改革方案及实施办法，并组织实施"；人事部的"三定方案"规定，"管理国家机关、事业单位人员的离休、退休和退职工作"。针对此，国家机构改革办公室于 1990 年 2 月向国务院提交《关于国家计委、人事部、劳动部职能分工问题的协调意见》，1990 年 3 月，国务院办公厅复函回复称，"考虑到劳动部和人事部在保险福利工作上的分工应与劳动工资工作上的分工相一致，建议两部三定方案的相应段落修改为：劳动部负责综合管理企业单位的社会保险和职工福利工作，拟定企业职工的社会保险制度和福利制度，并组织实施。协调企业和国家机关、事业单位的保险福利政策。人事部负责综合管理国家机关、事业单位的社会保险和职工福利工作，拟定国家机关、事业单位职工的社会保险制度和福利制度，并组织实施。"[①]

第二种方式是上级部门主动和有预见性地在职能配置和重点工作领域，就不同部门之间的分工与协作进行明确安排。例如，1954 年 2 月，内务部发出《关于民政部门与各有关部门的业务划分问题的通知》，明确精神病人的治疗与收容问题，规定各革命残废军人学校、教养院及生产教养院的精神病人凡需治疗的，由卫生部门指定医院治疗；对已治好的病人，无家可归、

---

① 　注：参见《国务院办公厅关于国家计委、人事部、劳动部职能分工问题协调意见的复函》，国办函〔1990〕12 号。

生活困难者，由民政部门负责处理。①

　　还例如，近些年《政府工作报告》发布后，国务院就会对其中的重点工作进行部门分工。2020 年政府工作报告出台后，国务院就下发了关于落实《政府工作报告》重点工作部门分工的意见。② 例如，就"提高基本医疗服务水平"一款安排如下：居民医保人均财政补助标准增加 30 元。（财政部、国家医保局牵头，7 月底前出台相关政策）开展门诊费用跨省直接结算试点。（国家医保局牵头，年内持续推进）对受疫情影响的医疗机构给予扶持。（国家发展改革委、财政部、人力资源社会保障部、国家卫生健康委、国家医保局等按职责分工负责，年内持续推进）深化公立医院综合改革。（国家卫生健康委、财政部牵头，12 月底前出台相关政策）建设区域医疗中心。（国家发展改革委、国家卫生健康委、国家中医药局牵头，年内持续推进）发展"互联网＋医疗健康"。提高城乡社区医疗服务能力。推进分级诊疗。构建和谐医患关系。（国家卫生健康委牵头，年内持续推进）促进中医药振兴发展，加强中西医结合。（国家卫生健康委、国家中医药局、国家发展改革委牵头，教育部、科技部、财政部、农业农村部、国家医保局、国家药监局等按职责分工负责，7 月底前出台相关政策，年内持续推进）严格食品药品监管，确保安全。（市场监管总局、国家药监局、海关总署等按职责分工负责，年内持续推进）

　　就"加大基本民生保障力度"一款安排如下：上调退休人员基本养老金，提高城乡居民基础养老金最低标准。实现企业职工基本养老保险基金省级统收统支，提高中央调剂比例。全国近 3 亿人领取养老金，必须确保按时足额发放。扩大失业保险保障范围，将参保不足 1 年的农民工等失业人员都纳入常住地保障。（人力资源社会保障部、财政部牵头，7 月底前出台相关政策）落实退役军人优抚政策。（退役军人部牵头，12 月底前出台相关政策）做好因公殉职人员抚恤。（人力资源社会保障部、财政部、退役军人部等按职责

---

① 黄树贤主编：《民政改革 40 年》，中国社会出版社 2019 年版，第 115 页。

② 注：参见《国务院关于落实〈政府工作报告〉重点工作部门分工的意见》，国发〔2020〕6 号。

分工负责，年内持续推进）完善社会救助制度。扩大低保保障范围，对城乡困难家庭应保尽保，将符合条件的城镇失业和返乡人员及时纳入低保。对因灾因病因残遭遇暂时困难的人员，都要实施救助。要切实保障所有困难群众基本生活，保民生也必将助力更多失业人员再就业敢创业。（民政部牵头，财政部、人力资源社会保障部、中国残联等按职责分工负责，6 月底前出台相关政策，年内持续推进）

再例如，上级部门会对阶段性、跨领域、跨部门的重点任务进行明确分工。例如，为了深化收入分配制度改革，2013 年 2 月，国务院办公厅下发《关于深化收入分配制度改革重点工作分工的通知》，明确不同部门的分工。[①] 其中，在集中更多财力用于保障和改善民生方面，要求由财政部、中央编办、人力资源社会保障部负责；在完善基本养老保险制度方面，要求人力资源社会保障部、财政部、发展改革委、证监会、全国总工会负责；在加快健全全民医保体系方面，要求国务院医改办、人力资源社会保障部、卫生部、财政部、民政部、全国总工会负责；在加大保障性住房供给方面，要求住房城乡建设部、发展改革委、财政部、民政部负责；在加强对困难群体救助和帮扶方面，要求民政部、发展改革委、财政部、全国总工会负责；大力发展社会慈善事业方面，要求民政部、财政部、税务总局、证监会等负责。再如，为了做好农村最低生活保障制度和扶贫开发政策的有效衔接，2010年 5 月，国务院办公厅转发了扶贫办等部门《关于做好农村最低生活保障制度和扶贫开发政策有效衔接扩大试点工作意见的通知》，要求通过探索两项制度的有效衔接，充分发挥农村低保制度和扶贫开发政策的作用，保障农村贫困人口基本生活。

（二）部门之间自行合作与协商

1. 联合下文

对于跨部门之间的业务，在部门之间可以达成一致意见的情况下，一般

---

① 注：参见《国务院办公厅关于深化收入分配制度改革重点工作分工的通知》，国办函〔2013〕36 号。

会通过多个部门联合发文的方式，要求各层级的本业务部门在各自业务范围内贯彻执行。这是跨部门合作协调中最常见的办法。例如，城乡居民养老保险待遇涉及到人社部和财政部，因此，两部委于2018年3月联合印发了《关于建立城乡居民基本养老保险待遇确定和基础养老金正常调整机制的指导意见》；减免社会保险缴费涉及到人社部、财政部、国家税务总局，因此三部门于2020年2月联合印发了《关于阶段性减免企业社会保险费的通知》；再例如，在国家卫生计生委分管新型农村合作医疗的时期，社会保险基金的财务管理涉及财政、人社和卫生计生三个部门，于是三部门于2017年8月联合下发关于印发《社会保险基金财务制度》的通知，等等。

除了多部门联合下发文件之外，对于比较重要、涉及范围较大、涉及相关部门较多的公共事务，在相关牵头部门共同向国务院请示同意后，还可以以国务院办公厅转发文件的方式，直接要求各省、自治区、直辖市人民政府，国务院各部委贯彻执行。例如，养老保险关系转移接续不仅涉及到跨部门，还涉及到跨地区，因此2009年12月，国务院办公厅下发了《关于转发人力资源社会保障部财政部城镇企业职工基本养老保险关系转移接续暂行办法的通知》，要求各地、各部门贯彻执行。

2.成立部际联席会议

如果说联合下文是横向部门之间协调与合作的产出的话，部际联席会议则是某项业务的牵头部门为了协调部门间关系而设置的组织形式和工作机制。

根据中央编办官方网站的解释，部际联席会议，是为了协商办理涉及国务院多个部门职责的事项，由国务院批准建立，各成员单位按照共同商定的工作制度，及时沟通情况，协调不同意见，以推动某项任务顺利落实的工作机制。它是行政机构最高层次的联席会议制度。建立部际联席会议，应当从严控制。可以由主办部门与其他部门协调解决的事项，一般不建立部际联席会议。部际联席会议的建立均须履行报批手续，具体由牵头部门请示，明确其名称、召集人、牵头单位、成员单位、工作任务与规则等事项，经有关部门同意后，报国务院审批。部际联席会议工作任务结束后，应由牵头部门提出撤销申请，说明部际联席会议的建立时间、撤销原因等，经成员单位同意后，报国务院审批。新建立的部际联席会议，由国务院领导同志牵头负责的，名称可冠"国务院"字样，其他的统一称"部际联席会议"。部际联席会议不刻制印章，也不正式行文。如确需正式行文，可以牵头部门名义、使用牵头部门印章，也可以由有关成员单位联合行文。①

由此可见，一方面，与国务院议事协调机构不同，部际联席会议不需要由国务院领导同志直接参与，而可以由相关业务主管部门主要负责同志来负责协调组织。另一方面，部际联席会议所涉及的事项往往是主管部门与其他部门协商难度较大的问题，从而需要建立一种相对固定的沟通机制。

根据笔者在中央人民政府网站上的初步搜索，社会保障领域的主要部际联席会议包括养老服务部际联席会议、农村留守儿童关爱保护和困境儿童保障工作部际联席会议、新型农村合作医疗部际联席会议和国务院城镇居民基本医疗保险部际联席会议，上述联席会议制度的基本情况见表9—2。不难看出，在2010年之前，涉及部级协调的主要是医疗保险领域，这与当时的医疗保险分割管理体制密切相关；近期的两个部际联席会议分别涉及儿童福利和养老服务，都由民政部牵头，既是民生领域的关键议题，也涉及多个部门。但前面两个都是以国务院名义，由国务院分管领导任负责人，其规格几乎等同于国务院议事协调机构，近期的两个则未冠以国务院名义。

表9—2　社会保障领域的主要部际联席会议制度

名称	成立时间	成员部门	牵头部门
养老服务部际联席会议	2019.7	民政部、发展改革委、教育部、科技部、工业和信息化部、公安部、财政部、人力资源社会保障部、自然资源部、住房城乡建设部、商务部、卫生健康委、应急部、人民银行、国资委、税务总局、市场监管总局、统计局、医保局、银保监会、扶贫办	民政部

---

① 注：资料来源：中国机构编制网，http://www.scopsr.gov.cn/zlzx/bzcs/。

续表

名称	成立时间	成员部门	牵头部门
农村留守儿童关爱保护和困境儿童保障工作部际联席会议	2018.8	民政部、中央政法委、中央网信办、发展改革委、教育部、公安部、司法部、财政部、人力资源社会保障部、住房城乡建设部、农业农村部、卫生健康委、税务总局、广电总局、统计局、医保局、妇儿工委办公室、扶贫办、全国人大常委会法工委、高法院、高检院、全国总工会、共青团中央、全国妇联、中国残联、关工委	民政部
国务院城镇居民基本医疗保险部际联席会议	2007.5	时任国务院副总理吴仪任组长 劳动保障部、发展改革委、教育部、民政部、财政部、卫生部、食品药品监管局、中医药局	劳动保障部
国务院新型农村合作医疗部际联席会议	2003.9	时任国务院副总理吴仪任组长 卫生部、财政部、农业部、民政部、发展改革委、教育部、人事部、人口计生委、食品药品监管局、中医药局、扶贫办；于2005年增加保监会、中国残联、红十字会总会	卫生部
国家减灾委员会（成立时称中国"国际减灾十年"委员会），2005年更名	1989.3	时任国务院副总理田纪云任委员会主任，现任主任为国务委员王勇 初建时的组成部门包括民政部、国家科委、国家计委、外交部、经贸部、地震局等部门； 目前的组成部门包括：应急管理部、中央军委联合参谋部、中央宣传部、外交部、发展改革委、教育部、科技部、工业和信息化部、公安部、民政部、司法部、财政部、人社部、自然资源部、生态环境部、住房城乡建设部、交通运输部、水利部、农业农村部、商务部、卫生健康委、国资委、市场监管总局、广电总局、统计局、国际发展合作署、中科院、工程院、气象局、银保监会、粮食储备局、能源局、国防科工局、林草局、民航局、中央军委后勤保障部、中央军委国防动员部、共青团中央、中国科协、中国红十字会、中国国家铁路集团	2018年之前为民政部，后为应急管理部

资料来源：

1.《国务院办公厅关于同意建立养老服务部际联席会议制度的函》，国办函〔2019〕74号。

2.《国务院办公厅关于同意建立农村留守儿童关爱保护和困境儿童保障工作部际联席会议制度的函》，国办函〔2018〕51号。

3.《国务院关于同意建立新型农村合作医疗部际联席会议制度的批复》，国函〔2003〕95号。

4.《国务院办公厅关于增补和调整国务院新型农村合作医疗部际联席会议成员的复函》，国办函〔2005〕81号。

5.《国务院办公厅关于成立国务院城镇居民基本医疗保险部际联席会议的通知》，国办发〔2007〕33号。
6.《国务院关于成立中国"国际减灾十年"委员会的批复》，国函〔1989〕14号。
7.《国务院办公厅关于中国国际减灾委员会更名为国家减灾委员会及调整有关组成人员的通知》，国办发〔2005〕23号。
8.《国务院办公厅关于调整国家减灾委员会组成人员的通知》，国办函〔2020〕31号。

第二节　业务部门与职能部门间的关系：以社会保险费征收体制为例

一、1986年之前：从工会管理到企业内部封闭运行

1951年，政务院颁布了《中华人民共和国劳动保险条例》（以下简称《条例》），《条例》的出台标志着社会主义劳动保险制度在我国正式确立①。该条例的第二章对劳动保险费的征集和管理作了较为详细的规定。在缴费主体方面，《条例》明确规定劳动保险的各项费用全部由实行劳动保险制度的企业行政方面或资方负担。企业须按月缴纳该企业全部职工工资总额的3%，作为劳动保险金。保险金的一部分由企业行政方面或资方直接支付，另一部分由企业行政方面或资方缴纳劳动保险金，交工会组织办理。也就是说，当时劳动保险金分为两个部分，第一部分由企业直接支付给劳动者；另一部分由企业交给工会管理。

为防治企业欠费，《条例》第十条规定"企业行政方面或资方逾期未缴或欠缴劳动保险金时，须每日增交滞纳金，其数额为未缴部分的百分之一。如逾期二十日尚未缴纳，对于国营、地方国营、公私合营或合作社经营的企业，由工会基层委员会通知当地国家银行从其经费中扣缴；对于私营企业，由工会基层委员会报告当地人民政府劳动行政机关，对该企业资方追究责任。"除此之外，《条例》的第十一条还明确规定，劳动保险金的保管由中华

---

① 郑功成等：《中国社会保障制度变迁与评估》，中国人民大学出版社2002年版，第78页。

全国总工会委托中国人民银行代管。

在制度的实际运行过程中，由于当时的劳动保险是通过法律自上而下，由中央政府建立的制度，办法统一、约束力强，主管部门、监督部门和经办机构明确。在国营经济占绝对主导地位的情况下，部门、地方和企业主体利益驱动性不强，缴纳手续简单，因此基本没有出现什么大的问题①。

"文革"开始之后，劳动保险制度遭到破坏。1969年2月，财政部规定，"国营企业一律停止提取劳动保险金"，"企业的退休职工，长期病号工资和其他劳保开支，列企业营业外支出，实行实报实销"②。劳动保险制度失去了互济性，在企业内部封闭运行。制度模式的改变使得劳动保险费征收管理体制也相应发生变化。一直以来具体承办保险业务的各级工会组织被削弱，劳动保险业务部门被撤销③。

在"文革"期间，全民所有制和集体所有制是我国企业仅有的两种所有制形式。对于全民所有制企业而言，其创造的利润全部上交国家，亏损也完全由国家财政补贴。因此，当企业有利润时，作为在营业外支出项下的劳动保险费用已经做了直接的扣除；当企业没有利润时，国家财政通过集中上缴的利润给予转移支付。对于集体所有制企业而言，由于其实行自主经营、自负盈亏的经营体制，创造的利润不全部上缴国家，劳动保险费由企业直接支付给劳动者④。因此，在"文革"期间，由于不存在第三方征收机构，在单位化、封闭化的劳动保险基金运行体制下，不存在普遍意义上的劳动保险费征收体制。

在"文革"之后的十年里，由于制度惯性，计划经济体制下的养老保障体制并未有根本性的改变⑤。直到1986年国务院发布《国营企业实行劳动合

---

① 鲁毅：《中国社会保险基金监管研究》，武汉大学出版社2003年版，第44页。
② 梁君林、陈野：《社会保障基金运行研究》，中国商业出版社2002年版，第49页。
③ 刘传济、孙光德主编：《社会保险与职工福利》，劳动人事出版社1987年版，第34页。转引自郑功成等：《中国社会保障制度变迁与评估》，中国人民大学出版社2002年版，第81页。
④ 梁君林、陈野：《社会保障基金运行研究》，中国商业出版社2002年版，第49页。
⑤ 郑功成等：《中国社会保障制度变迁与评估》，中国人民大学出版社2002年版，第82页。

同暂行规定》，国家对劳动合同制工人的退休养老实行社会统筹，退休养老基金由企业和劳动合同制工人共同向劳动部门缴纳。养老金的筹集和支付由劳动行政主管部门所属的社会保险经办机构管理。这成为中国养老保险体制改革的转折点①。

二、1986—1998 年：社会保险费征收体制的初步构建

1986 年 7 月，国务院颁布《国有企业实行劳动合同制暂行规定》（以下简称 1986 年《规定》），明确规定对劳动合同制工人的退休养老实行国家、企业、个人三方共同负担的社会统筹制度，并对基本养老保险制度的企业缴费标准、缴费方式和资金管理体制进行了规定。1987 年 3 月 6 日，中央财经领导小组会议决定，设立各级退休费用统筹管理委员会，对退休费用统筹工作进行统一管理。委员会由各级政府的主管领导或劳动人事部门牵头，工会、计委、经委、财政、银行、审计等有关部门派人参加组成，并且应吸收退休职工代表参与，实行民主管理。之后，立法机关和相关行政机构相继颁布和出台了《关于企业职工养老保险制度改革的决定》（国务院 1991 年，以下简称 1991 年《决定》）、《劳动监察规定》（劳动部 1993 年）、《中华人民共和国劳动法》（全国人大常委会 1994 年）、《关于深化企业职工养老保险制度改革的通知》（国务院 1995 年，以下简称 1995 年《通知》）和《关于建立统一的企业职工基本养老保险制度的决定》（国务院 1997 年，以下简称 1997年《决定》）。以上法律法规明确了企业的缴费义务和缴费方式，制定了具体的缴费标准，并且对相关行政机构的管理和监督权力进行了安排。

在企业缴费义务的确认方面，《中华人民共和国劳动法》第九章第 72 条明确规定，社会保险基金按照保险类型确定资金来源，逐步实行社会统筹。用人单位和劳动者必须依法参加社会保险，缴纳社会保险费。企业缴纳社会保险费成为法定义务。

---

① 郑功成等：《中国社会保障制度变迁与评估》，中国人民大学出版社 2002 年版，第 89 页。

在缴费方式方面，按照 1986 年《规定》的要求，企业缴纳的养老保险费应在税前提取，由企业的开户银行按月代为扣缴。如果企业逾期不缴，要按规定收取滞纳金，并入养老保险基金。同时，企业应当为职工代缴由个人承担的基本养老保险费。

在缴费标准方面，1986 年的《规定》要求企业应当按照企业职工工资总额的 15% 左右缴纳基本养老保险费。1991 年的《决定》要求，基本养老保险基金应由政府根据支付费用的实际需要和企业、职工的承受能力，按照以支定收、略有结余、留有部分积累的原则统一筹集。具体的提取比例和积累率，由省、自治区、直辖市人民政府经实际测算后确定，并报国务院备案。1995 年的《通知》进一步要求，养老保险费率制定应当从我国生产力水平比较低、人口众多且老龄化问题日益突出等实际情况出发，兼顾国家、企业、个人三者利益，兼顾眼前利益和长远利益，在充分测算论证的基础上，严格控制企业负担比例和基本养老金的发放水平，减轻企业和国家的负担。为控制企业缴费率，逐步减轻企业负担，《通知》要求通过提高收缴率和扩大覆盖面等措施，力求统筹费率稳定在测定的标准上并有所下降。1997年《决定》规定企业基本养老保险缴费率一般不得超过工资总额的 20%（包括划入个人账户的部分），具体比例由省、自治区、直辖市人民政府确定。部分确需超过企业工资总额 20% 的省份，应报劳动部、财政部审批。

在征收管理体制方面，按照 1986 年《规定》要求，各地劳动行政主管部门所属的社会保险机构专门负责养老保险费的征收。1991 年的《决定》建议，经办机构的管理和行政费用在经财政部门审核、养老保险基金委员会批准之后，从养老保险基金中提取。1994 年的《劳动法》以法律形式确立了社会保险经办机构承担依法收支、管理和运营社会保险基金的责任。1995 年的《通知》则要求建立社会保险行政管理与基金管理分开、执行机构与监督机构分设的管理体制。社会保险行政管理部门的主要任务是制订政策、规划，加强监督、指导；社会保险经办机构负责具体管理社会保险基金收支业务。

在基金监督体系建设方面，1991 年的《决定》要求地方各级政府设立由劳动部门牵头，由劳动、财政、计划、审计、银行和工会等部门负责同志参加的养老保险基金委员会，实施对养老保险基金的指导和监督。1993 年 8 月，劳动部颁发《劳动监察规定》，将单位和劳动者缴纳社会保险费的情况作为劳动监察的重要内容之一。1995 年 9 月，国务院下发的《关于深化企业职工养老保险制度改革的通知》要求，各地区和有关部门要设立由政府代表、企业代表、工会代表和离退休人员代表组成的社会保险监督委员会，以加强对基金管理工作的监督。

由此可见，伴随着从传统单位保障制度向社会保险制度的整体转型，以社会保险经办机构为主体的社会保险费征收体制初步建立了起来。

三、1998—2018 年：双征收主体并存

1998 年，国务院进行机构调整，新成立的劳动和社会保障部被赋予了管理企业社会保险的职能。同年，财政部颁布《关于企业职工基本养老保险基金实行收支两条线管理暂行规定》（以下简称 1998 年财政部《规定》），指出，企业养老保险费的征收机关可以是社会保险经办机构，也可以由税务部门代征。从此，养老保险费的征收体制从单一征收主体模式转化为双征收主体并存的混合模式。征收主体的变化，带来了企业基本养老保险费征收体制的相应变化。

在征收管理体制方面，1998 年财政部《规定》要求将企业职工基本养老保险基金逐步纳入社会保障预算管理。在国家社会保障预算制度正式建立以前，基本养老保险基金纳入单独的社会保障基金财政专户，实行收支两条线。社会保险经办机构于预算年度终了时，按照财政部门规定，编制下年度基本养老保险基金收支计划。1998 年财政部《规定》还对社会保险行政费用的提取方式进行了改变。《规定》指出，企业职工基本养老保险基金应按照国家规定，全部用于职工基本养老保险。行政管理费用不应当从养老保险费中提取。社会保险经办机构的业务经费由财政部门在预算中安排，经办机构的准政府性质更加明确；由税务部门代征的省份，相关征收费用来源由省级人民政府研究确定。

在征收主体与征收程序方面，与此前的养老保险费管理体制相比，1998

年财政部《规定》最显著的变化是关于养老保险费征收主体方面的规定：社会保险经办机构和税务部门都可以作为征收主体，由各省区市人民政府决定。需要强调的是，税务部门只是代为履行征收职能，社会保险经办机构仍然负责基本养老保险金的管理工作。在实行税务部门代征的省份，社会保险经办机构仍履行稽核和追缴的职能。

在征收程序方面，1998年财政部《规定》做了详细安排。社会保险经办机构作为征收主体时的征收程序是：银行根据社会保险经办机构开出的托收凭证，将企业和职工个人缴纳的基本养老保险费从企业基本账户划入基本养老保险基金收入户；社会保险经办机构按月将基本养老保险基金收入户资金全部划入社会保障基金财政专户。税务部门作为征收主体时的程序是：社会保险经办机构向税务部门提供有关企业和职工个人缴费的基本数据；税务部门根据社会保险经办机构提供的数据，向企业开出基本养老保险费征收凭证；银行根据税务部门开出的凭证将企业和职工个人缴纳的基本养老保险费从企业基本账户中划入基本养老保险基金收入户；社会保险经办机构按月将基本养老保险基金收入户资金全部划入社会保障基金财政专户。需要强调的一点是，1998年6月，在中共中央、国务院下发的《关于切实做好国有企业下岗职工基本生活保障和再就业工作的通知》明确指出，要将养老保险基金差额缴拨改为全额缴拨。这弥补了企业缴费过程的制度缺陷。

在监督管理体系建设方面：1998年财政部《规定》对相关职能部门的权责进行了划分：其中，社会保险经办机构负责编制基本养老保险基金收支计划和决算；负责基本养老保险基金筹集和发放工作；负责基本养老保险基金收支会计核算工作；负责基本养老保险基金结余额存期和购买国债的安排；负责个人账户记录、管理等。社会保险行政主管部门负责审核社会保险经办机构编报的基本养老保险基金收支计划和决算草案，加强对基本养老保险基金管理情况的监督检查。财政部门负责有关财务会计制度的制定、贯彻落实及监督检查；负责社会保障基金财政专户的核算工作；负责审核社会保险经办机构提出的基本养老保险支出用款计划和结余额的安排；负责审核、汇总社会保险经办机构编制的基本养老保险基金收支计划和决算；负责拨付社会保险经办机构经费。银行负责按照社会保险经办机构或税务部门开出的托收凭证以及经财政部门审核同意的社会保险经办机构用款计划及时划款，并加强对基本养老保险基金收支的监督。审计部门依法对企业职工基本养老保险基金收入户、支出账户和社会保障基金财政专户收支结余情况进行审计，行使审计监督的职责。

1999 年 1 月由国务院颁布的《社会保险费征缴暂行条例》（以下简称《征缴条例》）是当时我国政府关于社会保险费征收体制的最高层次法规依据。《征缴条例》的主要内容包括以下几个方面：

第一，再次明确了企业缴纳社会保险费的义务。《征缴条例》第一章第 4 条规定，缴费单位①、缴费个人应当按时足额缴纳社会保险费。

第二，明确规定劳动保障行政部门负责全国各地社会保险费的管理和监督检查工作。关于企业社会保险费的征收机构，仍然可以由省政府在社会保险经办机构和税务机关中进行选择。

第三，规范了企业缴纳社会保险费的程序。根据《征缴条例》第二章的规定，企业缴纳社会保险费包括登记、申报、核定和征收（补缴）四个步骤。实行税务机关代征的地区，由社保经办机构负责向税务部门提供企业缴费申报的基本情况。税务部门完成征收工作之后，向社保经办机构回馈征收情况。在行政费用来源方面，《征缴条例》延续了财政部 1998 年在《关于企业职工基本养老保险基金实行收支两条线管理暂行规定》中关于行政管理费用不从养老保险费中提取，而由财政拨付的办法。

第四，再次强调建立包括劳动者在内的企业社会保险缴费监督体系。《征缴条例》第三章第 17 条规定，"缴费单位应当每年向本单位职工公布本单位全年社会保险费缴纳情况，接受职工监督。社会保险经办机构应当定期向社会公告社会保险费征收情况，接受社会监督"；第 21 条规定，"任何组织和个人对有关社会保险费征缴的违法行为，有权举报"；第 22 条规定，"社会

---

①　注：根据《社会保险费征缴暂行条例》第一章第 3 条的规定，缴费单位是指国有企业、城镇集体企业、外商投资企业、城镇私营企业和其他城镇企业及其职工以及实行企业化管理的事业单位。

保险基金实行收支两条线管理，由财政部门依法进行监督。审计部门依法对社会保险基金的收支情况进行监督"。

第五，制定了包括滞纳金制度和对直接负责人进行经济处罚的惩罚制度。

《社会保险费征缴暂行条例》颁布实施不久，相关部门就下发了一系列配套文件，以贯彻落实《征缴条例》，见表9—3。

表 9—3　1999—2005 年关于社会保险费征缴、稽核工作的文件

颁布时间	颁布部门	文件名称	主要内容
1999.1	国务院	社会保险费征缴暂行条例	明确企业征缴义务和征缴程序，规定社会保险费管理机构、征收机构和监督检查机构。
1999.2	国务院办公厅	关于进一步做好"两个确保"工作有关问题的通知	重点清理追缴有支付能力的欠费大户，完善内部审计制度和社会监督机制，确保养老金正常发放。
1999.3	劳动保障部	社会保险登记管理暂行办法	明确企业社会保险登记义务，明确登记内容和更改、注销登记的程序，确立属地化管理原则。
1999.3	劳动保障部	社会保险费申报缴纳管理暂行办法	详细规定企业社会保险费缴费程序，再次明确滞纳金制度。建立多方参与的监督管理制度。
1999.3	劳动保障部	社会保险费征缴监督检查办法	明确监察主体、监察内容和具体罚则，强调社会各方主体参与监察。
1999.3	劳动保障部	贯彻两个条例扩大社会保障覆盖范围加强基金征缴工作的通知	要求贯彻《社会保险费征缴暂行条例》和《失业保险条例》，要求实现各项社会保险费统一、合并征收。
1999.7	财政部劳动保障部	社会保险基金财务制度	要求建立社会保险基金预、决算制度。明确社会保险经办机构和税务部门的追缴权力。
1999.11	财政部劳动保障部国家经贸委	关于清理收回企业欠缴社会保险费有关问题的通知	建立清欠目标责任制，严禁任何形式的协议缴费和以物抵费，确定兼并和破产企业的欠费清偿方式。
2000.5	劳动保障部社保中心	关于建立欠缴基本养老保险费企业信息库的通知	要求在社保经办机构内设立"欠缴基本养老保险费企业信息库"，制定欠费企业补缴能力认定标准。

颁布时间	颁布部门	文件名称	主要内容
2001.3	劳动保障部	关于认真做好公布社会保险费征缴工作的通知	确立社会保险费信息公布方式、内容和范围，要求建立社会监督体系。
2001.5	劳动保障部	社会保险基金监督举报工作管理办法	规定公民、法人和其他社会组织有权对社保基金管理方面的问题进行检举和控告。
2001.5	劳动保障部	社会保险基金行政监督办法	确立各级劳动保障行政部门作为监管主体，采取现场监督与非现场监督相结合的方式对基金进行监管。
2001.8	劳动保障部办公厅	关于进一步做好社会保险费征缴和清欠工作的通知	将财政补助与征缴情况相挂钩，要求及时向参保人员发放缴费对账单，进一步完善社会监督机制。
2001.12	劳动保障部	关于完善城镇职工基本养老保险政策有关问题的通知	详细规定国有企业下岗职工，破产企业和省际搬迁企业基本养老保险欠费的补缴程序。
2002.9	国家税务总局	关于税务机关征收社会保险费工作的指导意见	要求加大税务代征地区的社会保险费征收工作力度。
2003.2	劳动保障部	社会保险稽核办法	详细规定社会保险经办机构进行社会保险稽核的内容和程序。
2003.3	劳动保障部	关于切实做好《社会保险稽核办法》实施工作的通知	要求社会保险经办机构对缴费企业的缴费人数和缴费基数进行重点稽查。
2003.3	劳动保障部社保中心	关于进一步加强社会保险稽核机构队伍建设的通知	要求各地社会保险经办机构培养一支专业稽核队伍，落实《社会保险稽核办法》。
2003.4	国家税务总局	关于加强税务机关社会保险费宣传工作的通知	要求采取各种形式，向社会各界宣传税务机关征收社会保险费取得的成效和税务机关征收的优势。
2005.1	劳动保障部	关于进一步加强社会保险稽核工作的通知	要求将优势企业、大型企业、外商投资企业和欠费企业作为实地稽核的重点对象，建立企业信用记录。

资料来源：根据笔者掌握资料综合整理。

　　仅 1999 年 3 月，劳动和社会保障部就先后下发了《社会保险登记管理暂行办法》、《社会保险费申报缴纳管理暂行办法》、《社会保险费征缴监督检查办法》和《关于贯彻两个条例扩大社会保障覆盖范围加强基金征缴工作的通知》。其中，《社会保险登记管理暂行办法》对企业社会保险登记、变更登记和撤销登记的相关程序进行了规定。《社会保险费申报缴纳管理暂行办法》明确规定了企业社会保险费的征缴程序，并且第一次提及社会保险经办机构应当履行稽核职能，定期核查缴费单位的职工人数、工资基数和财务状况，确认缴费单位是否依法足额缴纳社会保险费。《社会保险费征缴监督检查办法》规定了社会保险费征缴监察的具体内容，确立劳动保障行政部门为社会保险费的监察机构。《关于贯彻两个条例扩大社会保障覆盖范围加强基金征缴工作的通知》则提出了社会保险费合并统一征收的模式。

1999 年 7 月，财政部、劳动和社会保障部联合颁布《社会保险基金财务制度》，要求建立社会保险基金预、决算制度。1999 年 9 月，党的十五届四中全会明确提出，要强化社会保险费的征缴，提高收缴率，清理追缴企业拖欠的社会保险费。2 个月之后，劳动和社会保障部、国家经贸委、财政部就联合下发了《关于清理收回企业欠缴社会保险费有关问题的通知》，要求建立清欠目标责任制，对欠费大户进行分级、动态跟踪①。《通知》纠正了实践中存在的"协议缴费"和"以物抵费"的违规行为，提出了"四不准"的处罚措施②。2000 年 5 月，劳动和社会保障部社会保险事业管理中心下发《关于建立欠缴基本养老保险费企业信息库的通知》，在社会保险经办机构内设立"欠缴基本养老保险费企业信息库"对所有欠费企业进行缴费能力

---

① 注：动态跟踪是指欠费 100 万元以上的企业由省级劳动保障部门直接监控；欠费 1000 万元以上的企业，省级劳动保障部门要报劳动和社会保障部备案，同时向财政、经贸等有关部门通报情况。

② 注："四不准"是指，证券监督管理机构不予批准企业上市；企业领导人员管理部门将国有企业缴费情况纳入企业领导人业绩考核的重要内容，对不依法缴费的国有企业的法定代表人、总会计师除不能晋级、评选先进和获得年终奖金外，拖欠当年还要给予警告，次年仍拒缴纳的，给予撤职处分；工商行政管理部门不予核准其独资、参股设立新企业，不予核准设立分支机构及增加经营范围。

认定①，签订补缴计划。

尽管劳动保障部采取了一系列的措施加强了社会保险费征缴，但仍然有一些省份决定转由地方税务部门负责征收，仅 2000 年一年，就有辽宁、广东、陕西、甘肃、江苏、福建、黑龙江、海南八个省份开始实行税务部门代征机制，再加上 1998 年开始由税务代征的云南和浙江；1999 年的重庆和安徽；2001 年开始的内蒙古、河北和青海以及 2002 年开始的湖北。截至 2002 年底，共有 16 个省级单位由税务机构征收，16 个省级单位由社会保险经办机构征收，从而形成两分天下的格局。

2002 年以后，各地征收体制总体保持了相对稳定，部分地区（如吉林省、四川省、贵阳市、长沙市等）改为税务征收后因效果不佳，又改回社保征收。随后，随着社会保险覆盖面的不断拓宽，从全险种的角度看，截至 2016 年底，按照征收金额计，社会保险经办机构征收的占 63%，税务代征的占 37%，各项社会保险险种社保征收的比例都超过税务代征地区，其中，机关养老保险、城乡居民养老保险、城乡居民医疗保险社保征收的比例都在 85% 以上。② 然而，社会保险费征缴体制的部门争议和理论对话并未停止，唯一的共识恐怕就是需要统一社会保险费征收体制。

四、2018 年社会保险费征收体制改革至今 ③

前文在有关 2018 年党和国家机构改革的论述中，多次提及社会保险费征收体制的统一及其意义。但是，国家机构改革方案出台之后，社会保险费

---

① 注：具体认定标准是，凡能正常发放在职职工工资的欠费企业，视为有缴费能力；凡在一个年度内，在职职工工资能够达到当地最低工资标准的欠费企业，视为有部分缴费能力；凡在一个年度内，连续四个月或累计六个月不能发放在职职工最低工资标准的，视为暂无缴费能力；凡已正式宣布破产的企业，视为无缴费能力。有缴费能力的企业，2000 年底必须补缴全部欠费；对有部分缴费能力的企业，2000 年底必须补缴欠费的 55%；对暂无缴费能力的企业，要帮助其采取措施，筹集资金，在 2000 年底补缴欠费的 15%。

② 唐霁松：《社会保险费统一征收应早落地》，《中国社会保障》2017 年第 5 期。

③ 注：中国人民大学社会保障专业 2020 届硕士生薛贤凯协助收集了本部分的大量基础材料，在此对他的辛勤工作表示感谢。

征收从人社部门向税务部门的划转工作并非一帆风顺，而是在外部经济环境突变的情况下，经历了一段波折，直至 2020 年底各地才基本落实。本部分将回顾 2018 年以来，社会保险费征收体制改革所遇到的困难和波折，以充分说明社会保障管理权责在不同部门之间的合理配置不仅会受到行政管理体制的影响，也因为社会保障制度内嵌于整个经济社会发展之中，从而也会受到宏观经济社会环境的影响。

在 2018 年党和国家机构改革方案出台之前，国务院办公厅就组建了"社会保险费征收体制第三方评估"课题组，包括中国社会科学院、北京大学、清华大学和中国人民大学四支队伍，汇集各个领域的专家学者进行调研论证，为统一社会保险费征收主体提供决策依据。① 改革方案发布后，部分地区出现对企业社会保险历史欠费情况进行排查和清欠的情况，主要出现在养老保险基金支付压力较大以及在 2018 年之前由社会保险经办机构征收的地区。例如，2018 年 6 月 15 日，黑龙江税务局等三部门联合发文，要求未办理养老保险参保登记、未全员参保和未足额缴纳社会保险费的三类企业，限期改正并补缴社会保险费。同年 8 月份，税务机关对易发生不正当劳务关系的四类企业进行社会保险费征缴的专项整治行动。② 2018 年 6 月 20 日，上海市人社局对 64 家未合规缴纳社会保险费的单位信息进行了公布，对其违法行为进行公开告示。③ 2018 年 8 月 22 日，吉林市政府全面部署全市社会保险扩面征缴专项行动。④ 多地在征收体制调整的背景下，不仅加大了当前的征收力度，而且对历史欠缴进行清欠，给当地的企业带来了较大的财务

---

① 王延中主编：《中国社会保障发展报告（2018）社会保险征费体制改革》，社会科学文献出版社 2018 年版。

② 黑龙江省税务局关于依法规范企业基本养老保险参保缴费的通告，2018 年 6 月 15 日，黑龙江省人民政府网，http://www.hlj.gov.cn/zwfb/system/2018/06/25/010876104.shtml。

③ 上海市社会保险事业管理中心告示，2018 年 6 月 20 日，上海市人民政府网站，http://www.shanghai.gov.cn/nw2/nw2314/nw2319/nw32905/nw32914/nw32994/nw33006/nw39937/index.html。

④ 吉林市全面启动社会保险扩面征缴攻坚战专项行动，2018 年 9 月 13 日，吉林省社会保险事业管理局网站，http://jlsi.jl.gov.cn/ssb/gzdtt/26680.jhtml。

压力。

2018 年 8 月 23 日，江苏省常州市新北区人民法院的一份行政裁定书显示，江苏省常州地方税务局第五税务分局认为被申请执行人常州市裕华玻璃有限公司欠缴 2007 年 12 月至 2017 年 11 月期间的基本养老保险费 1631897.92 元、基本医疗保险费 214321.9 元、工伤保险费 42028.8 元、失业保险费 104375.81 元、生育保险费 18509.72 元的行为，违反了《中华人民共和国社会保险法》和《江苏省社会保险费征缴暂行条例》的规定，于 2017 年 12 月 18 日作出常地税五社征字〔2017〕第 434 号社会保险费征收决定，对被申请执行人征收社会保险费 2011134.15 元，并告知了行政复议和行政诉讼的权利及相应的法律后果。被申请执行人在法定期限内既未申请行政复议，也未提起行政诉讼，亦未全部履行缴纳义务。申请执行人遂于 2018 年 8 月 20 日向本院申请强制执行，要求本院强制执行欠缴社保费款 1802293.53 元。本院依法组成合议庭审查后认为，申请执行人国家税务总局常州市税务局申请执行的常地税五社征字〔2017〕第 434 号社会保险费征收决定之内容，本院准予强制执行，被申请执行人常州市裕华玻璃有限公司还应缴纳社保费款 1802293.53 元。① 社会保险费追缴案并非个例，在安徽、河南、江苏、湖北、四川等地也出现了类似的税务部门追缴行为。

与此同时，相关部委加快落实社会保险费征缴体制改革的步伐并未停下。2018 年 8 月 20 日，五部委局联合召开社会保险费和非税收入征管职责划转工作动员部署会议。按照决策部署，社会保险费和第一批非税收入征管职责划转交接工作要在 2018 年 12 月 10 日前完成，自 2019 年 1 月 1 日起由税务部门统一征收各项社会保险费和先行划转的非税收入。② 一方面是工作时间安排的紧锣密鼓，另一方面是地方税务部门追缴企业社会保险欠费，再加上中美之间贸易摩擦持续升级，给企业带来了巨大的财务压力。在这种情

---

① 注：来源于中国裁判文书网。
② 五部委局联合召开社会保险费和非税收入征管职责划转工作动员部署会议，2018 年 8 月 20 日，国家税务总局网站，http://www.chinatax.gov.cn/n810219/n810724/c3675977/content.html。

况下，征收体制改革的落地出现了困难和挑战。

针对此，中央政府主要采取了两个方面的措施，其一是研究制定并颁布了阶段性降低社会保险费率的政策，使之配合征收体制改革所带来的费基做实给用人单位带来的压力，从而尽量不增加企业负担；其二则是明确各地不得对历史欠费进行追缴，并维持现有的征收体制不变，以稳定预期。

2018 年 9 月 13 日，国家税务总局颁布《关于稳妥有序做好社会保险费征管有关工作的通知》，明确规定了对不合规企业历史欠费问题不得自行组织开展清欠工作的处理原则。2018 年 9 月 21 日，人社部办公厅发布《关于贯彻落实国务院常务会议精神切实做好稳定社保费征收工作的紧急通知》也明确严禁对企业历史欠费问题进行清缴。

2018 年 9 月 27 日，李克强总理到浙江考察，听取了税务部门在征收社会保险费方面的工作汇报，并抽查企业在社会保险费征缴方面是否有变化，再次强调严禁地方自行对企业进行集中清缴，提到有关部门正在研究进一步降低社保费率，坚持总体上不增加企业负担的原则。[①] 2018 年 11 月 1 日，习近平总书记在民营企业座谈会上发表重要讲话，提到要降低社会保险费，推进供给侧结构性改革，实质性降低企业负担。要加大减税力度，推进增值税等实质性减税，而且要简明易行好操作，增强企业获得感。2018 年 11 月 8 日，国家税务总局党委书记、局长王军在民营企业税收座谈会上提到，将尽快研究出减税方案，"减"出发展之力，降低民营企业负担。[②] 在征收体制改革方面，2018 年 12 月 21 日，国税总局下发《关于做好社会保险费征管职责划转有关工作的通知》，要求企业职工基本养老保险和企业职工其他险种缴费，原则上暂按现行征收体制继续征收。

在暂缓实施社会保险费征收主体调整，维持现有征收体制的同时，有关

---

① 李克强浙江考察：就社保费收缴再给企业"定心丸"，2018 年 9 月 28 日，中国青年网，http://news.youth.cn/sz/201809/t20180928_11741440.htm。

② 以更大力度、更惠政策、更优服务助推民营企业走向更加广阔的舞台，2018 年 11 月 9 日，国家税务总局门户网，http://www.chinatax.gov.cn/n810219/n810724/c3872936/content.html。

部门还在积极研究降低社会保险费率的举措，从而通过降低费率来打消企业对征收主体转变带来冲击的顾虑。2019 年 4 月 4 日，《国务院办公厅关于印发降低社会保险费率综合方案的通知》明确要求，（1）自 2019 年 5 月 1 日起，降低城镇职工基本养老保险（包括企业和机关事业单位基本养老保险，以下简称养老保险）单位缴费比例。各省、自治区、直辖市及新疆生产建设兵团（以下统称省）养老保险单位缴费比例高于 16% 的，可降至 16%；目前低于 16% 的，要研究提出过渡办法。（2）继续阶段性降低失业保险、工伤保险费率。（3）调整社保缴费基数政策。将此前非私营单位就业人员平均工资作为核定个人缴费上下限基数的做法改为以全口径城镇单位就业人员平均工资，合理降低部分参保人员和企业的社保缴费基数。（4）稳步推进社保费征收体制改革。企业职工基本养老保险和企业职工其他险种缴费，原则上暂按现行征收体制继续征收，稳定缴费方式，"成熟一省、移交一省"；机关事业单位社保费和城乡居民社保费征管职责如期划转。妥善处理好企业历史欠费问题，在征收体制改革过程中不得自行对企业历史欠费进行集中清缴，不得采取任何增加小微企业实际缴费负担的做法，避免造成企业生产经营困难。（5）提高中央调剂金比例至 3.5%，加快推进省级统筹等。综合方案出台后，人社部和税务总局也都先后出台了贯彻落实的通知。

可见，该综合方案采取了"组合拳"的方式，通过降低费率、调整缴费基数计算方式以及暂缓征缴主体变更等综合措施，确保企业社会保险缴费负担不增加。这显然是在外部经济环境发生变化的情况下，兼顾经济发展目标与社会发展目标的举措。而机关事业单位社会保险费和城乡居民社会保险费的征收体制变革工作，因为不涉及到企业用工成本的增加，则都按计划于 2019 年 1 月由税务部门全责承担。2020 年，受到新冠肺炎疫情的影响，国家出台了社会保险费缓缴、免缴等系列政策，帮助企业渡过难关，征缴体制在这一年也仍然保持不变。2020 年 10 月底，北京等多地的税务部门先后发布公告，决定从 11 月起将企业社会保险费交由税务部门征收。由于当时仍处于疫情下的社会保险费免征时期，因此并未对企业产生直接的显著影响。至此，时隔两年后，2018 年的社会保险费征缴体制改革才得以全面贯彻落实。

总而言之，2018 年党和国家机构改革方案中将社会保险费征缴责任集中于税务部门，改变了此前不同地区征收主体不同的争论和政策实施中的弊端，实现了征缴主体的集中与统一，进一步优化了社会保险基金管理体制。然而，由于外部经济环境的变化，社会保险费征收主体选择过程中的部门权责之争演化为经济发展与社会保障之间的关系协调，从而在实施的过程中出现了波折，但这并不影响社会保险费征收主体集中与统一的必然要求。

第三节　不同业务部门间的关系：以医疗保障管理体制为例

一、城乡分割的医疗保障制度及其管理体制

我国的基本医疗保障制度建设经历了一个渐进发展的过程。首先是在 20 世纪 80 年代，一些地区的国有企业因无力承担医疗费用支出的膨胀而尝试让职工分担部分医疗费用和社会统筹的试点①，经过不同地区的试点与经验总结，国务院于 1998 年颁布《关于建立城镇职工基本医疗保险制度的决定》，确立了统账结合的职工基本医疗保险制度模式。我国广大的农村居民在计划经济体制下，被以集体经济为支撑的合作医疗制度所覆盖。但随着农村联产承包责任制的推广，合作医疗制度失去了其赖以生存的经济基础。2003 年，国务院办公厅转发卫生部等部门《关于建立新型农村合作医疗制度的决定》，建立了由多方筹资（包括家庭缴费、集体经济补助和各级财政补助）的新型农村合作医疗制度。2007 年，国务院发布《关于开展城镇居民基本医疗保险试点的指导意见》，建立了针对城镇中不属于职工基本医疗保险覆盖范围人群的制度，缴费来源于参保家庭和政府补贴。至此，我国的

---

① 郑功成等：《从饥寒交迫走向美好生活：中国民生 70 年（1949—2019）》，湖南教育出版社 2019 年版，第 204—205 页。

基本医疗保障实现了制度全覆盖，即城乡居民无论其就业状态和户籍身份，都能参加相应的基本医疗保险制度，在一定程度上免除疾病经济负担。

三项基本医疗保险制度建立的时间有早晚，其管理部门也不完全一致。职工医疗保险制度主要覆盖城镇就业群体，与计划经济体制下的劳保医疗一脉相承。虽然在 20 世纪 80 年代改革时期，彼时的国家体改委也设置了分配与社会保障司，参与社会保险领域的改革工作，但 1998 年的国务院机构改革明确将医疗保险的管理职责划归劳动保障部。这使得城镇职工基本医疗保险的管理权责自然归于劳动保障部门。这也是我国的社会保险改革缘起于国有企业改革，与劳动就业改革相关联的必然结果。然而，与其他社会保险项目不同，医疗保险制度的本质是对医疗服务的购买，就广义的医疗保障而言，既包括解决筹资问题的医疗保险制度，也包括解决医疗服务问题的医疗卫生制度，而我国的卫生行政部门则是医疗卫生制度的长期主管部门。再加上计划经济时期的公费医疗和农村合作医疗都长期由卫生部门管理，业务的关联性和制度的路径依赖，使得 2003 年正式建立的新型农村合作医疗制度在各地主要由当时的卫生部门管理。这就形成了城乡之间基本医疗保险制度和管理体制的分割状态，而 2007 年正式建立的城镇居民基本医疗保险，因其覆盖对象在城镇地区，因此顺理成章地由劳动保障部门负责管理。至此，基本医疗保障制度的城乡分割导致了管理体制的分割，在三大基本医疗保险制度中，卫生部门虽然只负责管理新型农村合作医疗，但其参保人数众多，截至 2014 年底，参加新型农村合作医疗的达到 7.36 亿人；人力资源社会保障部门负责管理城镇职工和城乡居民基本医疗保险，2014 年底两项制度的参保人数为 5.97 亿人。

医疗保险制度的城乡分割既有历史必然性，更有历史局限性。医疗保险制度的逻辑是通过大数法则来分散大额医疗费用对个人带来的风险，因此，只有建立整合统一的基本医疗保险制度，才能扭转医疗服务领域"供给诱导需求"的状况，实现供求双方的相对平衡。党的十八大报告和十八届三中全会通过的《中共中央关于全面深化改革若干重大问题的决定》都提出要整合城乡居民基本医疗保险。2016 年 1 月，国务院发布《关于整合城乡居民基本医疗保险制度的意见》，其中明确要求"理顺医保管理体制，统一基本医保行政管理职能"。那么，医疗保险管理权责应当归属于人力资源社会保障部门还是卫生部门呢？

卫生部门和人社部门持有不同的观点。卫生部门认为，医疗保险的本质是对医药卫生服务的购买，因此集中管理筹资和服务，才能更好地解决"看病难、看病贵"问题，此所谓"一手托两家"之说；人社部门则提出，医疗保险的基本逻辑是第三方支付，只有将所有参保者团结到一个制度中，并因此形成整体的力量，才能够对具有先天信息优势的医疗服务供方产生压力，才能够有效地控制医疗服务价格，此所谓"第三方支付"之说。由此可见，选择不同的管理主体，就是选择不同的管理模式，而根据本书第四章所提及的医疗保障管理体制分析框架可见，管理模式的选择从根本上说就是对制度模式的选择。

二、城乡居民医疗保障管理体制的整合过程

在实践中，城乡居民医疗保障管理体制的整合过程并不顺利。截至2015 年底，全国只有 9 个省份（包括兵团）和数十个市、县实现了整合。2016 年 1 月，国务院发布《关于整合城乡居民基本医疗保险制度的意见》后，各地的管理体制合并工作进入到了"快车道"，截止到当年的 8 月份，就有北京、河北、内蒙古、江西、湖北、湖南、广西和新疆实现了整合，全国累计 20 个省份实现了整合。然而，不同省份的选择并不完全一致。与上一节有关社会保险费征收体制的历史沿革类似，虽然中央政府明确要求实现城乡居民医疗保险管理体制整合，但却没有明确要求整合到哪一个部门，而由地方政府自行决定。这是在制度未实现全国统一、统筹层次仍然较低情况下的必然结果。与养老保险制度不同，医疗保险制度的法定统筹层次是省级统筹，而彼时大部分地区都处于地市级甚至更低的统筹层次，自然也只能由承担实际管理权责的统筹层次一级政府来决定管理体制。表 9—4 展示了不同省份对医疗保障管理体制的选择情况。

表9—4　不同省份城乡统筹医疗保障制度管理模式选择

发文时间	省级单位	管理主体	发文时间	省级单位	管理主体
2008.8	新疆兵团	人社	2016.8	云南	由地市自行选择
2009.4	天津	人社	2016.9	河南	人社
2010.10	宁夏	人社	2016.10	北京	人社
2014.1	山东	人社	2016.11	山西	人社
2014.10	重庆	人社	2016.11	甘肃	人社
2014.12	浙江	人社	2016.11	黑龙江	人社
2015.10	上海	人社	2016.12	吉林	制度整合、管理分割
2016.5	广东	人社	2016.12	贵州	制度整合、管理分割
2016.5	河北	人社	2016.12	四川	由地市自行选择
2016.5	湖北	人社	2016.12	海南	成立单独部门
2016.6	青海	人社	2016.12	江苏	人社
2016.6	内蒙古	人社	2017.6	陕西	卫生
2016.6	江西	人社	2016.7	福建	成立单独部门
2016.6	新疆	人社	2016.12	安徽	成立单独部门
2016.7	湖南	人社	2018.10	西藏	医保局
2016.7	广西	人社	2019.7	辽宁	医保局

资料来源：朱恒鹏：《城乡居民基本医疗保险制度整合状况初步评估》，《中国医疗保险》2018年第2期，笔者补充。

通过对上表的分析，我们可以简单区分出地方政府在医疗保障管理体制选择中的五种策略和相应地选择结果。

（1）选择由人力资源社会保障部门主管，这是大部分省份的选择。除了在2016年之前就已经明确由人社部门管理的几个省份之外，2016年2月国务院有关整合意见的出台极大地促进了整合的步伐，从而具有明显的推动效应和扩散效应。

（2）采取被动等待的策略，直至中央政府做出新的决策。西藏和辽宁采取了这样的策略，两地一直未出台有关城乡居民医疗保险整合的文件，直至2018年党和国家机构改革成立了国家医疗保障局，两地才于2018年和2019年先后出台相关文件，而此时的管理体制已不再成为"选择题"，而自然由各地新组建的医疗保障局承担。

（3）选择由卫生部门主管。在所有的 32 个省级单位中，只有陕西省明确由卫生行政部门主管。而当笔者进行文献追踪时发现，陕西省人民政府在 2016 年 6 月 6 日印发的《陕西省深化医药卫生体制综合改革试点方案》中提出，"将城镇居民医保和新农合制度整合，建立统一的城乡居民基本医疗保险制度，实行市级统筹，由卫生计生部门统一管理。城镇职工医保仍由人力资源社会保障部门管理。"但是在 2016 年 9 月 2 日印发的《陕西省人民政府办公厅关于统一城乡居民基本医疗保险提升服务效能的实施意见》中不仅没有强调将管理权责集中给卫生部门，却反而表述为"按照统一政策、集中办公、方便群众的原则，市级依托人力资源社会保障部门管理的城镇居民医保经办机构，县级依托经办机构由人力资源社会保障、卫生计生部门共同对现有经办资源进行评估后择优确定"。虽然管理和经办是适度分开的，但管理由卫生部门，经办又可以自行选择，无疑使得本来就复杂的管理体制更加混乱。虽然前一份文件的签署发布主体层级更高，但后者在文件中明确提出是贯彻落实《国务院关于整合城乡居民基本医疗保险制度的意见》，从而更具有针对性。笔者在这里无意去探究哪份文件的效力更高，而是通过对文献文本的分析，来充分说明在中央政府没有明确决策的情况下，地方政府往往也只能莫衷一是，甚至会出现摇摆不定。

（4）上述两个策略都是"非此即彼、两者选一"，而云南、吉林、贵州则选择维持现状；四川则进一步将决策责任下移到地市级政府，从而实际上也是在维持现状。根据笔者有关社会政策决策方案与政策实施之间关系的分析，当政策决策方案本身是模糊的时候，地方政府作为政策的实施者，只能按照自身的利益诉求和结构，采取"再界定"或"再决策"等方式。① 因此，上述四个省份的行动策略，反映了其矛盾和观望的态度，在中央政府未做出明确决策的情况下，简单地批判地方政府"被动消极"显然是毫无道理的。

---

① 鲁全：《转型期中国养老保险制度改革中的中央与地方关系研究》，中国劳动社会保障出版社 2011 年版，第 21 页。

与陕西省自相矛盾的规定类似，上述四省"以不变应万变"的策略同样证明了当横向职能部门之间出现冲突时，如果中央政府不做出决策，而将矛盾在纵向上转移到地方政府，则只会导致全域范围内更加复杂的情况，从而与制度和管理的统一要求相违背。

（5）采取增量改革的策略，成立新的管理部门。海南、福建和安徽三省采取了这样的策略，它们并未在人社和卫生之间选择其一，而是建立了相对独立的管理部门，或挂靠在财政部门，或直接隶属于所在地政府。这种模式缘起于对福建三明做法的关注和扩散。根据三明医改操盘手詹积富的介绍[①]，三明市于 2010 年实现职工医保的市级统筹，但基金缺口极大，欠付公立医院医疗费用 1700 多万元。于是，三明市实施了取消药品加成、集中招标采购、建设紧密型医联体、医生薪酬与医疗收入脱钩等措施，在医疗保障管理体制上，则于 2013 年 6 月整合全市 24 个原分别由人社、卫生部门管理的"三保"经办机构，组建成立了隶属于市政府的"三明市人民政府医疗保障基金管理中心"，暂由市财政局代管，同时各县成立了垂直管理的经办机构。2016 年 7 月，三明市进一步组建市医疗保障管理局，将市人社局有关医疗保险、生育保险管理职责，市卫生计生委有关药品耗材集中采购职责和新农合管理职责，市民政部门有关医疗救助管理职责，以及市物价部门有关医疗服务价格管理职责等进行整合，划入新成立的医疗保障管理局。然而，采取这种方式的三个省份都运用了同样的策略，即在国务院要求整合城乡居民医疗保险制度时，三省所出台的贯彻文件[②]都未提及管理体制的整合方式，从而巧妙地回避了这个问题；与此同时，福建省在 2016 年 7 月下发了《关于成立省医疗保障管理委员会的通知》，挂靠省财政厅；海南和安徽都于 2017 年 9 月下文，分别成立了海南省医疗保障管理局和安徽省医疗保

---

① 詹积富：《三明医改：一场倒逼的改革》，《中国医院院长》2018 年第 23 期。

② 注：福建于 2015 年 1 月下发《福建省人民政府办公厅转发省医改办等部门关于城乡居民基本医保政策一体化实施意见》；海南于 2016 年 12 月下发《海南省人民政府办公厅关于印发海南省整合城乡居民基本医疗保险制度实施方案的通知》；安徽省于 2016 年 12 月下发《安徽省人民政府关于整合城乡居民基本医疗保险制度的实施意见》。

障管理委员会。由此可见，上述三省在进行增量式改革，成立新机构方面采取了相对迂回的方式，并未在有关贯彻上级政府的文件中对此进行明确，而是采取暂缓后单独发文的方式，成立了独立于人社和卫生部门的医疗保障管理机构。还值得关注的是，作为各省中的"少数派"，三省的行动在时间上保持了较高程度的一致，而其中福建的"带头效应"较为明显。这充分说明，在分区域的改革中，"少数派"的地区之间会产生抱团效应。当然，最令人感兴趣的问题是，为何是这三个省份选择了新的改革路径，无论是从经济发展程度、城镇化水平以及地缘政治的角度仿佛都无法给出答案，但也许能够从彼时国家卫计委主要负责同志的工作履历上发现端倪，从而说明在科层制组织中人格化、非正式沟通渠道的确切存在。

最后需要补充说明的是，广义上的横向府际关系还应当包括不同地方之间的关系。在统筹层次较低的情况下，不同社会保障项目中地方间关系的表现形式有所不同，养老保险主要涉及流动人口的保险关系转移接续，医疗保险主要涉及异地就医结算，社会救助主要涉及其对象是否要放开户籍限制等。然而，伴随着各项社会保险制度统筹层次的提高和逐步以常住人口作为服务对象，具体表现包括养老保险跨地区转移接续办法、医疗保险待遇异地结算机制的建立和部分社会保障待遇的去户籍化，地方之间的横向关系逐步演化为较高统筹层次下不同层级政府之间的纵向关系，因此，本章不再单独讨论社会保障管理体制中不同地区政府之间的关系。

第十章
多主体合作机制研究：以公共卫生
应急管理为例①

　　2020 年年初，新冠肺炎疫情暴发。这是新中国成立以来，传播范围最广、影响人数最多、治理难度最大的一次突发公共卫生事件。它不仅是对我国公共卫生体系和应急管理体系的一次重大考验，也是对整个国家治理体系和治理能力的一次重大考验②。

　　在习近平总书记的亲自指挥和党中央的英明领导下，政府各部门通力合作，社会力量积极参与，广大群众密切配合，疫情的防治取得了重大成就。从公共管理的角度看，此次疫情属于应急管理范畴。我国的应急管理体系建设从 2003 年 SARS 事件后，进入到了发展的快车道，逐步建成了以"一案三制"为基本标志的应急管理体系。2018 年党和国家机构改革成立应急管

---

　　①　笔者在前文中反复强调基于分工基础之上合作的重要性，不仅包括纵向不同层级和横向不同政府部门，也应当包括政府部门和其他社会主体之间的合作。2020 年在全球范围内突然爆发的新冠肺炎疫情，作为一场公共卫生突发事件，就是对各国治理体系与治理能力的一次重大挑战，而不同组织之间的协调与合作则是其中的关键。虽然社会保障只是公共卫生突发事件应对中的部分内容，但在疫情防控中不同主体合作的实践却提供了该方面丰富的资料。有鉴于此，笔者将 2020 年公开发表的两篇有关公共卫生突发事件应对与多主体合作的文章重新整理于此，既是对这场重大公共卫生事件的忠实历史记录，也是对包括社会保障在内的公共管理领域多主体合作机制的一次理性思考。

　　②　习近平：《全面提高依法防控依法治理能力　健全国家公共卫生应急管理体系》，《求是》2020 年第 5 期。

理部，标志着我国的应急管理初步实现了从以灾种为分类标准，以多部门分割为基本特点的初级阶段发展到了全流程、全灾种管理的新阶段①。

然而，此次新冠肺炎疫情防控工作充分说明，作为应急管理四类事件②中专业性最强的公共卫生事件，不仅需要综合部门的集中管理，也需要专业部门和专业机构的充分参与；不仅需要事发地地方政府承担第一责任人的角色，也需要中央政府的强力介入和指导；不仅需要充分发挥政府行动力强的优势，也要发挥社会组织动员能力强的特点。有鉴于此，本章拟在对突发公共卫生事件进行分类的基础上，按照应急管理全流程的视角，分析不同主体在突发公共卫生事件不同阶段的地位、作用及其合作机制，以期不断完善我国的公共卫生应急管理体系，并为社会保障管理中的多主体合作机制提供借鉴。

第一节　突发公共卫生事件的分类标准和参与主体

一、突发公共卫生事件的分类标准

分类制度是国家应急管理体制的首要基础③，因为针对不同类型的突发事件，应对的手段、策略和责任主体也会有所不同。长期以来，我国都是根据灾害致因进行分灾种的管理，例如地震局主管地质灾害，原水利部主管洪涝灾害，原安全生产监督总局主管生产事故，卫生健康部门主管公共卫生事件，公安部门主管突发社会治安事件等。这种按灾种分类管理的体制与灾害发生致因的复杂性、多样性以及次生灾害频发的新特点无法适应。

---

① 张海波：《新时代国家应急管理体制机制的创新发展》，《人民论坛·学术前沿》2019年第 5 期。

② 注：根据 2007 年 11 月实施的《突发事件应对法》，突发事件包括自然灾害、事故灾难、公共卫生事件和社会安全事件四类。

③ 薛澜等：《突发公共事件分类、分级与分期：应急体制的管理基础》，《中国行政管理》2005 年第 2 期。

为了提高应急管理的集中程度，2018 年国家成立了应急管理部，实现了突发事件的相对集中管理。但与此同时，公共卫生事件和社会安全事件由于其专业性较强，仍然由相关职能部门负责管理，从而符合专业化分工的要求。但是，我国在对突发事件做了一次分类后，并未对不同类型的突发事件做进一步的分类，从而无法实现更加精准的应对和采取更加有效的措施，因此，首先对突发公共卫生事件做进一步的分类。

划分标准是进行分类的前提。只有标准明确、清晰，且具有可操作性，才有可能将对象进行合理分类。笔者对突发公共卫生事件提出两个分类标准，分别是事件的影响范围和对事件致因的认知程度。根据影响范围可以区分为区域性事件和全域性事件；根据对事件致因的认知程度，可以划分为已知因素导致的事件和未知因素导致的事件。

（一）分类标准之一：公共卫生事件的影响范围

一般而言，突发公共卫生事件都是在某一个具体的地方发生的，所以在最初发生时都是地区性的突发事件，只对事发地及周围群众的健康产生影响。例如食物中毒导致的突发卫生事件，往往影响的范围和群体规模都较为有限，应对难度也不大。但是，与其他类型突发事件不同，突发公共卫生事件的致因（如病毒）往往具有传染性，并由此导致公共卫生事件影响范围的不断扩大。以此次新冠肺炎为例，由于病毒存在较长潜伏期，又正值春节假期，人口大规模返乡，再加上早期对病毒的生物特征及其传播方式了解有限，采取的防控措施力度不足等原因，使得新冠肺炎疫情从区域性突发事件演变为全域性甚至全球性事件。

突发公共卫生事件的影响范围从地区性演变为全域性的过程，往往具有以下四个特点。

其一，渐进性。公共卫生事件影响范围的扩散是一个渐进的过程，从最初的地区性发展到临近的几个区域，再发展到全域性，且其扩散的速度和范围与其传播方式密切相关。

其二，区域非均衡性。由于疫情发生的渐进性，早期发生的地区由于缺乏治理经验而往往成为重灾区，后期有效的管控措施可以在很大程度上控制疫情的传播。因此，即便成为了全域性的公共卫生事件，不同地区之间的严重程度和相应的治理难度也会有所不同。

其三，传播方式决定影响范围。突发公共卫生事件的致因和传播方式不尽相同，如非洲猪瘟，主要是在牲畜之间传播，因此会对生猪养殖地区产生严重影响，而包括此次新冠肺炎在内的流行病具有"人传人"的特点，从而更容易从区域性事件演变为全域性公共卫生事件。

其四，早期治理措施会影响演变进程。严格地说，公共卫生事件只有在早期才具有"突发"的特点。因此，早期的干预，包括预警、信息公开、对致因的生物学研究和相应诊疗方式的规范以及有效的管控以切断传染途径等措施，都能够阻止其从区域性向全域性的演变。

（二）分类标准之二：对公共卫生事件致因的认知程度

部分公共卫生事件是由已知因素导致的，或者是此前有过发生。对于这一类事件，人们对其致因、传播方式及其导致的影响有较为充分的了解、认知和预期，因此能够较快地采取行之有效的治理办法。但是，此次新冠肺炎属于典型的新发传染病。时至今日，人们对该病毒的生物特征、宿主及传播方式、对患者健康的中长期影响等方面的了解还有待不断深入。疫情早期，确诊试剂的生产无法满足需求，以及部分患者病毒核酸化验呈阴性或无症状患者的出现等等，都充分说明了我们对该病毒的认知仍然非常有限。

相对于已知因素导致的公共卫生事件，新发传染病导致的突发公共卫生事件治理难度更大①，具体体现在几个方面：其一，参与应对的主体更多。相比于已知因素导致的突发事件，可以由相关部门按照应急预案来应对不同，新发传染病必须依靠专业的科研力量，对其生物特性、传播方式等开展科学研究，并在此基础上采取科学应对措施。其二，持续的时间会更长。由于对新发因素的研究需要更长的时间，由此导致该类突发公共卫生事件应对的持续时间会更长。其三，民众的恐慌心理会更严重。由于危机致因不明，

---

① 张春荣：《新发传染病的特点与消毒隔离现状》，《中华护理杂志》2008 年第 2 期。

早期的治理措施可能出现针对性、精准性和有效性不足的情况，所有个体都面临着风险。在这种高度不确定性的环境中，一旦再出现大规模群体被感染等情况，民众必然产生恐慌心理和应激举措，这又进一步加大了治理的难度。其四，产生的影响会更复杂。由于持续时间长、影响范围大，此类公共卫生事件不仅会对人们的生命健康产生影响，还会导致生产企业无法正常开工，社会秩序被打乱，从而会产生综合的社会经济影响。

按照上述两个标准，笔者把突发事件分为四种类型，分别是：传统已知致因导致的地区性突发事件（如地震）、传统已知致因导致的全域性突发事件（如极端恶劣天气导致的全域性自然灾害）、未知致因导致的地区性突发事件（如部分社会安全事件）、未知致因导致的全域性突发事件。这四种不同类型突发事件应对的主体数量和协调组织难度逐步提高。

此次新冠肺炎疫情就属于第四种类型。其致因属于新发因素，没有现成的治疗方案和应对策略；其影响范围从局部扩展到全域，并最终演化为全球范围内的重大公共卫生事件。习近平总书记于2020年2月23日在统筹推进新冠肺炎疫情防控和经济社会发展工作部署会议上对此次疫情做出了定性："这次新冠肺炎疫情，是新中国成立以来在我国发生的传播速度最快、感染范围最广、防控难度最大的一次重大突发公共卫生事件"。新冠肺炎疫情的上述特点决定了在其防治过程中，涉及的主体多、周期长、地域广，不同主体之间的协调与合作因此显得尤为重要。

参与主体多是此次疫情防治中的显著特点。疫情始发于武汉，按照应急管理的属地原则，地方政府必然要承担首要责任；疫情扩散快，从区域性突发事件演化为全域性公共卫生事件，必然要求中央政府的介入；疫情致因属于新型冠状病毒，人们对其的认识尚浅，有效的药物亟待研发，而为患者提供服务的又只能是专业的医护人员，因此必然需要卫生健康行政部门、专业研究机构以及医疗机构的参与；对患者的治疗需要在短时间内提供充足的医护用品，隔离的群众需要维持日常生活，相关的生产和物流配送企业因此需要参与其中；"一方有难、八方支援"，社会组织调动社会资源，提供专业化的社会服务，亦积极投身于疫情防控中，等等。

二、公共卫生应急管理中的责任主体及其职能

在综合应急管理的框架之下，无论是全灾害管理还是全过程管理，都离不开多主体的参与，而应急管理多主体参与的核心是多主体协同。[①] 本节将对突发公共卫生事件中相关主体的职责进行初步分析。

（一）政府

突发事件危害到公共安全与社会稳定，因此是政府的必然责任。然而，政府是典型的科层结构，由多层级和多部门共同构成，并且不同国家的行政体制亦不完全相同。从纵向关系上看，我国是中央集权制国家，理论上而言，地方政府是中央政府的派出机构，直接对中央政府负责；但另一方面，根据《突发事件应对法》的规定，我国的应急管理采取"分级负责、属地管理"的原则，因此在绝大多数区域性的应急事件中，地方政府应当承担主要责任，而全域性的突发事件则应当由中央政府承担主要责任。此次新冠肺炎疫情从早期的区域性突发事件演变为全域性公共卫生事件，中央政府因此及时介入，直接领导和协调全国范围内的疫情防控工作。

从横向关系看，不同的政府部门在应急管理中的责任不尽相同。应急管理部作为我国应对突发事件的专门部门，承担着主要突发事件的管理与综合协调工作；卫生健康委作为卫生领域的专业部门，对突发公共卫生事件的应急管理承担主要责任；其他相关部门则一方面在各自领域做好日常防灾工作，另一方面当发生重大疫情时，在党和政府的统一领导下，各负其责，参与疫情防控工作。

从斜向关系看，对于专业性较强的突发事件，必然涉及中央政府的专业部门和突发事件发生地地方政府之间的关系，例如此次新冠肺炎疫情早期，就由国家卫健委的相关部门及专家赴武汉当地了解疫情基本情况，协助地方政府做好疫情防控工作。因此，处理好横向与纵向的协调是关键所在。[②]

---

① 张海波：《新时代国家应急管理体制机制的创新发展》，《人民论坛·学术前沿》2019 年第 5 期。

② 史培军等：《突发公共安全事件与应急管理对策》，《城市减灾》2006 年第 6 期。

（二）社会组织

社会组织又被称为第三部门或非营利组织，它是社会分工的表现，也是慈善事业从传统走向现代的组织基础。从其职能来看，社会组织往往致力于扶贫、济困、救灾等公共事务领域，与政府有一定的重合；而相比政府而言，其特点在于社会资源的动员能力以及更加精准与差异化的服务递送，从而弥补政府在公共服务供给中的不足。①

在此次新冠肺炎防控中，对社会组织作用的评价有不同声音：一方面，大家充分肯定社会组织动员社会力量，捐款捐物，极大地调动了社会资源，在一定程度上缓解了武汉等重点区域物资不足等问题；另一方面，民众对部分枢纽型慈善组织在资源分配以及信息公开等方面亦有所质疑。如前所述，社会组织的必要性在于其可以提供更加专业和精准的社会服务，而由于其汲取的是社会资源，因此信息公开就成为社会组织公信力的重要基础。② 在此次疫情背景下，如何提高社会组织在应急管理中的专业性和有效性，如何处理好枢纽型组织与一般社会组织的关系，如何处理好政府统一调度与社会组织充分参与之间的关系都值得深入探讨。③

（三）相关企业

在不同类型的突发事件中，企业的角色是有所差别的。在部分安全生产事故中，企业可能是当事人，应当积极配合地方政府做好应对工作；对于大部分企业而言，往往会受到突发事件的影响，例如此次新冠肺炎疫情，使得大量企业被迫延迟开工，对正常的生产活动造成了影响。本书重点分析的是与突发事件应对相关的企业，例如在此次疫情防控中，就涉及口罩等防护用品的生产企业，与民生密切相关、保障人民基本生活的相关服务企业，以及跨区域运输防疫抗疫物资的物流企业等。

---

①　陶鹏等：《论我国政府与社会组织应急管理合作伙伴关系的建构》，《国家行政学院学报》2013 年第 3 期。

②　陈斌：《改革开放以来慈善事业的发展与转型研究》，《社会保障评论》2018 年第 3 期。

③　高小平：《整体性治理与应急管理：新的冲突与解决方案》，《公共管理与政策评论》2018 年第 6 期。

鉴于突发事件的紧急性，对相关物资的需求呈现出短时间的井喷状况，而供给则会受到生产周期以及原料供应等的影响而无法短时间满足需求。在这种特殊情况下，如果完全由市场机制来决定产品和服务的供应，则必然造成供不应求或者是价格飞涨。因此，必须以公共利益最大化为目标，构建公共部门与私人生产企业之间的合作机制，在生产商利益不受损的前提下，确保突发事件应对中的物资保障。

（四）社区等基层自治组织

社区是居民自治的组织，也是基层治理的组织基础和创新主体。社区距离民众的距离最近，与民众的接触最多，对本社区的情况也最了解。几乎所有的政策措施都需要通过社区传递给民众，也都需要社区来贯彻落实。在突发事件的预防阶段，社区应当成为最重要的组织主体；在突发事件应对阶段，事发地所在社区应当全力配合应急救援力量做好应对，而其他社区则应当配合做好防控工作。在此次新冠肺炎疫情的防控中，基层社区在控制人口流动、做好隔离人员基本生活服务等方面就发挥了积极的作用。

除了上述这些正式组织之外，有研究提出在应急管理中还会出现突生性的组织（emergent organization），与传统的科层结构不同，这些组织采用网络化的组织形态。但是，受到社会价值、社会关系和资源能力的限制，突生性组织无法成为应急管理的主体①，因此在组织结构上，应急管理是一个复合了科层结构的网络结构②。在这个网络结构中，不同主体之间的合作就显得尤为重要。

三、突发公共卫生事件的类型及其对参与主体的要求

（一）公共卫生事件影响范围对参与主体的要求

从行政体制内部的关系来看，如果是地区性的公共卫生事件，则主要涉

---

① 张海波等：《应急响应中的突生组织网络——"鲁甸地震"案例研究》，《公共管理学报》2016 年第 2 期。

② Wise, C. R., "Organizing for Homeland Security after Katrina: Is Adaptive Management What's Missing", *Public Administration Review*, Vol.66, 2006.

及当地政府不同部门之间的关系。由于是在同一行政区划范围内，在当地党委政府统一领导下，亦有应急预案的明确要求和日常演练的配合，因此协同作战的效率较高。但如果从地区性的事件演化为区域性的事件，甚至进一步演化为全域性的事件，则涉及的主体会相应增加，涉及到的府际关系也会随之复杂化：其一，涉及中央政府与地方政府的关系，即中央政府的统筹协调与地方政府的贯彻实施①；其二，涉及不同地方政府之间的关系，包括在疫情期间对跨区域流动人口的管理、有效防控机制的相互学习，以及对口支援机制等；其三，涉及不同层级政府职能部门的关系，例如较高层级政府的卫生健康部门与疫情发生地卫生健康行政部门的关系；其四，涉及中央政府的职能部门（如卫生健康行政部门）与疫情发生地地方政府之间的关系等。简言之，辖区相关部门的横向协调是基础，纵向协调是保障，横向与纵向实现综合协调是关键。②

从社会力量的参与来看，公共卫生事件的影响范围扩大后，会导致当地各种资源无法在短期内有效满足需求，因此就迫切需要多个主体的参与③：社会组织可以通过调动社会资源来弥补公共资源的不足，实现横向的有效支持，同时可以提供专业的社会服务，保障群众基本生活，稳定社会秩序；相关生产企业需要增加供应量，有效满足疫情防治的需要；基层社区则需要加强治理能力和服务能力建设，并且与专业的社会组织合作，确保疫情期间居民的基本生活。

（二）公共卫生事件认知程度对参与主体的要求

相比已知因素导致的公共卫生事件，新发传染病的防控要求相关主体

---

①　注：在联邦制国家也是如此。美国依据突发公共卫生事件的波及范围和影响程度，其对应有两个层次：联邦级和地区级。联邦级指的是突发公共卫生事件灾情严重，涉及两个州以上管辖范围，州政府缺乏能力应对；地区级指突发公共卫生灾情发生在一定的区域，一般在两个州以内管辖范围，地方需要联邦政府的支援。参见刘传铭等：《美国突发公共卫生事件应急管理》，《中国农村卫生事业管理》2005 年第 10 期。

②　史培军：《突发公共安全事件与应急管理对策》，《城市减灾》2006 年第 6 期。

③　高小平：《整体性治理与应急管理：新的冲突与解决方案》，《公共管理与政策评论》2018 年第 6 期。

在参与应对过程中，提高专业能力和治理水平，具体表现在以下几个方面：其一，需要专业职能部门的参与。公共卫生事件具有很强的专业性，针对不同类型疾病的防控措施亦有所不同，无法简单地流程化、预案化，因此适宜由专业职能部门牵头应对①。其二，需要专业科研机构的参与。新发传染病的防治需要建立在对新发疾病致因、传播方式、流行病学特征以及治疗手段科学研究的基础之上。在此次新冠肺炎疫情中，中国疾病控制中心（CDC）等专业机构的职能和作用就备受关注。其三，需要社会组织和社区更加专业的服务能力。由于病毒往往具有较强的传染性，因此要求参与救援的社会组织和社区人员做好防护；由于疫情严重地区对各类物资的需求呈现井喷状态，因此要求社会组织在资源分配中做到公平、有序并及时进行信息公开；疫情不仅会对人们身体健康，而且会对心理健康产生影响，这就要求社会组织和社区提供更加全面、专业和细致的服务。其四，需要媒体处理好信息的及时性与准确性之间的关系。在新发传染病导致的疫情中，人们一方面渴望了解病毒及其传播的真实情况，另一方面，对其的科学认识的确需要一个过程。在此过程中，就特别需要处理好信息传播及时性与准确性的关系。

综上所述，不同类型的突发公共卫生事件对参与主体会产生影响，全域范围内的事件需要更多主体的参与，而未知因素导致的事件则要求相关主体提高专业能力和治理水平。此次新冠肺炎疫情属于典型的新发因素导致的全域性突发公共卫生事件，因此其治理过程需要多主体、全方位和专业化的参与，从而的确是对我国治理能力的一次重大考验。

---

① 薛澜等：《突发公共事件分类、分级与分期：应急体制的管理基础》，《中国行政管理》2005 年第 2 期。

第二节　公共卫生应急管理的阶段划分、重点任务与责任分配

一、公共卫生应急管理的阶段划分

灾害生命周期理论作为人们认识与管理灾害危机的重要基础，引导着应急管理制度的嬗变。[①] 其核心要义是全灾种、全周期和多主体的参与。其中，最为核心的理念创新是全过程管理，即将应急管理视为一个包括了减缓（mitigation）、准备（preparedness）、响应（response）和恢复（recovery）四阶段的循环周期。国内相关学者结合中国应急管理的现状，对周期也有不同的划分，包括"三阶段论"，即灾前、灾中和灾后[②]；"四阶段论"，即预防与准备、监测与预警、救援与处置、善后与恢复[③]；"五阶段论"即准备、预防、减缓、响应、恢复[④]。

全生命周期理论的核心要义有两个方面，其一，灾害管理的不同阶段是有差别的，即不同阶段的重点任务和参与主体应当有所差别[⑤]，需要根据不同阶段的关键任务，确立不同主体的责任边界与合作方式。其二，不同环节之间是相互联系、彼此影响的。无论是灾前、灾中，还是灾后，均发生于一个广泛联系、相互链接、动态发展的复杂世界中。[⑥] 如果灾前准备不足，那么灾害发生时必然举措不力；如果灾中应急措施不力，造成重大损失，则必

---

①　童星等：《论我国应急管理机制的创新》，《江海学刊》2013 年第 2 期。

②　史培军等：《突发公共安全事件与应急管理对策》，《城市减灾》2006 年第 6 期。

③　童星等：《论我国应急管理机制的创新》，《江海学刊》2013 年第 2 期。

④　张海波：《新时代国家应急管理体制机制的创新发展》，《人民论坛·学术前沿》2019 年第 5 期。

⑤　游志斌等：《美国应急管理体系重构新趋向：全国准备与核心能力》，《国家行政学院学报》2015 年第 3 期。

⑥　E.L.Quarantelli，"Epilogue: Where We Have Been and Where We Might Go"，in E.L.Quarantelli，*What Is a Disaster? Perspectives on the Question*，London: Routledge Press，1998，p.244.

然会给灾后重建带来更大压力；如果灾后不及时、全面总结经验、反思和完善应急管理体制和机制中的问题，则又会为下一次应急管理埋下隐患。

突发事件不同阶段的特点和突发事件的类型也会有关系：对于全域性的事件，其影响范围较大，应对的周期自然会比区域性的事件更长；对于未知因素导致的公共卫生事件，由于现有的预案往往不具有针对性，且需要花较多的时间对致因进行分析后才可以对症下药，因此应对的周期也会较长，对经济社会造成的影响也会更大。根据上述分析逻辑，此次新冠肺炎疫情属于未知因素导致的全域性突发公共卫生事件，早期对其致因和传播方式认识有限，有效药品的研发亦需要较长周期，因此应急管理的周期较长。

二、公共卫生应急管理不同阶段的重点任务

结合此次新冠疫情防控的实践，笔者将应急管理划分为预防与准备、响应和应对以及善后和恢复三个阶段①。下面，分析不同阶段应急管理的重点任务。

在预防与准备阶段，重点任务至少应当包括：（1）从根本上进行风险管理，努力将导致突发事件的风险降低到最小②，例如防止野生动物捕杀与买卖，禁止食用野生动物，培养良好的饮食和生活习惯等；（2）建立和完善应对突发公共卫生事件的组织领导体系和管理运行机制，明确不同层级应急管理部门和卫生健康部门的职责；（3）对公众普及公共卫生应急管理知识和技能，提高公众在突发疫情下的自救能力；（4）以应急预案为核心，做好应对突发公共卫生事件的演练；（5）做好相应的物资储备与人员培训；（6）建立和维护公共卫生事件尤其是各种重大流行病的监控与信息管理系统。

---

① 注：我国的突发事件应对法除了这三个阶段外，还包括监测与预警阶段。笔者认为，监测也是预防与准备的重要内容，并且贯穿疫情应对的全过程；预警则是启动响应机制的重要标志，因此可以将其纳入响应与应对阶段一并分析。

② 注：童星教授等区分了风险、突发事件和危机的差别，认为风险是导致突发事件的致因，危机是突发事件的结果。而应急管理的最终归宿应当是加强风险管理，最大程度避免突发事件的发生。参见童星等：《基于中国问题的灾害管理分析框架》，《中国社会科学》2010年第1期。

疫情一旦发生，则是对应急管理体系的全面考验，在响应和应对期，重点任务至少应当包括：（1）疫情的监测和预警机制，既包括对各种流行病发生情况的日常监测和预警，也包括对特殊时期、特殊地区的预防性措施；（2）疫情防控领导协调体制的快速组建与高效运行；（3）对感染者的医疗救治及其医疗费用负担的化解机制；（4）对疫情致因的研究和科学攻关机制，包括试剂、特效药的研发和生产，以及临床治疗方式的效果分析等；（5）隔离人员的基本生活保障机制；（6）疫情信息的收集、交流与发布机制；（7）参与疫情防控的人员与物资的汲取、调配与运输机制等。

在善后与恢复阶段，重点任务至少应当包括：（1）对患者长期健康状况的监测和并发症医疗费用的分担机制；（2）对参与救援人员（如医护人员、社区工作者以及志愿者等）经济和健康损失的补偿机制；（3）对疫情防治中优秀事迹的宣传和褒奖机制；（4）恢复经济社会运行的其他各项支持性政策（包括财政货币政策、税收减免政策、就业政策等）。①

需要强调的是，疫情应对不同阶段的重点任务也会受到突发事件类型的影响。例如，在响应和应对期，对疫情致因及其治疗方式的研究对于已知因素导致的突发事件并非是重点任务，而对于新发传染病导致的疫情，对病毒生物属性及诊疗方案的制定则必然成为应对工作的重中之重。

三、不同主体在突发公共卫生事件应急不同阶段的责任分配

以上，分别分析了突发公共卫生事件应急管理中的主体和阶段，下面，进一步分析不同主体在疫情应对不同阶段的职能定位和责任划分。

（一）预防与准备阶段

预防阶段的风险管理是避免突发公共卫生事件的治本之策，需要的是全社会的基本共识与共同努力。以此次新冠肺炎疫情为例，无论该病毒的宿主最终被确定为何种野生动物，人类捕杀和食用野生动物肯定都是此次疫

---

① 注：对以上各阶段重点任务的总结和分类主要参考 2020 年 2 月 14 日习近平总书记在中央全面深化改革委员会第十二次会议上的讲话和 2020 年 2 月 23 日习近平总书记在统筹推进新冠肺炎疫情防控和经济社会发展工作部署会议上的讲话内容。

情的重要原因之一。针对此，中央政府需要通过推动立法，严禁捕食野生动物①，并不断提高居民的卫生习惯，创造人与自然的和谐关系。地方政府、专业的社会组织以及社区则要积极开展爱国卫生运动，地方政府要做好规划并予以资金支持，以社区为平台和终端，以专业的社会组织为载体，帮助居民改变不良的饮食习惯和卫生习惯，从而降低风险的发生概率。

应对突发疫情的组织管理体系是各级政府的主要责任。中央政府应当做好顶层设计，尤其是针对具有极强专业性的突发公共卫生事件，要合理划分应急管理综合部门与卫生健康行政部门之间的关系，明确不同部门的职责。对于全域性的公共卫生事件，还特别需要处理好中央政府和地方政府的关系，以及不同地方政府之间的关系（尤其是相邻地域之间地方政府的协调）。

在为公众普及专业知识和技能方面，则适合采取地方政府与专业社会组织合作的方式进行。地方政府可以购买专业社会组织的服务，社会组织则要积极与社区合作，通过宣讲、演练、培训等方式，提高居民对突发公共卫生事件的认识程度和应对能力。

在应急预案的制定与演练方面，需要由地方政府的应急管理部门、卫生健康部门承担主要责任，双方综合考虑本地的经济社会发展、流行病发生历史等情况，共同制定适合本地情况的公共卫生应急预案，防止预案的同质化。同时，应当由应急管理部门牵头，组织全域范围内的突发事件演练，帮助相关主体熟悉应对流程，做到心中不慌、从容应对。

在物资储备和人员培训方面，物资储备要利用好计划和市场两种方式②，一方面做好疫情战略物资的储备，并实施动态管理，以确保其质量，同时中央政府要建立不同地区之间的横向支持机制；另一方面，要与相关生产企业保持密切联系，提高企业转产能力，以备不时之需。社会组织则要建立资源渠道的信息库，以便在第一时间获取相关的资源。

---

① 注：新冠肺炎疫情发生后，第十三届全国人大常委会第十六次会议就迅速通过了《关于全面禁止非法野生动物交易、革除滥食野生动物陋习、切实保障人民群众生命健康安全的决定》，从而为避免再次发生类似的突发公共卫生事件提供了法律依据。

② 郑功成：《防疫物资保供要"计划、市场"两手硬》，《光明日报》2020 年 2 月 12 日。

在信息系统建设方面，要明确专业部门（中国疾病控制中心）的职责，完善我国的流行病直报系统，要增加新发传染病的相关模块，提高基层医疗卫生机构人员使用该系统的专业能力。同时，要和民政、公安、人社以及医保等信息系统实现可衔接，并充分利用大数据和区块链等现代技术，一旦发生疫情，可以第一时间准确全面地掌握患者及其家庭的相关信息。

（二）预警与应对阶段

在疫情的预警方面，此次新冠肺炎疫情防治早期暴露出了疾控中心主导的直报系统与地方政府负责制之间的矛盾。鉴于公共卫生事件后果的不可预计性，需要按照谨慎性的原则，让垂直系统和属地系统同时发挥作用，即无论是疾控系统还是地方政府认为存在公共卫生事件的风险，都应当及时向上级有关部门汇报。

在疫情防控领导组织体系方面，建议充分借鉴此次新冠肺炎防治的领导组织体系，建立由党委牵头的领导决策机制，在相应层级的政府建立综合协调机制，协调辖区内各部门、各级政府以及社会力量共同应对疫情。对于全域性或者跨区域的突发公共卫生事件，还应当由较高层级的政府派出指导组，指导疫情严重地区开展防治工作。由此，形成党委集中领导、政府综合协调和指导组监督相结合的领导体制。

在医疗救治方面，此次疫情防治的实践充分说明，在重大突发公共卫生事件中，当地的医疗服务能力是无法全面满足医疗需求的，因此迫切需要建立地区之间以及军地之间的横向支持机制。此次军队相关医疗队伍整建制托管火神山、雷神山医院，全国各地的医疗工作者驰援武汉就充分说明这种横向支援机制的重要性。

在患者医疗费用分担方面，此次新冠肺炎患者的医疗费用全部由医疗保险基金和财政资金予以承担，个人无须承担。这是针对全域性重大公共卫生事件的应急之举。对于地区性或影响范围较小的突发公共卫生事件，则可以考虑采取基本医疗保险与商业健康保险相结合的方式予以应对。

在对疫情致因的科学研究与相关药品的研发生产方面，专业的科研机构应当及时开展科研攻关，并且与医疗机构合作，科学评价相关治疗方法的实际效果；在试剂和相关药品的生产方面，则要建立科研机构与生产企业之间的合作机制，政府可以通过资金支持、开辟审批快速通道等方式加快相关试剂或药品的问世。

在隔离人群的基本生活保障方面，社区应当承担最主要的责任。一方面，社区需要和相关基本生活品的供应企业建立联系，确保社区居民的基本生活资料；另一方面，社区应当积极与提供相关专业服务的社会组织建立合作关系，为老年人、残疾人、儿童等特殊群体和困难群体直接提供包括生活照料、心理疏导等在内的专业服务。地方政府应当充分发挥社会救助制度兜底线的功能，为困难群众提供临时救助，避免其陷入绝境。

在疫情监测和信息的收集与发布方面，地方政府要承担首要责任，做到及时性、跟进性和准确性[1]，并对谣言进行及时澄清，避免民众陷入恐慌。在监测方面，要统一监测与发布的口径，要严格贯彻属地原则，整合相关部门的信息系统，尤其是各垂直管理系统的数据要与地方共享[2]，并由地方政府统一发布。在信息公开方面，相关研究表明，一旦疫情发生，居民对疾病特征、传播方式以及治疗手段等都有较强的信息需求[3]。在这个方面，政府要处理好和媒体，尤其是和新兴媒体之间的关系。在新媒体的时代，民众既是信息的需求者，也是信息的发布者；自媒体既有信息传播的动机，也有寻求共鸣和宣泄的动机。[4]因此，新媒体和自媒体也需要在追求信息发布及时性的同时，树立科学态度，提高理性水平，防止以偏概全或者是以讹传讹的现象。

在人员和物资的汲取、分配环节，此次新冠肺炎疫情防控充分说明，社会组织一方面在调动社会力量，补充公共资源不足方面具有巨大的能量和潜

---

[1] 程锦泉等：《从深圳首例人禽流感疫情应对看突发公共卫生事件的大众沟通》，《中国公共卫生管理》2007年第3期。

[2] 注：在此次疫情防控的早期，就出现了监狱系统的病例未纳入地方统计口径的问题。

[3] 任静朝等：《基层医生及乡村居民对新发传染病信息需求调查》，《中国公共卫生》2016年第2期。

[4] 薛可：《公共危机传播中社交媒体用户的参与动机与行为研究》，《新闻界》2017年第9期。

力，另一方面，社会组织的应急管理能力也明显不足，亦缺乏有影响力和组织力的枢纽型社会组织①。因此，应当建立由政府统一协调，由枢纽型社会组织搭建平台，各类社会组织积极参与的社会资源动员机制。社会组织要将定向捐助与非定向捐助相结合，及时进行信息公开，提高公信力，并确保资源分配的公平性和有效性。在物资配送方面，则应当充分发挥市场主体的作用，我国业已形成的覆盖全域的物流系统在此次疫情防控中就发挥了极为重要的作用。

（三）善后与恢复阶段

在病毒感染者的后期跟踪与权益保障方面，应当建立地方政府与社会组织的合作机制。要充分发挥权益保护类社会组织的作用，并与社区积极合作，及时将病毒感染者（尤其是其中的生活困难群体）在各方面的困难反馈给地方政府，将突发公共卫生事件造成的负面影响降低到最小。对于其后续医疗费用的分担，则应当充分发挥健康保险的功能，而不宜仍然由社会医疗保险基金或财政资金全额承担。

对参与救援人员的补偿机制则应当由中央政府承担主要责任，其对象不仅应当包括疫情发生地的医护人员，也应当包括从各地前来支援的医护人员以及社区工作者、志愿服务人员等。这里中央政府的责任并不体现为直接救济，因为如果在善后环节仍然采取"举国体制"，则不利于全社会风险意识的形成。②因此，政府的主要职责在于推动相关制度的建立：一方面，应当鼓励商业保险公司开发相关的保险产品；另一方面，要积极推动有关社会补偿的立法工作，建立对公共突发事件受害者的社会补偿制度。

在恢复经济社会发展方面，则需要在政府的统一协调和组织下，发挥各个主体的积极作用。对于全域性的突发事件，中央政府要积极采取一系列积极的财政货币和金融政策，支持企业复工复产；对口援建的地方政府则要加大对重灾区的支持力度；社会组织要结合自身业务专长，开展疫情后期的心

---

① 谢琼：《战疫中的慈善能力建设》，《社会科学报》2020 年 2 月 27 日。
② 薛澜等：《应急管理体系新挑战及其顶层设计》，《国家行政学院学报》2013 年第 1 期。

理建设等工作，帮助相关群体尽快从疫情的阴影中走出来；相关市场主体则要开足马力，尽快恢复生产能力，确保经济社会的稳定发展。

第三节　公共卫生应急管理中不同主体之间的合作方式

一、合作模式概述

与常态下，各行动主体在各自的职能范围内展开行动不同，在应急管理中，社会系统的既有结构被打破，各行动主体只能通过相互之间的信息交互来彼此适应，最终达成协同行动。多主体协同的难度则随行动主体的数量规模和异质性的增加而显著增加。[①] 而协同主体的数量又和突发事件的类型有关，相比而言，全域性突发事件和不明致因突发事件涉及的主体会更多，协同的难度也自然会更大。下面，简要分析在公共卫生应急管理中不同主体之间协同合作的主要类型。

（一）指令—执行模式

指令—执行模式主要出现在行政系统内部，是建立在科层制组织结构中，以权力分配为基础的协同模式。在这种模式下，上级发出明确的指令，下级按照指令执行。当然，这种模式也并非是完全单向的，下级部门在执行过程中遇到问题时，可以向上级部门反映，请求其予以决策支持；对于执行中遇到的新问题，执行部门也应当及时反馈给上级，从而有利于上级部门做出更加准确的决策。

在突发公共卫生事件应对中，指令—执行模式的组织基础有两种，其一是在常规的科层组织中，如政府对其所属相关部门、上级政府对下级政府的指令等；其二则是应急中临时组建的决策指挥机构对相关执行主体的指令。

---

① 张海波：《新时代国家应急管理体制机制的创新发展》，《人民论坛·学术前沿》2019 年第 5 期。

前者因为具有较为稳定的组织基础，因此政令往往较为畅通；后者因为是临时决策机构，因此其有效性往往取决于组成方式以及组成人员的权威等因素。如前所述，由于全域性的非明确致因公共卫生突发事件涉及卫生健康、交通运输、医疗保障、社区治理等多个领域，因此必然需要建立一个多部门参与的临时决策协调机构，这也是我国应急管理决策体制的惯例。①

（二）辅助—决策模式

该模式主要指在特定领域突发事件的防范与处置过程中，专业机构与决策机构之间的协同模式。在自然灾害、事故灾害以及公共卫生事件中，都涉及一些专业的知识。例如，地震灾害的救援需要对当地的地质状况进行分析，安全生产事故需要对事发地的生产经营状况、事故致因以及救援条件有所了解等。这一点在公共卫生突发事件管理中显得尤为重要，疫情是公共卫生突发事件的导火索，只有对致病原因、机理，病毒传播方式和媒介以及诊断与治疗方案有了充分的了解，才能够尽快缓解疫情，因此必须要有病毒学、流行病学以及公共卫生相关领域专业机构和人士的参与。按照本书此前对突发事件的分类，越是非明确致因的突发事件，越需要专业人员的支持，以帮助决策。

辅助—决策模式的常见组织形态有两种：其一是在地域性的突发公共卫生事件中，由于当地专业力量有限，需要更高层级政府的专门部门予以技术支持，即表现为中央政府的部门与事发地政府之间的关系。例如此次疫情中国家卫健委与武汉市政府的关系。其二是专业研究部门与决策部门之间的关系。这里的专业研究部门（专家）既可能与决策部门有关系，例如此次疫情中备受争议的国家疾控中心（CDC）即是卫健委的直属事业单位；也可能是完全没有隶属关系的独立研究机构或专家。

（三）创新—学习模式

这种模式是政策学习（Policy Learning）在应急管理实践中的体现。在公共卫生应急管理的全流程中，上级政府的指令，既有明确的行动方案，也

---

① 童星等：《论我国应急管理机制的创新》，《江海学刊》2013 年第 2 期。

有原则性的内容，而需要由地方按照基本遵循制定具体政策并在实践中不断完善。不同地区所面临的社会经济环境不完全相同、治理能力也有所差异。当出现效果较好的政策创新时，在地缘政治等因素的影响下，就会出现不同地区之间的政策学习。即某地（组织）所采取的准备、应对或重建措施，很快被其他地区（组织）所效仿。创新—学习模式主要发生在平级的组织之间，例如不同地方政府之间、不同社会组织之间、不同社区之间等。它有利于高效治理措施的迅速扩张，但也需要防止出现"东施效颦"的负面效应。

与其他突发事件不同，公共卫生突发事件，尤其是类似此次新冠肺炎的新发传染病，早期是区域性的突发事件，但伴随着传染性的增强和病毒的扩散，从区域性突发事件演变为全域性突发事件。因此，一方面，不同地区的疫情严重程度不同，应对和治理难度有所差异；另一方面，在发展成为全域性公共卫生事件后，不同地区的治理措施亦有所差别，从而也会产生相互学习的情况。

（四）统筹—合作模式

统筹合作模式是指在应急管理的全流程中，在决策或主管部门的统筹安排下，调动各种社会资源，形成政企合作、政商合作的良好局面，以实现应急资源的高效与合理配置。在这种模式下，尊重相关参与者的主体性是前提，而不能简单通过行政指令的方式；发挥相关主体的专业优势是关键，尤其是在突发事件相应中，专业比热情更为重要；集中统一的协调机制是保障，多主体参与并不代表各行其是，而恰恰需要统筹协调；提高资源配置的效率则是根本目的。

在实践中，统筹合作模式的表现形式主要有两种，第一种是政府与社会组织之间的合作。如前文所述，社会组织的职能往往涉及到公共领域，而与政府具有一致性。相比于政府的宏观规划与制定政策，社会组织更长于在专业领域的服务递送，也能够更好地调动社会资源。第二种形式则出现在广义的社会组织内部，即行业性社会组织（如中国慈善联合会）或枢纽型社会组织（如中国红十字会）与其他社会组织之间的关系。从此次新冠肺炎防治的实际工作来看，处理好这种形式的统筹合作关系对于提高社会资源的分配效率显得尤为重要。

在公共卫生突发事件中，既需要资金的支持，也需要人力的支持；既涉及专业医疗防护用品的生产、配送，也涉及隔离期间基本生活用品的保障；既需要关注患者的生命和健康，也需要关注医护人员和其他工作人员的风险，还需要关注全部人群的心理健康；等等。因此，公共卫生突发事件应对是一个系统工程，迫切需要在政府的统筹下，充分调动和发挥各主体的积极性和专业性，提高合作效率。

（五）市场交易模式

上述统筹合作模式的主体往往是政府与社会组织，而市场交易模式的主体则是政府与企业。此次新冠肺炎防治早期的一个重要问题是个人防护用品市场出现供不应求，以及后期的防疫物资跨地区运送，隔离人员的基本生活保障等，都涉及到相关行业的市场主体。因此，市场主体既有可能是突发事件中的利益受损者，也有可能成为应对突发事件的重要主体。政府在应对突发事件过程中，显然无法直接承担起相关物资生产、配送和服务提供的责任，从而必然与市场主体产生基于交易行为的合作。除此之外，还需要特别指出的是，商业保险作为一种市场化的产品，也是风险管理的有效手段，在损失补偿、灾后重建等领域也可以发挥重要作用。

二、对新冠疫情防控中不同主体间合作的评价与反思

（一）公共卫生突发事件应对阶段的关键机制与协同模式

目前，我国的新冠肺炎疫情防治工作已经进入到了常态化的阶段。回顾应急管理的阶段，至少应当包括预防与准备、监测与预警、救援与处置、善后与恢复等环节。[①] 虽然应急管理的不同环节是相互联系的，但最关键的环节是灾害发生时的响应和救援。鉴于此，本节主要对该阶段不同主体的合作机制进行分析与评价。

结合新冠肺炎防控的实际工作，在应对阶段的核心机制至少包括以下内

---

① 童星等：《论我国应急管理机制的创新》，《江海学刊》2013 年第 2 期。

容：其一，疫情的监测与预警。疫情的准确监测和及时的信息发布有利于尽快启动相关应急预案，从而做到早介入、早处置、早止损。[1] 在我国现行的公共卫生体制下，疫情的监测是由各地隶属于卫生健康行政机构的疾病控制中心来承担的。[2] 其与卫生健康行政部门、疫情发生地政府之间形成辅助—决策关系。

其二，疫情防控的领导决策机制。这是疫情防控的组织基础和总指挥部，只有领导有力、多部门协调有效、决策果断、措施精准，才能够有效防控疫情。领导决策机构与其他疫情防治主体之间形成指令—执行关系。

其三，感染人群的医疗救治机制。在公共卫生突发事件中，最大限度地保护感染人群的生命和健康是首要目标，其组织载体是医疗机构。但由于突发公共卫生事件对医疗服务的需求量突增，从而需要调配其他地区的医疗服务人员驰援疫情严重地区。这就需要更高层级主管部门的统筹协调，而无法通过地区之间自发进行，从而适用于指令—执行模式。

其四，隔离人群的生活保障机制。隔离是传染病防控的最有效手段，对于居家隔离的普通群众而言，亦需要为其提供维持基本生活的各类物资，对于老年人、无人照顾的儿童等特殊群体，还需要提供相应的服务，其组织载体是地方政府和社区（村）。对隔离人群的治理和服务显然无法由领导决策机构统一安排，不适用于指令执行模式，而应当由地方政府和社区自治组织发挥主观能动性，进行主动创新。同时，不同地方之间、社区之间也会相互学习，从而适用于创新—学习模式。

其五，社会资源的动员与分配机制。无论是感染人员的救治还是隔离人群的生活保障，都需要有充足的资源支持。例如，有效的医疗救治就需要充

① 林渊渊：《传媒对两次突发性公共卫生事件报道的比较》，《广州大学学报（社会科学版）》2006 年第 4 期。

② 根据《中央编办关于国家卫生健康委所属事业单位机构编制的批复》（中央编办复字〔2018〕90 号），设立中国疾病预防控制中心，为国家卫生健康委直属事业单位。其主要职责就包括"开展传染病、慢性病、职业病、地方病、突发公共卫生事件和疑似预防接种异常反应监测及国民健康状况监测与评价，开展重大公共卫生问题的调查与危害风险评估"。

足的人力资源（医护人员）、财力资源（经费保障）和物资资源（各种医药用品和防护用品）。这就需要通过社会组织调动社会资源来予以支持。而社会资源的配置又需要置于公共卫生应急管理的总体规划之下，以避免出现资源分配的不合理，因此需要处理好政府统一规划、枢纽型社会组织统筹协调和专业社会组织参与之间的关系，适用于统筹—合作模式。

其六，相关物资的市场购买机制。虽然社会组织可以调动社会资源，但其并非生产商，无法直接生产相关物资。尤其是在公共卫生应急事件中，对医疗器械、耗材、防护用品、消毒杀菌用品等的需求陡增，从而需要相关厂商提高产量，增加供给。政府或社会组织向生产商购买物资即适用于市场交易模式。

上述公共卫生突发事件应对阶段的六大重要机制和相应主体的协同模式见表 10—1。

表 10—1　公共卫生应急处置阶段的核心机制、参与主体与协同模式

核心机制	参与主体与关系	协同模式
疫情监测与预警	专业机构、相关行政部门、疫情初发地政府	辅助决策
疫情防控的领导决策	党政关系、府际关系（中央政府不同部门、中央与地方政府之间）	指令执行
感染人群的医疗救治	军地之间、不同地区医疗机构之间	指令执行
隔离人群的生活保障	地方政府之间、不同社区之间	创新学习
社会资源的调动、分配与配送	政府与社会组织枢纽型社会组织与单体社会组织	统筹合作
相关物资的购买	政府、市场主体	市场交易

（二）监测与预警：从横纵冲突走向双轨并行

此次疫情防控早期的监测与信息公开一直备受争议，无论是技术上，还是管理体制上都暴露出了一些问题。在技术上，2003 年 SARS 后斥巨资建设的疫情网络直报系统并未充分发挥作用；而其折射出的管理体制问题是专业机构（疾控中心）、行政部门（卫生健康行政部门）与疫情初发地政府（武汉市）在疫情监测与发布中的职能划分问题。从合作模式上看，专业机构与行政部门之间是典型的辅助—决策关系，现行法律未授权各级疾控部门向公众直接发布有关信息的职能，而只能向同级行政部门及时报告。另一方面，疾控系统虽然不是垂直管理，但其直报系统在技术上具备了将信息第一时间集中到中央政府相关职能部门的可能性。从行政体制内部的关系来看，根据《突发事件应对法》，地方政府是应急管理的首要责任主体。由此，产生了技术与信息上的垂直和管理体制上属地之间的冲突。① 这是此次新冠肺炎疫情预警不及时的主要原因。

有鉴于此，在疫情监测与预警方面，要进一步升级直报系统，实现重大公共卫生事件预警的"双轨并行"。一方面，遵照属地管理的原则，地方政府一旦发现有疫情端倪，就要高度重视，及时报告，准确发布；另一方面，要完善直报系统，尤其对于新发传染病，要增加相关的模块，做好基层操作人员的培训。如果地方未及时发现或报告疫情，则直报系统应当及时预警。疾控部门要第一时间向卫生健康行政部门报告情况，切实履行提供信息、辅助决策的职能。上述两种机制要同时运行，以确保重大公共卫生事件及时得到监测和预警。

（三）领导决策：突破行政体制范畴，强化党的领导与中央政府协调

此次新冠肺炎防控工作在组织管理体制上的最大亮点就是一改此前在国务院层面上建立由多部门组成领导小组的模式，于 2020 年 1 月 25 日成立了中央应对新冠肺炎疫情工作领导小组。与此同时，建立了国务院应对新冠肺炎疫情联防联控工作机制，这是中央政府层面的多部委协调工作机制平台。除此之外，还向湖北等疫情严重的地区派出了指导组，指导当地开展疫情防控工作。由此形成了由中央工作领导小组、国务院联防联控工作机制和派驻地方指导组共同构成的"两组一机制"的决策领导体制。

这种体制体现了党的集中领导、中央政府的统筹协调、中央对地方的指

---

① 注：根据媒体的报道，有国家卫健委专家组的成员表示，其在 2020 年 1 月初到访武汉后，认为病毒存在人传人的情况并做出了疫情存在较大风险的判断，但地方政府仍然未及时发布疫情信息。

导以及地方政府负责制的有机结合。疫情防控的事实表明，在中央成立了领导小组之后，决策有力、部署全面，可以充分实现对各种资源的调动，各项工作有序开展，成为此次疫情防控工作的重要分水岭。因此，此次新冠肺炎疫情防控的领导决策体制充分体现了党的统一领导和对相关机构的统筹协调，被实践证明是一种高效有力的体制安排。

（四）医疗服务供给：分级诊疗缺失，横向支持有力

在突发公共卫生事件中，面对陡增的医疗服务需求，或者是通过纵向上的医疗资源优化配置来应对，即强化基层医疗服务能力；或者是通过横向上的医疗资源支持，即从其他地区调集医疗服务人员支援疫情初发地或疫情严重地。

从纵向医疗资源配置来看，社区卫生服务机构在新冠肺炎疫情防控中显然未充分发挥好"守门人"的作用。这一方面是因为此次新冠肺炎属于新发传染病，早期用于确诊的试剂供应不足，基层医疗服务机构无力为之；另一方面也再次证明了我国的分级诊疗机制尚未真正发挥作用，基层卫生服务机构能力建设滞后、与上级综合医院的职能分工不明确、居民信任感不足等问题。

相比而言，在中央成立了领导小组后，跨区域以及军地之间的横向医疗资源支持机制发挥了重要的作用。2020 年 1 月 24 日，经中央军委批准，解放军派出 3 支医疗队共 450 人抵达武汉，协助地方医院开展救治工作。[1] 在国家卫健委的整体部署和指导下，来自全国各省份的医疗支援队驰援武汉，每个医疗队成建制地负责一个病区。[2] 由此可见，在全域性的重大突发公共卫生事件中，完全靠当地的医疗卫生资源是不够的，仍然需要按照指令—执行模式，由更高层级的主管部门调动其他地区的医疗服务资源，实现横向支持。

---

① 《解放军支援湖北医疗队抵达武汉》，新华网，http://www.xinhuanet.com/mil/2020-01/25/c_1210451924.htm。

② 《支援武汉医疗队由国家卫健委整体部署》，《人民日报》2020 年 2 月 13 日。

（五）隔离人群的治理与服务：基层治理能力提升与行动扩散

习近平总书记指出，在此次疫情防控中有两个阵地，一个是医院救死扶伤阵地，一个是社区防控阵地[①]。对社区进行封闭管理是切断传染病扩散的有效途径，但由于不同地区的应急管理经验与治理能力有所差异，使得这项有效措施在不同地区之间实施的时间有所差别，呈现出显著的创新—学习特征和政策扩散态势。

疫情发生后，湖北省于 2020 年 2 月 5 日要求对农村地区的村庄、小区和单位实行封闭管理；2 月 10 日，省住建厅发出《湖北省住宅小区、办公建筑新型冠状病毒肺炎疫情防控工作指南》，要求对住宅小区实行封闭管理；直到 2 月 16 日，湖北省新冠肺炎疫情防控指挥部发布《湖北省人民政府关于进一步强化新冠肺炎疫情防控的通告》才要求，城乡所有村组、社区、小区、居民点实行 24 小时最严格的封闭式管理。相比而言，湖北省各主要城市启动社区封闭管理措施的时间也有所不同。表 10—2 根据公开资料，整理出了湖北省部分主要城市启动社区封闭管理的时间和政策依据，不难看出，这项举措在不同城市开始实施的日期有较大差别，这充分说明了地方政府在疫情防控方面存在主动学习和政策扩散的情况。

除此之外，在陆续实施了社区封闭管理后，居民基本生活的保障，留守老人、儿童、残疾人以及其他弱势群体的照顾与服务，慢性病患者的医药购买等问题日益突出。大多数社区在封闭管理早期显然无法充分满足居民的这些需求。面对这些问题，部分治理能力较强的社区采取了引入专业社会组织提供服务，组织居民进行互助，与社区周边的商贸企业合作等创新的方式，并很快产生了政策扩散效应，为其他社区所效仿。在复工复产的过程中，浙江、广东等用工大省的地方政府通过包车、为返程工人提供集中住宿等方式支持企业恢复生产，这些有效的措施也体现了地方政府治理能力的差别和鼓励有效治理方式进行扩散的必要性。

---

① 《习近平赴武汉考察疫情防控工作讲话金句》，新华网，http://www.xinhuanet.com/politics/2020-03/10/c_1125692434.htm。

表 10—2　湖北省部分城市出台小区封闭管理政策的日期（按时间排序）

城市	所有社区全封闭管理的日期	政策依据
黄石	2020 年 2 月 2 日	黄石市新型冠状病毒感染的肺炎疫情防控指挥部通告（第 16 号）
咸宁	2 月 5 日	咸宁市新型冠状病毒感染的肺炎防控指挥部通告（第 9 号）
武汉	2 月 11 日	武汉市新冠肺炎疫情防控指挥部通告（第 12 号）
黄冈	2 月 13 日	黄冈市新型冠状病毒感染的肺炎防控指挥部通告（第 18 号）
孝感	2 月 14 日	关于孝感市域范围内全面升级防治管控措施的紧急命令（15 号令）
宜昌	2 月 16 日	宜昌市新冠肺炎疫情防控指挥部关于进一步加强宜昌城区小区封闭管理的通告（第 9 号）
荆州市荆州区（主城区）	2 月 16 日	荆州区新型冠状病毒感染的肺炎疫情防控指挥部通告（第 6 号）
鄂州市鄂城区（主城区）	2 月 16 日	鄂城区新冠肺炎防控指挥部关于对主城区实行升级封闭管理的紧急通告

注：笔者根据公开资料整理。

（六）社会资源调动：社会组织有为才有位

在此次疫情防控中，慈善组织在调动社会资源方面发挥了极其重要的作用。中华慈善总会官方网站 2020 年 3 月 28 日发布的公告显示，截至当天下午 5 点，累计接收新冠肺炎疫情防控捐赠物资折合人民币约 7.43 亿元；武汉市慈善总会官方网站 2020 年 3 月 8 日的实时动态数据显示，新型冠状病毒防控专项基金已筹款超过 42 亿元；武汉市红十字会官方网站发布的《接收社会捐赠资金公示（第 67 期）》显示，截至 2020 年 3 月 29 日，武汉市红十字会共接收社会捐赠款 16.9 亿元。这些资金和物资极大地补充了公共资源的不足，对缓解疫情早期部分医疗机构防护物资不足发挥了非常重要的作用。但与此同时，公众对部分慈善组织物资分配不及时、不公平，信息披露不充分、不及时感到不满，并进而对地方政府指定由部分慈善组织接收并统筹社会捐赠，以及将部分社会捐赠纳入公共财政表示质疑。

作为突发公共卫生事件应对中的重要力量，社会组织本可以发挥其专业优势，在动员和汲取社会资源、提供专业的社会工作与志愿服务，以及协助社区提供社会服务等方面弥补政府的不足，从而在突发事件领导决策机构的统一部署下发挥积极作用，构成统筹合作的协同模式。但在此次疫情防控中，慈善组织，尤其是枢纽型慈善组织的表现显然无法令人满意。究其原因，一方面，作为应急管理统筹协调主体的政府，尚未真正将社会组织作为可信赖的合作伙伴，也缺乏在应急处理中与相关社会组织行动配合的实践经验；另一方面，社会组织的自身能力亟待提高，尤其是在信息公开、资源分配、专业服务等方面还无法适应应急管理的高标准要求。以上两个方面相互作用，就迫切要求社会组织提升能力，实现有为才有位。

（七）物资购买：战略储备物资要实现动态管理

在疫情发生早期，部分城市出现个人防护用品（如口罩）严重供不应求的情况，并由此引发了在突发公共卫生事件背景下，是否仍然应当遵从市场价格规律的讨论。笔者认为，如果完全依靠市场规律，则不仅会导致消费者承担了超过均衡价格的成本，而且由于突发事件对于物资的需求不具有稳定性和长期性，而价格作用机制具有滞后性，从长期看亦会有损生产企业的利益。有鉴于此，根据此次疫情防控的经验和教训，对于公共卫生事件中物资的供应要兼顾市场和计划。① 一方面，充分发挥市场机制，在物流配送、基本生活物资供应等方面充分发挥市场主体的作用，并且做好区域之间的统筹协调；另一方面，要加强应对突发公共卫生事件的战略物资储备，对于存在有效期或保质期的用品，要实行动态管理，从而确保重大公共卫生突发事件下重要医护用品和物资的充足有效供应。

---

① 郑功成：《防疫物资保供要"计划、市场"两手硬》，《光明日报》2020 年 2 月 12 日。

第十一章
社会保障管理体制设置的影响因素、发展规律及未来展望

第一节 社会保障管理体制设置的影响因素与发展规律

一、社会保障管理体制设置的影响因素

通过对不同福利模式典型国家社会保障管理体制的分析可以看出（详见本书附录二），各国几乎没有完全相同的社会保障管理体制，因为其必然会受到该国政治、经济、社会、文化、历史乃至民族传统等方面因素的影响。但是经过比较，也可以发现各国社会保障管理体制设计中的一些主要影响因素。

（一）社会保障项目的特征是决定社会保障管理体制的核心因素

纵观世界发达国家社会保障管理体制可以发现，几乎没有一项社会保障制度的管理模式是完全一致的。究其原因可以发现，这很大程度上是由社会保障项目的不同特点所决定的。

社会救助制度在横向上往往趋向于集中管理。因为社会救助是各国基础性的社会保障制度，用以维护底线公平，由一个部门集中管理有利于从总体上缓解贫困，也有利于促进基本福利服务的均等化。如果由多部门分散管理，则容易缺乏协调而出现各种问题，或无法准确瞄准救助对象，或造成不

同程度的福利依赖。从纵向权力分配上看，社会救助项目则倾向于属地管理，因为社会救助直接面对不同地区的贫困人群，由于地区之间经济、社会、文化等方面的差别导致他们的需求存在较大的差异，因此由地方政府负责管理有利于更好地提供救助服务。当然，这需要以中央政府的统筹规划与转移支付作为有力支撑。

从国际经验来看，社会福利制度同样也倾向于属地管理，因为在地方政府权力来源于地方民众的前提下，地方政府有较大的动力去提高本地区福利水平，以形成良性福利竞争的态势，从而得到更多的民意支持。而中央（联邦）政府主要负责促进基本公共福利服务的均等化。

社会保险制度以自我发展、自求平衡为制度的基本特征，并且绝大多数险种都要求在较大范围内共担风险，因此在纵向上倾向于垂直管理，横向上倾向于集中管理，即在中央设立一个统一的部门管理，并在地方分级设立分支机构，分支机构隶属于中央机构，与地方政府不存在隶属关系。但在部分社会保险制度呈现多元分割特征的国家，其管理权责自然也由多个部门承担，例如韩国和日本。

（二）社会保障体制影响社会保障管理的横向权力分配

社会保障体制从总体上可以分为普遍型福利和补缺型福利。前者福利水平高，覆盖人群广；后者福利水平和覆盖人群都相对有限。在补缺型社会保障体制的国家，社会保障制度并没有被作为一种独立的制度安排来对待，而只是针对部分特殊人群的制度安排，以解决其特殊的生活困难。在这种体制下，社会保障管理自然无法被整合在一个部门，而是相对分散在不同的管理机构分别对不同的人群进行管理。典型的例子是美国，虽然美国是世界上最发达的国家之一，但是由于美国崇尚个人主义，因此始终没有统一建立起一套完善的社会保障制度，而是补缺式的逐步增加相应的社会保障项目，这就导致了这些项目归不同部门管理，分散化的特征非常明显。

相比而言，在普遍型福利体制国家，社会保障管理权力往往呈现出集中化的倾向，因为在这些国家，社会保障体系被作为社会的一项基础制度进行建设，从一开始就有明确的目标和完整的蓝图，这些国家社会保障项目比较齐全，水平较高，而且都面向全体国民，因此将社会保障管理集中在一个部门有利于降低协调成本，最大程度地发挥社会保障体系的整体效应。典型的例子就是第一个宣布建成福利国家的英国和北欧福利国家的典范瑞典与挪威：英国的就业和养老金部集中管理各项社会保险，健康和社会服务部集中管理医疗健康服务和其他社会福利；瑞典的卫生与社会事务部以及挪威的劳动和社会事务部都是各自国家社会保障的主要行政管理部门。

在合作型福利体制的国家，社会保险制度是核心，一方面，社会保险制度的内在发展规律要求按照大数法则实现互助共济，即将针对不同群体和地区的项目进行整合，从而在管理体制上需要进行集中；但另一方面，无论是强调地方自治的法国，还是强调行业自治的德国，社会保险制度都是从互助保险发展而来，从而具有深厚的自治管理传统。在这两种力量的相互作用下，合作型福利体制国家呈现出独立多元经办和政府部门集中监管的特点。其中，经办机构相对独立，且鼓励多元竞争；行政部门则相对集中，从而便于管理和监督。

最后，当我们将社会保障模式与社会保障项目融合在一起考察时会发现，与劳动就业相关的社会保险项目在各国往往都由劳动部门负责管理，其中最典型的是失业保险和工伤保险，其都与劳动就业密切相关；而社会救助和社会福利项目则大多由卫生健康领域的主管部门负责。照此规律，社会保障体系中不同项目之间的关系就会决定社会保障管理体制的改革方向：在传统以社会保险为主体的国家，随着社会保险水平的不断提高，社会救助的存在空间会被大大压缩，从而不再有必要设置专门的社会救助管理部门。例如德国的社会救助管理部门就是劳动与社会事务部的一个内设机构。如果从以社会保险为主体，以现金补偿为主要方式的福利体制走向以社会福利为主体，以服务提供为主要方式的保障模式，伴随着社会保险的去劳动化和全民化，其与劳动就业的关系不断弱化，建立统一的社会保障管理体制也就有了相应的制度基础。

（三）行政体制和财政资源分配状况影响社会保障管理的纵向权力分配

社会保障管理体制是一国行政体制在社会保障领域的具体表现，因此该国的行政体制必然对社会保障管理体制的纵向权力分配产生影响。中央集权制国家在某种程度上更加倾向于由中央政府承担更多责任，这在社会保障管理上则表现为更多地采用垂直管理的模式。例如，君主立宪制的英国，虽然其中央集权的色彩已不是很浓，但作为单一制的国家，英国在社会保障管理领域还是倾向于集权管理，从中央到地方都建立整齐划一的社会保障工作机构，对社会保障实行统一的行政管理。

相反，在联邦制国家，社会保障管理则倾向于属地管理。因为在联邦制国家，各联邦政府权力较大，并且权力来源于民众，所以地方政府官员更有动力为所管辖区域内的居民提供更好的福利，甚至形成地区之间的福利竞争，提高本地政府的支持率和竞争力。所以，在绝大多数联邦制国家，社会保障制度（尤其是社会福利和社会救助项目）都倾向于属地管理。

其次，国家财政资源在一国政府间的分配状况对社会保障管理权力的纵向分配也会产生重大影响。通过对各国社会保障管理体制模式的分析研究可以发现，一个国家的财政资源在中央与地方之间是如何分配的，在很大程度上影响着该国社会保障管理权力在纵向上的分配。一方面，财政资源总量的分配格局会影响社会保障管理体制，如果中央政府（联邦政府）在总税收中的比例较大，则根据财权与事权相对应的原则，中央政府（联邦政府）也应当在社会保障管理中承担主要责任。另一方面，财政转移支付制度也会影响社会保障管理体制。挪威就是一个典型的例子，挪威联邦政府税收占总税收的比例近80%，但联邦政府通过给州及地方政府大量转移支付，帮助州及地方政府承担社会保障管理责任。

二、国际社会保障管理体制发展的一般规律

（一）以完善的法律为基础

国际经验表明，社会保障管理制度的建立和相关管理机构的设立都是以

法律形式明确下来的。通过相关的立法来确定相应的社会保障项目，明确部门设置和各部门的职责分工，从而更好地保证社会保障管理和运营的规范、有序。

社会保障管理作为整个社会保障制度运行中的一个重要环节，实行依法管理包括两个方面：一是管理机构及管理岗位的设置需要有相应的法律、法规作为依据，有关法律、法规对此应当有明确而具体的规范；二是管理系统必须依法运行，即管理机构只能在既定的职责范围内行使权力，既不能不作为，也不能越权行事。

依法管理作为对社会保障管理的一项基本要求，既是为了避免因管理职责紊乱致使社会保障制度在运行中出现非正常状态，也是为了确保社会保障管理的权威性。因此，为社会保障管理立法应当先于社会保障管理体制的建立，社会保障管理的基本任务就是保证现行社会保障法律、法规、政策的贯彻落实，是确保法治的关键性工具。

（二）以充足的人力资源和财力资源为支撑

经济的飞速发展使各国越来越重视本国的社会发展与民生问题，其中建立健全社会保障体系就成为各主要发达国家的一项重要工作。这表现在社会保障管理机构从无到有，从从属到独立，表现在已有社会保障管理机构的权力和职责的不断增大，也表现在国家对社会保障管理部门在人、财、物等各个方面支持的加大。

从本书附录二各国的普遍经验来看，社会保障管理都是根据服务对象人数的一定比例来确定相关管理机构的规模和人员数量，因为社会保障管理部门是直接提供社会保障服务的部门。虽然随着信息化和人工智能的广泛应用，管理人员服务比可以大大提高，但仍然有大量工作无法用技术来取代人。因此，随着社会保障项目的不断扩充，社会保障外延的不断延展，社会保障对象的不断增加，社会保障管理部门的人力和财力资源也需要在一定程度上进行扩充，以满足工作的需要。

同时，各国财政对社会保障事业发展的投入水平也在不断提高，一方面，财政资金对社会救助事业给予直接投入，同时对社会保险当期缺口给予补助，以充分实现公共财政职能。另一方面，基于社会保障公共事务或准公共事务的属性，各国财政对社会保障行政管理事务也给予极大支持，例如，新加坡中央公积金局每年的薪金开支就超过 8 千万美元，瑞典中央财政每年要拨付超过 60 亿瑞典克朗以支付卫生和社会事务部的行政费用。

（三）以管理信息化为技术保障

随着现代信息技术的发展，各国都在不断推进计算机信息化在各个领域的应用，以求更大程度地提高效率，促进经济社会的发展。社会保障管理领域也不例外，信息化管理已经成为社会保障管理的主流趋势。

首先，信息化管理是解决人口流动与属地管理之间矛盾的需要。落后的信息化管理水平可能阻碍正常的人员流动，不利于人力资源的合理配置，从而影响整个经济和社会的发展。而管理信息化将会一定程度上为这种情况的解决提供技术保障，并给保障对象带来极大的便利。在欧洲，不仅一国内部的劳动力流动是一种常态，不同国家之间的劳动力流动也是一种常态，因此欧盟各国也在致力于联结各国的社会保障系统，以确保各国劳动者在跨国界的流动中，社会保障权益不受损失。

其次，国际经验表明，社会保障信息化管理系统必须与其他社会信息系统之间建立广泛的联结，以便高效地甄选出保障对象。例如，将社会救助管理系统与个人收入统计系统相连接将会更加准确地掌握救助对象的状况，从而更加准确地甄选出最需要救助的对象，发挥社会救助的最大功能。

同时，信息化还有利于促进不同社会保障管理部门之间的沟通和协调。例如，瑞典的社会保障信息系统十分完备。它由中央财政投资建设、全国社保系统共同使用，完全实现了信息共享，相关行政管理主体之间也实现了信息共享，这大大改善了部门协作，并提高了效率。

（四）以加强部门之间的协调和官民之间的融合为基本方向

通过对典型国家社会保障管理体制的介绍和分析可以看出，无论是集中管理体制还是分散管理体制，涉及社会保障管理权责的政府部门都不止一个，从而必然出现不同部门之间的关系问题。为了更好地发挥各个部门管理的效能，就需要对这些部门的工作和职责进行协调，以防止管理盲区和推诿扯皮现象的出现。部门之间协调的基础是要明晰部门之间的责任，只有责任明晰才能实行有效的问责。除此之外，部分国家还成立专门机构协调部门间关系，降低行政成本。

另一方面，很多国家在社会保障管理领域引入社会力量或实行市场化的运作，呈现出官民结合的特征。这种做法一方面可以调动社会力量，运用各方面的人力、财力、物力，提高社会保障管理能力；另一方面也有利于提高社会保障管理效率和服务质量。政府通过税收优惠或政府购买等方式支持社会组织参与社会保障管理，从而实现从政府主导的管理体制向多元参与的现代治理体制转变。

第二节　未来展望：中国特色社会保障道路初论

行文至此，笔者在引言中所提出的两个研究视角基本得到了展现。一方面，从府际关系的视角关注管理体制的设置与变迁，另一方面，从社会保障体系的视角审视社会保障模式与管理体制之间的关系。在第一节中，笔者提出，管理体制本质上是社会保障制度体系的组成部分，也是由社会保障的模式所决定的，如果管理体制与社会保障模式相匹配，则管理效能就能得到很好地发挥；如果管理体制与社会保障模式不匹配，则管理过程就无法体现制度设计的逻辑和内涵。因此，管理体制是考察一个国家社会保障制度模式及其运行效能的重要视角。

回到社会保障理论研究的议题上，从逻辑学的角度看，对任何概念的研究都可以从内涵与类型两个方面展开。所谓内涵，就是此概念与其他概念的差异之处，即所谓概念的特征；所谓外延，则是此概念的类型分类。概念研究如此，对于社会保障制度的研究也不例外。从全球的视野来看，自丹麦学者艾斯平—安德森提出了福利资本主义的三个世界后，有关社会保障类型学的研究就成为了学术界关注的焦点，各国的理论学者都尝试回答这样一个问题，就是自己国家的社会保障制度到底属于什么模式或类型？自己国家的社会保障制度又会走向什么模式或者类型？

就类型学的研究方法而言，分类标准是最重要的工具。艾斯平—安德森提出了"去商品化"的客观标准，按照这个标准及其计算方法，我们可以计算出任何国家在任何时点上社会保障体系的"去商品化"程度而将其归类于某一种福利体制。在安德森的分析框架和对象中，用这个客观标准所进行的分类，区分出了自由主义、保守主义和社会民主主义三种经典的福利模式，其中，自由主义模式以英美为代表，倾向于用市场化的方式提供福利，去商品化程度最低；保守主义模式以德法等欧洲大陆国家为代表，倾向于用法团与合作的方式提供福利，去商品化的程度居中；社会民主主义模式以北欧国家为代表，倾向于由政府直接或间接地提供福利，去商品化的程度最高。安德森的模式划分将去商品化程度这样的外在表现与制度建设的指导思想和实现方式联结在了一起，成为福利国家类型研究的重要基础。

然而，随后有关福利国家类型的研究，并没有严格按照安德森所设想的道路发展下去，地缘政治、社会保障与经济发展的关系以及文化传统等新的划分标准不断出现。其中，以地缘政治最为显著。在安德森的研究中，不同福利类型的国家在地缘上具有接近性，由此引申出关于福利体制与地缘政治之间的关系；但随后的研究倒置了这种关系，将地缘政治作为了新的划分标准，比如东亚模式、拉丁美洲模式等。除此之外，有关社会保障与经济发展的关系（生产型福利国家）；文化传统（基督教文化的福利模式、天主教文化的福利模式、儒家文化的福利模式）等因素也出现在有关福利国家分类的研究中，从而呈现出百花齐放的特色。

中国的社会保障制度体系属于哪一种类型，中国的社会保障制度建设应该走向哪一种类型？抑或是，中国的社会保障道路是否自成一体？在我们国家发展进入新时代，社会保障体系建设也取得了重大成就的今天，这个问题是我国社会保障学者应当思考和回答的重大理论命题。诚然，伴随着工业化和市场经济体制建设所进行的社会保障制度改革在我国是"舶来品"，无论是自由主义、保守主义还是社会民主主义的指导思想和制度模式，在我国的社会保障制度体系中都能找到他们的影子：改革早期对"个人账户"的盲目崇拜无疑是自由主义指导思想的具体表现；当前以社会保险为主体的社会保障基本模式则意味着我们在制度模式上具有典型的保守主义特征；而针对城乡居民的非缴费型津贴制度又隐约让我们看到了社会民主主义的主张。所以，中国作为一个农业大国，在快速城镇化和工业化，我们一方面面临着市场经济改革的大潮，另一方面又必然受到千年历史文化传统的深刻影响。这种复杂的背景和急剧的变革使得我们只能用多种方式来覆盖不同就业类型的人口，因此恐怕只能用混合型福利体制来予以概括。但放眼全球的社会保障改革，纯粹经典意义上的俾斯麦模式和贝弗里奇模式都已只能在教科书里找到，社会保险制度从以劳动权为基础快速扩展到人人皆保险；狭义的福利国家则在面对财政危机的情况下，纷纷引入所谓的内部市场化抑或是福利保险化来提高可持续性，全球范围内的保险福利化、福利再保险化等趋势同时出现，从而纷纷体现出"混合型"的特征。因此，在全球化和国家间制度学习的背景下，混合型显然不是一种排他式的类型划分方法，却可能是对一般性发展规律的描述。

传统的分类方法遇到了挑战，中国的社会保障改革实践也逐步迈过了向他国学习借鉴的初级阶段而在改革和建设中逐渐形成了自身的特色，这就迫切需要我们给出新的分类视角，阐述社会保障领域的中国特色所在。有观点认为，中国是在全世界人口最多的发展中国家建设社会保障制度，而人口多只是我们建制所面临的背景和条件，而非制度本身的特征。如果说人口多就可以被称为是一种模式的话，那世界上迟早会出现"印度模式"。那么，在社会保障类型划分的视角下，中国社会保障道路的特征到底是什么？笔者认为，可以尝试从管理体制的视角进行分析。

回顾全球经典的福利国家演变及其分类，大体上可以分为两个阶段。第一个阶段是在 20 世纪 80 年代之前，基本概括在了安德森的分析框架中，在自由主义的引导下，美国建立了以市场主导的社会保障模式，即所谓的自由主义模式；在社会民主主义的直接影响下，狭义福利国家的思想虽然孕育于英国，但是在北欧生根开花，从而形成了国家全面介入的社会民主主义模式。然而，任何思想都并非是绝对的，当我们去考察德国社会保险模式时，看到的是思想之间的相互影响与交融。具体而言，总体上强调政府作用和追求社会公平的理论学派也分为强调政府绝对权威和全面介入公共物品供给的"费边社会主义"和强调社会共治、多方协商合作的"讲坛社会主义"；总体上强调市场力量和自由竞争的理论学派也可以被划分为纯粹强调市场力量的自由主义和不仅强调市场竞争，也强调市场规则和市场秩序的"秩序自由主义"。德国的社会保险，从制度模式上看具有典型的"讲坛社会主义"特色，因为其强调的不是政府独揽责任，而是劳资双方的共同参与和共同治理；但在管理体制上却又是典型的"秩序自由主义"，早期的社会保险经办机构或者是地区性的，或者是行业性的，而并非是科层制政府所垄断的，这些经办机构之间相互竞争，不断合并，既给所有参保人以选择权，从而避免了哈耶克、布凯南等学者所担心和批判的"政府垄断性供给"；也让管理经办机构在竞争中不断提高福利水平和服务质量。由此，我们可以看到将制度模式与管理（经办）模式分离后所带来的新视角。制度模式强调的是应对社会风险的基本逻辑和责任分配体制，而管理经办则是运行和服务递送的具体机制。这种逻辑同样适用于对其他福利模式的分析。以美国为代表的自由主义模式，在制度上是发挥市场的作用，在具体的服务递送上则自然充分发挥保险公司等市场主体的作用；以北欧为代表的社会民主主义模式，在制度上是发挥政府的作用，在具体的服务递送上则建立了政府与社会组织之间的合作关系，而并非是由政府来直接提供全部公共服务。

在全球人口老龄化和石油危机发生之后，福利国家的发展进入到了第二个阶段，一方面是英美等国家在资本主义危机下的福利紧缩，另一方面则是一些新福利类型或形态的出现。首先，凯恩斯主义面临滞胀时的手足无措使得自由主义再次兴起，并且从传统的产品市场蔓延到了金融市场，形成了所谓的"新自由主义"，并且在这种理念的指导下，在智利等国家出现了以完全积累的个人账户为主要表现形式的"社会保障"形态。完全积累制彻底改变了此前的社会保障制度模式，将风险应对的方式从互助共济转变为个人承担，从而是一种较为极端的自由主义模式。相比于完全由个人承担缴费责任和投资责任的智利，新加坡和中国香港地区虽然也都采用了完全积累的个人账户制度，但是分别在投资阶段有政府的风险担保，在筹资阶段有用人单位的缴费分担，从而在总体上呈现为自由主义的同时，也带有稍许合作主义的元素。当中国的市场经济改革大幕缓缓拉开的时候，中国的社会保障体制改革就成为了全球关注的焦点，在全世界人口最多的发展中国家如何建立，以及建立一个怎样的社会保障制度不仅是一个实践难题，也必然成为理论研究的热点议题。

从制度模式上看，虽然在改革初期受到了自由主义的一些影响，产生过对个人责任和个人账户模式的青睐，但我国在实践中逐渐找寻到了社会保险制度的基本发展规律，从而较为坚定地选择了一条以社会保险为轴心的发展路径，其表现为各主要社会保障项目都选择了保险的模式，用社会保险的方式不仅覆盖传统的受雇劳动者，而且将之扩大到非受雇的居民，从而呈现出全民皆保险的特质。虽然居民的生产方式和收入结构与建立在受雇劳动基础上的社会保险具有一定的内在冲突性，但政府的强力介入和直接承担雇主缴费责任的筹资结构使得这种以社会保险为核心的保障模式得以基本建成并且运行较为顺利。但是，从管理体制的角度看，与传统社会保险型国家（如德国）按照"秩序自由主义"的理念，由不同的社团法人（社会保险经办机构）来承担社会保险具体的管理经办业务，以充分贯彻自治的管理原则完全不同，中国的社会保障管理体制基本是由公共部门来主导的，无论是在管理上，还是在具体的经办服务上，都是由科层制的公共部门来承担。于是，在制度模式上采取典型合作主义的社会保险，在管理体制上则是由科层制的公共部门来主导，这就构成了中国特色的社会保障道路，笔者将其称之为以政府为主导的科层式合作主义模式。上述福利国家类型的历史演变及中国大陆社会保障模式的出现见图 11—1。

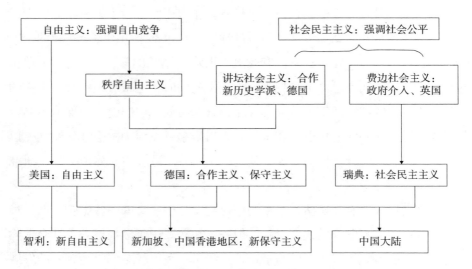

图 11—1　全球社会保障模式演进及中国道路的出现

　　政府主导的科层式合作主义模式有三个基本特点：（1）其制度模式是合作主义倡导下的社会保险为核心，但与传统建立在行业或地区自治基础上的社会保险不同，中国的社会保险具有典型的政府主导的特色。这种主导体现在制度模式选择的决策过程、管理体制以及资金来源等多个方面。（2）其管理体制是社会民主主义倡导的政府介入，但又与社会民主主义所倡导的以公共财政承担几乎所有的福利责任不同。因此它是合作主义的制度模式与社会民主主义的管理模式之间的有机融合。（3）由于公共部门是管理主体，因此公共部门的科层式结构就成为制度与管理运行中最大的特点。简言之，中国社会保障制度体系的特点不在于其制度模式，而主要在于管理体制，而作为管理主体的公共部门的科层结构也就相应地成为中国社会保障制度的基本特色。这种科层式的组织结构从以下四个方面深刻影响着中国的社保制度。

　　其一，从法律关系上看，它使得社会保险关系从传统的社会法关系转变为行政关系，从而反过来进一步强化了科层式公共部门在社会保险中的地位和作用。在经典的社会保险模式下，参保人与具有独立社会法法人地位的社会保险管理机构之间形成了基于社会法的法律关系，社会保险经办机构是特殊的公团法人，区别于政府，而又受政府的监督，从而形成了区别于行政法和民法的社会法关系。但我国的社会保障管理机构和经办机构都是公共部门，社会保险行政机构作为政府组成部门自然不用说，而经办机构也都是准公共部门性质的事业单位，从而在组织结构上都具有科层化的典型特征，即管理机构和经办机构的设置都以行政层级为标准，在纵向上接受上级业务部门的指导，在横向上隶属于当地政府并需要与其他部门形成合作关系。社会保险经办服务机构的这种特殊属性使得社会保险关系从社会法关系转变成了准行政法的关系，其宗旨也从保护参保人利益转变为需要兼顾公共部门的多重目标（例如政府的经济发展目标有时就会与保护劳动者权益的目标相抵触）。

其二，科层制中的纵向关系使得中国的社会保障改革在分权与集权之间寻找平衡。中国多层级的政府体系和地方差距，以及鼓励先富、试点先行的各种改革策略，使得中国的经济体制改革是伴随着分权化而进行的。相应地，在计划经济体制下的单位保障制度在面临市场经济冲击的情况下，在一夜之间变成全国统筹的社会化制度自然是不切实际的，而必然选择一条从局部到全局，从地方到全国的改革路径。我们自然地用县级统筹替代单位统筹，用市级统筹替代县级统筹，用省级统筹替代市级统筹，这种改革层级上的递进性一方面是社会保障内在发展规律的要求，但另一方面也是我国科层制结构的必然结果。科层式组织在纵向层级上的依次递进型决定了改革无法跨越层次，而只能"循序渐进"。当社会政策改革逐步独立于经济体制改革，决策层对其再分配的属性认识逐步深刻，意识到需要由中央政府主导建立全国统一的社会保障制度时，在地域辽阔、多层级的管理体制下，完全由中央政府来承担社会保障改革和管理的全部责任只能是天方夜谭，而有效地进行责任分配，根据不同社会保障项目的外部性程度和管理流程的合理分工，在全国统一制度框架、中央政府集中决策权力的前提下，在纵向科层制的结构中进行合理的权责分配就成为了关键。于是，从纵向上看，中国的社会保障制度改革已经经历了从分散到集中的过程，而现在面临的则是上下层级之间的合理权责分配。

其三，科层制中的横向关系使得中国社会保障改革及其道路在统一和分立之间角力前行。受到大一统之传统思想文化的影响，建立统一的社会保障制度在理论上较容易实现共识，但是管理体制的相对分割却成为了重要的影响因素。在我国的横向部门间分工中，有多个部门涉及社会保障领域，其中既有参与宏观决策的职能部门，也有专业从事该领域管理的业务部门。对于这种多管理主体的参与，既可以理解为政府对该项公共事务的重视，但也会由于管理权责的分散而导致决策时的迷茫与犹豫。在前文有关中国社会保障改革历史的回顾中，劳动保障部和体改委有关养老保险模式的争论，劳动保障部门和税务部门有关社会保险费征收体制的争论，人力资源社会保障部门和卫生部门有关医疗保障管理体制的争论，这些都成为影响制度改革和模式选择的重要因素。也就是说，政府主导的特点决定了公共部门在中国的社保制度改革中发挥着极其重要的作用，而科层制的横向分工结构又决定了不同部门之间改革思路与模式选择的差异。在此过程中，我们既看到了中央政府通过结构性改革，以机构整合或者是权责归并的方式来集中社会保障领域管理权责的改革举措；也看到过通过增量改革的方式，通过建立新的机构来开启新的改革局面，社会保障作为一个体系的整体性与各个社会保障项目内在运行逻辑的差别使得专业化分工与职能整合成为横向视角下的两条并行路线，深刻地影响着中国社会保障的统与分。

其四，科层制中的纵向关系与横向关系彼此影响，形成了更为复杂的网络关系，纵向上的集与放，横向上的统与分，不同力量之间彼此交错、相互影响，构成了中国社会保障改革和模式选择的总体逻辑。一方面，横向部门之间的不同政策主张会体现为纵向上不同地方政府的模式选择。无论是养老保险统账结合的模式，还是社会保险费征缴的"双征收主体"，当中央层级的不同部门之间有不同意见而中央政府亦未做出明确的决策，而交由地方政府自行选择时，这将必然导致区域之间的制度差异。历史证明，这不利于制度的理性发展并且必然会对之后的统一改革带来难度。因此，我们在强调职能分工的同时，更加要强调集中决策。2018 年的党和国家机构改革不仅是行政部门职责的重新梳理和配置，更重要的是从决策、管理和监督适度分离的角度进行了顶层设计，从而有利于避免决策方案不清晰给地方选择所带来的严重问题。另一方面，纵向上的权责分配和地方层面的政策创新也会对横向的部门间关系或地区间关系产生影响。纵向上统筹层次的提高意味着统一的制度体系、管理体系和信息系统，这使得在人口流动背景下的地区之间关系（如流动人口社会保险的转移接续）可以在更高的统一平台上予以解决，而不再需要不同地区之间的自行协调；而地方层面的制度创新与政策突破，如果与横向部门的改革思路相一致，则会通过较高层级政府中相应部门的积极推动而实现全域范围内的政策扩散，从而从地区性的制度创新转变为全国范围内的制度演进。因此，就像韦伯所描述的科层组织中纵向的分权和横向的分工是交织在一起一样，我国的社会保障改革也同时受到这两个维度上不同力量的影响，从而使得科层制的府际关系成为理解中国社会保障改革过程，体现中国社会保障制度特征的最佳视角。

笔者在序言中曾提出，只有理解了中国的行政体制和财政体制，才能真正理解中国的社会保障改革和社会保障模式特点。本书在这个方面做了一些尝试，但中国波澜壮阔的社会保障改革还在进行，中国的行政体制和财政体制也在深化改革中，他们即将构成迈向中国特色社会主义现代化国家新征程中的重要组成部分，也必将成为中国特色社会主义制度体系的有机组成部分。我们拭目以待，我们也责无旁贷，继续忠实记录中国社会保障改革之进程，继续深入研究中国社会保障道路之特色。

附录一

改革开放后历次国务院机构改革中与社会保障
管理体制直接相关的改革内容（除 2018 年外）

文件依据	改革总体思路和重点任务	改革主要内容及前（后）部门数量	与社会保障管理体制直接相关的改革内容
1982 年 2 月 22 日，五届全国人大常委会第 22 次会议通过了《关于国务院机构改革问题的决议》	以精兵简政为原则，力求使机构调整为经济体制改革的深化提供有利条件。	1. 重组：重组国家经济委员会，加强了国家计划委员会的工作。 2. 成立国家经济体制改革委员会，负责体制改革的总体设计，由国务院总理兼主任。 3. 合并：电力工业部和水利部合并，设立水利电力部；将国务院国防工业办公室与中国人民解放军国防科学技术委员会、中央军事技术装备委员会办公室合并，设立国防科学技术工业委员会；将商业部与全国供销合作总社和粮食部合并，组建新的商业部；将进出口管理委员会、外国投资管理委员会、对外经济联络部和对外贸易部合并，设立对外经济贸易部；将农业部、农垦部、国家水产总局合并，设立农牧渔业部。 4. 组建广播电视部。 国务院机构由 100 个裁并调整为 61 个，其中部委由 52 个裁并为 42 个	组建劳动人事部

文件依据	改革总体思路和重点任务	改革主要内容及前（后）部门数量	与社会保障管理体制直接相关的改革内容
1988 年 4 月 9 日，七届全国人大一次会议通过了《国务院机构改革方案》	首次提出了转变政府职能的要求，紧密地与经济体制改革结合起来。改革的重点是同经济体制改革关系极为密切的经济管理部门。	1. 撤销 12 个部委：原计委、经委、机械委、电子部、航天部、航空部、石油部、煤炭部、水电部、核工业部、城建部、劳动人事部 2. 新组建 9 个部委：国家计委、机械电子部、航天航空部、能源部、水利部、建设部、人事部、劳动部、物资部 3. 农牧渔业部更名为农业部；新华社改为国务院直属事业单位，不再列入国务院行政机构序列。 通过这次改革，国务院部委由 45 个减为 41 个，直属机构从 22 个下降到 19 个，办事机构从 4 个增加到 7 个，国务院非常设机构从 77 个减为 44 个。	撤销劳动人事部，设立劳动部
1993 年 3 月 22 日，八届全国人大一次会议审议通过《国务院机构改革方案》	为适应建立社会主义市场经济体制的需要，加快政府职能转变，进一步改革政府机构，实行精兵简政。	1. 将国务院经贸办改建为国家经贸委。 2. 撤销能源部，设立电力部、煤炭部；撤销机械电子部，设立机械部、电子部；撤销航空航天部，组建国家航空工业总公司、航天工业总公司；撤销商业部、物资部，设立国内贸易部；轻工部、纺织部改为轻工总会、纺织总会，不作为国务院的组成部门。 3. 国家物价局、国家矿产储量局、黄金局、国家核安全局并入有关部委，作为该部委的职能局。国家气象局、专利局改为事业单位，国家建材局改为建材工业协会联合会。 4. 部委归口管理的国家技术监督局等 15 个机构改为部委管理的国家局。 5. 实行中纪委机关和监察部合署办公。 国务院组成部门从 42 个调整为 41 个；直属机构从 19 个调整为 13 个；办事机构从 9 个调整为 5 个。同时，取消 15 个部委归口管理机构的称谓。国务院非常设机构由 85 个减少到 26 个。	国家体改委设立分配和社会保障司 国家计委设立社会发展司 财政部设立社会保障司 卫生部承担有关社会医疗保险的职责

文件依据	改革总体思路和重点任务	改革主要内容及前（后）部门数量	与社会保障管理体制直接相关的改革内容
1998年3月10日，九届全国人大一次会议批准了《国务院机构改革方案》	建立办事高效、运转协调、行为规范的政府行政管理体系。	1.将国家计委更名为国家发展计划委员会，国家经济体制改革委员会改为国务院高层次的议事机构，不再列入国务院组成部门序列。 2.组建：信息产业部、国防科工委、劳动和社会保障部、国土资源部 3.将煤炭、冶金、机械等9个工业部先改成国家经贸委管理的国家局，后于2000年全部撤销。 4.国家科委更名为科技部，国家教委更名为教育部。 国务院组成部门由40个精简为29个，部门内设机构减少200多个，行政编制由原来的3.23万名减至1.67万名。截至2002年6月，全国各级党政群机关共精简行政编制115万人。	组建劳动和社会保障部 审计署设置社会保障审计司 国务院法制办设置劳动社会保障法制司
2003年3月10日，十届全国人大一次会议通过了《关于国务院机构改革方案的决定》	逐步形成行为规范、运转协调、公正透明、廉洁高效的行政管理体制。	1.深化国有资产管理体制改革：设立国务院国有资产监督管理委员会，为国务院直属特设机构。 2.完善宏观调控体系，将国家发展计划委员会改组为国家发展和改革委员会，不再保留国家经济贸易委员会、对外贸易经济合作部。 3.健全金融监管体制，设立中国银行业监督管理委员会，作为国务院直属事业单位。 4.继续推进流通管理体制改革，组建商务部。 5.加强食品安全和安全生产监管体制建设，在国家药品监督管理局的基础上组建国家食品药品监督管理局，仍作为国务院直属机构。 6.将国家计划生育委员会更名为国家人口和计划生育委员会。 国务院组成部门从29个下降到28个。	国家发展改革委设置就业和收入分配司 国家安全生产监督管理局改为国务院直属机构

续表

文件依据	改革总体思路和重点任务	改革主要内容及前（后）部门数量	与社会保障管理体制直接相关的改革内容
2008 年 3 月 15 日，十一届全国人大一次会议通过了《关于国务院机构改革方案的决定》	按照精简统一效能的原则和决策权、执行权、监督权既相互制约又相互协调的要求，着力优化组织结构，规范机构设置，完善运行机制，为全面建设小康社会提供组织保障。围绕转变政府职能和理顺部门职责关系，探索实行职能有机统一的大部门体制。	1. 加强能源管理机构。设立高层次议事协调机构国家能源委员会。组建国家能源局，由国家发展和改革委员会管理。 2. 组建工业和信息化部，不再保留国防科学技术工业委员会、信息产业部、国务院信息化工作办公室。 3. 组建交通运输部，不再保留交通部、中国民用航空总局。 4. 组建人力资源和社会保障部，不再保留人事部、劳动和社会保障部。 5. 组建环境保护部。不再保留国家环境保护总局。 6. 组建住房和城乡建设部。不再保留建设部。 7. 国家食品药品监督管理局改由卫生部管理。 经过调整，除国务院办公厅外，国务院设置组成部门 27 个，直属特设机构 1 个，直属机构 15 个，办事机构 4 个，部委管理的国家局 16 个，直属事业单位 14 个。国务院正部级机构减少 4 个。	组建人力资源和社会保障部 组建住房和城乡建设部设立住房保障司
2013 年 3 月 14 日，十二届全国人大一次会议通过了《国务院机构改革和职能转变方案》	按照建立中国特色社会主义行政体制目标的要求，以职能转变为核心，继续简政放权、推进机构改革、完善制度机制、提高行政效能。重点围绕转变职能和理顺职责关系，稳步推进大部门制改革。	1. 不再保留铁道部，交通运输部统筹规划铁路、公路、水路、民航发展。 2. 组建国家卫生和计划生育委员会，不再保留卫生部、国家人口和计划生育委员会。 3. 组建国家食品药品监督管理总局，不再保留国家食品药品监督管理局和单设的国务院食品安全委员会办公室。 4. 组建国家新闻出版广电总局，不再保留国家广播电影电视总局、国家新闻出版总署。 5. 重新组建国家海洋局，设立高层次议事协调机构国家海洋委员会。 6. 重新组建国家能源局，不再保留国家电力监管委员会。 这次改革，国务院正部级机构减少 4 个，其中组成部门减少 2 个，副部级机构增减相抵数量不变。改革后，除国务院办公厅外，国务院设置组成部门 25 个。	成立卫计委，并将国务院深化医疗卫生体制改革领导小组办公室的职责从发改委划入卫计委

附录二
尽快实现基本养老保险全国统筹研究报告 [①]

　　基本养老保险全国统筹是社会保险法的法定要求，是养老保险制度的内在发展规律和市场经济公平竞争规则的必然要求，也是世界各国养老保险制度运行的基本原则。然而，受到改革路径的影响，我国的基本养老保险制度统筹层次较低，并且在人口单向流动的影响下，本应是全国性的统一制度沦落为区域分割的地方性制度，本应是全国均等化的公共物品被异化为地方利益，严重影响了养老保险制度的公平与可持续发展，也影响了公平的市场竞争环境与区域经济的均衡发展。

　　党的十九大报告明确要求，尽快实现养老保险全国统筹，这是对养老保险全国统筹工作提出的新的、明确的政治要求。为了深入研究养老保险全国统筹的必要性与可行性，为决策机构制定相关方案提供智力支持，中国社会保障学会受人力资源和社会保障部委托，承担了有关"尽快实现养老保险全国统筹"的课题研究工作。课题组在前期大量研究积累的基础上，又分别于 2018 年 7 月 16—20 日、7 月 30 日至 8 月 1 日、8 月 22—24 日赴辽宁、黑龙江、广东以及陕西进行了专题调研，并于 2018 年 10 月 14 日在京举行专家研讨会，深入了解不同地方情况、广泛听取专家意见，聚焦问

---

① 　注：本报告是中国社会保障学会于 2018 年受相关部门委托，经过一年多的调查研究，于 2019 年提交的研究成果。笔者是本报告的主要执笔人，并经课题负责人同意，作为附录收录于此。

题、凝聚共识、集思广益，以期为基本养老保险全国统筹提供理论支撑和备选方案。

一、职工养老保险全国统筹面临的新背景和新形势

1. 全国统筹有了新的明确的政治要求。

党的十九大报告明确要求，尽快实现养老保险全国统筹。这是对全国统筹新的、明确的政治要求。不同于之前在社会保险法以及"十三五"规划中有关"逐步实现养老保险全国统筹"的表述，十九大报告对实现全国统筹的时间要求是明确的，这充分表明了党中央和国务院对养老保险全国统筹工作的高度重视，主管部门和各级地方政府应当按照十九大报告的明确要求，竭尽全力、加快工作步伐，创造条件、克服困难，遵循制度发展的内在规律，尽快实现全国统筹的目标。

根据中央领导同志的讲话精神，全国统筹不仅有时间要求，而且对其内涵也有较为明确的阐释，即实现统收统支的全国统筹。统收统支的全国统筹是最为彻底和全面的全国统筹，也应当成为制定全国统筹方案的基本遵循和根本原则。当然，全国统筹并非是重起炉灶，既需要充分考虑但也不能受制于当前养老保险制度运行的实际情况。课题组认为，准确定义"统收统支"、制定省级统筹评估办法、制定全国统筹实施方案应当成为当前全国统筹工作的三大重要任务。

2. 中央调剂金方案出台。

2018 年 6 月，国务院印发《关于建立企业职工基本养老保险基金中央调剂制度的通知》，中央调剂金在一定程度上实现了地区之间的基金调剂余缺，对于部分省区的养老金当期收支压力具有一定的缓解作用。同时，调剂金方案兼顾了整体利益与局部利益，在上解调剂金的同时亦有所返还，最大限度地减少了地方执行的阻力。根据 2019 年中央调剂基金的预算情况，广东、北京、浙江、江苏、上海、福建和山东七个省份上缴金额大于下拨金额，属于净贡献省份，其中广东省缴拨差额为 474 亿；云南、贵州、西藏三个省份上缴和下拨金额一致，调剂金制度对其基金收支状况无实质影响；其

他省区上缴金额均小于下拨金额，属于净受益省份，其中四川、黑龙江的缴拨差额超过 150 亿，辽宁的差额达到 215 亿，是缴拨差额最大的省份。

但是，中央调剂金制度也有重大的缺陷。其一，中央调剂金的比例过低、节奏过慢，调节的力度有限，从而无法从根本上解决不同省份之间职工养老保险基金状况的差异；其二，调剂金的上缴按照参保人数而非缴费人数确定金额，可能会导致部分基金缺口省份缺口规模的进一步扩大；其三，中央调剂金制度的本质是地方之间基金余缺的调剂使用，即仍然默认职工养老保险制度是一项地方性制度，中央政府只有调剂之权利，而没有承担制度运行的根本责任，因此没有使之真正成为全国统一性的制度安排，甚至有可能会激化地区之间的矛盾。有鉴于此，我们认为，现有的中央调剂金制度只是权宜之计，虽然对于平衡地区之间基金余缺有所作用，但无法自然过渡到养老保险的全国统筹。

3. 职工基本养老保险制度模式尚未定型，仍待完善。

统筹层次是养老保险的核心制度要素，全国统筹牵一发而动全身，而基本养老保险的制度模式又会反过来制约全国统筹的方案设计与运行预测。党的十八届三中全会《关于全面深化改革若干重大问题的决定》有关基本养老保险制度模式的表述从此前的"统账结合、做实个人账户"转变为"完善个人账户制度"。这标志着职工基本养老保险制度模式改革需要"再出发"。

个人账户的"大小之争"和"虚实之争"是改革开放以来我国职工基本养老保险制度改革的重要议题之一。我们坚持认为，以现收现付为财务模式的社会统筹体现了自然传承的代际关系和劳资之间的互助共济，亦是被全球养老金改革实践所证明的基本制度模式。以智利为代表的过分夸大个人账户功能的养老金改革在历经了近四十年的实践后，也暴露出了其本质的问题和重新回归现收现付的趋势。面对人口老龄化对制度可持续性带来的挑战，参数调整和多层次制度建设几乎是唯一的出路，因此，为了均衡代际负担，个人账户不仅仅是记账方式，还应当坚持"做小做实"，积累性基金的规模应当兼顾个人账户资金和全国社会保障战略储备基金，并建立相应的投资管理体制。与此同时，应当区分个人缴费规模与个人账户规模，在做小个人账户规模的基础上，维持并不断提高个人缴费水平，从而均衡缴费责任，个人缴费一部分进入个人账户形成积累，一部分进入社会统筹，实现劳资分责。

4.地方分割已经从养老保险制度的内部风险扩散为社会经济乃至政治风险。

养老保险基金地方统筹对制度可持续发展的负面影响是显著的，它导致部分地区的基金结余与财政对养老保险的补贴同时存在，违背了制度内在平衡的基本规律。更严重的是，地区之间基金状况的不平衡程度随着经济区域发展的不平衡和人口的单向流动在不断加剧：例如，广东在 1998 年的累计基金结余为 107 亿元，到 2016 年增加到 7258 亿；而黑龙江的累计基金结余在 1998 年为 12 亿，到 2016 年则下降为-232 亿。也就是说，不同省份之间基金收支状况的差异不仅不会自动消失，而且会不断增大。因此，尽快实现全国统筹刻不容缓，越是拖延迟滞，遇到的阻力将会越大。

地方统筹不仅破坏了养老保险制度的可持续性，而且其风险已经蔓延到经济乃至政治领域。在经济领域，不同区域之间的基金状况不同导致用人单位的实际缴费负担有所差异，估算可得，2016 年广东的平均缴费率为 7%，而黑龙江为 17%，后者是前者的 2.4 倍。实际缴费负担的差异带来了用人成本的差异，广东等沿海地区较低的实际费率和由此带来的较低用人成本，更加有利于吸引资本的流入和工作岗位的创造，并进而吸引年轻劳动力的进一步流入，以年轻的人口结构维持低缴费率水平。由此，形成发达地区低缴费率—资本流入—人口结构年龄—低缴费率的循环和欠发达地区高缴费率—经济低迷—人口流出—高缴费率的恶性循环。作为法定的劳工成本，在同一主权国家内存在区域之间的差异，这是严重违背公平市场经济竞争法则的，它必然导致经济发展的两极分化，也与国家均衡区域发展和实现高质量经济发展的战略目标相违背。

更为严重的是，调研发现，在部分基金收支压力较大的省份，地方政府为了确保养老金发放，已经向地方商业银行大量借债并且无力偿还，还存在拖欠公职人员工资等现象，对政府信誉造成极其恶劣的影响。如果再不从根本上解决养老金地区分割带来的问题，则极易出现 20 世纪 90 年代因养老金问题引致的极端社会事件，带来政治风险。

5. 养老保险费征收体制改革与养老保险降费政策为基本养老保险基金"统收"奠定了基础。

2018 年初，党和国家机构改革方案确定了由税务部门来征收社会保险费。新的征收体制对养老保险全国统筹带来了双重的影响，一方面，养老保险的征收和待遇发放的责任主体由此被分离，税务部门承担征缴责任，人社部门承担保发放的责任，从部门关系的角度看，"统收统支"在主体上无法实现统一。另一方面，税务是垂直管理系统，从广东和陕西的调研情况看，税务的垂直管理系统更加有利于确保基金的足额征缴，以及资金的及时上缴和拨付，因此，税务征收的管理体制为养老保险的"统收"奠定了较为坚实的基础。

2019 年 4 月，国务院办公厅印发了关于降低社会保险费率综合方案的通知，要求各省份将职工基本养老保险单位缴费率降至 16%，费率低于 16% 的，要制定过渡办法。此举的目的既是要减轻企业负担、优化营商环境，也是要逐步统一各地区的实际缴费率，完善社会保险制度。目前，各省份纷纷出台具体措施，绝大部分省份从 2019 年 5 月 1 日起将费率下调至 16%。基金结余大省广东省亦出台相关政策，要求全省在 2020 年 7 月 1 日之前统一费率至 14%，养老保险费率调整呈现出"边降边统、以降促统"的基本态势，不同省份之间的费率差距在缩小，并正在向全国统一费率的方向迈进。因此，近两年来有关养老保险改革的政策虽未直接涉及全国统筹方案，但的确从基金管理体制、征缴基数以及均衡费率等方面为全国统筹奠定了较为坚实的基础。

6. 基本养老保险参保人员结构和缴费状况正在发生新的结构性变化。

首先，个体从业人员占参保职工的比重逐步增高，对基金收入的影响显著。随着产业结构的变化，就业形态正在发生重大变化。统计数据显示，2017 年个体从业人员达到 1.4 亿，比 2010 年翻了一倍，占同年第二产业和第三产业从业人口总量的 25%。传统的社会保险制度是劳资双方互助共济的产物，劳资双方缴费、劳动者单方受益是吸引劳动者参保的重要基础。然而，对于个体从业人员而言，没有雇主为其缴费和分担风险，而完全需要自己承担缴费义务，制度的吸引力必然大大下降。地方调研发现，在参保职工的人员结构中，个体从业人员的比例都在不断增加，这必然会对养老保险基金的收入产生直接影响。

与此同时，个体从业者和灵活就业人员也在不断分化，其中既有收入较低的下岗职工，也有自谋职业的中高收入群体，但总体而言，中低收入者居多。在省级统筹的背景下，省内欠发达地区收入较低的灵活就业人员面临着实际费率较高和实际收入水平低于缴费下限而不得不按照下限水平缴费的双重压力，实际缴费负担较重。

其次，实际缴费人员占参保职工的比例下降，全口径抚养比、制度内抚养比和制度内实际抚养比差距拉大。受到缴费 15 年即可领取待遇、缴费下限水平过高、劳动力流动时未及时转移等各种因素的影响，在参保职工中，中断缴费人员的比例不断提高，缴费人员占参保职工的比例逐步下降。抽样调查数据显示，2019 年 60 岁以上人口占 25 岁以上人口的比重为 25%，而职工基本养老保险离退休人员占参保总人口的比重为 28.3%，其原因主要是部分年轻劳动者（如农民工）未参加职工养老保险制度；如果进一步考虑实际缴费人数与参保职工人数的差别，则制度内的实际抚养比将更高。由此可见，职工基本养老保险制度的长期可持续性既受到全口径人口结构等外部因素的影响，也受到制度设计、参数设定以及实际运行等内部因素的影响。

综上所述，经过近些年的深化改革，我国的职工基本养老保险制度正在面临新的外部环境和改革要求，制度运行呈现出一些新的结构性特征，而统筹层次低仍然是制度顽疾。在新的形势和背景下，养老保险全国统筹工作目标明确、时不我待，建议以制定全国统筹方案为契机，出台一揽子的整体改革方案，进一步优化职工养老保险制度中的关键要素，尽快促进制度的定型与可持续发展。

二、全国统筹的基本目标与核心要义

(一) 基本养老保险全国统筹的目标

统筹层次是基本养老保险制度中的核心要素，从基本养老保险制度的定位和功能来看，可以包括四个层次，而这四个层次也对应着基本养老保险制度全国统筹所要实现的四个目标：

其一，基本养老保险制度是市场经济条件下企业劳工成本的重要组成部分。马克思指出，社会保险是劳动的必要扣除，因此构成了法定劳工成本的重要组成部分。根据市场公平竞争的规则和高质量发展的内在要求，在同一主权国家内，法定劳工成本应当保持一致，从而避免通过所谓的低成本优势来进行"逐底竞争"，并进而损害劳动者权益的行为。长期以来，我国不同地区之间因为经济发展水平差距和人口结构差别而导致实际费率差异极大，在以贸易作为拉动经济发展的增长模式下，社会保险被简单视为"成本"，而不同省份之间为了吸引资本而竞相压低社会保险缴费水平，短期来看吸引了资本，长期而言则既损害劳动者权益，又不符合高质量发展的要求。因此，全国统筹的目标之一是职工养老保险在全国范围内实际缴费率的统一。这是市场经济公平竞争的必然要求，也是我国区域经济均衡与高质量发展的必然要求。

其二，基本养老保险制度自身的财务目标是基金的长期可持续运行。基金的运行状况是职工养老保险制度健康程度的最直接体现，根据"劳资分责、政府担保"的社会保险基本原则，职工基本养老保险制度首先应当自求平衡，在合理分责的基础上，实现基金的长期可持续发展。长期以来，地区分割导致了我国区域之间基金收支状况的极大差异，导致全国范围内基金结余和财政补贴同时持续增加的非正常现象：2010年基本养老保险累计结余1.5万亿元、财政补贴1954亿元；2017年企业职工基本养老保险累计结余达到4.1万亿元，财政补贴近5000亿元。作为全国范围内的统一制度安排，职工基本养老保险制度必然要求全国统一管理和基金区域之间的调剂余缺，这是全国统筹的目标之二。

其三，基本养老保险统筹层次的提高本质上是一个调节中央与地方政府责任的过程。虽然全国统筹意味着中央政府在基本养老保险制度中需要承担更大的核心责任，但由于中国是一个多层级的行政体制，再加上分灶吃饭的财政体制和地区之间的较大差异，完全由中央政府来承担养老保险的全部责任显然是不合理也不可行的。因此，全国统筹意味着中央政府对基本养老保险制度统一决策、统一管理，但并不意味着由中央政府直接承担全部的责任和所有的权限，而仍然需要合理分责。目前，全国绝大部分省份都已经初步实现了职工基本养老保险的省级统筹，因此全国统筹的目标之三就是在管理体制（既包括行政管理体制，也包括财政管理体制）上合理划分中央和地方政府在职工基本养老保险制度中的权利与责任。

其四，基本养老保险制度的根本目标是维持参保人退休之后的基本生活水平，在全国统筹的背景下需要处理好待遇均等化与维持不同地区养老金购买力水平的关系，既要防止欠发达地区因为统筹层次的提高导致养老金水平相对过高，甚至与在职职工工资倒挂的现象；又要防止发达地区因本地工资水平高于全国标准而导致养老金水平下降的现象，从而造成改革的阻力和人们对制度信心的下降。因此，全国统筹的目标之四就是实现不同地区参保人内在报酬率的相对统一和基本养老保险的合意水平。

简言之，基本养老保险全国统筹的目标是："两个统一、两个合理"，即统一实际费率、统一收支管理；合理划分责任、合理确定待遇水平。

（二）全国统筹的核心要义：八个统一

我们认为，基本养老保险全国统筹的核心要义至少包括全国层面的"八个统一"，即统一制度框架、统一缴费基数核算方式、统一实际费率、统一养老金计发办法、统一基金收支管理、统一经办业务流程、统一信息系统和统一考核指标。

1. 统一制度框架

经过二十多年的改革与探索，在充分借鉴国际经验和结合实际国情的情况下，我国已经初步形成了统账结合的职工基本养老保险制度框架。因此，制度的总体框架目前不会成为实现全国统筹的制约因素，但在某些具体政策方面仍存在地区差异。因此，建议在正式实施全国统筹方案之前，对各地的养老保险政策进行梳理与审查，及时阻止有违现行全国性政策和全国统筹方向与目标的地方政策，要求地方政府在过渡期内不得擅自出台涉及职工基本养老保险制度框架的地方性政策，将职工养老保险制度设计与监督的权力明确为中央事权。

全国统筹方案既可以在现行制度框架基础上实施，也可以以全国统筹为契机，推动职工养老保险制度的再优化。我们建议，在降低用人单位缴费率后，考虑到基金的长期可持续，要在进一步提高劳动收入占比的基础上，适时逐步提高个人缴费比例，进一步缩小个人账户规模，将个人缴费的一部分纳入社会统筹，增强整个制度的互助共济性，同时，平衡好个人账户积累资金与全国社会保障战略储备资金的关系。通过这种结构调整，逐步降低基本养老保险的总体替代率，为多层次养老金制度发展奠定基础。

2. 统一缴费基数核算方式

长期以来，我国的职工养老保险面临名义缴费率高、实际缴费基数偏低的问题，估算认为，全国平均缴费工资基数占社会平均工资的比例在60%左右，从而导致了名义缴费率与实际缴费负担的差异。这种状况既夸大了养老保险缴费对营商环境的负面影响，也导致了地区之间缴费负担差异的进一步加大。要充分利用此次降费改革和征收体制改革的契机，一方面，在实施降费政策时，要遵循"边降边统、以降促统"的基本策略，通过降低费率，尤其是基金缺口省份降低费率来倒逼全国统筹加快步伐。对于名义费率和实际费率低于现行目标费率（16%）的省份，应当要求其制定明确的提升费率时间表。另一方面，要以征收体制改革为契机，由人社部门与税务部门共同出台有关缴费基数核定的口径与方式，建议以个人稳定的工资性收入为基准，明确加班费、年终奖等特殊类型收入的计算口径与核定方式。同时，要统一用人单位缴费基数的核定办法，建议将个人缴费基数之和而非工资总额作为用人单位的缴费基数。

在社会平均工资的计算口径方面，应当充分考虑到当前非公有制单位参保人数规模占比提高的现实以及中央调剂金制度中以全口径社会平均工资作为基数的实际做法，在确定缴费标准上限和下限时，以全口径社会平均工资作为计算标准。同时，考虑到地方经济发展差异，调研发现，如果以全口径省社平工资作为确定缴费下限的标准，则会导致经济欠发达地区低收入者的缴费压力过大。为了降低这部分群体的缴费负担，可以采取的措施包括：（1）个别申请审批。如果当地（以市为单位）社平工资水平低于省社平工资，则可以向省级人社部门申请，以市社平工资的60%作为缴费下限，由省级人民政府进行批准。（2）制定过渡办法，要求当地社平工资低于省社平工资的地区，在经济发展水平和工资水平切实提高的基础上，在一定年限内过渡为使用全口径省平工资。

3.统一实际费率

实际费率的极大差别是当前职工养老保险区域分割的最显著体现和最严重症结，因此，统一实际缴费率就成为全国统筹的关键所在。要在明确和做实费基的基础上，实现实际费率的统一和整体下调。

统一实际费率的工作要分三个阶段进行：第一阶段，在完善省级统筹的过程中，要确保省内不同地区实际费率的统一。禁止针对特殊区域、特殊群体的特殊费率政策。第二阶段，在对全国基金收支进行测算的基础上，确定全国统一的缴费率水平。全国统筹条件下实际缴费率的确定有两个策略，其一是以当期收支平衡为目标，实际缴费率可以大幅下降，但从基金长期可持续性来看，必然还需要逐步提升；其二是以部分积累为目标，将实际费率确定为略高于当期平衡的费率，使得基金在中长期可以保持自我平衡。我们建议采取第二种策略，将用人单位费率稳定在16%；个人费率保持在8%，并视经济发展状况和工资增长情况，适时逐步提高。第三阶段，在各省区统一名义费率之后，要以缴费工资基数占全口径社会平均工资的比例作为考核标准，确保费基做实，从而保证全国各省区实际费率的一致。

4.统一计发办法

养老金的待遇确定与调整机制是直接关系到基金长期可持续与个人养老金权益的重要制度参数。2005年的改革通过引入计发月数、缴费年限和个人指数化缴费工资水平，初步建立了兼顾收入再分配和缴费激励的长效机制，总体上是合理和科学的。计发办法的核心是要兼顾养老保险制度的内在报酬率和养老金的实际购买力。内在报酬率的公平性要求养老金水平与个人缴费水平高度关联，养老金的购买力要求其与退休所在地的物价水平相关联。统筹层次的提高必然要求区域之间的均等化程度和不同地区参保人缴费回报率一致性的提高；而中国地区之间经济发展差距和消费水平的差距又要求养老金计发需要充分考虑当地的物价水平。经过测算，我们认为，考虑到中国省份之间较大的经济发展差距，暂不宜将计发公式中当地社会平均工资水平确定为全国社平工资水平，而仍然以省全口径社平工资为宜。

但是，计发办法仍然有调整的空间，具体包括：（1）考虑到非私营经济的迅猛发展和新就业形态的日益普遍化，社会平均工资的统计口径宜调整为非私营部门、私营部门和个体从业者社平工资的加权平均数，从而更加准确地反映社会实际工资水平。在个人缴费指数计算和计发时，均以此全口径社会平均工资为标准。（2）为配合延长退休年龄、防止提前退休等工作，建议将缴费年限做阶梯式调整，即普通缴费年限贡献率保持为1%；对于无正当理由提前退休者，缴费年限贡献率大幅下调；对于自动延长工作年限者，缴费年限贡献率适当增加。逐步形成对延长工作年龄的经济激励机制。（3）尽快启动提高最低缴费年限的工作，逐步将领取养老金的最低缴费年限从15年提升至20—25年。同时对因特殊原因缴费未满最低年限的退休者，建立适当的补偿机制。（4）严格按照社会保险法的要求，明确个人账户的个人属性，探索建立应对个人长寿风险的年金再保险机制。（5）尽快建立主要参考基本生活品物价指数（而非全口径物价指数）的职工基本养老保险待遇调整机制。对养老金水平进行大数据监控，防止养老金水平倒挂现象。（包括退休金高于在职职工工资，缴费年限短的退休者高于缴费年限长的退休者等情况）

5. 统一基金收支管理

统一基金收支管理是全国统筹在基金管理流程上的体现，是明确责任本位和确保基金安全的关键举措。当前，不同省份的基金管理流程不一致、基金管理模式不统一，成为了实现基本养老保险全国统筹的重要障碍。在社会保险费征收体制改革的背景下，统一基金收支管理的基本原则是"统收统支、预算管理、收支两条线"，关键在于要合理划分不同部门（人社部门和税务部门）和不同层级政府（中央、省、地市）的责任。

在基金征收方面，应当着重处理好部门之间的关系，对于税务全责征收的地区，要建立完善的基数核定、征收和稽核流程；对于社保稽核、税务代征的地区，要协调好两个部门的关系，建立及时的信息沟通机制，理顺征收流程。待条件成熟时，逐步过渡为税务全责征收，人社部门做好配合与监督的工作。鉴于税务系统是全国垂直管理系统，因此在统一征收、统一纳入财政专户管理和统一上缴方面应当有较好的机制支撑。在基金支出方面，应当在确保按照现行中央、省两级财政支出规模不变的前提下，由中央政府承担确保发放的责任、由省级政府承担编制支出预算的主要责任、由地市级政府承担具体支出的职责。

预算管理是统一基金收支的基本手段。建议编制全国和省级两级预算，由人社部门、税务部门和财政部门共同编制形成，由全国人大常委会进行监督，从软约束转变为硬约束，对于未完成基金征缴预算的地区，需要实施相应的惩罚措施。

6.统一经办业务流程

经办流程和信息系统是支撑全国统筹的两个重要基础性工程。我们的调研发现，不同省份之间的社会保险业务经办流程不够统一规范，有些甚至会给参保群众带来一定的麻烦，有些操作权限下沉不够，导致经办周期过长等问题。建议按照"放管服"改革的总体要求，由国家社会保险事业管理中心牵头，制定相关经办业务流程标准，以标准化为引领和抓手，为全国统筹奠定经办基础。

7.统一信息系统

信息系统既是提高经办效率的重要手段，也是在全国统筹过程中，确保不同层级和不同区域政府之间信息透明，防止道德风险的重要措施。在调研中发现，目前绝大部分省区尚未实现信息系统的统一，不同地市之间信息系统无接口、不兼容、彼此独立运行的情况仍然存在。要尽快实现全国统筹，业务经办流程和信息系统建设需要先行一步，因此，建议相关部门尽快根据经办业务流程，设计全国统一的信息系统框架，按照"中央统一设计、省级负责建设"的基本原则，确保信息系统框架、信息指标体系、信息传输方式的高效和统一。

信息系统的数据应当主要包括三个类型：其一是参保个人的数据。在实现全国统筹时，要确保中央层级的社会保险经办机构能够准确了解每一个参保人（包括用人单位和个人）的完整参保周期相关信息。在该方面，要对不同层级经办机构设置不同权限，做好个人信息的隐私保护工作。其二是制度运行的总体性数据，主要反映制度运行的总体财务状况，包括参保人数、领取待遇人数、基金收入和支出等宏观数据，起到监测、预警和辅助决策的作用。其三是一些特殊类型的专门数据，包括转移接续的人数规模、提前退休的人数规模、个人账户余额即将耗尽的人数规模等，用于支持专门性的工作。

8.统一考核指标

当前，加快实现全国统筹的首要工作有两件，其一是制定全国统筹的实施方案；其二是尽快促进各省实现真正意义上的省级统筹，从而为实现全国统筹奠定基础。在考核省级统筹的过程中，需要建立统一的考核指标；在实现全国统筹后，亦要对地方政府（主要是省级政府）在职工基本养老保险制度运行中的职责履行情况建立考核指标，并将此作为行政问责的依据。

可供参考的考核指标包括：实际参保率（参保人数占签订劳动合同人数或第二、三产业从业人数的比例）；扩面率（新增参保人数占新增就业人数的比例）；遵缴率（实际缴费人数占参保人数的比例）；实际费基水平（平均缴费工资占全口径社会平均工资的比例）；经办流程、信息系统统一程度等。需要特别强调的是，在实现全国统筹之后，中央政府是该制度的责任主体，地方政府职责履行不到位不应当影响所在地参保人的权益，也不宜将其与央地责任分配结构挂钩。例如，即使地方参保扩面工作不力，也不应当将提高其财政支出分担比例作为惩罚性措施，中央政府仍然应当承担相应的财政责任，而可以通过行政问责、行政处罚等其他行政性措施予以惩罚。

三、全国统筹方案的设计

（一）方案设计遵循的基本原则

在推进职工基本养老保险全国统筹时，需要坚持我国社会保障体系建设已经明确的"全覆盖、保基本、多层次、可持续"方针，并遵循好如下四大原则。

1. 公平性原则

职工基本养老保险是国家法定的统一制度安排，必须确保筹资公平、待遇公平，这不仅是这一制度的本质要求，也是市场经济对公平竞争环境的内在要求，从而必须做到全国范围内缴费基数计算口径统一、缴费率统一，实现名义缴费率与实际缴费率完全一致，做到养老金待遇计发及正常增长办法统一。

2. 互济性原则

互助共济是现代社会保障制度的基本特征，也是基本养老保险制度应当遵循的普遍规律。我国现行的职工基本养老保险制度因个人账户过大而削弱了参保人之间的互济性，地区分割统筹又削弱了区域之间的互济性，导致现行制度逐渐陷入难以自我克服的困境。全国统筹的本质就是在强化这一制度的互济性，包括通过全国统筹实现区域之间的基金互济，以及适时缩小个人账户规模、扩大社会统筹（基础养老金）规模来增加参保人之间的互济性。

3. 责任合理分担原则

一个理性的养老保险制度安排一定是养老责任得到合理分担的制度安排。我国现行的职工基本养老保险制度虽然已经确立了责任分担的机制，但政府与劳资双方的责任边界并不清晰，劳资双方承担的缴费义务比例失衡，中央政府与地方政府缺乏合理的责任划分。因此，基本养老保险全国统筹应当进一步明确责任合理分担的原则，并使这一责任在政府、用人单位与个人之间得到合理分担。总体取向应当是稳定政府责任，降低用人单位缴费负担，适当提升参保者个人责任。同时，明确划分中央政府与地方政府的责任。只有责任分担明确并相对均衡，才能有效地调动主体各方的积极性，并使制度发展保持理性。

4.平稳过渡原则

由于实现养老金全国统筹是对被扭曲的职工基本养老保险制度的矫正，是这一制度变革从长期试验性状态走向定型、稳定、可持续发展阶段的转折点，必须确保平稳过渡。为此，在筹资方面，基于当前养老保险基金收支总体平衡的基本判断，以维持现有筹资总量指标为基本出发点，必须统一缴费基数计算口径，优化筹资结构，确保绝大多数企业实际缴费负担不变或有所下降，确保财政对当期养老保险基金补助与划拨全国社会保障基金两者的规模总量保持相对稳定。在优化制度安排的同时，还必须及时将管理体制、经办机制及信息系统调整到位。

在坚持上述原则的条件下，实现职工基本养老保险全国统筹应当完成的基本任务有四：一是实现统一性。作为国家法定的统一制度安排，包括缴费基数计算口径、缴费率、制度运行规范与监管以及个人账户投资收益的回报率等均应当实现全国统一。二是促进公平性。包括缴费负担公平、待遇计发及调整公平、个人账户投资回报公平等。三是提升互济性。包括实现全国范围内的区域互济，增加参保者群体内部个人之间的互济性等。四是保障可持续性。包括建立合理的责任分担机制、信息公开机制、基金长期运行的监测和预警机制、基金投资管理体制等，确保民众对制度有信心、制度的财务可持续。

（二）全国统筹方案的关键要素设计

1.收入端

（1）参保对象。

根据社会保险法的要求，所有的受雇劳动者都是职工基本养老保险的法定参保人。根据职工基本养老保险的原则和制度逻辑，考虑到中国城镇化的基本趋势和主要方式，进城务工的农民工、有再就业能力的被征地农民和农业产业工人也应当参加职工养老保险而非城乡居民养老保险。简言之，除了自雇形态的传统农业劳动者和城市非受雇劳动者外，其他劳动者都应该是职工养老保险的参保对象。

（2）缴费基数。

随着就业形态的多样化和分配方式的复杂化，目前我国劳动者的收入来源和收入结构愈加复杂，并且在总体上体现出高收入群体收入来源更加多样化、中低收入群体收入来源相对简单化的基本特点。在这样的背景下，以何种收入基数作为职工基本养老保险的缴费基数就是全国统筹方案要回应的重要问题之一。我们认为，缴费基数的核定至少有以下四种口径：其一，全口径的收入，包括各种类型的劳动所得、资本所得、转移性收入等，即与纳税申报收入基本保持一致。其二，宽口径劳动收入，即各种类型劳动所获得的收入，既包括稳定的工资性收入，也包括一次性劳务贡献所获得的收入。其三，窄口径工资收入，即长期稳定活动的工资性收入。其四，参照城乡居民养老保险缴费，设置若干固定的定额缴费等级。

我们认为，养老保险制度的基本原则是劳资自治，其目的是维持劳动者退休后的基本生活水平，因此，我们建议用窄口径工资性收入作为核定缴费基数的标准，即以劳动合同方式约定的、稳定的、以劳动投入为基础的工资性收入。资本所得、一次性劳务报酬、奖励所得等非稳定性的劳动所得均不纳入缴费基数的核算范围。

用人单位缴费基数则统一为个人缴费基数之和。

（3）缴费费率。

个人费率保持为8%，用人单位费率为16%，要求各省份在2020年之前逐步统一到该标准。（目前广东省要求在2020年之前统一到14%，步伐还有待进一步加快）。将受雇劳动者缴费工资与全口径社平工资比例，自由职业者缴费工资与社平工资比例（如80%，目前东北地区为85%左右，广东为50%左右）作为重要考评指标，以确保费基做实，并由征收机关税务部门承担责任。从长期来看，根据基金运行状况和个人收入增长情况，适时提高个人缴费比例，逐步实现劳资双方平分缴费责任。

（4）缴费上下限。

考虑到各省份以及各省份内部不同城市之间的实际经济发展差距较大，建议允许按照地市当地的全口径社平工资水平作为计算缴费基数上下限的标准，但需要由省级政府批准或设置过渡期。确保实际收入在缴费低线以下的参保人员比例控制在 15% 以内，以切实减轻低收入群体的缴费负担。

2. 支出端

（1）对目前计发办法的总体评价。

目前的待遇计发办法通过引入指数化缴费工资和缴费年限，使得个人的养老金待遇水平与缴费水平、缴费年限相挂钩，发挥了激励的作用；通过引入上年度社会平均工资发挥了再分配的作用，总体而言兼顾了公平与效率，并与经济发展水平相适应。当前的计发办法改革主要有以下四个议题：一是在计算指数和计发养老金时，使用全国社平工资还是省社平工资？二是个人账户计发所面临的长寿风险问题；三是最低缴费年限和缴费年限的平均化问题（即缴费一年计一个点缺乏激励性）；四是待遇调整机制问题。

（2）社平工资口径。

养老金待遇的计发要兼顾个人的缴费贡献（与个人缴费水平挂钩）和维持养老金的购买力（与当地社平工资挂钩）。然而，考虑到中国不同省份之间较大的发展差距，在计算个人缴费指数和计发养老金时，仍然建议以省级全口径社会平均工资为基数。社会保险的创始国德国也采取了类似的计发办法。

（3）个人账户计发面临的长寿风险问题。

目前个人账户计发方式面临着个人账户资金储存额总量的有限性和个人预期寿命不确定性之间的矛盾，存在较大的长寿风险。建议尽快建立个人账户计账利率的确定机制和个人账户计发长寿风险的化解机制。其中，个人账户计账利率应主要考虑养老保险基金实际投资回报率和经济增长率；个人账户长寿风险可以通过一次性计发、商业年金化等方式予以解决。

（4）缴费年限问题。

目前，15 年的最低缴费年限过低，建议与延长退休年龄方案保持一致，伴随退休年龄的延长，逐步提高最低缴费年限到 20—25 年。在目前的养老金计发公式中，每一个缴费年限的贡献率都是 1%，虽然使得养老金水平与总体缴费年限挂钩，但对临近退休或缴满最低缴费年限参保者的激励性不足，建议参照国外相关经验，引入缴费年限贡献率的梯度模式，对主动延长工作年限或缴费年限者，新增缴费的年贡献率增加（如从 1% 提高到 1.2%），从而进一步鼓励参保者长期缴费，延长工作和缴费年限。

（5）待遇调整机制。

自 2005 年以来，职工基本养老保险连续提高待遇，对于保障退休人员养老金购买力和生活水平，缩小"双轨制"差距发挥了重要的作用。但是职工基本养老保险待遇的合理增长机制尚未建立，较快的外部调待机制也导致了不同年份退休人员待遇差距大、部分缴费时间长的退休人员待遇不及缴费时间短的退休人员、甚至在部分地区出现在职职工工资与养老金水平倒挂的非正常现象。我们建议，应当严格遵循维持老年人基本生活标准的原则，建立与基本生活品（而非全口径 CPI）关联的基础养老金待遇调整机制。

3. 基金管理体制

在全国统筹的背景下，可供选择的基金管理模式有二：其一是集中收入、集中支出、收支两条线。具体操作流程是：将各地征收的养老保险基金分级统一上解到中央养老保险财政专户，再通过中央财政专户，根据各省的基金支出需求下拨基金。其二是中央—省两级预算管理，统一收支管理。具体操作流程是：以省级为基本核算单位，各省份分别编制年度养老保险基金收支预算，对于各地的基金缺口，由中央统一使用各地结余基金和财政补贴予以弥补，结余基金可以暂由省级政府予以管理，但需要明确其所有权为中央政府。

相比而言，第一种模式的优点是统筹较为彻底，完全将目前地区分散的制度统一为中央负责的制度，任何结余基金都不再有地方的烙印，但其缺点是资金流程较长、一旦资金运行出现问题，会对养老金发放产生较大压力。这种方式还会使得地方的积极性下降，因此需要建立严格的监督约束机制。第二种模式未实现全口径基金收入和支出在中央层面的集中，但兼顾了中央对基金的集中所有权和各省的适度管理权，实施的阻力较小，也能够实现基金调剂余缺的基本目标。但是，这种模式仍然是以省为单位，从本质上看并未实现基金的"全国一盘棋"，是一种改良的调剂金制度。

我们认为，全国统筹的主要表现形式是不同区域之间养老保险基金的调剂余缺，但其实质是将分散统筹的制度扭转成为全国统一的制度，任何形式的调剂金，虽然在形式上可以实现不同区域基金的相对平衡，但实质上仍然是在固化制度的区域分割，而与全国统筹的本质不相吻合。同时，课题组在陕西调研的经验充分说明，只要有政治决心和行政魄力，统收统支的统筹方式并非不可实现。另一方面，中国是一个多层级的政府，且不同地区之间差异极大，全国统筹并不意味着完全由中央政府来承担全部责任，而仍然要确保地方政府要落实相关责任，确保制度稳定运行。

综上，我们建议采取"两级预算、统收统支、统一管理"的基金管理体制。具体而言：（1）编制中央和省两级养老保险专门预算，由全国和省两级人社、财政、税务等部门共同根据相关经济社会发展指标，编制下一年度职工养老保险基金收支预算。在确定各地预算收入（征缴收入）时，要将收入增长率与当地工资增长率、就业人口增长率、参保人口增长率进行比对，防止征缴懈怠或做低基数；在确定预算支出（养老金支出）时，要将支出增长率与退休人数增长率、当地工资增长率进行比对，防止短期内突击提高养老金标准，耗用结余基金的行为。（2）职工养老保险基金统收统支、一级管理。各级征缴的养老保险基金收入按照现行征收体制和省级预算的额度，利用全国税务的垂直管理系统，全额上缴到中央财政养老保险基金专户；中央层级的养老保险经办机构根据预算，通过养老保险基金支出户将资金发放到省级，省级经办机构再根据预算逐级下拨，省级养老保险基金支出户要确保3个月左右的养老金支出额度，以确保养老金按时足额发放。（3）中央政府是确保养老金按时足额发放的责任主体，根据"收支两条线"的原则，即使地方未完成预算的征缴任务，中央政府也应当确保养老金发放，并通过绩效考评等其他行政奖惩手段对地方政府进行监督制约。

4. 基金缺口的分担机制

从近些年来全国职工基本养老保险基金收支的状况看，征缴收入与财政补贴之和与基金支出规模大体保持一致。但伴随着人口老龄化程度的不断加深，需要未雨绸缪、建立合理的职工基本养老保险基金缺口分担机制。该分担机制的基本原则有二：其一，现口径财政投入总量不减、比例相对固定。

即现口径的中央、省两级财政养老保险投入总量保持恒定不变，并确定较为稳定的比例，如占当期职工基本养老保险总支出的20%。财政补贴资金以中央财政资金为主，地方财政适度分担，同时，地方财政还需承担部分群体的缴费补贴责任。其二，先基金内部调剂余缺、再引入外部资金（财政性资金、战略储备基金）；先使用当期结余基金、再逐步使用累计结余基金。

根据以上两个原则，全国职工基本养老保险基金运行的状态会大体经历三个阶段：第一阶段，当期的基金收入（含征缴收入与财政补贴）可以确保当期发放，略有结余的部分可以集中由全国社会保障基金理事会运营管理；第二阶段，当期全口径基金收入不足以确保当期发放，需要动用累计结余基金；第三阶段，累计结余基金耗尽，需要通过调整制度参数（如提高缴费率等）和增加外部资金注入来确保养老金发放。

（三）方案实施的时间表

根据党的十九大关于"尽快实现基本养老保险全国统筹"的明确要求，所谓尽快就是越快越好，因此，我们建议在2019—2020年完成省级统筹的验收任务，为全国统筹做好准备工作，于2021年1月1日起实施全国统筹方案。

加快实现基本养老保险全国统筹的步伐不仅是政治要求，而且也是历史教训和当前形势下的必然选择。从历史教训上来看，近十多年不同区域之间养老保险基金运行状况的差距并非缩小，而是在不断扩大，统筹区域之间基金运行状况差异越大、提高统筹层次的难度就越大。陕西省在20世纪90年代就强力推行省级统筹的成功经验就充分说明，只要有政治决心和改革魄力，晚改不如早改，而且越早改，阻力越小。

再从当前形势来看，全国统筹的方向已经非常明确，部分基金结余省份已经开始有所应对。例如，广东省已经将此前由财政资金补贴缺口地市的做法改变为由养老保险基金来调剂余缺，这必然将加速结余基金的消耗速度，长此以往，一旦全国各省区都出现当期基金缺口，则全国统筹的意义就会大大降低。

具体而言，我们建议在2019—2020年对各省份的省级统筹进行验收，确保各省份实现真正意义上统收统支，在省级层面上做到此前提及的"八个统一"。与此同时，对基本养老保险全国统筹方案进行论证和测算，建立全国统一的信息系统和经办流程，并杜绝地方擅自调整政策、调整待遇。自2021年1月1日起，正式实施基本养老保险全国统筹方案。

（四）对几个问题的补充说明

1. 关于目前是否还存在历史债务的问题

有观点认为，我国的职工基本养老保险存在大量的历史债务或转型成本，需要将改笔债务建立专门的机制予以解决。我们认为，任何的制度转轨都会产生转轨成本。我国从企业保险制度转型为统账结合的养老保险制度，转轨的成本大体有三部分：其一，中人未缴费期间的个人账户权益；其二，视同缴费产生的权益；其三，建制时未曾缴费（即未承担缴费义务）但享受了养老金权益的第一代养老金权益人。其中，第一部分影响参保人本人的权益，但由于目前统筹账户资金和个人账户资金混用，当前超过5万亿的基金结余，我们认为其本质上就是个人账户的积累资金，因此在全口径基金管理的视角下，该部分权益能够得到确保；第二部分的视同缴费并不会影响到视同缴费人本人的权益，而是会影响到视同缴费人缴费期间，领取待遇人的权益，而这已经通过较高的费率及财政补贴予以实现；第三部分则是现收现付财务模式所决定的，第一代权益享有人不需要以履行义务为前提。综上，我们认为，不需要夸大历史债务和转轨成本对全国统筹的影响，而且从制度实际运行来看，超出合意缴费率水平的缴费负担和大量的财政补贴已经将历史债务基本消化，从而无须建立专门的机制解决历史债务问题。

2. 关于养老保险关系转移接续的问题

实现基本养老保险全国统筹后，由于基金实现了统收统支，因此原则上不需要再进行关系的转移接续。对于省内流动者，省级社会保险经办机构可以直接计算其退休待遇水平，对于职业生涯中由跨省流动的劳动者，则由全国统一的养老保险信息系统计算其退休待遇。

在计发养老金待遇时，其养老保险待遇所在地的确定仍然按照现行制度要求确定，即上一个累计缴费满十年的地区。

3. 关于建立垂直经办管理体制的问题

关于养老保险垂直经办的问题，我们在调研中发现，垂直经办有利于政令畅通，是在特殊的经济发展阶段，为确保养老保险基金的足额征缴和管理高效所进行的行政体制改革尝试，在陕西等地为支持统筹层次的提高发挥了重要的作用。但在新的形势下，地方政府对养老保险制度的重视程度都在提升，地方政府也不再简单依靠压低劳工成本来吸引投资，因此我们不建议强制推行垂直经办机制，各省份可以根据自身情况自主确定。

4. 关于中央与地方分责的问题

全国统筹绝不意味着中央政府承担全部的责任，应当建立中央—省两级政府的责任分担机制，省以下的责任分担机制可由省级政府进一步划分。责任划分机制包括：（1）事权的责任划分机制，包括制度基本框架和内容，以及征收、稽核、记账、信息系统建设、经办流程规范等事务的责任分配体制；（2）财政责任的划分机制，即不同层级政府在职工养老保险缴费补贴和缺口补贴中的财政责任分配机制。其中，中央财政主要承担缺口补贴责任、地方政府主要承担缴费补贴责任；（3）中央政府对省级政府的绩效考评机制，对扩面征缴、费基做实等方面的绩效考评和监督。

四、全国统筹方案实施的可行性论证

（一）对全国统筹的认识从分歧走向统一

此前，由于对养老保险制度基本运行规律的认识还不够深刻，部分地方政府在"投资拉动"的经济增长模式下，将养老保险缴费简单看成企业人工成本，理论学术界也还未形成普遍的共识。因此，基本养老保险全国统筹的工作缺乏统一的认识、统一的思路和统一的理论观点，推进工作不尽如人意。

当前，加快实现基本养老保险全国统筹已经成为中央明确的政治要求；在经济高质量发展与转变经济增长方式的背景下，养老保险制度对于"稳预期、提消费"的积极效应已经为越来越多的地方政府所认识到，对养老保险制度建设的关注程度和重视程度在日益提高；党的十八大以来，央地关系的调整也体现出新的特点，中央政令的统一性和有效性大大提升。与此同时，理论学术界对于加快实现基本养老保险全国统筹的认识也日趋统一，学者普遍认为养老保险制度应当是全国统一性的制度安排，当前地区分割的养老金制度不仅影响了养老保险自身的可持续发展，也成为制约经济社会协调发展的重要因素。

（二）社会保险费征收体制改革为统一征收奠定了基础

基本养老保险全国统筹的关键在于统一征收、统一支出和统一管理。其中，统一征收（包括统一费率、统一费基的计算口径等）因受到经济增长方式和属地管理的影响，长期以来面临较大的困难。2018年，中央政府对社会保险费征收体制进行了调整，由垂直管理的税务部门负责社会保险费的征缴。这虽然在基金运行流程上将此前完整的链条进行了切割，增加了部门之间协调的成本和难度，但从保证养老保险制度的相对独立性和基金统一征收的角度来看，税务部门的垂直管理体系和较为完整的参保者个人收入信息系统为统一征收奠定了基础。

（三）全口径养老保险基金运行较为稳定

统计资料显示，我国全口径企业职工基本养老保险制度的财务运行状况比较稳定，显现出较为健康的财务状况。其具体表现在：其一，历年的当期养老保险基金收入都大于养老保险基金支出，从而使得累计结余基金规模不断增加。其二，在2008年之前，当期养老保险基金收入的增长率都要高于基金支出的增长率，虽然2008年之后，基金支出的增长率略高于基金收入的增长率，但其差距在五个百分点以内，并且从2014年以来，呈现出增长率差距缩小的态势。其三，职工养老保险结余基金规模不断增大。在前述两个因素的作用下，2009年我国企业职工基本养老保险基金累计结余超过1万亿元，2014年超过3万亿元，目前规模约5万亿元，再加上全国社会保障战略储备基金，基金总体运行状况良好，并且有较为充足的储备型基金。在实现全国统筹后，无论是按照高方案（乐观方案）还是中方案计算，在2025年之前都可以保证基金的自我平衡。因此，只要方案设计得当，运行监督有效，全国统筹只会改善职工基本养老保险制度的财务可持续性，而不会导致财务风险。

（四）对全国统筹主要阻力的应对策略

1. 对地方金融系统的影响

调研发现，在部分基金结余的省份，养老保险结余基金已经成为地方银行贷款的主要资金来源，如果一旦将累计结余资金一次性上缴中央政府，会对当地的金融系统和经济发展产生较大的冲击。针对此，我们建议：明确新旧分开的原则，历史结余基金的所有权明确为中央政府，但管理权可以暂由地方享有。通过设置过渡期，逐步提高结余基金上解比例，最终实现统收统支。在过渡期内，有基金结余的省份需要对结余基金的管理运行制定专门的监督管理办法，确保基金安全，明确基金进入金融市场后的受益分享方式、风险分担方式和损失补偿方式等。

2. 对财政压力的影响

根据我们设计的全国统筹方案，将固化全口径财政支出占养老保险基金支出的比例（如15%），即财政补贴规模随养老保险基金支出规模变化而变化，不随财政收入或财政支出规模的变化而变化。这样可以厘清财政性资金和养老保险基金的边界与关系，使得财政补贴资金亦有较为稳定的预期。与此同时，还需要建立中央与地方的财政补贴资金分担机制，原则上地方财政主要负责缴费补贴，中央财政主要负责支出补贴。因此，全国统筹方案并不会增加财政的支出压力，从长期看还会增强基金的自我平衡能力，而减轻财政的压力。

3. 对地方营商环境的影响

由于部分省区或省域范围内部分地区的名义和实际缴费率低于全国的缴费率水平，因此需要在有基金结余的情况下，进一步提高费率。这种费率的提高是否会对当地的营商环境和企业成本产生影响，进而影响当地的经济发展，这也是部分发达省份担心的因素。我们认为：首先，公平的费率是公平市场经济的基本要求，在统一的主权国家内，区域之间养老保险费率不同，这本身就是非公平竞争的表现。其次，数据显示，目前基金结余的主要发达省份，其经济增长方式和产业结构正在发生重大变化，劳动密集型产业占比正在大幅下降，即通过低劳工成本形成的竞争优势正在消减，因此养老保险费率的提高不会对其竞争优势产生显著影响，甚至可以倒逼其产业结构调整和转型升级。最后，从全国范围来看，降费是主要趋势，绝大部分欠发达地区费率将有所下降，这将有利于其控制劳工成本，承接从东部沿海转移的劳动密集型产业，因此从全域范围来看，全国统筹统一费率不会对营商环境产生负面影响，并且对绝大多数用人单位而言，将减轻缴费负担。

4. 对征缴动力的影响

养老金责任上移后，地方政府是否会产生道德风险，征缴养老保险费的动力和约束力下降，进而影响养老保险的基金收入，这需要通过建立完善的激励约束机制来予以应对。主要包括以下措施：其一，要充分发挥税务部门垂直管理的机制优势和掌握资料较为完整的信息优势，不断提高遵缴率、做实缴费基数。其二，要建立对地方政府的绩效考评指标体系，包括缴费基数占全口径工资基数的比例，缴费年限与从业人员就业年限的比例，新增参保人数与新增就业人数的比例等。其三，要通过建立全国联网的信息系统，通过大数据监控等方式，对基金征收情况进行实时监控和预警，提高管理的智能化程度。

5. 对待遇波动的影响

采取全口径工资作为计算指数化缴费工资和计发的基数后，由于私营部门的社会平均工资相对非私营部门而言较低，有可能会使按照新口径计算的养老金水平低于按照原口径计算的养老金水平。但是，如果综合考虑到养老金增长机制以及养老金待遇的横向公平（即同一年份退休的参保者权益相对公平），且养老金绝对水平不会下降，因此，从参保者个体的权益角度而言，全国统筹不会对其产生显著的负面影响。

五、对全国统筹后养老保险基金财务运行状况的测算

（一）全国统筹测算的参数设定

1. 全国统筹的时间设定

假定 2020 年完成省级统筹后立即启动全国统筹，即从 2021 年开始实施

全国统筹方案。

2.缴费率的设定

在全国统筹的条件下，全国各地区的单位缴费统一到 16%，雇员缴费率为 8%，个体参保者的缴费率为 20%。

3.缴费工资基数的设定

非私营单位参保者按照该省份的非私营单位平均工资作为缴费工资基数，私营单位参保者按照该省的私营单位平均工资作为缴费工资基数，个体参保者以该省份的非私营单位平均工资的 40% 作为缴费工资基数。

4.对养老保险基金的补贴的设定

在全国统筹的条件下，从公平的角度出发，假定各省份得到的财政补贴资金占该省养老金支出的比重统一定为 15%，由此可知全国的补贴收入占养老金总支出的比重也是 15%。

5.对三种测算方案的设定

三种测算方案中的政策改革要点在于三个指标：

（1）覆盖率，是参保职工占城镇就业人员的比重；

（2）遵缴率，是参保职工中实际缴费职工所占的比重；

（3）缴费基数比，是按照实际缴费工资基数测算的制度缴费收入占按照制度规定缴费基数测算的制度缴费收入的比重。

这三个指标在当前不同的省份之间存在差异，在三种测算方案中假定各省份的这三个指标不断提高，在一定的期限内逐步过渡到 100% 的水平。

根据覆盖率、遵缴率和缴费基数比三个指标在未来的发展进度的不同而设定三个方案：在"高方案"中三个指标提升到 100% 水平的时间设定在 2030 年，"中方案"中的时间设定为 2035 年，"低方案"中设定为 2040 年。

（二）测算结果 ①

附录表 1 中测算了当 2021 年将全国各地的单位缴费率都统一到 16% 的条件下，与三个方案对应的从 2021 年到 2025 年的养老保险基金收支情况的

---

① 注：本部分由中国人民大学杨俊副教授完成。

预测结果。其中：（1）"补贴资金"占当年的养老金支出的 15%；（2）"年度结余"是当年的缴费收入加补贴资金再减去养老金支出的结果；（3）"结余率"是"年度结余"占养老金支出的比重。

附录表 1 的测算结果显示在"高方案"下，2021 年到 2025 年养老保险基金收支良好，结余率在 10%—14% 之间。在"中方案"下依然可以实现收支平衡。"低方案"下从 2022 年开始预计将出现年度收支缺口，以后缺口的绝对值不断扩大。简言之，按照现财政补贴口径不变，在实现全国统筹后，在 2025 年之前职工基本养老保险制度都能实现收支平衡，此后需要通过动用全国社会保障基金等外部资源实现基金平衡。

附录表 1 缴费率统一到 16% 的条件下三个方案的收支情况比较

方案	年份	缴费收入	养老金支出	补贴资金	年度结余	结余率
高方案	2021	45825	46356	6953	6422	13.9%
	2022	52670	54096	8114	6689	12.4%
	2023	59889	62077	9312	7123	11.5%
	2024	68335	71127	10669	7878	11.1%
	2025	77777	81221	12183	8739	10.8%
中方案	2021	42253	46141	6921	3033	6.6%
	2022	47874	53659	8049	2264	4.2%
	2023	53692	61382	9207	1517	2.5%
	2024	60459	70094	10514	879	1.3%
	2025	67940	79767	11965	138	0.2%

续表

方案	年份	缴费收入	养老金支出	补贴资金	年度结余	结余率
低方案	2021	40251	46015	6902	1138	2.5%
	2022	45207	53405	8011	−187	−0.3%
	2023	50270	60977	9147	−1560	−2.6%
	2024	56139	69492	10424	−2929	−4.2%
	2025	62581	78919	11838	−4500	−5.7%

注：从"低方案"到"高方案"，养老保险制度的覆盖率提高速度不断增加，从而导致退休者数量的增加，因而会带来养老金支出和补贴资金的小幅提高。

附录三
部分典型国家的社会保障管理体制[①]

一、自由主义福利类型国家的管理体制

（一）美国社会保障管理体制[②]

1. 美国社会保障内容简介

在美国，社会保障由社会保险和社会救助两大部分组成，其中社会保险包括老年、遗属与残疾保险（OASDI），医疗保险，工伤保险和失业保险。社会救助主要分为食品券计划、补充性收入保障、贫困家庭临时援助计划和医疗补助等。

老年、遗属与残疾保险是为了防止人们由于年老或丧失劳动能力后失去经济来源，用以保证他们的基本生活状况而设立的一种社会保险制度。1935年通过的社会保障法要求在全国范围内建立老年保险计划，1939年补充建立了遗属保险计划，1956年又增设了伤残保险计划。老年、遗属与残疾保险是目前美国覆盖率最高、参加人数最多的险种，具体业务由美国社会保障署（SSA）的地区保障局、办事处负责，税务部门负责征收社会保险费，与一般性的财政收入隔离，财政部门负责计划监督。

---

① 本部分相关内容主要参考周弘主编：《30 国（地区）社会保障制度报告》，中国劳动社会保障出版社 2011 年版。

② 注：中国人民大学 2020 级社会保障专业硕士生张若璇协助收集和核对了该部分的资料，在此表示感谢！

美国的医疗保险制度是根据 1965 年修订后的《社会保障法》建立的，包含强制性的住院保险方案、自愿性的补充医疗保险方案和处方类药品支付项目三部分。住院保险（Hospital Insurance，HI）由隶属于国家健康和公共服务部的健康照顾筹资署负责综合管理，由其他部门负责运营医疗保险资金和保存参保人的有关记录。住院保险的资金主要来源于退休账户转入经费，投资收益和联邦政府财政补贴。补充医疗保险（Supplementary Medical Insurance，SMI）作为住院保险的有效补充，主要提供参保人门诊费用。补充医疗保险的资金主要来源于投保人缴纳的保险费、联邦政府的一般性财政拨款以及基金投资收益。

工伤保险是美国在全国范围内广泛实施的第一个社会保险项目，但各州与联邦的项目之间具有相对独立性。联邦政府劳工部下设的工人赔偿项目办公室负责四个具体项目，其他则由各州自行负责。美国联邦政府于 1935 年授权各州政府建立失业保险制度，联邦劳工部仅通过制定一些措施鼓励各州建立失业保险制度，具体的保险事务则由各州劳工局和就业局负责，但各州收缴的失业保险金需由财政部下设的失业保险信托基金统一管理，基金中每个州都有自己的独立账户。

美国的社会救助制度主要是为无法参加社会保险、生活水平低下以及有特殊困难的人群提供的满足其基本生活需求的救助项目，它具体包括以下项目：

补充收入保障（Supplement Security Income，SSI）是美国联邦政府向老年人、残疾人和盲人提供生活补助的项目，资金由联邦政府和州政府共同承担，联邦政府负责制定补充收入保障方案，州政府和地方政府负责制定被援助者的资格标准和收益水平，并负责具体的行政管理，被援助者资格和收益水平的审定以及补助金的发放则由社会保障署负责。

贫困家庭临时援助计划（Temporary Assistance to Needy Family，TANF）脱胎于 1935 年的无助儿童补助计划，1996 年正式更名，旨在帮助处于困境中的儿童。该项目由健康与公共服务部和州政府共同管理，联邦和州共同承担资金。

医疗补助（Medicaid）是联邦政府和州政府合办的保障项目，主要是向低收入的老人、盲人、残疾人、孕妇和多子女家庭提供包括住院治疗和院外治疗、检验费和医生的诊疗费等医疗资助。参与医疗补助的人员必须先接受经济调查，只有符合条件的人才能加入医疗补助计划，该计划并不直接向救助者提供资金，而是将费用支付给医疗服务的提供者。

一般性援助是联邦政府、州政府和地方政府向那些无法参加社会保险项目和其他福利待遇的居民提供的保障其基本生活的援助项目，包括低收入家庭能源补助、儿童补助、抚养照顾和收养补助、尘肺病补助、就业与基本技能方案、食品券、住房补助等。

2. 美国社会保障管理体制

从横向权力分配上看，美国的社会保障管理体制属于分散管理，各个部门各司其职、各有分工，见表附—1。

在美国政府机构中，有 10 多个部门负责社会保障事务，其中美国社会保障署是最大的一个部门。美国社会保障署负责社会保障方针政策的制定，主要管理老年、遗属与残疾保险，医疗保险的缴费数据与享受资格确定，补充保险业务，黑肺病，社会保障号的发放等。美国的劳工部也是一个重要的社会保障部门，它主要负责就业、工资和福利、职业伤害及改善工人的生活条件等。失业保险、工伤保险则由各个州政府的劳动部门管理。健康与公共服务部的医疗保险与医疗救助服务中心主要负责医疗保险、医疗救助的具体业务，联邦政府一般采取补助的方式体现自身的责任。除此之外，美国还有农业部、教育部、能源部、退伍军人事务部、住房与城市发展部、紧急事务管理局、矿山安全和健康审查委员会、职业安全与健康审查委员会、人事管理办公室、联邦退休储蓄投资委员会、国家劳工关系委员会、铁路退休工人委员会等负责一些社会保障的具体事务。其中，有很多的部门是不属于内阁的独立机构，被称为立法、司法和行政之外的"第四部门"，他们隶属于总统直接领导，不受行政部门的控制，在各自管辖范围内的权力较大 [1]。

---

① 沈荣华：《大部制》，江苏人民出版社 2014 年版，第 20 页。

表附—1　美国社会保障管理体制概况

部门名称		部门职责
社会保障署		社会保障方针政策的制定，主要管理老年、遗属与残疾保险，医疗保险的缴费数据与享受资格确定，补充保险业务，黑肺病，社会保障号的发放等
州及地方社会保障署		收入保障、家庭补助、医疗补助、一般性援助（儿童补助、能源补助、抚养和收养补助、食品券等）
健康与公共服务部	总部	医疗保险（老年和残疾人健康保险）和医疗补助（低收入者健康保险）、健康和社会科学研究
	医疗保险和医疗救助服务中心	管理医疗保险和医疗救助项目
	儿童和家庭管理部门	促进儿童、家庭和社区经济和社会福利的项目
	卫生资源和服务管理局	为那些低收入、无保险以及在卫生保健匮乏的农村地区或城乡接合部生活的居民提供基本卫生保健服务
劳工部	员工福利保障局	行政、民事和刑事执法单位
	职业安全和卫生局	预防与职业有关的伤害、疾病和死亡
	矿山安全和健康管理局	强制执行安全和健康标准
	残疾人就业政策办公室	增加残疾成人和青年就业机会，努力消除就业障碍
	养老金福利担保公司	维持私营部门制定的养老金计划，提供及时的和不间断的退休金发放
	退伍军人就业和培训服务部	向退伍军人提供资源和服务，增加他们的就业机会
财政部、税务部门		收缴保险费、基金投资管理及结余资金的保值增值

　　从纵向的权力分配上看，美国作为联邦制国家，州政府的权力较大，体现在社会保障管理体制上则表现为部分社会保障项目由各州自行确定和垂直管理和属地管理相结合的模式。

　　主管老年、遗属与残疾保险的社会保障署在全国实行垂直管理，系统十分庞大，在全美共设立 6 个项目执行局，分别管理残疾保险、健康保险、退休和遗属保险、资料处理、地区管理、听证和上诉等具体事务，并设立 10 个大区办公署，分别是亚特兰大、波士顿、芝加哥、达拉斯、丹佛、堪萨斯、纽约、费城、旧金山和西雅图，每个大区办公署又在所辖区域按需设立若干地区办公室，如旧金山区域办公室地的地区办公室分别设在亚利桑那州、加州、内华达州和夏威夷州。地区办公室依据需求再设立设若干社区办公室、基层办公室或更小的分支机构，全美共有 1500 个基层办公室。

其他社会保障项目则大多强调地方的管理权责，例如工伤保险主要由各州自行负责，社会保障署只负责伤残抚恤，政府公务员的工伤保险则由联邦劳工部负责，大多数州企业的工伤保险由各州的劳工部门管理。失业保险则体现了联邦政府与州政府的分工与合作。

在人力和财力配置方面，美国社会保障管理的人力与财力配置上逐年增加，社会保障管理机构不断壮大。以美国社会保障署为例，1935 年 8 月，美国联邦政府依据社会保障法成立社会保障三人董事会统筹管理社会保障事务，该董事会直属总统领导，当时由于部门刚刚成立，条件非常简陋，几乎没有工作人员，也无预算。1939 年，社会保障三人董事会由一个直接受总统领导的组织改为受新成立的联邦社会保障署领导。1953 年 11 月，社会保障署隶属于新成立的卫生、教育与福利部。1980 年 5 月，健康与公共服务部取代了卫生、教育与福利部，社会保障署成为该部最大的机构。1994 年 8 月，克林顿总统对社会保障制度进行改革，国会通过了"社会保障机构独立"的议案，恢复了社会保障署最初的独立地位，并直接向总统办公室汇报工作。社会保障署的领导方式是垂直管理，人财物统一管理，地区办公室的权力很小。雇员的工资原本全部从社会保障信托基金开支。1972 年管理补充收入保障计划后，由于该计划并不属于社会保障的范围，因而其劳动成本不能由信托基金开支，从事这一计划的约有一半雇员的工资改由联邦税收收入开支。

（二）英国社会保障管理体制 ①

1. 英国社会保障内容简介

第二次世界大战后，为了缓和社会矛盾，推进战后经济复苏，英国全面推行社会保障制度建设，并在世界范围内最早宣布建成福利国家。英国社会保障制度的内容十分广泛，其中社会保险制度是主体部分，同时还包括社会救助以及包含医疗保健和免费教育在内的社会福利等。

社会保险制度具体包括以下项目：一是养老保险，英国现行的基本养老金制度是根据1978年生效的《社会保障法》建立起来的，1992年《社会保障法》和2008年《养老金法案》对国家基本养老金制度做了进一步的补充。二是失业保险，英国失业保险首次立法于1911年《国民保险法案》，这也是世界上第一个现代失业保险项目。1996年起，英国政府向登记失业者发放求职津贴，取代了原有的失业保险。三是工伤保险，英国的工伤保险覆盖了除自雇佣者以外的所有就业者。根据伤残程度，每周可获得36.40英镑到182英镑的津贴。四是法定产假津贴，英国法定产假为52周，产妇可获得不超过39周的产假工资，产假工资为平均工资的90%。

在社会救助方面，英国的现代社会救助制度是在第二次世界大战后开始实施的。1948年，英国通过《国民救助法》，1976年更名为《补充救助法》，该法对社会救助的对象、内容等做了明确、系统的规定。现在，英国可以申请社会救助的人群包括以下几类：第一，凡是没有固定职业或就业不充分，无力上缴保险税而领不到社会保险金的人。第二，虽然可以领取社会保险金，但数额不足以维持最低生活水平的人。第三，领取社会保险金期限已满仍无其他收入来源的人。第四，未参加社会保险只能领取微薄社会补贴的人。社会救助资金来源于政府的财政拨款，社会救助的标准低于社会保险，社会救助机构一般需要对社会救助的申请人进行生活状况调查，在证明申请人符合条件后才批准给予救助。例如，根据伤残及疾病程度，残障人士或慢性疾病患者可申请每周23.6英镑至151.4英镑的个人独立生活补助。此外，

---

①　注：英国约克大学刘佳昕博士生协助收集和核对了该部分的资料，在此表示感谢！

自 2013 年起，英国政府进行福利改革，将原有的六项社会救助项目（儿童津贴、住房补贴、低收入津贴、求职津贴、就业支持津贴、就业税收津贴）合并为统一福利津贴，并引入了"福利上限"的概念，根据所在地区及婚姻状况，每人每周可领取的救助津贴等福利总额不得超过 257.69 至 442.31 英镑。

英国的医疗保健体系由国家基本医疗保健服务制度、私人医疗保险以及社区保健服务构成，其中，国家基本医疗保健服务体系实现了全民免费医疗，并通过与社区保健体系之间完善的转诊制度，实现了全民覆盖。儿童福利方面，抚养 16 岁以下（或 20 岁以下且正在接受教育或培训）儿童的家庭，每周可获得每个儿童 13.95 英镑（长子女或独生子女为 21.05 英镑）的儿童福利。此外，英国还实行免费初等及中等教育，所有 5—16 岁的儿童都可以免费就读公立学校，公立学校受地方政府及中央政府共同资助。低收入或领取社会救助的家庭，还可为其子女申请免费校餐。英国高等教育学费昂贵，但学生可向政府申请学费及生活费贷款，毕业后当收入水平达到一定标准时需偿还部分贷款。义务教育结束后未能接受高等教育的青年，可选择接受"学徒制"职业培训，培训费用由雇主及政府承担，学徒期间可获得工资及生活补贴。

2. 英国社会保障管理体制

英国在社会保障管理机构设置上，经历了多次变革，形成了较为完善的管理体系。作为单一制国家，英国社会保障管理实行自上而下、整齐划一的行政管理方式，从中央到地方都建立社会保障的工作机构对社会保障实行统一管理。从中央到地方，社会保障工作人员队伍十分庞大，几乎 60% 服务于公共部门的人员都从事社会保障方面的工作，包括行政人员、社会工作者、医生护士和心理医生、各种专家顾问等。英国现行的社会保障管理体制见表附—2。

英国的社会保险管理体制有一个逐步整合的过程。1929 年英国地方政府法案决定由地方政府接管贫民习艺所的管理工作，自由党改革后，社会保险事务由地方政府、劳工部、保健部、关税与消费税管理委员会等机构分头管理。1934 年，劳工部建立了失业援助委员会和失业救济管理局，1943 年建立了援助委员会，统一管理原来分散在各个机构的退休年金业务，1944 年在援助委员会的基础上建立了国民保险部，1966 年建立社会保障部，实现了社会保障制度的统一管理。1968 年，社会保障部和保健部合并，成立保健与社会保障部，1988 年两部再次分离。2011 年，社会保障部将原属教育与就业部的就业工作整合成了工作与年金部。目前，英国的社会保障管理机构主要有以下几个：

就业与养老金部（Department for Work And Pensions，DWP），是英国社会保障最高的行政管理机关。它作为英国最大的公共服务部门，统一管理英国的社会保障事务，其业务范围相当广泛，包括制定和监督实施包含社会保险、社会救助、社会福利在内的多项政策，为劳动年龄人口、退休人员、雇主、儿童、家庭、残障人士及其他弱势群体提供支持。就业与养老金部作为部级行政机构，与 15 个非政府公共机构有着密切合作。截至 2020 年 9 月，该部在职公务员人数约为 8 万人。该部主要有以下内设机构：

养老金服务部（The Pension Service）是通过养老金网络中心为已经退休和即将退休的人提供养老金咨询服务。具体职责为：通过电话、信件及电子邮件回答养老金权益相关问题；提供有关养老金权益的相关信息。

就业中心（Job Centre Plus）作为该部的地方执行机构，于 2002 年 4 月在原福利机构和就业服务基础上合并，旨在通过提供求职信息及相关培训，增加就业机会，帮助福利领取者再就业，以削减福利开支、促进经济的增长。此外，就业中心还负责低收入津贴、求职津贴等具体福利的申请审核工作。截至 2019 年 5 月，全英范围内有 638 个就业中心办公室。

残障与护理人员管理部（Disability and Carers Service）作为就业与养老金部的下属部门，通过全国各地的办事处，为残障人士及其护理人员提供经济支持，包括管理个人独立生活补助、护理津贴、照料者津贴和疫苗损害付款等。

儿童支援机构及儿童抚养服务部门（Child Support Agency and Child Maintenance Service）通过计算并征收儿童抚养费，为父母离异或分居家庭的儿童提供日常生活开支方面的经济支持。

健康和社会服务部（Department of Health and Social Care）负责制定与实施卫生健康政策，支持国家保健服务体系提供高质量的、安全的、可持续的医疗及护理服务。健康和社会服务部作为部级行政机构，与 15 个具体提供服务的公共机构和多个其他公共组织有着密切合作。该部门共有 2160 名员工，分布在全国各地。

财政部（HM Treasury）作为英国政府的经济和财务部级行政机构，负责制定社会保障的预算开支，对福利和养老金的支付以及运行成本进行监测。皇家海关及税务总署（HM Revenue & Customs）是非部级行政机构，负责征收国民保险缴费及其他税项，记录并管理个人的国民保险缴费记录，并对国民保险基金进行总体管控。此外，商业、能源和产业战略部与就业与养老金部协作，负责制定有关产假、育儿假、弹性工作安排等福利政策。例如，规定雇主有责任在员工法定病假、法定产假、收养及育儿假期间正常支付薪水。教育部负责儿童服务和教育，包括早期教育、学校、高等和继续教育政策、学徒制以及更广泛的技能培训。地方国民保健机构通过与国家国民保健部签订信托协议、与其他业务部门及专业部门合作，来确保当地居民的健康。国防部（Ministry of Defense）是英国政府负责履行政府防务政策的部级行政机构，也是英国武装力量的总部，国防部设置有退伍军人咨询及养老金委员会、中央薪酬咨询委员会等，负责管理军人保障事务。

英国是中央集权的单一制国家，实行高度集权的社会保障管理体制。中央负责统一制定重大的全国性社会保障政策，具体事务绝大部分由中央政府在各地的派出机构承担，地方政府只是根据自身财力大小提供一些补充性的、地方性的社会服务，中央政府对其中许多项目提供资金支持。就养老保险来说，就业与养老金部的待遇机构通过其中央、地区和地方办事机构，管理年金和其他津贴的支付，海关与税务总署负责征收和记录国民保险缴费。在失业保险方面，就业与养老金部负责待遇的管理及支付，在具体管理时，就业与养老金部通过其区域或地方就业中心负责福利的具体审核调查并提供相应培训。与其他发达市场经济国家有着很大的不同，英国医疗保险的事权高度集中，公共卫生事业也由中央政府统一管理，健康和社会服务部通过全国及地方国家保健服务提供免费的、全覆盖的医疗服务。

表附—2　英国社会保障管理体制概况

部门名称及主要相关机构		部门职责
就业与养老金部	养老金服务部	通过电话、信件及电子邮件回答养老金权益相关问题；提供有关养老金权益的相关信息。
	就业中心	促进就业，提供就业信息、培训和相关服务；负责低收入津贴、求职津贴等具体福利的申请审核工作。
	残障与护理人员管理部	为残障人士及其护理人员提供经济支持，包括管理个人独立生活补助、护理津贴、照料者津贴和疫苗损害付款等。
	健康和安全执行局	与地方当局合作，监管工作场所的健康与安全问题，防止因工致病或伤亡。
	儿童支援机构及儿童抚养服务部门	通过计算并征收儿童抚养费，为父母离异或分居家庭的儿童提供日常生活开支方面的经济支持。
	国家就业信托储蓄	职工养老金全国统筹的关键要素，作为全国范围内的养老金账管系统，为中低收入劳动者提供一个简单、低成本的职工养老金计划。
	养老金监管局	对职工养老金及基于工作的养老金项目进行监管与指导。
	养老金咨询服务	向公众、雇主、个人提供免费的养老金信息及指导服务，致力于提高养老金的可获得性、帮助公众理解养老金。
	养老金保护基金	向因雇主宣布破产而受到影响的待遇确定型养老金计划参与者提供保护。
	养老金监察专员	负责对养老金计划成员（包括个人养老金）或其受益人、雇主或受托人的投诉进行调查。
	工伤咨询委员会	独立科学咨询机构，负责对工伤相关福利津贴及管理进行考察。
	社会保障咨询委员会	独立法定机构，就社会保障有关事宜提供公正意见，对支撑社会保障体系的二级立法进行审查。
健康和社会服务部	药品及保健品监管局	对药品、医疗器械、输血用品进行监管，保护和改善公共卫生，并通过科学研究和开发支持创新。
	英格兰公共卫生局	作为卫生和社会保健部的执行机构，为中央政府、地方政府、国家保健服务体系、议会、行业和公众提供基于证据的专业知识和科学支持。

续表

部门名称及主要相关机构		部门职责
英国皇家海关及税务总署		负责征收国民保险缴费，记录并管理个人的国民保险缴费记录，并对国民保险基金进行总体管控。
英国财政部	政府精算部门	通过精算分析、建模和咨询，支持有效的决策和稳健的财务报告，改善公共部门的财政管理。
	政府内部审计署	负责政府内部审计，职能现已覆盖中央政府75%的部门，包括13个部门和120多个独立机构。
	债务管理办公室	负责英国政府的债务和现金管理，地方贷款及公共部门资金。
	预算责任办公室	独立法定机构，负责对政府公共支出进行预测，对公共财政进行独立权威的分析。
商业、能源和产业战略部		负责制定有关病假、产假、育儿假及其相关福利政策。
教育部		负责儿童服务和教育，包括早期教育、学校、高等和继续教育政策、学徒制以及更广泛的技能培训。
国防部退伍军人咨询及养老金委员会、中央薪酬咨询委员会		负责军人保障事务的管理。

二、合作主义福利类型国家的管理体制

(一)德国社会保障管理体制 [①]

1. 德国社会保障内容简介

德国现行的社会保障制度主要有社会保险、社会补偿以及社会救助三类，具体的内容如下：

第一类是遵循社会预防原则而设立的基于缴费的社会保险制度，其目的是当参保者因疾病、事故、年老或残疾以及失业而发生收入损失或不可预期的费用时，为其提供收入补偿。德国社会保险制度共分为年金保险、疾病保险、工伤保险、失业保险以及长期护理保险五大项目。

第二类是遵循社会补偿原则而设立的基于税收供款的社会补偿制度，旨在为公共服务提供者（例如公务员、军人等）因服务社会公益而遭受收入损

---

① 浙江大学刘涛教授、西南政法大学胡川宁副教授协助收集和核对了该部分的资料，在此表示感谢！

失、导致残疾或死亡时提供补偿，或是为在恐怖袭击、暴力犯罪事件中的受害者以及所谓受原东德统一社会党迫害者及家属提供诸如健康护理、养老金、抚育孤儿、住房及教育补贴及其他福利。它是一个综合的社会保障制度，涵盖了社会优抚、国家赔偿等内容，带有抚恤的性质。

第三类是遵循社会扶助与促进原则而设立的社会救助与社会福利制度，其目的是为不符合前述两种社会福利制度享受资格或已享有上述福利待遇但仍然需要额外扶助的社会成员提供福利，例如为养老金不足而无法维持体面生活条件的人提供经济援助、日常生活费给付（给付项目包括食品、住房、服装以及家具等）、为残疾人以及无医疗保险的国民提供援助，还有子女抚育津贴、教育补贴、就业促进补贴和青年资助，等等。

2. 德国社会保障管理体制

在德国社会保险制度中，其管理体制独具特色，实行的是国家立法监督与社会保险机构自治管理相结合的模式。具体而言，就是国家不介入社会保险项目的具体经办及管理，主要是通过立法对社会保险机构进行法律监督；社会保险机构实行行业组织管理与地区组织管理相结合，根据公法建立、由雇员与雇主代表组成并在法律规定的范围内实行自治管理。除失业保险外，其他各险种的保险机构都不隶属于政府机构。这些自治管理机构一般由经选举产生的人数相等的雇员和雇主代表等组成，内设全体代表大会和执行董事会两个主要机构，其角色划分类似于公司中的股东大会与董事会以及国家中的议会与政府，有权制定机构章程与年度收支预算。

德国社会保险制度在中央政府的主管部门是联邦劳动和社会事务部（Federal Ministry of Labor and Social Affairs），负责监督和规划养老、工伤以及失业保险的运行和长期发展；联邦卫生部（Federal Ministry of Health），负责监督和规划疾病（生育）保险以及长期护理保险的运行与长期发展。这些联邦行政当局一般只负责从法律方面对社会保险机构进行监督，并不干涉其内部管理。

德国医疗保险管理体制有一个很突出的特点，就是鼓励多元竞争、强调自我管理。具体而言，法定疾病（生育）保险基金的管理由具有独立公法人地位的疾病保险经办机构（Krankenkasse）来负责，采取统一制度、分散管理、鼓励竞争的管理体制。在不断地竞争与合并中，基金的数量从 1970 年的 1815 家下降到 1990 年的 1147 家，之后下降到 2000 年的 420 家，目前还有 103 家，其中主要包括"一般性地方疾病基金"（Allgemeine Ortskranken-kasse）、"企业疾病基金"（Betriebskrankenkasse）、"手工业者疾病基金"（Innungskrankenkasse）、"农业疾病基金"(Landwirtschaftliche Krankenkasse)、"矿工疾病基金"（Knappschaft）等。联邦卫生部提供对医疗保险机构的一般监督，并不承担具体业务，主要是进行医疗保险政策的制定和业务协调。

德国在 2005 年对养老保险的经办机制进行了改革，所有的养老保险经办机构合起来总称为"德国养老保险"（Deutsche Rentenversicherung）。其中联邦层面有两个养老保险机构，分别是（1）联邦德意志养老保险（Der Deutsche Rentenversicherung Bund），负责联邦层面的总体管理；（2）矿业—铁路—海运德意志养老保险（Deutsche Rentenversicherung Knappschaft-Bahn-See）是联邦层面一个特殊领域的养老保险机构，负责矿工、铁路和海运领域就业人员的养老保险。各个州的养老保险机构总计 14 个，按照各个州和区域的地理名称来命名，例如黑森德意志养老保险（Deutsche Rentenversicher-ung Hessen），中部德国德意志养老保险（Deutsche Rentenversicherung Mittel-deutschland）。联邦劳动和社会事务部对整个养老保险制度承担政策制定和业务协调职责并进行一般监督，联邦社会保障局则对德国养老保险联合会的管理职能进行监督。

就工伤保险的管理体制而言，德国专门设立了负责工伤保险的经办机构——同业保险合作社。截至 2009 年 1 月 1 日，德国共有全国性的同业保险合作社 58 个，其中工商业同业保险合作社 22 个，农业同业保险合作社 9 个以及公共部门保险合作社 27 个。联邦劳动和社会事务部是工伤保险的最高行政管理部门，其主要职能是制定或修改工伤保险政策，经联邦议会通过后执行，并进行业务协调。该部门并不直接管理工伤保险经办机构具体事务的运作。此外，联邦社会保障局负责监督联邦同业保险合作社，州行政主管部门或州政府授权部门监督州级同业保险合作社。

德国失业保险管理体制不同于其他社会保险项目，它有一个统一的、在法律规定范围内依据公法实施自治管理的管理机构——联邦就业署。联邦就业署的体制结构包括位于纽伦堡的总部、10个州（大区）一级的就业局、176个市一级就业局以及大约610个办事处。联邦就业署管理缴费待遇，地区就业局负责职业介绍、职业生涯指导以及待遇管理，其他失业保险机构负责管理非缴费型待遇。联邦劳动和社会事务部则对失业保险制度进行总体监督。

作为最新的社会保险项目，长期护理保险经办遵循"关联医疗保险"的原则，即在哪家医疗保险公司投保，就加入该公司的长期护理保险计划。因此，每一家医疗保险公司都成立了附属的长期护理保险公司，管理被保险人长期护理保险业务。

德国的社会补偿制度在发展初期是为了抚平历史事件所产生的创伤，包括对战争受害者的补偿，此外还有因为疫苗注射所导致的健康损害以及对犯罪受害者的补偿等。社会补偿待遇的支付和管理方式为：社会补偿机构向受害者提供医疗康复待遇和医疗康复补充待遇，向受害者的亲属或遗属给付相关待遇；战争损害救济机构向受害者提供职业康复待遇和职业康复补充待遇。社会补偿机构（供养机构）在进行待遇补偿时的性质为国家行政机关，由社会法院、行政法院进行司法监督。具体的制度运营事务则是由联邦抚恤局来进行。社会补偿资金由联邦财政支付。

德国的社会救助制度主要是为了应对紧急事件或突发状况所产生的困境，主要用以提供人民最低生活条件的保障，社会救助的资金来源于国家税收，接受救助者不需缴费，但需要接受业务办理机构的家计调查。社会救助的发放主要依靠地方政府，可以是现金形式，也可以是实物形式，具体事务由市镇或社区社会救济机构以及地方社会局负责。住房补贴制度主要通过联邦交通、建设和城市规划部（Federal Ministry of Transport, Building and Urban Affairs）下设的市级办公室负责管理。联邦劳动和社会事务部对社会救助事务实施监督；社会法院对市镇或社区以上的社会救济事务行使司法监督。联邦交通、建设和城市规划部对住房补贴的实施情况进行监督。

德国的社会促进与社会福利制度是指关注于国民个别需求，尤其是对于社会保险所无法达到的机会平等，给予国民在教育、就业、女子抚育、居住上的若干辅助以及免税待遇。社会促进制度主要由联邦税务局通过联邦就业署下设的地区和地方就业局来负责管理。公共部门雇员的子女津贴经由薪金支付局来进行管理。联邦家庭、老年、妇女和青少年服务部（Federal Ministry of Family Affairs，Senior Citizens，Women and Youth）对社会促进和社会福利制度实施一般监督。德国的社会保障管理体制见表附—3。

表附—3　德国社会保障管理体制概况

部门名称	管理职责
联邦劳动和社会事务部	负责监督和规划养老、工伤（制定或修改工伤保险政策）以及失业保险的运行和长期发展
联邦卫生部	监督和规划医疗保险（医疗保险政策的制定和业务协调）以及长期护理保险的运行与长期发展
联邦抚恤局	向受害者提供医疗康复待遇和医疗康复补充待遇，向战争受损者及其家属提供抚恤
联邦就业署	管理失业保险费征缴和发放，促进就业、职业生涯指导
地方社会局	管理实施教育救助、卫生预防救助、医疗救助、生育救助、高龄救助等
联邦交通、建设和城市规划部	管理住房补贴制度
地区和地方就业局	管理子女津贴、家庭津贴、教育津贴等社会促进制度
联邦家庭、老年、妇女和青少年服务部	管理社会促进制度，关注公民个体需求

（二）法国社会保障管理体制 ①

1. 法国社会保障内容简介

法国社会保障制度是一个非常复杂的系统，主要包括基于职业团结的"社会保险"（sécurité sociale）和基于全民团结的"社会救助与社会行动"（aide

---

① 中国社会科学院彭姝祎研究员协助收集和核对了该部分的资料，在此表示感谢！

et action sociale）。

社会保险是法国社会保障体系中的主要内容。法国的社会保险项目主要如下：

一是养老保险，法国养老保险首次立法于 1910 年；现行养老保险立法于 1945 年，经过多年的改革和建设，法国逐渐形成了多级（基础级、补充级和再补充级）养老保障体系，覆盖范围较广。

二是医疗保险，法国的医疗保险也称为疾病与生育保险。首次立法为 1928 年的《疾病保险法》。现行医疗保险立法于 1945 年以现金补助和实物补助的方式来实现。

三是失业保险，现行失业保险建立于 1958 年，面向全体工商业雇员。失业保险金一度水平极高。从 1982 年起赤字频现，政府遂降低了给付水平，同时增加了特殊团结津贴、最低社会融入工资等救助措施；此后，失业保险屡经改革，基本方向是降低待遇、减少领取时间，收紧领取资格，以削减赤字并促进就业；最近一次改革是 2020 年，在财政赤字巨大的背景下，改革的宗旨依然是节省开支，鼓励再就业。

四是工伤保险，法国工伤保险首次立法为 1898 年的《工伤保险法》，现行立法为 1927 年的《农业保险法》和 1946 年的《工伤保险法》。

法国的社会保险制度包括总制度（主要覆盖私营工商部门的薪金雇员），农业制度（农业工人、农场主及其家人），非领薪者非农业人员制度和专门制度（针对若干公有部门薪金雇员的自治制度），从而呈现出典型的"碎片化"特征。

法国的社会救助制度是在 19 世纪末、20 世纪初开始创建的。第二次世界大战后法国政府多次颁布法规或政令对社会福利与社会救助有关事项作出规定，并于 1956 年 1 月 24 日将各种单项社会救助规定综合成《家庭和社会救助法》（*Code de la famille et de l'aidesociale*，CASF）。《家庭和社会救助法》几经修改，于 2000 年更名为《家庭与社会行动法》（*Code de la famille et de l'action social*，CFAS），具体内容包括失业救助，社会补助（包括低收入家庭儿童补助、特殊补助和住房补助等多方面的内容），无家可归者救助和教育救助等内容。

在社会福利制度方面，法国的社会福利体系主要包括老年人福利、残疾人福利，家庭津贴和公务员福利等内容。其中，老年人福利包括养老服务、老年津贴（包括老年团结津贴、老年照顾津贴、居家服务补贴、住房补助以及失能津贴等）和老年优待。

残疾人福利包括有残疾人服务（无障碍设施建设、教育、护理、就业等）、残疾人津贴（包括成年残疾人津贴、残疾补偿津贴、残疾儿童教育津贴和失能津贴等）和残疾人优待。在法国，残疾人福利事业的管理由国家、省和医疗保险部门分担。残疾儿童福利由社会保险部门管理，成年残疾人福利由社会保险部门和福利部门共同管理。旨在保障失去劳动能力者最低收入的"成年残疾人补贴"是法国最主要的残疾人福利。该补贴不属于家庭补贴，但是由家庭补贴保险机构管理和发放，由国家财政出资。

在儿童与家庭福利方面，首次立法为1932年的《家属津贴法》。最初是企业主对本企业多子女职工的一种工资补贴，后来逐步扩大成为强制性保障项目，并成为国家人口政策的重要组成部分。根据1946年法律，法国逐步建立了普惠性的家庭补贴制度。补贴项目日益扩大，种类繁多，包括家庭津贴、家庭补贴、幼儿津贴、父母教育津贴（幼儿教育）、单亲津贴等。近些年，法国对家庭津贴制度进行了较大幅度的改革，在财政捉襟见肘的情况下，此前的普惠型制度几乎都改为家计调查型，即只针对收入低于一定水平的群体。

在军人保障方面，现役军官除了可以享受统一的社会福利补贴，还可以享受军内特别补贴。法军对现役军官特别补贴的种类很多，按其性质可分为5大类：第一，军人负担补贴。现役军官在服役期间通常在某一职务的任期不超过3年。为补偿军官因调动给家庭生活上带来的影响，法国政府给予所有军官"军人负担补贴"，可视为基本工资的一部分。第二，因公务需要给予的补贴。主要指"首次置装费"和"换装费"。第三，日常勤务的补贴。法军日常勤务主要有"战备值班补贴"、"野外补贴"。由于飞行军官担负的工作具有一定的特殊性，法军对飞行军官给予特殊的"空勤补贴"。第四，对有特别技能和突出表现者的奖励。法军这一类奖励主要有：外语或方言补助、军乐队补贴、学历资金、奖章、勋章等。此外，法军对军医、工程师、专业技术军官、教员、会计等有一技之长的人员均规定有相应的补助或资金。第五，日常生活的补贴和优待。法军日常生活的补贴和优待主要包括交通补贴和优待；对到海外工作的军官，在交通、行李、安家和地区物价等方面给军官及其家属一定的补助和优惠。

2. 法国社会保障管理体制

法国社会保险实行半官方自治的管理模式，即由政府和非营利的第三方组织共同管理。政府负责颁布法律、法规，制定政策并进行监督。第三方组织受政府委托经办具体业务，享有高度的自主权。在中央政府层面，设置有三个经办机构，分别是全国工薪者养老保险基金会（CNAVTS）、全国工薪者医疗保险基金会（CNAMTS）和全国家庭津贴基金会（CNAF），分别负责养老，医疗、工伤与职业病和家庭补贴事务。它们的使命是制定相关险种的政策并确保落实，均属于行政性质的公立机构。上述三个基金会与社会保险机构中央基金会（ACOSS）共同组成全国基金会联盟（UCANSS），旨在协调4个全国局共同关心的问题。在保险基金的管理方面，社会保险保费与家庭津贴保费征收联盟（URSSAF）负责基金征收，社会保险机构中央基金会（ACOSS）负责基金管理。

在大区一级设有16所大区医疗保险基金会（CRAM），它们是承担公共服务使命的第三部门，拥有独立的法律地位，受到国家的全方位监管。需要特别说明的是，它不仅承担医疗保险业务的经办，也负责代理养老保险业务，也就是说，全国工薪者养老保险基金会在地方层面未设置专门的经办机构。在省一级，设有101所基层医疗保险基金会（CPAM），它们负责具体事务，如医疗保险的登记、注册，医药费的报销和保费的支付等。在市镇等最基层地区，设有5500个接待网点，遍布全国各地。

行政部门的设置方面，国家团结与健康部负责对养老保险制度、医疗保险制度和工伤保险制度进行监督。劳动、就业与社会融入部负责对失业保险进行监督，失业保险的管理机构有：第一，国家就业总局，其主要职能是对申请就业的人员提供就业单位或予以登记，在寻求职业和培训方面提供有关信息、咨询和指导，掌握每天申请职业的实际人数。第二，全国工商业就业联合会（Unédic），主要职能是管理失业保险基金，确定赔偿的规定，负责征收企业和职工缴纳的保险费，支付补助金。第三，各区域劳动局，其主要职能是对申请失业待遇的人进行检查，批准失业金的给付。

在行政管理体制设计上颇具特点的是，萨科齐政府时期设立了一个专门机构——"社会保障司"（DSS）来统管社保事务。它是一个跨部的机构，由当时的劳动、社会关系、家庭与团结部，健康、青年与体育部和预算、公共会计与公共服务部三部共同领导，负责从行政和预算两方面监管除失业保险之外的其他四项险种。除社会保障司外，其他有关部门对相关社保内容也负有直接管理责任，例如农业制度的主管机构是农业和渔业部。

法国社会救助制度实行的是中央和地方政府分层管理。自 20 世纪 80 年代法国施行"地方分权"改革以来，社会救助成为省级地方政府的责任，社会救助支出是省预算的"必须开支"，占省预算的至少 60%。省和其下辖的市（镇）共同建立了相应的社会行动中心（centre d'action sociale），专门负责社会救助和社会行动事务。中央和其他地方政府在社会救助领域只起补充和辅助作用。

团结与健康部除了负责管理社会保险项目外，也是法国社会福利事业的主管机关。在地方政府层面设立大区健康署（ARS）、省社会融入局（DDCS）或省社会融合和居民保护局（DDCSPP）负责社会福利、健康、住房、城市政策、青年、体育等事务。

法国的社会保障管理具有半官方自治管理的特点，政府机构负责协调全国社会保障事务，并指定一个或若干个中央政府部门实施统一监督，而具体的管理工作则由半官方、半独立的行业或地区社会保障管理机构来实施。这些机构一般由雇主、雇员和政府三方代表（或雇主、雇员两方代表）组成，在政府部门的监督下，在法律范围内实行自治、自主管理，并按时给政府提交工作报告，接受政府的监督和检查。法国的社会保障管理体制见表附—4。

表附—4　法国社会保障管理体制概况

部门名称	部门职责
团结与健康部	制定社会救助、养老保险、工伤保险政策，主管社会救助、社会福利事业和军人保障项目
社会救助事务所（地方部门）	办理法定的社会救助事项，审查本地区申请者的申请材料，必要时组织调查员进行调查
劳动、就业与融入部	失业保险的监督管理
全国工薪者养老保险基金会	负责养老保险经办业务
全国工薪者疾病保险基金会	协调各地区医疗保险基金，并进行财务平衡，在基层代理养老保险经办业务
社会保险保费与家庭津贴保费征收联盟	负责辖区内社会保险基金的征集
全国工商业就业联合会	管理失业保险基金，确定赔偿的规定，支付待遇

三、东亚国家社会保障管理体制

（一）日本社会保障管理体制 ①

1. 日本社会保障内容简介

根据日本社会保障制度审议会对日本社会保障制度的分类和界定，日本的社会保障制度分为广义部分和狭义部分。其中狭义部分包括四个方面的内容：一是以医疗保险和养老保险为核心的社会保险；二是以生活保护为中心，国家对生活贫困者提供最低限度生活保障的社会救助；三是对儿童、母子、老人、残疾人提供一定财力和人力的社会福利；四是进行预防结核病和改善营养等活动的公共卫生。广义部分的社会保障制度除上述内容外，还包括针对自卫官的优抚保障和战争受害者救助。同时，住宅政策、雇佣政策等也有社会保障的功能。各项目的详细情况见表附—5。

---

① 华东师范大学张继元博士协助收集和核对了该部分的资料，在此表示感谢！

表附—5 日本社会保障制度体系

日本社会保障制度体系	广义的社会保障	狭义的社会保障	社会保险	1. 养老保险：包括国民年金、厚生年金、各种共济年金等。 2. 医疗保险：包括职业型医疗保险与地域型医疗保险。 3. 失业保险：一般的失业保险与船员失业保险。 4. 灾害补偿（工伤保险）：一般的灾害保险、船员灾害补偿、国家公务员灾害补偿等。 5. 护理保险。
			社会救助	对贫困家庭和个人的经济扶助。
			社会福利	与残疾人、老人、儿童、单亲家庭相关的福利。
			公共卫生医疗保健	结核病、精神病、毒品、传染病、下水道、垃圾处理。
		自卫官优抚		
		战争受害者救助		战时牺牲者家属年金。
	相关制度	住宅政策		公营住宅的建设。
		雇佣政策		失业政策等。

2. 日本社会保障管理体制

从横向职能划分的角度看，日本的社会保障项目众多，管理复杂，涉及社会保障管理的部门包括厚生劳动省、财务省（原大藏省）、总务省、文部科学省（原文部省）、农林水产省等。其中主要管辖社会保障事务的为厚生劳动省。

由于日本的社会保障制度种类很多，各自独立，除了厚生劳动省主管大部分社会保障项目以外，还有部分项目由其他部门协助管理。例如在社会保险领域，主管单位是按被保险人的类别和保险内容区分的。一般在职职员保险由日本年金机构和各地的年金事务中心、年金事务所具体经办，厚生劳动省负责监督管理。国家公务员和地方公务员医疗保险的主管部门分别为财务省和地方政府，运营主体则是中央和地方政府各部门以及有关事业单位的共济组合。具体如表附—6所示。

表附—6　日本社会保障管理体制概况

保险种类			中央管理部门	地方管理部门	地方执行部门
国民年金 厚生年金的第 1 号被保险者			厚生劳动省年金局主管、协调，日本年金机构具体负责	年金事务中心	年金事务所
厚生年金第 2 号被保险者			国家公务员共济组合	—	—
厚生年金第 3 号被保险者					地方公务员共济组合
厚生年金第 4 号被保险者					日本私立学校振兴共济事业团
雇佣保险 （失业保险）			厚生劳动省职业安定局雇佣保险课	都道府县劳动主管部雇佣保险课	公共职业安定所
工伤保险			厚生劳动省基准局	都道府县劳动基准局 劳动基准监督署	
健康保险（职域保险）	一般健康保险	政府掌管健康保险	厚生劳动省保险局全国健康保险协会	都道府县民生主管部	社会保险事务所
		共济组合掌管健康保险 （1794 组合）	健康保险组合		
	特定健康保险	船员保险 （政府）	厚生劳动省保险局财务省主计局	都道府县民生主管部	社会保险事务所 公共职业安定所 船员职业安定所
		国家公务员共济组合 （20 组合）		各省厅厚生管理室 各省厅人事课	
		地方公务员共济组合	各地支部		
		私立学校教职员共济组合 （事业团）	文部科学省大臣官房		

续表

保险种类		中央管理部门	地方管理部门	地方执行部门
国民健康保险（地域保险）	市町村国民健康保险	厚生劳动省保险局	都道府县民生主管部	市区町村
	国民健康保险组合（185个）			
社会福利	厚生劳动省儿童家庭局、社会援护局、老健局等	都道府县民生主管局	市町村福利事务所；未设福利事务所的市町村由所在都道府县福利事务所负责
社会救助	厚生劳动省社会援护局		

　　由以上分工的情况我们可以看到，日本的社会保障管理由厚生劳动省主管大部分社会保障项目，包括主要社会保险项目、社会福利和社会救助；其他一些项目则归相应的部门管理，体现了集散结合模式的特点。

　　从纵向职能的划分上看，中央厚生劳动省负责计划、调整和监督以及具体运营的宏观管理，地方政府则属于中央机构的派出机构，受中央机构的监督，执行社会保障项目的运营。在日本，各都道府县的民生主管部门，均设有保险课及国民年金课。保险课主管健康保险、船员保险和厚生年金，同时对各保险组合、厚生基金以及医疗机构进行指导和监督。国民年金课负责对国民年金业务，以及对所属市、区、村的年金事业进行指导监督。与此同时，各都道府县内都设有年金事务所，承担大部分具体经办业务。此外，在各个都道府县的劳动主管部门还设有雇佣保险课，负责雇佣保险（失业保险）的管理。失业保险的发放业务则由设在全国各地的职业安定事务所承担。同样，各个都道府县设有劳动基准局，负责工伤保险的管理，工伤待遇则由分布在全国的工伤保险事务署负责发放。

（二）韩国社会保障管理体制①

1.韩国社会保障内容简介

韩国的社会保障体系包括社会保险，社会救助与社会服务三部分。社会保险以贫困阶层以上的一般国民为对象，预防社会成员在遇险时生活水平大幅下降；社会救助以贫困阶层为对象，对生活在贫困线以下的人无偿地提供物质或服务，使他们能够维持最低生活水平；社会服务是在福利、保健医疗、教育、就业、居住和环境等领域为提高国民生活质量而提供的照顾、信息提供和社会参与等支持制度，可分为社会福利服务和医疗保健服务。社会服务主要包括老人、儿童和残疾人服务等，服务方式分为机构服务和居家服务。

韩国的社会保险制度主要包括养老保险、医疗保险、失业保险、工伤保险和长期护理保险。韩国的养老保险分为两大类：一是以公务员、军人、私立学校教职员为对象的特殊职业年金；二是以18—60岁居住在韩国的劳动者为对象的国民年金。公务员年金从1960年开始施行，适用于国家公务员、地方公务员及其遗属还有国立学校教职员和军人。考虑到军人职业的特殊性，为了增加军人福利，1963年单独颁布了《军人年金法》，将军人年金从公务员年金中分离出来。韩国国立学校工作的教职员为公务员，因此单独设私立学校教职员养老金，1975年开始施行。1973年制定了《国民福利年金法》计划实施以一般公民为对象的年金制度，但由于经济和政治等原因直至1986年全面修改为《国民年金法》后从1988年开始施行。

韩国的《医疗保险法》是1963年制订的，但由于条件不具备，1977年才开始部分施行，主要覆盖雇员在500人以上的企业，1979年医疗保险的参保对象扩大到公务员和私立学校教职员，1988年新增农渔村地区医疗保险，1989年扩大到城市自雇者，从而开启了全民医保时代。1998年10月地区医疗保险组合和公务员医疗保险公团合并为国民医疗保险管理公团，2000年7月开始，国民医疗保险公团和职工医疗保险组合整合统一为国民医疗保

――――――――――

　　①　南京大学于萌博士协助收集和核对了该部分的资料，在此表示感谢！

险，将国民医疗保险管理公团变更为国民健康保险公团，由该机构服务管理国民健康保险。医疗保险参保对象分为职工参保者和地区居民参保者，职工参保者主要包括雇员、公务员和教职员以及其直系亲属（主要包括职工参保对象的配偶、直系长辈和晚辈以及兄弟姐妹等）。地区居民参保人主要指除职工参保对象以外所有人。

韩国的《雇佣保险法》（失业保险）于 1993 年制订，1995 年 7 月开始施行，2004 年起临时雇佣者以及每周工作时间在 15 小时以上的小时制工作者等非正规就业群体也纳入雇佣保险的参保范围。主要包括劳动者失业时为保障其生活安定，在一定时间内支付津贴的失业津贴项目和对求职者进行职业能力开发和培养、预防失业等的职业能力开发项目和稳定就业项目。

工伤保险于 1964 年开始实施，是韩国最早实施的社会保险制度。主要为保障遭受工伤的劳动者和其家庭的生活。主要包括疗养津贴、残疾津贴、停业工资、看护津贴、遗属津贴、伤病补偿年金和职业生活津贴等。

韩国的公共扶助（社会救助）制度是国家和地方政府负责，为生活困难群体，由国家用财政资金对其进行生活保护或者帮助他们进行自救的制度，主要包括生活保护、医疗保护和灾难救助等。其中最主要的国民基础生活保障制度于 1961 年开始实行，2000 年随着《公民基础生活保障法》的颁布，开始全面施行，内容包括生活津贴、住房津贴、医疗津贴、教育津贴、丧葬津贴等。医疗保护制度基于 1977 年颁布的《医疗保护法》实施，主要对象为生活保护法确定的保护对象，灾害救助法规定的救助对象以及国家有功者及其家属，为其提供治疗、药品、医疗机构使用和看护等相关费用的补贴。灾害救护于 1962 年通过颁布《灾害救护法》开始实施，规定在同一地区因旱灾、风灾、水灾、火灾等发生多数罹灾者时进行紧急救护。

社会服务主要包括《社会福利事业法》中规定的社会福利服务，以及《保健医疗基本法》规定的保健医疗服务。其主要对象由需要得到帮助的贫困群体扩大到一般市民，构建了全生命周期的社会服务体系，主要目的在于应对低生育和老龄化的人口危机，满足收入保障无法满足的需求。

老年人福利服务起源于 1961 年颁布的《生活保护法》，对贫困需要照顾的老年人提供生计支援。1981 年颁布了《老人福利法》后，形成了以养老服务为中心的老人福利服务体系，主要包括机构服务和居家服务。2008 年老年人长期护理保险制度的实施，正式确立了对有身体和精神功能障碍的 65 岁以上老年人提供照护服务的机制。

儿童福利起源于 1961 年颁布的《儿童福利法》，1981 年修改为《儿童福祉法》，为增加 18 岁以下儿童健康和福利提供一系列保护服务，主要包括儿童保护、儿童保育、儿童职业训练、儿童咨询所、共同生活家庭等服务。随着 1991 年《婴幼儿保育法》的颁布，儿童福利服务从"保护"拓展到对 0—6 岁所有婴幼儿的照顾，主要包括保育津贴、儿童津贴以及托育服务等多项事业。

残疾人福利服务起源于 1950 年战争之后针对伤残军人的就业制度。政府为残疾人福利先后颁布了三项法律：残疾人福祉法、残疾人雇佣促进法和特殊教育振兴法，建立了包括残疾人生活补助、就业援助和残疾儿童康复为主的残疾人福利事业。

2. 韩国社会保障管理体制

从管理权力的横向分配来看，目前韩国各项社会保障制度的政策制定及具体工作实施的管理和监督权限依然分散在多个部门及其所属机构，其中主要涉及的有保健福利部、劳动部、女性家庭部，其他还有企划财政部、教育部、国防部等相关部门。

保健福利部（Ministry of Heath and Welfare）的前身社会部成立于 1948 年，1949 年修改为保健部，1955 年更名为保健社会部，1994 年更名为保健福利部，2008 年修改为保健福利家庭部后再次于 2010 年 3 月恢复名称为保健福利部。其行政组织主要包括企划调整室、社会福利政策室和人口政策室。同时还包括残疾人政策局、年金政策局、保健医疗政策局、健康保险政策局、健康政策局以及保健事业政策局。其下属的公共机构包括国民健康保险公团、国民年金公团、健康保险审查评估院、韩国保健产业振兴院、韩国老年人力开发院、韩国社会保障信息院、韩国保健福利人力开发院、韩国残疾人开发院、韩国保育振兴院和儿童权利保障院等多个公共部门。

　　社会救助方面的科室包括：基础生活保障科、自立支援科和基础医疗保健科；社会服务方面的科室包括：社会服务政策科和社会服务事业科等；人口与儿童福利方面的科室包括：人口政策总管科、生育政策科、儿童福利政策科、儿童权利科和儿童虐待应对科等；老年人服务方面的科室包括：老年人政策科、老年人支援科、护理保险制度科、护理保险运营科以及老年痴呆政策科等；婴幼儿和托育方面的科室包括：保育政策科、保育事业企划科等；残疾人福利方面的科室包括：残疾人政策科、残疾人权益支援科、残疾人服务科等。医疗保险政策局主要负责医疗保险政策制定、津贴支付和保险评价等相关业务。国民年金政策科和国民年金财政科两个部门专门负责管理国民年金。

　　韩国中央政府主管社会保障事务的第二个部委是雇佣劳动部（Ministry of Employment and Labor，MOEL），1948 年是从属于社会部劳动局，1981年升级为劳动部，2010 年 6 月更名为雇佣劳动部，主要负责制定就业政策、失业保险、职业能力开发训练、劳动者福利、劳资关系调整、产业安全保健、工伤保险等与雇佣和劳动相关的政策。其行政组织主要包括雇佣政策室、整合雇佣政策室、劳动政策室、职业能力政策室、工伤预防补偿政策室等部门，其中雇佣政策室下属的雇佣保险（失业保险）企划科主要负责有关失业保险设计和政策调整。产业灾害（工伤）预防补偿政策局下属的产业灾害补偿（工伤保险）政策科负责工伤保险的相关政策制度，雇佣劳动部下属的劳动福利公团主要负责工伤保险赔偿等具体事务。

　　此外，行政安全部（Ministry of Public Administration and Security）绩效和福利局（Performance and Welfare Bureau）负责公务员年金制度的政策法规制定，其所属的公务员养老金管理公团负责具体的实施工作。教育科技部（Ministry of Education，Science and Technology）私立学校教育检查科（Private Education Inspection Division）负责私立学校教师年金有关政策法规的研究制定，私立教职员养老金管理公团主管具体实施工作。国防部（Ministry of National Defense）下属国军财政管理团年金科负责有关军人保障政策法规的制定和具体实施。隶属于国务总理办公室的国家报勋处（Ministry of Patriots and Veterans Affairs）负责有功人员保护有关政策法规的研究制定和具体实施，所需费由国库和报勋基金来解决。女性家庭部（Ministry of Gender Equality & Family）负责女性相关政策，尤其是妇女平等权益方面的有关政策法规的研究制定和具体实施。2010 年 3 月保健福利家庭部更名为保健福利部后，青少年和多文化家庭福利增进的相关业务转移到女性家庭部。

在纵向权责划分方面，社会保险主要采取垂直管理机制。以医疗保险为例，韩国的医疗保险由保健福利部健康保险政策局负责行政和监督工作，并成立国民健康保险公团负责具体的业务经办，在各市、道设管理公团分社和支社，直接办理相关业务。国民年金制度也是同样，由保健福利部年金政策局负责行政和监督工作，由具有独立法人的国民年金管理公团负责经办，年金管理公团实行垂直管理，在全国设有 74 个地方派出机构和区域派出机构，称为分社和支社，它们完全服从于公团的统一安排和调度，其领导人也由公团任命，定期轮换。

社会救助中的基础生活保障制度、医疗救助和灾害救助实行属地管理。由保健福利部制定生活保护工作计划，各市、道保健福祉局、家庭福利局和市、区、郡福利课、家庭福利课施行。保护对象的选定和提供服务由邑、面、洞助理或社会福利专门人员负责。韩国的社会福利专门人员是社会福利专家，持有社会福利师资格证者才能应试，1987 年开始配备。

社会福利服务各项目基本是遵循属地管理原则，中央由保健福利部统一主管，制定标准服务流程以及相关的监管办法，地方政府，各市、道——市、区、郡——邑、面、洞相关部门提供具体服务和管理，经费由国库和地方政府补助金（包括社会福利事业基金）来解决。

综上所述，韩国的社会保险各项目基本采取政府负责政策制定并进行行政监督、具体实施由各相对独立的管理公团负责的模式，各种公团在地方设立其派出机构，实行垂直管理；公共扶助除有功人员生活保护由国家报勋处及地方报勋厅和支厅进行垂直管理之外，生活保护和灾害救护的管理都是遵循属地管理原则；社会福服务中各项目均是由各地方政府的相关部门负责具体实施，遵循属地管理原则。韩国社会保障管理体制见表附—7。

表附—7 韩国社会保障管理体制概况

部门名称	部门职责
保健福利部	保健政策厅负责卫生保健事业有关政策规划和协调，医疗保险政策制定、除医药之外的有关国民医疗保险福利事务以及国民医疗保险管理。 社会福利政策厅全面负责社会福利相关政策的制定和实施，其中社会福利政策局主要负责管理社会保障审议委员会、制定实施社会福利项目及社会工作者许可证制度、研究制定低收入者和弱势群体救助政策、负责国家基本生活保障制度的实施、负责紧急福利救援及难民的救助工作。 养老保险政策局负责国民年金的行政立法和监督工作，残疾人政策局负责残疾人福利事业的发展，少年儿童及家庭政策厅负责保护少年儿童健康发展。
雇佣劳动部	有关雇佣保险设计和政策调整，厘定雇佣保险费率，管理和运营雇佣保险基金和产业灾害赔偿保险以及储备基金，经营和管理就业保险相关的网络。
企划财政部	负责社会保障方面的宏观性政策的研究制定工作，负责协调各项社会保障项目之间，以及社会保障项目与其他社会经济发展项目之间的矛盾和问题。
行政安全部绩效和福利局	负责公务员年金制度有关政策法规的研究制定。
教育科技部私立学校教育检查局	私立学校教师年金有关政策法规的研究制定。
国防部国军财政管理团年金科	军人年金制度有关政策法规的研究制定和具体实施。
国务总理办公室国家报勋处	有功人员保护有关政策法规的研究制定和具体实施。
女性家庭部	部分妇女福利项目，尤其是妇女平等权益方面的有关政策法规的研究制定和具体实施。

四、社会民主主义福利类型国家的管理体制 ①

（一）瑞典社会保障管理体制

1. 瑞典社会保障内容简介

瑞典是典型的北欧福利国家，被称为福利国家的"橱窗"。②1913 年，瑞典建立了全世界第一个普惠式的养老金制度，通过一般性财政收入为全国的老年人和丧失劳动能力者提供养老保障。第二次世界大战之后，瑞典的社会保障制度进入快速发展期。1960 年在普惠养老金的基础上建立了收入关联的养老金制度，全部由雇主缴费，1946 年建立了强制性的健康保险制度，1962 年颁布新的国民保险法，将健康保险与其他社会保险制度合并。再加上 1957 年颁布实施的社会救助与社会福利法以及 1960 年的儿童福利法，瑞典社会保障制度的体系框架基本形成。20 世纪 70 年代之后，伴随着石油危机和滞胀的出现，瑞典开始对社会保障制度进行改革，除了控制福利水平增速之外，最令人瞩目的改革是从 2003 年引入名义账户制度，但其长期的运行效果仍然有待时间的考验。

瑞典目前施行全民基本医疗卫生服务制度，即所谓的免费医疗，所需资金全部来自于国家财政。工伤保险包括政府主办、雇主缴费的基本工伤保险以及集体公约工伤保险和保险公司主办的团体保险等共同组成的多层次工伤保险制度。失业保障则由政府一般财政提供支持的失业救助和自愿性的失业保险共同构成。

除此之外，瑞典的家庭福利制度是整个社会保障体系的重要组成部分，包括生活补贴、护理补贴、教育补贴、住房补贴以及儿童津贴、残疾人津贴等丰富的形式。

2. 瑞典社会保障管理体制

卫生与社会事务部是瑞典最主要的社会保障管理机构，其管理领域包括

---

① 中国人民大学 2020 级社会保障专业硕士生曾勉协助收集和核对了该部分的资料，在此表示感谢！

② 本部分主要参考财政部社会保障司：《瑞典社会保障制度概况》，《预算管理与会计》2014 年第 10 期。

健康与医疗保障、针对各种人群的社会福利服务、家庭政策以及养老金等。其下设的三个主要业务司局分别是公共卫生与健康服务司、残障政策与社会服务司、社会保险司。在卫生与社会事务部的监督与管辖下，还设置了一些机构、委员会和公共基金会，负责社会保障的具体经办工作，他们是独立的法人主体，政府为他们提供资源上的支持，但却不能影响其管理行为。其中，主要的机构包括健康和工作生活福利研究委员会、社会保险局、社会保险监督局、家庭法和家庭支持局、养老金局、全国卫生与社会服务局以及全国护理机构委员会。

失业保险作为劳动力市场政策的一部分归劳动部管理。劳动部负责失业保险政策、就业政策和再就业培训等工作，具体由劳动力市场政策司负责。

从历史发展的角度来看，瑞典的社会保险管理体制经历了一个从自治管理向相对集中管理的转变过程。由于瑞典的大多数社会保险项目是由社会团体建立的互助保险组织发展而来，因此在早期都遵循保险团体自治管理的原则，政府主要负责监管。2005 年 1 月 1 日之前，负责瑞典社会保险经办的是 21 个独立于政府之外的机构。2005 年的改革将这 21 个独立的区域性机构和国家社会保险委员会合并成为一个政府机构，为国家社会保险局，下设 20 个区域性机构和 60 个地方性机构。2009 年 7 月 1 日，成立了国家社会保险监管局，负责对其进行监督管理。① 在社会保险费征收管理体制方面，1985 年之前由社会保险部门负责征收，1985 年起由税务部门负责征收。

在社会保障管理权力的纵向划分方面，瑞典经历了长时间的调整。20 世纪 90 年代以前，瑞典中央政府一般都是按照社会救济和社会服务的不同项目对地方政府提供财政资助，这使得中央政府向地方政府提供的社会救济和社会服务财政资助不断增长，地方政府在实施社会救济和社会服务方面的积极性却不断下降，社会救济和社会服务资源利用率较低，民众对社会救济和社会服务效果很不满意。1993 年，瑞典开始进行这方面的改革，中央政府对地方政府提供的社会救济与社会服务财政资助，不再按照项目分类原

---

① 周连春：《瑞典社会保障制度建设及其启示》，《经济研究参考》2010 年第 65 期。

则，而是实行综合性原则，中央政府根据各郡人口结构、税收情况等提供不同数量的财政资助，中央政府所提供的财政资助如何使用，由地方政府根据各地实际情况自行决定，便利了地方政府根据所管辖地区的实际情况实施有效的社会救济和社会服务。同时，地方政府内部（市县之间）是平等的，不因其管辖的地理面积的多少而有所改变。县政府可以和市议会、社会保险办公室、市劳动机构达成协议进行社会服务方面的合作，以实现资源的有效利用。瑞典社会保障管理体制见表附—8。

表附—8　瑞典社会保障管理体制概况

部门名称		部门职责
卫生与社会事务部	总部	在国会通过的法律法规的规范下制定有关疾病、老年、有儿童的家庭、社会服务、医疗服务、公共卫生、儿童权利、个性化的残疾支持等社会保障政策、协调全国的残疾政策，为下属机构的活动建立目标、指导并进行资源分配，以保证社会保障政策的贯彻执行
	健康、工作生活福利研究委员会	负责研究劳动力市场、工作环境、卫生保健和社会福利等方面的基本和以个人需要为基础的支持政策
	全国卫生与社会服务局	负责监督、开发、协调和提供教育、卫生保健和医疗服务，社会服务等
	瑞典社会保险局	为疾病、老年、残疾和有儿童的家庭提供社会保险给付
	全国护理机构委员会	为有心理社会问题的年轻人和有滥用药物问题的成年人提供量身定制的强制性护理服务
	儿童监察办公室	负责评估儿童和青年的权利，促进儿童福利事业
	社会参与局	以社会平等参与为目标，致力于包括残障人士在内的平等参与政策
	瑞典遗产基金委员会秘书处	如果死者没有配偶和亲属，且没有遗嘱，其财产将归瑞典遗产基金会所有。该基金支持非营利组织和其他志愿组织，以开展针对儿童，年轻人和残疾人的活动
劳动部劳动力市场政策司		负责失业保险政策、就业政策和再就业培训等工作

（二）挪威社会保障管理体制

1. 挪威社会保障内容简介

挪威也是典型的北欧福利国家，主要社会保障项目包括：国家保险计划、家庭津贴计划和社会服务制度。

1967 年通过《全民社会保障法》标志着挪威国民保险计划的正式建立。国民保险计划向人们在疾病、残疾、年老、怀孕与分娩、失业、失去供养者以及死亡的情况下提供帮助，是挪威现行社会保障制度的核心部分。养老金体系由保障基本生活的基本养老金、与劳动收入相关联的补充养老金、针对没有或领取很少补充养老金者的特殊补贴及赡养配偶或子女补贴组成。除此之外，挪威的国家保险计划还包含了抚恤金、伤残补助、康复补贴、医疗津贴、病休和产育现金补贴、失业救济、工伤补贴、单身父母津贴、丧葬津贴等待遇项目。

挪威于 1946 年通过了第一部有关家庭补贴的立法，由国家帮助支付家庭养育子女的费用。育儿补贴发放给 18 岁以下居住在挪威的孩子，每个孩子每年 11640 克朗。居住在北极地区和斯瓦尔巴群岛的孩子可获得每年 3840 克朗的补充补贴（2010 年时的标准）。单亲父母可多领一份补贴。除此之外，还专门设置了幼年子女父母现金补贴制度。居住在挪威的 1—3 岁儿童，如不上公立幼儿园，父母可领取现金补贴。在达成协议的情况下，儿童每周上幼儿园时间不超过每周 33 小时，父母可申领部分现金补贴。

除上述之外，挪威人民还享有其他多种社会福利服务待遇，诸如从 1964 年起，挪威实行《社会照料法》，该法律规定每个市设立一个社会福利局，它的职责是向国民保险计划或其他形式的立法所没有涉及的，但的确需要帮助的地方提供帮助。依据 1991 年通过的《社会保障服务法》对收入损失及陷入其他困难，而已有各种收入来源无法完全解决问题的人们提供低收入补贴，对难民、酗酒者及吸毒者等边缘人群提供救助措施等。

2. 挪威社会保障管理体制

在部门设置方面，挪威的社会保障管理部门主要有劳动和社会事务部、儿童和家庭事务部以及卫生保健服务部。其中，劳动和社会事务部主要负责劳动力市场政策、工作环境和安全政策以及养老金等社会保障政策。劳动和社会事务部内设福利政策司（分管医疗保险、残障养老金和社会救助等项目），养老保险司，下设劳工和福利局、社会保障争议处理局。儿童和家庭事务部下设儿童、青年和家庭事务局，儿童福利争议解决委员会，县儿童福利和社会事务委员会，并设置有儿童事务监察员。卫生保健服务部下设有专门的护理服务部门、初级卫生服务部门和专业卫生服务部门，专门负责与健康卫生相关的社会福利服务项目。挪威的社会保障管理体制见表附—9。

表附—9　挪威社会保障管理体制概况

部门名称		部门职责
劳动和社会事务部	福利政策司	负责制定疾病津贴、康复津贴、短期残疾津贴以及残疾人年金等项目的社会福利政策，指导实施各个福利项目，负责与社会救助相关的社会政策制定和实施。
	养老保险司	负责挪威养老保险政策法规的制定和实施指导工作
	劳动力市场事务司	负责失业保险管理以及为残疾人提供就业扶持
儿童和家庭事务部		负责管理儿童福利、产假或陪产假福利、幼年子女家庭父母的现金津贴
卫生保健服务部		为劳动者提供与医疗有关的劳动与福利服务补偿，对公共健康进行指导，促进家庭和养老服务、职业康复服务、疾病津贴服务、艾滋病预防等工作
财政部		税务机关负责征收社保费，登记有关的缴费信息，财政机关负责制定社保基金预算，将资金拨付到社保部门

在社会保障管理权力的纵向配置方面，中央政府负责制定政策、标准、计划和实施转移支付等宏观调控，地方政府承担社会保障管理的主要职责，遵循属地管理的原则。中央政府承担着制定社会保障范围、标准和政策，制定和颁布社会保障法律，在全国范围内调节社会保障资金的责任。其对社会保障事业的管理主要依靠以下两种手段：一是通过法律规定社会保障的范围、内容和标准。二是通过中央财政的转移支付制度，对地区间的社会保障

财力进行调节，以达到社会福利均等化的目标。

　　大多数社会保障管理与服务职责是由最基层的市政府承担，包括老年人的照顾和服务、婴儿家庭补贴、残疾人康复和照料、失业救济等。中央和地方政府之间的关系是监督与被监督、业务指导和被指导的关系。地方社保管理机构隶属于地方政府，对地方议会负责。地方政府在中央政府的政策指导下，根据地方政治、经济、社会发展的差异分别制定不同的项目、标准和实施办法，部分或全部地承担社保项目的财政支出责任。

责任编辑：洪　琼

图书在版编目（CIP）数据

中国社会保障管理体制研究／鲁全　著 . — 北京：人民出版社，2022.3

ISBN 978 - 7 - 01 - 023349 - 9

I.①中…　II.①鲁…　III.①社会保障体制 – 研究 – 中国　IV.① D632.1

中国版本图书馆 CIP 数据核字（2021）第 070848 号

中国社会保障管理体制研究

ZHONGGUO SHEHUIBAOZHANG GUANLITIZHI YANJIU

鲁　全　著

人民出版社 出版发行

（100706　北京市东城区隆福寺街 99 号）

北京中科印刷有限公司印刷　新华书店经销

2022 年 3 月第 1 版　2022 年 3 月北京第 1 次印刷

开本：710 毫米 × 1000 毫米 1/16　印张：22.5

字数：340 千字

ISBN 978 - 7 - 01 - 023349 - 9　定价：79.00 元

邮购地址 100706　北京市东城区隆福寺街 99 号

人民东方图书销售中心　电话（010）65250042　65289539